中原大地，众多博物馆以其丰富的藏品和各具特色的陈列展示着那些已经消失的却又曾经无比璀璨的文明之光，成为一座座城市的文化地标。而要说到我对这些博物馆的寻访，算下来已持续进行了二十多个年头，去过的粗略算来也有两百多家（本书选取其中的百余家作一介绍）。大部分博物馆都去了好几次，多者有十几次，书中的照片也都是我作为一名到访者在现场拍摄的。在这里，每一家博物馆都依据自身文化价值的珍藏，凭借一件件文物的浮现与还原，由此引导着慕名而至的人们重新回到历史当中，进而了解到每件文物背后所蕴藏的令人心旌摇荡的故事和趣闻，从远去的岁月长河中汲取极富价值的养分。

行走中原

寻访河南
百家博物馆

新年 —— 著

广西师范大学出版社
GUANGXI NORMAL UNIVERSITY PRESS
·桂林·

寻访河南百家博物馆：行走中原
XUNFANG HENAN BAIJIA BOWUGUAN: XINGZOU ZHONGYUAN

出版统筹：冯　波　　廖佳平
策划编辑：邹湘侨
特约编辑：张长征
责任编辑：张尧钦　　成　能
营销编辑：李迪斐　　陈　芳
书籍设计：一水长天　　裴　璟
责任技编：王增元

图书在版编目（CIP）数据

寻访河南百家博物馆：行走中原 / 新年著. -- 桂林：广西师范大学出版社，2025.1. -- ISBN 978-7-5598-7910-3

Ⅰ. G269.276.1

中国国家版本馆 CIP 数据核字第 2025PU8952 号

广西师范大学出版社出版发行

（广西桂林市五里店路 9 号　邮政编码：541004）
　网址：http://www.bbtpress.com

出版人：黄轩庄

全国新华书店经销

桂林广大文化发展有限责任公司印刷

（广西桂林市中华路 22 号　邮政编码：541001）

开本：787 mm × 1 092 mm　1/16

印张：31.25　　字数：610 千

2025 年 1 月第 1 版　　2025 年 1 月第 1 次印刷

定价：158.00 元

如发现印装质量问题，影响阅读，请与出版社发行部门联系调换。

序　言

早在公元前3世纪，就已经有了埃及亚历山大博物馆，当然，那时对博物馆的定义与今天有异，比如其中的缪斯神庙是收藏文化珍品之处，博物馆里还有植物园、动物园等，其性质如同今天的综合馆或博览院。

第一间私人博物馆建立于1683年，是牛津大学的阿什莫利恩博物馆，而闻名于世的伦敦大英博物馆则成立于1753年。

早在两千余年前，国人就有了收藏意识，比如周王室的典藏史老聃，他是现有文献中记载的第一位王室图书馆馆长。在古代，图书馆与博物馆没有清晰的界限，所以图书收藏一向是公私收藏的主要内容之一。

国人对博物馆的认识，最早见载于《四洲志》，林则徐在1839年3月至1840年11月主持编译该书。文中提到了英国和美国的博物馆，但《四洲志》是翻译作品，林则徐并未目睹西方现代博物馆的实际状况。

鸦片战争后，中西方交流再次繁盛起来，当时一些有识之士怀着"师夷长技以制夷"的救亡图存之心，走出国门游历欧美，得以参观西方博物馆。今日可以得见的史料中，最早记录美国博物馆的文献是林鍼的《西海纪游草》，他于1847年前往美国，在那里看到了"博古院"。

因为没有准确的翻译对应词，早期著作对西方博物馆的称呼多种多样，有时采用音译将其称作"缪齐英"（museum），也有人将其译作"秒西因""秒西阿姆""母席庵""慕齐亚姆"等。清人王韬在《漫游随录》中第一次使用了"博物院"，其时已是1868年。

博物院的译法为时人所接受，1895年，康有为发起成立上海强学会，他在章程中列明强学会首办的四件事，其中之一就是开博物院。可惜变法失败，未能实现其愿望。后来张謇接受这种概念，创办了"南通博物苑"，这是中国人第一次自办博物馆。

至20世纪30年代，中国博物馆呈井喷式发展。1935年，中国博物馆协会成立。至此，博物馆的开办已极具现代性和科学性。

1927年，河南博物馆成立于开封，是中国较早成立的博物馆之一。此后几经转变，成为今日颇具社会影响力的河南博物院。除此之外，河南省内还有大量不同级别的综合博物馆和专题博物馆，每个博物馆会根据当地文物特色来陈列馆藏，这些博物馆会有什么特色？其镇馆之宝是什么？

以往这类介绍停留在简单概括上，当然也有专门的研究论文，然那些文章与广大读者有一定距离。而今新年先生费多年之力，一一探访河南省境内的百家博物馆，他将自己的观感及专业知识结合在一起，以深入浅出的方式提纲挈领地介绍每家博物馆。

为了能让读者对各家博物馆留下深刻印象，本书作者将每个馆的馆藏概貌以通俗的语句写入文中。同时每篇文章配上相应的图片，这些图片拍得很专业，能够展现每种文物的细部，使得读者足不出户就能尽览河南各家博物馆特色文物之美。

几年前，我到河南寻访历史遗迹，经图书策划人张长征先生之介，得以认识新年先生，在他的工作室，我看到不少专业设备，由此让我领悟到新年先生从事每个行业都何其执着与认真。此后，新年先生带我到平顶山郏县去瞻仰三苏墓，又在当地参观了多家博物馆。无论到哪个馆，新年先生都能娓娓道来地给我普及该馆的相关知识。他能把专业的问题用言简意赅的通俗语言表达出来，给我留下深刻印象。

这些年来，新年先生专注于河南境内的各种遗迹寻访，他边走边写，形成了独具特色的"行走中原"系列，这部《寻访河南百家博物馆》为其"行走中原"系列之一，我有幸在出版前看到了此书的彩样，拉杂写下如上感慨之语，不能概括该书精美之万一，我期待着新年先生的"行走中原"写出更多的专题，以便能整体呈现中原之美。

甲辰年白露日
韦力序于芷兰斋

目 录

了解中原文明的窗口	河南博物院	1
认识大自然奥秘从这里开始	河南自然博物馆	10
黄河巨龙的缩影	黄河博物馆	16
商周青铜与唐宋造像竞相出彩	郑州博物馆	20
公众与考古之间的一座桥梁	郑州市文物考古研究院考古博物馆	28
解码沉寂3600余年的都城根脉	郑州商都遗址博物院	33
重返5000多年前"星空下的村落"	郑州市大河村遗址博物馆	38
汉代河南郡第一冶铁作坊	郑州古荥汉代冶铁遗址博物馆	42
陶瓷为声，讲述黄河故事	郑州大象陶瓷博物馆	46
绝妙的瓷上世界	郑州城外城陶瓷艺术博物馆	50
石窟里的绝唱	郑州仁清金石传拓艺术博物馆	54
感悟"民以食为天"的烟火气	郑州大信厨房博物馆	60
独享海洋深处千年奇珍	郑州山海砗磲博物馆	65
密县旧治的百科全书	新密密县县衙博物馆	70
讲述春秋战国的故事	新郑市博物馆	74
溱洧河畔传来车辚马萧声	新郑郑国车马坑遗址博物馆	79
聚焦巩县窑的唐白瓷与三彩釉	巩义博物馆	83
古都名城的新文化地标	开封博物馆	88
传统汴绣打造的艺术盛会	开封宋绣艺术博物馆	94
守望奇幻斑斓的彩灯世界	开封汴京灯笼张民间艺术博物馆	100
映照古人的寻常生活	开封常明古灯博物馆	105

见证十三朝古都的发展轨迹	洛阳博物馆	110
寻找中国历史上第一个王朝的信史	二里头夏都遗址博物馆	118
生在苏杭葬在北邙的真实写照	洛阳古墓博物馆	125
"天子之乘"的发现地	洛阳周王城天子驾六博物馆	132
感悟陶俑最美的微笑	洛阳龙门博物馆	137
迷人的河洛风情	洛阳民俗博物馆	143
名家风范的历史展示	洛阳匾额博物馆	148
故纸拾遗中读到的民间故事	洛阳契约文书博物馆	152
见证世界上最长最古老的人工水道	洛阳隋唐大运河文化博物馆	160
隋炀帝最早走过的古城门	隋唐洛阳城定鼎门遗址博物馆	167
展示洛阳城的新地标	隋唐洛阳城应天门遗址博物馆	171
与洛邑古城的营造者打个照面	洛阳周公庙博物馆	176
绚丽夺目的视觉享受	洛阳三彩艺术博物馆	181
隋唐洛阳城的两座国家粮仓	洛阳仓窖博物馆	187
打探文物"背后的故事"	洛阳考古博物馆	192
石刻的唐人档案馆	新安千唐志斋博物馆	198
神奇的恐龙世界	汝阳恐龙化石博物馆	204
寻觅古应国的遗迹	平顶山博物馆	209
叶邑古城的一座明代县衙	叶县县衙博物馆	214
揭开汝官窑址的神秘面纱	宝丰汝窑博物馆	218
感受千年汝窑的非凡魅力	汝州市汝瓷博物馆	224
置身青韵流光的温润之间	汝州青瓷博物馆	229
殷邺彰德千古风	安阳博物馆	233
一片甲骨惊天下	安阳殷墟博物馆	239
汉字文化的饕餮盛宴	中国文字博物馆	250
困扰国人的千古谜题被破解	安阳曹操高陵遗址博物馆	256
这里发现了"中国的庞贝"	内黄三杨庄遗址博物馆	262
文王拘而演周易的故事发生地	汤阴羑里城周易博物馆	267
一块石板告诉你"鹤壁"的来历	鹤壁市博物馆	271

目录

展现牧野大地灿烂文明	新乡市博物馆	276
明代藩王的地下王宫	新乡潞简王墓博物馆	283
迷人的山阳印记	焦作市博物馆	289
河南乃至中国矿业近代化的肇端	焦作近代工业遗产博物馆	295
太极风吹侠客梦	温县太极拳博物馆	300
建在黄河岸边的"龙王庙"	武陟嘉应观治黄博物馆	305
蚌塑图中惊现"中华第一龙"	濮阳博物馆	310
杂技故里的文化名片	濮阳中原杂技博物馆	316
回銮碑下的"历史拐点"	濮阳澶渊之盟博物馆	321
仓亭之上探寻汉字起源	南乐仓颉文化博物馆	325
品读曹魏许都三国文化	许昌博物馆	330
宋代官办的制瓷作坊	禹州钧官窑址博物馆	336
展示工艺大师的传奇之作	禹州钧瓷文化博物馆	341
窥探宋元古钧的美丽传说	禹州宋元钧瓷标本博物馆	346
感受水泽漯土的历史气息	漯河市博物馆	350
沙澧河畔识《说文》	漯河许慎文化博物馆	355
聆听9000年前的骨笛声	舞阳贾湖遗址博物馆	361
寻找老陕州	三门峡市博物馆	369
唇亡齿寒、假道灭虢的千年训谕	三门峡虢国博物馆	375
领略史前彩陶文化的独特魅力	三门峡庙底沟博物馆	383
小村落成就大遗址	渑池县仰韶文化博物馆	388
南都帝乡的历史变迁	南阳市博物院	393
刻在石头上的大千世界	南阳汉画馆	400
太阳系有颗"张衡星"	南阳张衡博物馆	406
温凉河畔医圣祠	南阳张仲景博物馆	410

千年热词"父母官"的诞生地	南阳知府衙门博物馆	414
卧龙岗上留下的一处念想	南阳武侯祠博物馆	420
清代县级官署衙门的实物标本	内乡县衙博物馆	426
寻梦"侏罗纪"	西峡恐龙蛋化石博物馆	432
刻在砖头上的大千世界	新野汉画像砖博物馆	436
走进商文明的发祥地	商丘市博物馆	442
淮上故园的惊世发现	信阳博物馆	447
楚墓遗珍	城阳城遗址博物馆	454
走千走万,不如淮河两岸	淮滨淮河博物馆	460
宛丘陈风楚韵	周口市博物馆	465
再现历史深处太昊之墟	淮阳平粮台古城遗址博物馆	470
老子智慧的千年古迹	鹿邑县老子文化博物馆	475
豫中腹地,天下最中	驻马店市博物馆	481
汉釉灰陶的隔世狂欢	济源市博物馆	486

了解中原文明的窗口
河南博物院

河南博物院的前身是1927年设立的河南博物馆。原馆址位于开封市三圣庙街河南法政学堂和河道总督衙门旧址。1928年5月至1930年11月曾更名为民族博物院,但没过多久便又恢复了原名。1961年,河南博物馆由开封迁至郑州。1998年,河南博物馆与中原石刻艺术馆合并,组成河南博物院,并且有了一处新馆。新馆主体建筑取自中原地区最早(也是中国现存最早)的元代观星台造型,上置仰斗承"甘露",下接覆斗纳"地气",个中包含了太多美意。当然,你也可以把它看作是一幢"戴冠的金字塔"建筑,这样的造型源于古人对太阳神的崇拜。

河南博物院　国家一级博物馆　位于郑州市农业路

近几十年来，河南全省出土文物160万件，其中有17万余件被河南博物院收藏。虽说藏品总量不算多，却荟萃了中原文物的精华，单是国家一、二级文物就有5000余件，一部分藏品被誉为国之重器。收藏了这些珍宝的河南博物院不仅告诉人们中原大地曾经有过什么样的文明形态、有过哪些令人唏嘘的遭遇，而且它更像是一艘承载文明的挪亚方舟，启迪着人们继续前行。

博物院主展馆有"泱泱华夏　择中建都"基本陈列和"丹淅吉金——中原楚国青铜艺术展""中原古代石刻艺术展、巧工遗珍——院藏明清珍宝展"和"明清河南展"等常设展览。"泱泱华夏　择中建都"基本陈列让人了解到，河南地处中原腹地，历史上曾有20多个王朝在此建都或迁都于此，从最早的二里头夏都到金代末年定都商丘，塑造了河南长达3000余年在中国历史上政治、经济、文化方面的特殊地位。"丹淅吉金——中原楚国青铜艺术展"让人得知，彼时的丹淅流域曾是楚文化滥觞地，楚人在此留下了丰富的文化遗存。这里展出淅川县的东周楚墓青铜器，以其富丽纹饰和精湛工艺呈现出楚文化独领风骚、彪炳千秋的魅力。"中原古代石刻艺术展"让人欣赏到深沉雄伟的汉代画像石刻、庄严肃穆的陵墓仪仗、琳琅满目的碑志刻石和惟妙惟肖的佛国众相，显示了古代匠师鬼斧神工的技艺和超凡的审美意趣。"巧工遗珍——院藏明清珍宝展"中，有做工考究的漆器、玲珑剔透的玉器、富丽堂皇的珐琅器、栩栩如生的牙雕和温润细腻的瓷器，

河南博物院展厅一角

这些器物大部分是供朝廷和皇室支配、享用的，是皇权的体现和身份的象征，保存至今，仍具有很高的审美魅力和鉴赏价值。"明清河南展"让人看到彼时的中原大地商路通达、漕运繁忙，名镇沿河而兴，会馆鳞次栉比。虽然那条喧嚣的黄河也出现过南北改道、频繁决溢，甚至一度影响到中原经济、文化的发展，让当朝帝王引为心腹之患，但历史巨流依旧奔腾向前，它在带来冲击的同时又滋养出大河两岸万顷膏田。

2007年，时值河南博物院建院80周年，众多专家学者从河南博物院藏品中推选出9件最能代表中原文化的典藏文物——贾湖骨笛、杜岭方鼎、妇好鸮尊、玉柄铁剑、莲鹤方壶、云纹铜禁、四神云气图壁画、武则天金简和汝窑天蓝釉刻花鹅颈瓶作为"镇院之宝"。

贾湖骨笛是迄今为止中国考古发现时代最早、保存最完整的管乐器，1987年出土于河南中部、淮河上游流域的舞阳县贾湖遗址。河南博物院收藏的这支骨笛用鹤类禽鸟的尺骨制成，长23.6厘米，开有7孔，可演奏近似七声音阶的乐曲，通体光滑精致，两端骨关节稍显。考古发掘证实，贾湖骨笛的制作在距今9000年前就已经开始，其间经过千余年的延续，其音阶从四声、五声、六声发展到七声乃至更复杂的变化音，显示出中国古代音乐文化起源阶段的渐进性，它把中国音乐的起源向前推进了数千年。

杜岭方鼎通高87厘米，重约64.25千克，1974年出土于郑州市杜岭张寨南街。其造

型浑厚庄重。鼎口沿外折，两侧沿面上有圆拱形立耳，微微外张，耳的外侧面呈凹槽形，四柱足，呈上大下小中空圆柱状。这件方鼎的价值在于：出土地点明确；造型古朴大方，其方形结构在商代早期文化（前1600~前1046）中属首次发现；形体硕大，为商代早期方鼎中第二大鼎，略逊于同一坑出土的杜岭一号方鼎（今为中国国家博物馆收藏，通高100厘米，重86.4千克，河南博物院收藏的这件称杜岭二号方鼎）；铸造时采用了分铸方式，相较于后来的铸造技术显得有些原始；纹饰布局合理，八组兽面纹和乳钉纹规则地分布在鼎四壁的中上部和四周，通体流露出一派王者风范。

妇好鸮尊是迄今发现最早的商代鸟形酒尊，1976年出土于安阳市殷墟小屯宫殿宗庙遗址妇好墓，通高46.3厘米，重16千克。鸮指猫头鹰，是古人喜爱和崇拜的神鸟，亦被视为战神的象征。这件鸮尊造型雄奇，花纹绚丽，头微昂，面朝天，小耳高冠，圆眼宽喙，双翅并拢，双足与宽尾构成酒尊稳稳的支撑点。头后为器口，口内有铭文。有专家认为，鸮很可能是商族神话"天命玄鸟，降而生商"中的玄鸟，是商人祖先神——鸱神的化身。妇好鸮尊共有两件，形制、纹饰、铭文基本相近，另一件收藏于中国国家博物馆。

玉柄铁剑通长34.2厘米，柄长12.2厘米，剑身长22厘米，由铁质的剑身、铜质的柄芯与玉质的剑柄嵌接而成，是迄今中国考古发现最早的人工冶铁实物，1990年出土于三门峡市上村岭西周虢国墓地中的虢季墓。西周是中国青铜器制作的鼎盛时代，青铜材质容易获取，而铁质材料却极为难得，这也是为什么虢国国君在制作铁剑时竟用珍贵的和田玉做玉柄装饰，实乃"物以稀为贵"。这把剑被称为"中华第一铁剑"，它把中国人工冶铁历史提前到了西周晚期。

莲鹤方壶是春秋时期用青铜铸制的盛酒或盛水器，1923年出土于新郑县（今新郑市）李家楼郑公大墓，通高117厘米，口长30.5厘米，口宽24.9厘米。壶为西周后期以来流行的方体造型，上有冠盖，下承双兽，壶冠仰起十组双层盛开的莲瓣形，并作弧形外张，与凸鼓的下腹遥相呼应，形成优美的"S"形曲线。壶颈两侧有一对巨型回首龙形耳，正背两面中央及下腹四角各有小型回首龙形装饰，而在盛开的莲瓣中央，一只亭亭玉立的仙鹤引颈欲鸣，展翅欲飞，成为整件方壶的点睛之笔。壶身遍饰蟠龙纹，极尽华丽，其唯美设计庄重而不失典雅，神秘而又充满灵动。莲鹤方壶出土时为一对，一件现收藏于河南博物院，另一件收藏于北京故宫博物院，两件形制、纹饰相同，后者尺寸略大，通高125.6厘米，口长31.6厘米，口宽26厘米。也为便于区别，故宫博物院将其所藏的一件命名为"立鹤方壶"。李学勤先生曾对莲鹤方壶给予高度评价，认为它不仅是那个时代的精神象征，也是中华文化源远流长的具体体现，其独特之处在于它传递出中原的厚重大气和荆楚的浪漫飘逸，展现出春秋时期多元文化融合的特点。此时权力、身

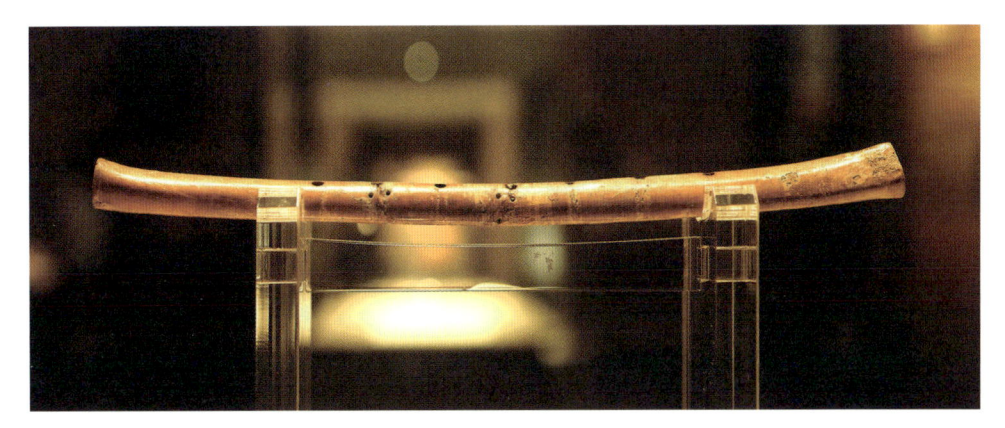

新石器时代贾湖骨笛

西周晚期玉柄铁剑

商代前期兽面乳钉纹铜方鼎

商代后期妇好鸮尊

春秋莲鹤方壶

份、等级已不再是青铜器物最核心的价值取向，而审美观念的变化——对美的追求与表达，成为其最突出的特质。

云纹铜禁是春秋时期王公贵族承置酒器的案子，1978年出土于淅川县下寺春秋楚墓。周朝人之所以称其为"禁"，也是吸取商代"嗜酒亡国"的教训，有警示、禁止酗酒的意思。铜禁纵长131厘米，横长67.6厘米，高28.8厘米，身宽46厘米，重94.2千克。禁身饰有五层镂空云纹，纵横交错，互为支撑，12条长有双角的龙形怪兽攀附于四周，张口吐舌；另有12个头饰高冠的虎形怪兽蹲于禁底为足，扬尾承器。设计之精巧绝妙，造型之瑰丽庄严，纹饰之玲珑剔透，实为目前所见年代最早、体量最大、纹饰最繁复的失蜡整体铸件。

四神云气图壁画长5.14米，宽3.27米，面积约16.8平方米，1987年出土于永城市芒砀山柿园汉墓。壁画的图案以朱砂为主色，上面用白、绿、黑等颜色绘出青龙、白虎、朱雀、怪兽等神禽异兽及灵芝、花朵和祥云等。原绘于墓室壁顶，据说是为墓主人梁共王刘买（西汉梁国第二代诸侯王）乘龙升天和长生不老准备的。效果如何不得而知，倒是壁画的考古价值引起专家的极大兴趣——人们震惊于两千多年前古人飞扬灵动的想象力与高超的绘画技艺，也震惊于它在两千年后仍色彩绚丽。之前这幅壁画曾遭盗墓贼破坏，先后出现龟裂、脱落、霉斑污染等病变，已不适合留存原地，于是在1993年由文物专家对四神云气图壁画进行了揭取，将其从墓室搬进了河南博物院的展室。如今这幅壁画被镶嵌在一个真空玻璃龛内，有一套从加拿大进口的精密仪器自动调节着内部温

春秋云纹铜禁

西汉四神云气壁画图

唐代武则天金简（局部）

度，营造了一个无菌环境，使得流畅的线条依旧，飘逸的律动依旧。

武则天金简是1982年5月在登封市嵩山峻极峰北侧的石头缝中发现的。当时发现它的人——登封县唐庄公社王河大队王峪沟生产队的屈西怀，怎么也没想到自己捡到的竟然是一枚金简，更无法把它和声名显赫的武则天联系在一起，只是觉得它比黄铜要金贵，上面还刻着一些文字，肯定是件稀罕物，于是就把它上交给国家，县里为他颁发了光荣匾和奖金。金简呈片状，长36.2厘米，宽8厘米，厚约0.1厘米，重223.5克。整体素面无纹饰，正面镌刻双钩楷书铭文3行共63字。文曰，"上言：大周国主武曌好乐真道长生神仙，谨诣中岳嵩高山门，投金简一通，乞三官九府除武曌罪名，太岁庚子七月甲申朔七日甲寅，小使臣胡超稽首再拜谨奏"。金简是武则天在久视元年（700）七月七日来嵩山祈福时遣道士胡超投掷的，以求天帝诸神能宽恕自己，除罪消灾。这也是迄今发现的唯一一件与武则天本人直接相关的可移动的历史文物。

西周"匍"天形铜盉

春秋龙耳虎足方壶

北宋汝窑天蓝釉刻花鹅颈瓶

汝窑天蓝釉刻花鹅颈瓶高19.5厘米，口径5.6厘米，底径8.2厘米，1987年11月出土于宝丰县清凉寺村汝窑址附近的窖藏坑。汝窑是宋代五大名窑之一，前人在评论汝窑釉色时有"天青为贵，粉青为尚，天蓝弥足珍贵"之说，而这件刻花鹅颈瓶正是天蓝釉色，敞口细颈，鼓腹圈足，器身轮廓呈流畅自然的"S"形曲线，开片疏密有致，天蓝釉色下隐约可见莲花纹饰，为汝窑传世品中所未见。

眼下的河南博物院与观众的距离愈来愈近，它从一方凸显个性的建筑宝库变成了令观众踏上充满好奇和刺激的探索旅途的目的地。2020年岁末，河南博物院推出一款"寻找失传宝物"的考古盲盒，凭着一把神奇的"洛阳铲"，让观众在一捧黄土中体验到了考古的乐趣。这种新颖的文创形式瞬间子就"火"了起来，一时竟吸引了6万多名游客慕名前来和"宝物"相见。

认识大自然奥秘从这里开始
河南自然博物馆

踏进河南自然博物馆的大门,众多参观者——特别是充满好奇心的青少年学生——很快就被眼前的景观所吸引,哇,原来自然界中的神奇和奥秘是可以这样看的!

这是一座独具中原地区特色的自然博物馆。非常用心的科普工作者围绕宇宙间的生物演化、生命进化、大陆漂移、山体隆起、宇宙爆炸、恐龙灭绝,以及地震、海啸、泥石流、火山喷发等,策划了很多精彩有趣的活动。

比如古象化石。从这里可以了解到,在遥远的古代,黄河流域曾经是大象王国的领地——"豫"是河南的简称,把这个字拆开看,就是一个人牵着一头大象。而从考古发掘来看,河南的大部分地区都有古象化石出土。在巩义市洪沟一处距今约11万年的古人类活动遗址中,发掘证实先民们在当地杀死并吃掉了至少4头纳玛象(古菱齿象类群

河南自然博物馆　国家一级博物馆　位于郑州市金水东路

中的一种）。在安阳市殷墟遗址，1937年和1978年的考古发掘都曾发现过大象坑，出土的甲骨文中也多次看到商王猎象或商王到大象饲养基地视察的记载，证明这一时期中原地区的大象还很多，而且已经有了野生大象的驯化的历史。

再如恐龙蛋化石。这里可以见到在西峡县发现的世界上罕见的、最大的窝状长圆柱恐龙蛋，距今约8600万年。西峡恐龙遗址属白垩纪断陷盆地沉积，出土的恐龙蛋化石数量之大、种类之多、分布之广，堪称"世界之最"。

还有恐龙化石。这里有在汝阳县发现的世界上骨架最粗壮、最重、最大的恐龙——"巨型汝阳龙"，亚洲体腔最大的恐龙——"汝阳黄河巨龙"，中国首次发现的结节龙类甲龙——"洛阳中原龙"，中原地区首次发现的长脖子蜥脚类恐龙——"汝阳云梦龙"。有在栾川县发现的地球史上最凶猛的肉食恐龙——"栾川霸王龙"，口中密布着60多颗香蕉一般大小的牙齿；有世界上最小的"窃蛋龙"——这是在栾川县秋扒乡发现的，亦是中原地区首次发现，完整的骨架长60厘米，柴鸡似的，故又称"迷你豫龙"。还有在栾川县秋扒乡发现的一种在晚白垩世与恐龙一起灭绝的原始鸟类"反鸟"骨骼化石（因其肩胛骨和乌喙骨的骨架连接方式与今鸟相反而得名，后来为纪念它的主要发现者——对河南古生物研究做出杰出贡献却英年早逝的中国地质科学院地质研究所研究员吕君昌）而被命名为"君昌豫鸟"，它的发现证明，在距今7000万年左右中原地区已经有鸟类生存的痕迹。还有西峡县阳城乡赵营村一个山坡上发现的一个距今约8600万年的恐龙胚胎骨骼化石，似乎是刚刚孵化出来，尚未来得及看一眼这个世界就夭折了，小小身

窝状长圆柱恐龙蛋化石

迷你豫龙

中华贝贝龙

君昌豫鸟

中原豫俊兽

植物化石标本

躯蜷缩在一窝长形恐龙蛋旁边。这个窃蛋龙宝宝原名叫"路易贝贝",化石在发现后不久便流失到国外,美国《国家地理》杂志在1996年曾对它做过报道,"路易贝贝"的名字就是摄影师路易·皮斯霍斯为它起的。2013年,经多方努力,河南自然博物馆将"路易贝贝"接了回来,又为它起了一个"中华贝贝龙"的名字。虽说中华贝贝龙的胚胎骨骼化石只有38厘米,但是它若能活到成年,可能会长成最大的窃蛋龙。

植物化石也是自然博物馆的藏品大类。豫西有个义马盆地,那里不仅分布着中原地区唯一的中生代煤矿,而且还保存了大量完美的中侏罗世的古植物化石,学术界称为"义马生物群"。在这里发现的"义马银杏",被认为是目前世界上已知最古老(距今约1.7亿年)且保存有果实的银杏化石。这里的植物化石还有"外弯义马果"和带雌雄球果的疏松西沃德杉、天石枝、双生叶、义马似木贼(现已灭绝,是形成煤的主要植物之一)、还有大量的枝脉蕨、拜拉(另外一种发现于中生代的河南银杏类)、苏铁杉等。可以说,保存如此完整的中生代植物群落,全世界也不多见。

而要说到矿石标本，在自然博物馆内几乎能看到河南境内的所有种类，像蓝晶石矿、天红柱石矿、钼矿、天然碱矿、珍珠岩矿、长柱石矿、伊利石黏土矿、水泥配料黏土矿等，其储量居全国首位；铝土矿、石墨矿、玉石矿、岩盐矿、石油矿、金矿、煤矿、铁矿、油页岩矿、铯矿、锂矿、铷矿的储量也都排在全国前几位。

2021年3月，河南自然博物馆公布了首批"十大镇馆之宝"，即中华贝贝龙、巨型汝阳龙、汝阳黄河巨龙、迷你豫龙、洛阳中原龙、西峡巨型长形蛋、君昌豫鸟、中原豫俊兽、复齿河南龙、义马银杏，对它们的评语是：中华贝贝龙有着流失海外多年又失而复得的传奇经历，是世界恐龙发现史上一件珍贵而著名的标本；巨型汝阳龙是世界上迄今发现荐椎最大、背椎椎体最大、骨骼最粗壮的最大的恐龙；汝阳黄河巨龙是河南自然博物馆第一次发现并开展规模性发掘的恐龙，对河南的恐龙发现具有里程碑意义；迷你豫龙是在中国中部地区首次发现和命名的窃蛋龙，也是目前已知的世界上最小的窃蛋龙；洛阳中原龙是中国中部地区发现的第一个鸟臀类恐龙，也是迄今发现的第一个具有确凿证据的结节龙类甲龙；西峡巨型长形蛋是迄今已知最大的恐龙蛋巢化石，单个蛋和蛋窝直径都是最大的；君昌豫鸟是迄今河南发现的中生代唯一的、最古老的鸟化石，它的发现填补了现代鸟类与反鸟类在进化史晚期的一个尚未被认识的空白；中原豫俊兽是中国已发现的保存质量最好的多瘤齿兽标本，是欧亚大陆目前已知最大的多瘤齿兽，是

河南自然博物馆

早白垩世巨型汝阳龙（脊椎）　距今约1.2亿年　2006年在汝阳县刘店镇沙坪村发现

河南发现的与恐龙同时代、最古老的哺乳动物；复齿河南龙是河南发现的最古老的脊椎动物，是中华人民共和国成立后命名的河南第一批古脊椎动物；义马银杏是全球公认的典型银杏化石代表，是河南最有影响力的古植物化石。

这座自然博物馆不仅让世人了解并感受到良好的自然环境对于人类生存、社会发展和文明进步是多么重要，还促使世人学会对大自然心怀敬畏，保持与大自然的和谐相处，维系自然环境与动植物之间的密切关系。

博物馆速递

郑州自然博物馆，位于惠济区英才街。这家博物馆由郑州市政府专项资金支持，郑州师范学院承建。馆内收藏、展示标本万余件，其中有华南虎、东北虎、丹顶鹤、朱鹮、大鸨、金雕、金钱豹、扬子鳄、巨蜥等国家一、二级动物标本百余种，大部分标本是对野生动物救护中心、动物园死亡珍稀动物资源的再利用，由博物馆专业人员设计制作而成。

黄河巨龙的缩影
黄河博物馆

人们常用"黄河巨龙的缩影"来形容坐落在郑州花园路北段的这座黄河博物馆。的确，这条中国第二、世界第五的长河，从它的源头到入海口，大到上游一座水力发电枢纽，小到中下游一段防洪堤坝，它经历过的历史变迁都能在黄河博物馆直观地展示出来。眼下它的藏品已逾万件，让到访者得以穿越时空的阻隔，回溯悠久的黄河文明，甚至还能"触摸"到黄河流域一些已经消逝的"靠记忆而存在"的真实，能了解到历代水旱灾害的肆虐、河患治理的成败得失，以及水资源的开发利用等。

在黄河博物馆，有几件展品是不能错过的。

宋金时期黄河堤防的埄堠碑。1987年春出土于汲县（今卫辉市）柳卫村黄河故道大堤，高54厘米，宽21厘米，厚10厘米，模制陶质，上圆下方。碑的正面阴刻三行文字，竖行楷书，中间一行是"汲县河堤下界埄堠"，右边一行是"西至上界永"，左边一行是"福村八十里"，是目前国内仅见的古代黄河堤防按行政区划分段修筑、分段管理的

黄河博物馆　位于郑州花园路北段

界碑实物。柳卫村地处卫辉、延津与浚县交界地，隋炀帝挖永济渠时，这里便成了黄河其中一个重要渡口。

清代河南山东河道总督吴大澂亲撰郑工合龙处碑，石质，通高2.86米、宽0.76米。它让世人得知：光绪十三年（1887），郑州十堡东黄河决口南泛，为害甚重。朝廷先是派署河南山东河道总督李鹤年、河南巡抚倪文蔚主持堵口，复又派礼部尚书李鸿藻到工督修。光绪十四年（1888）五月，口门埽占失事，李鹤年等均被革职。七月，皇帝命吴大澂署河南山东河道总督接办堵口大工。吴大澂于八月到任，有人向他反映河工管理混乱，遂只身微服，背运秸料，混杂在民工中进行暗访，很快查清一些官员克扣民工工钱和收发物料短缺等问题，对涉事者予以杖责，并带枷在工地示众，终使河工质量得到保证，决口地段按期合龙。治河成功后，吴大澂实授河道总督，赏头品顶戴。也正是这次堵决成功，使黄河南流成为历史、黄河北流成为惯常，为当代黄河下游格局的形成奠定了基础。这次工程规模宏大，水泥、电话、铁制轨道运土车等均为首次使用，开创了近代治河史上引进新型材料和先进技术之先河，史称"郑州大工"。当然，花费也不少，整个工程历时一年，共用银1200万两，相当于当时朝廷年收入的1/4。

宋金时期黄河堤防界碑——峰堠碑　　清代郑工合龙处碑

《河防一览图》绢本设色　明代万历年间总理河道右佥都御史潘季驯组织编绘

　　清代道光年间河南山东河道总督栗毓美在原阳首创的一种穿孔河工砖，由此让世人见识了栗公在治河史上发明并推广的一种抛砖筑坝、以砖代埽的御水技术。这种河工砖两端呈圆弧状，长40厘米，宽26厘米，厚8厘米，干砖重10.7千克，最早出土于开封黑岗口，上刻"壬寅下南造"。砖中间有一小圆孔，直径2.5厘米。据说栗公在任5年，设窑督造并大力推行这种河工砖，"河不为患""三年未生一新工"，为国库节省了上百万两官银。

　　明代绢本设色《河防一览图》[据明万历十九年（1591）石刻拓本]，长1937厘米，高43厘米，明万历年间总理河道右佥都御史潘季驯组织编绘。为突出河防要览，图中将黄河与运河并行绘出——黄河自源头星宿海至云梯关入海，运河起自北京，中与黄淮交汇，从瓜洲过长江，经京口、苏州、嘉兴达杭州，详细介绍了沿河两岸大堤修筑情况，包括黄河、淮河、运河水道的行径、堤防、闸坝工程，主要山川城镇，历年河患、地势险情及河防重点等。这幅图体现了潘季驯"束水攻沙"和"蓄清刷黄"的治河理论，为后人治理水患提供了借鉴。

　　清代《中原黄河工程图》展现了黄河西起华山、东至渤海沿途上千公里的山川要塞概貌，并用工整娟秀的楷书标注出两岸府、州、县治所在，详载了各处河防大堤和埽坝工程的位置和险峻程度，让人看到了清代前期、中期君臣在治河上的努力。制图时间是咸丰五年（1855），此时黄河已在兰考铜瓦厢改道。

　　民国三十六年（1947）九月，《黄河花园口堵口纪念册》由黄河花园口堵口复堤工程局编印出版。纪念册收录民国政府要人蒋介石、白崇禧、孙科等人的题词，并记录了花园口堵口工程计划概要、施工经过、工料款项、工作人员名录和大事记等。

灯台硪　民国年间修筑黄河大堤使用的打夯工具　　　　　河工砖　民国时期用于防洪抢险、保护堤坝的料物

　　民国三十六年（1947）纪念花园口大堤合龙得六面碑。原立于花园口黄河大堤处，碑身六面可谓别致，但更让人感兴趣的是石碑上的六面碑文。其中有两面是"黄河花园口合龙纪念碑"，上面还记下了协助黄河花园口堵口工程各部门要员的题名及殉职员工的名字。合龙纪念碑由水利部部长薛笃弼撰文，许敬参书，碑文称："民国二十七年夏六月，河决于南岸郑县之花园口，维时日寇进窥中原，骎骎西趋宛洛。赖洪水泛滥，铁骑乃为之阻……"至于河水为什么会决堤，碑文中没有提到。但对花园口决堤给黄河下游居民带来的灾难，倒也没有回避："河南、安徽、江苏受其害者，怀山襄陵，间殚为鱼，盖四十余县。每当夏秋之间，百川激灌，四渎并流，浩荡滔天之祸，不忍睹，亦不忍述也……"要员题名中有陆军总司令顾祝同、联合国救济总署工程顾问塔德、河南省主席刘茂恩、黄河水利委员会委员长赵守钰、黄河堵口复堤工程局长朱光彩等。另两面分别是蒋介石题的"济国安澜"、行政院题的"安澜有庆"，还有两面是由朱光彩撰写的《花园口工程纪实》，其中说到堵口工程自1946年3月开工，到1947年完成，历时16个月，共用款390亿元，工人320万人，在事职员300人，行总配发面粉4000吨，联总配拨国外器材物资9000吨。其间屡遭伏汛、凌汛等意外波折，最终采用打桩、建桥、抛石、平堵等方法将1460米宽、20多米深的决口堵住。1997年8月，河南省人民政府和黄河水利委员会就在这通六面碑的东边，也立了一通六面碑，石碑上同样刻着花园口从扒口到堵口的整个过程。一东一西两座六面碑，记录的是同一件事情。

商周青铜与唐宋造像竞相出彩
郑州博物馆

郑州博物馆以其丰富的馆藏唤起人们对这片古老土地的记忆。

在这里，郑州董寨村出土的纳玛象牙化石向观众展现了数十万年以前的更新世晚期中原古象的迁徙、繁衍、兴盛和灭绝。旧石器时代，郑州地区有了人类活动的踪迹，人们从巩义洪沟遗址、荥阳织机洞遗址以及郑州樱桃沟老奶奶庙遗址采集到的化石、打制的石器、隆起的火堆和居住的洞穴中看到了清晰的印迹。新石器时代，人们从郑州大河村遗址、西山遗址，新密李家沟遗址、峨沟遗址，新郑裴李岗遗址、唐户遗址、人和寨遗址，荥阳青台遗址、秦王寨遗址，巩义双槐树遗址出土的文物——裴李岗文化时期的

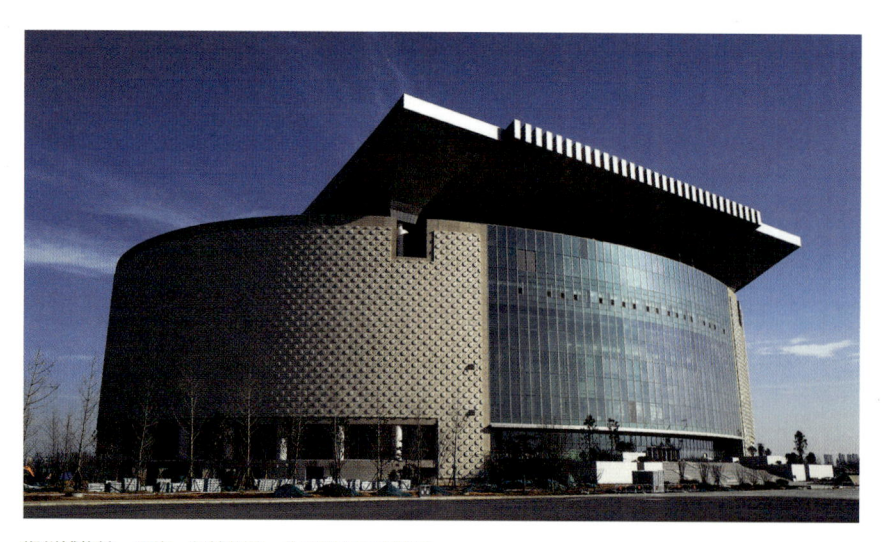

郑州博物馆　国家一级博物馆　位于郑州市文翰街

石磨盘、石磨棒，仰韶文化时期彩陶钵、彩陶壶、彩陶盆、灰陶鏊，揭示了原始先民从漫长的漂泊流浪转为择地栖居，其居住形态由穴居野处到地穴半地穴居址，再到地面连间式套房，最后到早期夯土城堡建筑以及"河洛古国"都邑的演变历程。其中，大河村遗址出土的一件白衣彩陶钵，高11.7厘米，口径26.2厘米，敞口尖唇，腹部下收，小平底，口沿及腹上部施以白色陶衣，其上用褐彩绘弧线三角纹、圆点纹、线纹，构图简洁，线条流动，被认为是仰韶文化彩陶时代的代表性器物。

夏朝被认为是中国的第一个王朝，在郑州地区发现了不少夏文化遗存，从登封王城岗遗址，新郑望京楼遗址，新密古城寨遗址、新砦遗址、曲梁遗址，巩义花地嘴遗址，荥阳大师姑发现的早期聚落和古城址来看，这里经历了由游牧穴居到聚落城池、由农业形成到行业分工、由城邦国家到一统王朝的整个进程。

而郑州商代都城遗址、小双桥遗址的考古发现也证实：郑州还是商代早期的一座都城。都城遗址就在市区的东南部，考古发掘出夯土城墙、宫殿建筑遗存等，城外周围还找到了铸铜、制骨、制陶等手工业作坊遗址和商代窖藏、墓葬群等遗迹，出土了青铜器、陶器、原始瓷器、玉器、甲骨等大批文物。

白衣彩陶钵

象牙化石

郑州市铭功路一座商代墓葬中出土的一件青釉瓷尊，使人们对瓷器的历史有了全新认识。这件瓷尊的表面和内壁施有莹润的青绿釉色，质地坚实，叩之有清脆的金石声。尊口沿内侧有清晰的轮制旋纹，肩部拍印有席纹，腹部饰有篮纹。检测显示，这件青釉瓷尊以高岭土作胎，经1200℃以上的高温烧成。与后来的瓷器相比，虽说还带有不少原始色彩，但已具备了瓷器的基本特征。这件瓷尊成为中国瓷器诞生的标志。在此之前，人们认为中国的瓷器是汉代以后才有的。青釉瓷尊的出土，把中国开始烧造瓷器的历史至少提前了1000多年。

郑州市向阳回族食品厂发现的一个窖藏坑出土的商代兽面纹铜方鼎，则又成为郑州商城为商王朝早期都城的重要见证。方鼎高81厘米，口长55厘米，口宽53厘米，重75千克，形制雄浑大气、古朴凝重，象征着统治者至高无上的权力和等级，彰显出商王朝传国重器之神威。与铜方鼎同时出土的还有一件牛首铜尊，高37厘米，口径32厘米，铜尊敞口，束颈，折肩，肩部环饰三个浅浮雕牛首，束颈折肩，圆目横角，形态逼真；铜罍高领深腹，圜底折沿，尖唇，肩部饰三个浅浮雕羊首，造型庄重，纹饰规整，铸工精良，是商代前期王室祭祀中的重要青铜礼器。

商代兽面乳钉纹铜方鼎

春秋战国时期，溱、洧之水"声色生焉"，《诗经·郑风》对文化发达、思想开放的郑地做了直观的表达；郑、韩两国先后在此建都并成就霸业，风云人物叱咤纵横、逐鹿中原，先秦诸子的睿智泽被后世，影响深远；而从古管国封地、今郑州洼刘遗址发现的西周早期贵族墓葬群，到万家之邑的新郑郑韩故城、郑韩王陵出土的青铜器——数量众多、鼎彝萃集，又从另一个侧面反映了这一时期郑州地区的社会、经济、文化及意识形态方面的多变与复杂性。如今，郑韩故城遗址已被列入"二十世纪中国百项考古大发现"。其中的一次发掘——1996年、1997年在郑韩故城一座郑国国君墓里出土的一组九鼎八簋，当年曾震惊国人——不仅仅是因为它作为春秋时期郑国王室重器的显著身份，也是因为按礼制这种九鼎的配置和待遇只有当时的周天子才有资格享有。《春秋·公羊传》何休注："礼祭天子九鼎，诸侯七，大夫五，元士三也。"郑国国君的做法有违周礼。对此，专家给出的解释是，彼时周王室衰微，诸侯僭越礼制。其实这位大胆的国君放进墓里的好东西还不止这些。与其一同出土的还有一件蟠龙纹青铜方壶，其流畅自如且富于变化的纹饰表现出春秋时期宫室礼器庄重活泼的时代气息；还有一套春秋时期的青铜编

商代牛首铜尊　　　　　　　　　　西周早期青铜提梁卣

钟，以槌叩之仍音色清亮、乐律分明……可以说，在郑州博物馆的近6万件藏品中，商周青铜器应是最有代表性的。这些青铜器绝大部分是在郑州地区考古发掘而得，出土地点明确。它用事实说明，享誉世界的殷商青铜文明应是从这里起步并逐渐走向辉煌的。

而大海寺遗址出土的石刻造像，亦堪称中原石刻艺术一绝。

1976年，郑州博物馆、荥阳县文化馆从位于今荥阳市索河街道办事处广场南端台地上的大海寺一处窖藏坑遗址中出土41件石刻造像，计有像碑1件、坐佛7件、菩萨像17件、菩萨头像11件、罗汉像2件、佛头像1件、释迦牟尼佛1件、象形座1件。菩萨像中能识者有弥勒菩萨、光相菩萨、华严菩萨、辩积菩萨、狮子吼菩萨、观世音菩萨、十一面观音像等。大海寺最早为北魏孝昌年间创建，后废于乱世。这些石刻造像，年代从北魏延至唐宋，其中尤以中晚唐时期的菩萨造像最为精妙。虽然这些菩萨像大多残缺不全，但造像的姿态仍然美得令人赞叹——那尊辩积菩萨，立于束腰仰覆莲座之上，其1.87米的身高，再加上一个43厘米高的底座，让观者只能仰视，丰润的面庞上荡漾着

唐代菩萨像 自左至右：佚名菩萨、金髻菩萨、佚名菩萨、佚名菩萨
其中最右侧一尊入选郑州博物馆"十大镇馆之宝"

微笑，低垂的眼睛如一线弦月流溢出无限爱意；那尊身姿修长的光相菩萨，通高2.33米，身上的长裙紧贴双腿垂落至足面，圆润的肌肤轮廓似披挂一层薄纱，又如打湿一般体现出"曹衣出水"之美，把东方女性的温柔与风韵表现得淋漓尽致；那尊十一面六臂观音像，残高1.71米，面目慈祥，塔式高发髻，髻作一佛七菩萨相，双耳后又雕刻左善右恶像，肩腋间舒展六臂，上边两手做说法状，中间两手合靠胸前，下边两手左手持净瓶、右手持杨枝，其造型生动逼真，形象各异……

在郑州博物馆，一件件无与伦比的珍宝始终都在左右着观众的视线。

一件兽纹长颈铜壶，高29.1厘米，口径5.1厘米，底径12厘米，直口、卷唇、长颈、鼓腹、圈足外侈。壶体遍布纹饰，其中颈部、腹部主体纹饰显出峰恋叠嶂、水波澹澹、云气氤氲，青龙、白虎、朱雀、玄武四神兽云集，羽人升仙，龙凤遨游，神兽潜行，祥瑞蒸腾……壶的形体凸显雅致，纹饰灵动细腻，见出彼时工匠技艺纯熟，制作精细考究，实为一件不可多得的汉代青铜艺术珍品。

一具浮雕人物石棺，郑州东大街开元寺塔地宫遗址出土，通高1米，长1.08米，宽0.68米。石棺的精美之处在于棺身四周的雕刻，左右两侧有高浮雕的释迦牟尼涅槃十弟子送葬图，十弟子声泪俱下，形象感人，有的捶胸顿足，有的掩面痛哭，有的抱头哀恸，有的手拍棺墙而泣，还有一位弟子哭昏在地，一弟子从身后搀扶，另一弟子手端钵盂鼓腮喷水施救……石棺四周雕有11个壶门，里面分别坐着11位手持乐器的乐伎；石棺的下面四角雕有四个袒胸露臂的力士，似乎整个石棺的重量都压在了他们身上；石棺的基座上亦雕有祥瑞异兽，或猛扑向前，或仰首怒吼，俱显刻画生动。基座平面刻有修塔题记，其中有"东京左街相国寺""东京右街开宝寺"等宋初国都开封城内寺院的方位和寺内建置的记述，这为研究宋初开元寺提供了重要的史料。

还有一组苏轼书《醉翁亭记》刻石，共24方，其中13方为《醉翁亭记》原文，5方为苏轼记述写此文的缘由和落款，另有6方为赵孟頫等人题跋。前18方每方长60厘米，后6方长60至90厘米不等，宽度均为40厘米。《醉翁亭记》系北宋庆历六年（1046）欧阳修任滁州太守时所作。元祐六年（1091），苏轼应好友之请，将《醉翁亭记》以楷、行、草三体兼用写成长卷，楷书工整有力，行、草神韵飘逸，堪称书文双绝之作。书成后即被秘藏，不知去向。元朝元贞二年（1296），书画家赵孟頫见之并作跋，此后又湮没多年。到明代，长卷现世，又有沈周、吴宽等作跋。后来长卷为文渊阁大学士高拱所有，并以双钩法勒之于石。高拱之后，长卷又为内阁首辅张居正所有。张氏家族败落后，长卷落入宫中，后毁于一场大火。清康熙年间，高拱族孙高有闻因原刻石漫漶不清，便以家藏刻石旧拓重刻，立于新郑高拱家族祠堂，今为郑州博物馆所藏。

春秋九鼎八簋

本文提到的象牙化石、白衣彩陶钵、青釉瓷尊、兽面乳钉纹铜方鼎、牛首铜尊、九鼎八簋、佚名菩萨造像、兽纹长颈铜壶、浮雕人物石棺和清代的《苏轼书〈醉翁亭记〉》刻石，已在2023年入选郑州博物馆"十大镇馆之宝"。

公众与考古之间的一座桥梁
郑州市文物考古研究院考古博物馆

郑州市文物考古研究院考古博物馆的展览打破了以往仅以文物、史实介绍历史文化的常规思路，不再让观众鉴赏式地浏览文物，而是将一代代考古人的研究发现以大众喜闻乐见的形式呈现出来，让众多的考古学家从幕后走向台前，由此带给人们更真实、更具体、更多元化的观展体验，拉近了社会公众与文物考古之间的距离。

在"郑州旧石器文化"展中，以人类起源、演化发展的重要阶段及郑州地区旧石器时代考古的丰硕成果为内容，揭示了中原地区复杂的栖居形态和繁荣的旧石器中晚期文化，展现了现代人类及其行为在东亚地区出现与发展的新特点。

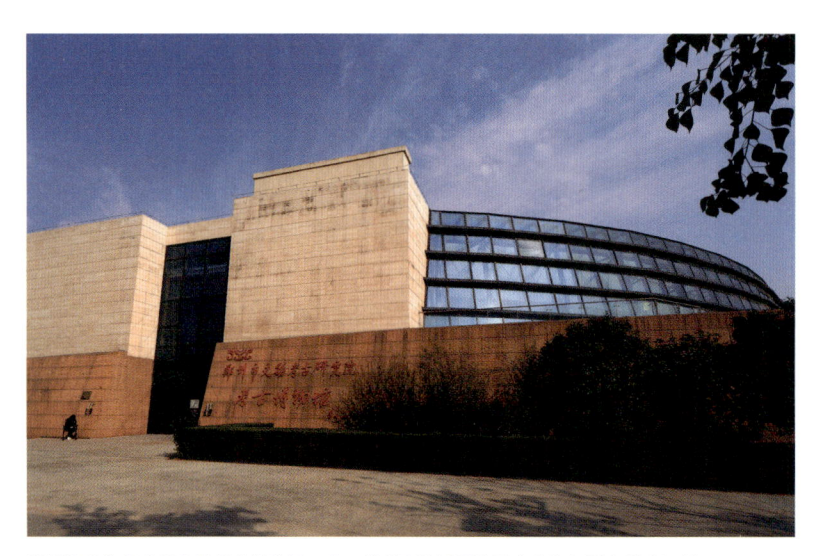

郑州市文物考古研究院考古博物馆　位于郑州市管城回族区东大街与城东路交汇处

"郑州旧石器文化"展厅

龙山文化时期双腹盆
2002年郑州十八里河遗址出土

仰韶文化时期彩陶盆
2014年郑州尚岗杨遗址出土

　　进入展厅，第一眼就能看到排列整齐的大量颅骨化石复制品，仿佛看到了我们人类祖先——从南方古猿，到早期智人、晚期智人，再到现代人，展示了从人猿揖别到万年以来的人类颅骨演变。为了让观众更好地认识各个遗址的考古发掘情况，考古博物馆特意复原了许多文物出土时的样貌。观众可以在这里看到墓坑中排列整齐的青铜礼器和凌乱的瓷器窖藏出土原貌，以及掩埋着人骨与兽骨的祭祀坑。物证复原、情境展示，再加上无可替代的临场感，很大程度上减少了考古专业知识的生涩感和距离感，让观众更容易对展陈内容产生共鸣，从而更深入地理解文化遗产的内在价值。

　　旧石器时代是人类历史发展的第一个阶段，从猿到人的演化历经数百万年之久。郑州地区北濒黄河，西依嵩山，东接黄淮平原，境内山地丘陵广布、河流水系发达，为人类的繁衍提供了优越的生存环境，因此成为更新世晚期人类迁徙与文化交流的必经之地。20世纪90年代，荥阳李家沟遗址、巩义洪沟遗址最先被发现。李家沟遗址从地层堆积、工具组合、栖居形态、生计方式等多角度提供了旧石器、新石器时代过渡进程的重要信息，填补了旧石器时代晚期文化和新石器时代裴李岗文化之间的缺环与空白；洪沟遗址距今约11万年，是直立人过渡到智人阶段中早期的文化遗存。2004年，郑州文物考古研究院组建了"郑州地区旧石器考古调查队"，十几年间发现旧石器文化遗址及动物化石地点400多处，展现了郑州先民由原始人向现代人迈进的完整历程。2009年，郑州文物考古研究院又与北京大学考古文博学院联合组成考古队，先后对荥阳织机洞、新郑黄帝口、登封西施、郑州侯寨老奶奶庙、登封方家沟等旧石器时代遗址进行考古发掘，详细地绘出了一张"年龄表"——织机洞遗址，距今约31.5万年至1万年之间；老

仰韶文化时期彩陶壶
2017年荥阳青台遗址出土

奶奶庙遗址，距今约5万年；方家沟遗址，距今约5—3万年；黄帝口遗址，距今约3.5万年；西施遗址，距今约2.6万年……众多的旧石器遗址和丰富的出土文物，展示了郑州一路从远古走向文明的足迹，成为研究东亚地区现代人类起源、迁徙的重要例证。

在"郑州百年考古"展中，一张"郑州百年考古大事年表"清晰地列出从1921年到2020年郑州考古事业所走过的历程——20世纪20年代，瑞典学者安特生派助手到河阴县（今荥阳市）调查，在黄河南岸发现了秦王寨、牛口峪、河池沟寨三处遗址；30年代，民国政府中央研究院历史语言研究所和河南省政府联合成立"河南古迹研究会"；50年代，河南省文物保管委员会成立，首次组织省内文物工作者对洛阳和郑州地区新发现的遗存进行调查，韩维周发现商代早期遗址，中国科学院考古研究所组成河南调查团，开启郑州地区自中华人民共和国成立后的首次考古发掘工作，徐旭生带队在登封、巩县（今巩义市）进行考古调查，寻找"夏墟"，由此拉开考古学界探索夏文化的序幕；60年代，郑州市人民委员会公布《郑州商代遗址保护管理暂行规定》，明确划出商城城垣内外10米为保护区；70年代，发掘大河村遗址、古荥冶铁遗址，在郑州杜岭张寨南街发现商代前期青铜方鼎；80年代，发掘荥阳青台遗址、郑州小双桥遗址，在郑州商城遗址区发现商代青铜器窖藏；90年代，发掘郑州西山古城址、新郑郑国车马坑、新郑郑国祭

"百年泰斗——中国考古家"展厅

祀遗迹、巩义花地嘴遗址、新密新砦遗址、郑州洼刘遗址；21世纪之初，又发掘了新郑裴李岗遗址、郑州商城遗址、新郑东周郑韩故城遗址、郑州大师姑城址、新郑唐户遗址、荥阳关帝庙遗址、荥阳娘娘寨遗址、新郑望京楼遗址、郑州东赵遗址、巩义双槐树遗址……百年考古取得令人瞩目的成绩。目前郑州地区已发现不可移动文物8000多处，其中史前及夏商周时期城址40余处，有4项入选全国"百年百大考古发现"，15项入选"全国十大考古新发现"。这些考古发现，无一不承载着郑州厚重的历史基因。

该馆还推出了"百年泰斗——中国考古家"展。介绍了1921年至2021年间现代考古学在中国自诞生以来15位生在河南或参与河南重大遗址考古发掘工作的考古学家——徐旭生、董作宾、李济、石璋如、裴文中、梁思永、尹达、苏秉琦、夏鼐、安金槐、宿白、邹衡、严文明、张忠培、李伯谦，以此缅怀先生们的贡献，激励后学献身考古事业。

解码沉寂3600余年的都城根脉
郑州商都遗址博物院

这是一座讲述早商文化的考古遗址博物馆。博物馆以"读城""阅城"为切入点，充分运用郑州商代都城遗址70年来的考古发掘成果——出土文物，再现筑城现场、铸铜作坊、制陶作坊、大型宫殿遗址、给排水设施等场景，很自然地将3600年前在郑州这片神奇的土地上所发生的故事娓娓道来。

博物馆的建筑外观为抽象的几何造型——这也是古文明的一种天然属性，加以斜面斜线等诸多元素，由此营造一种破土而出的磅礴气势。外层的墙面用粗粝的石材和面层结构的变化隐喻着考古学中厚重的肌理与质感，内部平面布局则借鉴了考古探方的形式，以温润细腻的米色洞石显出层层表面物质剥落后破土而出的"玉"——这块"玉"由硕大的玻璃幕墙组成，在不同时间、不同季节随着天空的变化而呈现出丰富的色彩

郑州商都遗址博物院　位于郑州市管城回族区东大街与城东路交会处

与表情；镶嵌在上面的金属线与玻璃体反射着太阳的光辉，好似玉石历经时间的打磨后在岁月长河中熠熠生辉。人站在馆内，透过玻璃幕墙就能远眺百米外的商城遗址，可直观而生动地领略到以商代城墙夯层为背景的郑州这片古老的土地从商代到现代的历史变迁。那一刻，萌动的思绪仿佛进入时光隧道，在期待中实现古今的"穿越"与对话。

毋庸置疑，商代留下的这座都城遗址已经在地下沉睡好几千年了。

20世纪50年代初，一位叫韩维周的小学教师最先发现了它。他在二里岗采集的一些绳纹陶片和磨光石器引起了考古专家的关注。最早联系韩维周的是省文物考古研究所的安金槐、赵全嘏和裴明相，他们在韩维周家中惊奇地见到满屋子的陶片和石器，而这些陶片和石器都是韩维周从二里岗捡回来的。此后不久，中国科学院考古研究所派出一支工作队来到郑州，确认这座城市的地下还有一处比安阳殷墟更早的商代都城。

从1952年到现在，郑州这片古老的土地上不断有新的发现。单是主持过商代都城遗址发掘的考古专家就能列出很长一串名字：安金槐、安志敏、裴明相、杨育彬、郝本性、陈嘉祥、宋国定、贾连敏、曾晓敏、杨树刚……从发现和发掘二里岗遗址开始，他们在这里耐心细致地把一块块历史碎片拼接起来，最后找到了大面积的商代文化层——有灰坑、墓葬、窑址，还有铸铜、制陶、制骨作坊，出土文物数以万计。一件与"王者之器"紧密相连的商代铜钺，其体量之大仅次于殷墟妇好墓中同样出土的一件，器身上

郑州商都遗址博物院外景

的浮雕兽面纹好像是神秘而威严的远古图腾，积蓄着早商粗犷狞厉的原始之美。1953年在二里岗遗址发现的一片牛肋骨，上面刻有"又乇土羊乙丑贞及孚七月"11个字——专家考证，这应是商朝早期的卜骨。其中的"乇"是"亳"的商朝早期写法，"又乇土"就是"又亳土"，意思是卜问在亳地献羊的可否，这无疑证实二里岗遗址——郑州商城就是商汤亳都。1956年在商城遗址发现的一件战国时期陶豆柄残件，上面印着一个"亳"字，这一发现也为商城乃汤都之亳提供了一条重要依据。1974年在郑州市杜岭张寨前街窖藏中发现的两件兽面纹铜鼎，又称杜岭方鼎，一件藏于中国国家博物馆，一件藏于河南博物院，虽说没有殷墟出土的司母戊（新说后母戊）方鼎形体大，却比司母戊鼎早了300多年，属商王室重器。在商城遗址，像杜岭张寨前街这样的窖藏发现了三处，另外两处属南顺城街窖藏和向阳回族食品厂窖藏，共发现28件商代王室青铜礼器，时间跨度覆盖了商代前期200多年。

当然，在郑州，最激动人心的还属商城遗址的发现。

郑州商代都城比安阳殷墟还要早些。整个遗址分出宫城、内城、外城和护城河几个部分，面积约25平方公里。在商城路残存的内城垣，可以清晰地看到大片呈淡红色的夯土层，每层夯土之间都有密集的夯窝，这是用成捆的圆木棍夯筑留下的痕迹，用手触摸，竟有一种比砖头还硬的感觉。它的横断面呈梯形，底宽约20米。不难想象，当年

商代兽面纹铜钺

郑州商代都城遗址

肯定是很壮阔的一座城垣。建这座城垣，用了一种分段分层的夯筑工艺：版筑法。筑墙时，四周用木板相夹，板外以木柱相支，用绳绕过木柱将木板缚紧，然后在木板之间铺一层黄土，夯打压实。如此重复，直到建至预定的高度，再拆去木板木柱，一堵墙就筑成了。据测量，每层的夯土厚约8至10厘米，夯层薄，夯窝密，使得郑州商城的内城垣像砖石一样结实。

外城与内城有几百米的距离。外城的周长与明清时期的北京外城大致相当。内城发现几十处大型夯土基址，像是宫殿区。而在外城与内城之间，又发现两处铸铜作坊遗址、两处祭祀遗址、三个青铜器窖藏坑、一处制骨作坊和一处制陶作坊遗址，还有几十座随葬有青铜器的贵族墓。这些发现表明，郑州商代都城的规模要比同时代的两河流域的巴比伦城、亚述城，印度河流域的摩亨佐达罗城、哈拉巴城以及尼罗河流域的埃及城大得多。而修筑如此规模的城垣，动用如此众多的人力、物力和财力，也只有住在里边的商王才能办得到。

郑州商代都城一直沿用到商代后期。商朝灭亡后，周武王封叔鲜于此，是为管国。战国时期，管城先后属韩、魏，只是它们的城墙一直都是在商代都城的基础上加固完善的。秦统一后，管城变成了管县。两汉时，城址又被新主人做了一些改动，靠北边的地方被新筑的一道城墙隔在了外边。这个框架从唐宋延续到明清，几个朝代在上面修修补补，从而使这座商代夯土城垣得以保存到现在。

事实上，笼罩在商都遗址上空的重重迷雾并没有完全消散。

诸如：郑州商代都城的王陵区在何处？为什么商都遗址中有铸铜、制陶、制骨作坊，却没有加工玉器的作坊？为什么铸铜的作坊都是以兵器和工具为主，那些大型青铜器是在什么地方铸造的？几处青铜器窖藏坑，究竟是王室祭祀所为，还是因政权更迭有意埋藏？商都最后遭遇了什么变故而被废弃……

诸多未解之谜，只能期待在未来的考古发掘和研究中能找到答案。

博物馆速递

2023年，郑州又有一家以展示商代都城遗址真实原貌的东城垣遗址博物馆正式开馆。馆址就在管城区城东路与商城路交叉口，馆内的"镇馆之宝"就是底层近两米高的夯土和土层断面所呈现的"城摞城"奇观——从这里可以清楚看到战国、汉、唐、明、清在商城基础上修筑过的痕迹，继而了解郑州商城遗址3600年来的历史变迁和不断扩展的城市格局。

重返5000多年前"星空下的村落"
郑州市大河村遗址博物馆

大河村遗址博物馆是为保护大河村遗址而建立的一处史前遗址博物馆。

整个建筑的设计灵感来源于遗址内出土的仰韶文化房基——它的外观使用了红色的陶板，向到访的参观者传递仰韶文化的房基在火烧后所形成的"陶房"墙壁的概念；而玻璃幕墙内装饰的土黄色竖向立柱，表现的是墙壁中间所嵌入的"木骨"所在。二者的结合，完整地表现了大河村遗址"木骨陶房"的建筑风格。

大河村遗址很幸运，因为它遇到了一位名叫"幸运"的人。

那是1964年秋天，村民孙幸运在郑州北郊大河村外的一道土岗上培育红薯苗，无意中挖到一座砖墓，在墓里发现一面铜镜、一枚锈蚀的箭镞，还有两个陶罐。孙幸运把这些东西交给了郑州博物馆。当博物馆派李昌韬来现场调查时，又发现地上裸露的大片

郑州市大河村遗址博物馆　国家二级博物馆　位于郑州市中州大道与连霍高速交叉口

红烧土和碎陶片。此时他们的注意力已经从那面唐代铜镜转移到了这个意外发现上——地面上的这些东西来自更遥远的新石器时代。后来正是靠着这些残破零碎的陶片，李昌韬在这里找到了一个面积约40万平方米、距今约6800至3500年的大河村先民们居住的"星空下的村落"。

事实上，当地村民早就看出这片土岗地有些蹊跷，老是觉得地里头的石头瓦片捡不净似的。他们只知道铜的东西值钱，根本没把这些石头瓦片放眼里。如果不是淳朴善良的孙幸运把挖出来的东西交给了文物部门——为此得到一张奖状和6元钱奖励，并且把脚下土岗上的蹊跷事儿告诉了能够读懂这些古老文明信息的专业人员，恐怕这片土岗早被平掉种上了水稻，人们也许就永远见不到大河村遗址了。

从1972年到现在，大河村遗址先后进行了30次考古发掘。发掘表明，这是一处包含仰韶文化、龙山文化和夏商文化，前后延续了3000多年的重要遗址。尤为明显的是，大河村遗址较多地继承了裴李岗文化的特征。"它们之间一脉相承的发展关系，就像是一部不缺页码的历史书籍展现在我们面前，让我们了解到中原地区氏族社会发展的一些鲜为人知的故事。"李昌韬研究员说。

大河村遗址发掘现场

大河村遗址出土的各种陶器

白衣彩陶盆

譬如陶鼎，这种器物在遗址出土最多，或许5000多年前就是大河村先民普遍使用的一种敞口折沿、束颈球腹、三角鼎足的炊具。尽管它在8000多年前裴李岗文化时期就已经出现，但那时它尚未成为生活用具的主流。后来鼎的作用变得复杂起来，其材质也从陶变成了铜。到夏代，鼎作为炊具的功能已经大为弱化，而鼎的轻重、大小和数量则被夸张地演绎成为拥有者不同等级、地位和社会尊严的象征。

又譬如陶盆、陶罐、陶钵、尖底瓶等，不仅注重实用，更追求造型和装饰的完美。过去在其他地方见到这些器物上的彩陶画多是几何纹和鱼鳞纹状，而大河村的彩陶画则是灿烂的太阳纹和美丽的月亮纹、星座纹和彗星纹等。有一件白衣彩陶盆，口沿处对称饰以红彩直线纹、白彩弧形三角纹、红彩圆点纹、黑彩弧线纹等多组图案，腹部又对称饰以黑彩月亮纹、弧形三角纹、圆点纹等多组图案，十分华丽。这件白衣彩陶盆出土时盖在一件夹砂灰陶的陶罐之上，其上还扣着一件泥质红陶钵，专家推测其可能是作为瓮棺盖使用的。还有一件陶钵，上面画了12个太阳。有人认为，这可能是一年12个月的象征。另一件陶钵画的是一个月亮纹，分出上、下两个半圆，中间是满月。一件筒形罐，直口、直腹，器表磨光，口沿内侧一周绘红彩带状纹，腹部四周饰红彩平行带状纹，整个造型简洁明快，干净利落。尤其是一件20厘米高的彩陶双连壶，器型少见，其左右两个壶体相连，中间有一圆孔相通，壶两侧各附一耳，圆腹平底，器表满布平行线条图案。起初人们并不清楚它的用途，后来从出土的陶制酒杯上推测，这件双连壶应该是个酒具，但又不是一般的酒具，或许是氏族首领在氏族结盟或重大活动时对饮的酒具，以此象征和平、友好、平等与信任。也有人推测是新人喝交杯酒的合卺杯。"卺"，古代举行婚礼时用作酒器的瓢。如今这件彩陶双连壶收藏于河南博物院。

再譬如房子。大河村遗址出土的房基是一组多间相连的长方形房屋。其中一座四连间的"豪宅"还保留着完整的平面布局和1米多高的墙体。经碳-14（一种具有放射性的同位素，用来判断文物的年代）测定，房基应是仰韶文化晚期的建筑。大河村先民住的房子为木骨草筋泥墙，建造时先打地基，然后竖起木骨，用搓捻的芦苇草绳或是砍伐的树藤将其加以固定，再在木骨外垛起草拌的胶泥土，表面用细沙泥抹平，最后把墙内的草木烧掉，盖上房顶。被烧去草木的墙体形成空心夹层，既保暖又隔热，冬暖夏凉。尤其是经过大火的内外煅烧，房子便和烧成的陶器一样坚固——这也就是那些大片红烧土的来历。

汉代河南郡第一冶铁作坊
郑州古荥汉代冶铁遗址博物馆

1964年冬,郑州郊区古荥公社修公路,群众捡砖头瓦块铺垫路基,有人在老城外的红土岗上挖到一个炼渣坑,还捡到很多陶片。此事引起郑州市公路段负责施工的赵技术员的注意,他立即向上级报告。省、市文物部门的专家都到了现场,认定红土岗是古代一处炼铁遗址。翌年春,郑州市文物部门开始进行考古专探,发现遗址呈南北走向,南北长400余米,东西宽300余米,总面积有12万平方米。可还没等遗址里的东西挖出来,甚至还没搞清楚遗址究竟是个什么"身份","文革"就开始了,发掘工作被迫中断。

郑州古荥汉代冶铁遗址博物馆　位于郑州市惠济区古荥镇古须北路79号

1975年春，古荥公社搞农田基本建设，有几个社员在红土岗深翻土地时挖出一个"青蛙形状的东西"，后来知道那是个几十吨重的积铁块。当时觉得这东西碍事，影响种庄稼，就想把它炸掉。郑州博物馆考古专家李昌韬得知情况后，迅速赶到现场，把挖出来的积铁块保护起来。随后，中断了十年的发掘工作又得以继续。很快，考古工作队在1700平方米的揭露面积中找到了两座高炉的炉基和几百件陶器、几百件铁器，还有一批铸造铁范用的陶模，以及矿石加工场用的蓄水池、水井和四角木架柱坑、陶制鼓风管、耐火砖等。2001年，遗址被列入全国重点文物保护单位。2011年，遗址由保护管理所更名为冶铁遗址博物馆。

一号高炉的炉基有3米多深，由耐火土加小卵石夯筑；炉壁残存高约0.54米，壁厚约为1米；炉膛呈椭圆形，南北长4米，东西宽2.7米，容积为约50立方米，这种炉子在当时每天生产生铁0.5～1吨。或许是长时间高温冶炼的缘故，坚硬的膛壁已经变成了蓝灰色。最初发现这座高炉的炉基时，也是想把它炸掉的，炸药都放好了，最后因为没爆炸，加上李昌韬及时赶到制止，才得以保存下来。

二号高炉存留了部分基础，与炉前工作面连成"凸"字形布局。在高炉前清理出十几块大型积铁，总重近百吨，最大的一块有20多吨。当时两座高炉的炉渣堆积六七米

汉代1号冶铁高炉遗迹 1975年古荥冶铁遗址发掘出土

汉代积铁块 总重近百吨，其中最大的一块重23吨

汉代坩埚
1975 年古荥冶铁遗址出土

汉代灰陶绳纹鼓风管
1975 年古荥冶铁遗址出土

汉代耐火砖
1975 年古荥冶铁遗址出土

高，可村民们只知道用它来垫地，等后来知道了它的价值，炉渣也快被挖光了。

遗址中发现的陶器大部分为西汉中晚期（同时出土有十几枚西汉中晚期的"五铢钱"），个别属东汉时期。陶模分上内模、上外模和下内模、下外模，上内模阴刻有"河一"铭文。铁器多为犁、犁铧、铲、锄、双齿镢等农具，其中有十几件也刻着"河一"的铭文。而在几十公里外的巩义铁生沟冶铁遗址中发现的铁器，上面则刻有"河三"的铭文。

考古证明，古荥冶铁遗址是汉代河南郡第一冶铁工场。

汉代实行冶铁官营，朝廷在全国设铁官48处。而从考古发现来看，近几十年，全国已经找到汉代冶铁遗址50多处，遍及河南、陕西、山西、河北、山东等地，绝大部分集中在黄河流域，且以河南、山东、河北三省最多。其中河南有郑州惠济区古荥镇、巩义铁生沟、南阳瓦房庄、鲁山望城岗、泌阳下河湾、西平棠溪、汝州夏店等23处。荥阳故城西门外的这一处在河南郡冶铁工场中排第一号。

古荥冶铁遗址的规模和技术水平是不多见的。它表明，两千年前中国的生铁冶炼和铸造技术已达到很高的水平，当时这里已经形成以炼铁炉为中心的一套完整的冶炼系统，并且使用了椭圆形炼铁炉。椭圆形炼铁炉的出现是炼铁史上一个技术进步，它既增大了炉膛的面积，又能缩短鼓风管和高炉中心区的距离。而在英美等一些国家，这种椭圆形的炼铁炉直到1850年才出现，在瑞典和俄国还要更晚一些。遗址中发现的煤饼也不可小觑，它在中国冶金史上有着重要意义。煤用于炼铁的记载最早出现在北魏时的龟兹，也就是公元4世纪左右。古荥冶铁遗址的考古发现，把中国用煤炼铁的历史提前了400多年。

专家们还在古荥冶铁遗址发现了一种断口呈玻璃状的炼渣。经测定，其中含碳化钙25%左右，含氧化镁2.5%左右，显然是添加了碱性溶剂的结果。另外在巩义铁生沟冶铁遗址也发现有石灰石。可见在西汉时期，人们已经有意识在冶炼生铁时添加石灰，这有助于降低炉渣熔点，提高炼渣的熔化性和流动性，也可以起到一定的脱硫作用（或许宋代以前钢铁含硫量较低与这种情况有些关系），这应是一项实实在在的世界领先技术。出土的农具经金相检测确认有灰口铁、白口铁、麻口铁和铸铁脱碳钢、球墨铸铁等成分。在西方国家，到20世纪英国人才发现了铸态下存在球状石墨的铸铁，而在中国，两千多年前的汉代河南郡第一冶铁作坊就已经能冶炼了。

遗址出土了大量的犁模、镢模、铲模、锤模等。这些不同的模具用黏土制成，经陶窑烧制成陶模，然后把它们组合起来，浇入铁水，铸成铁范，再把铁范合起来浇入铁水，就制成了铁铧犁。可别小看了它——在汉代，用人力耕地，一天最多耕半亩；而使用铁铧犁耕地，一天能耕5~8亩，大大提高了生产效率。

陶瓷为声，讲述黄河故事
郑州大象陶瓷博物馆

在大象陶瓷博物馆，1800余件古陶瓷、2万余件古陶瓷标本成为人们探究历史的重要窗口。这是一家非国有的国家二级博物馆，主体建筑也就是上、下两层，展厅在二楼，分出东、西两处。博物馆的大门造型状如一件陶瓷瓶，整个外墙用唐代鲁山段店窑的残瓷片镶嵌，这与它的专题展示倒也贴切。院子背依商代古城墙遗址，植有几株紫荆树，斑驳的树影洒落在院内，营造出一处格外宜人的舒心环境。

东展厅为"大河上下——黄河流域陶瓷精品展"基本陈列，常年有新石器时代彩陶、商代原始青瓷、汉唐三彩花釉和宋元瓷器展示。其中馆藏多有黄河流域中原地区历代陶瓷精品、孤品。众多到访者到了这里会细察慢品，感受着不同时代的精神风貌，在艺术欣赏中体验历史长河的静静流淌——新石器时代仰韶文化时期的彩陶盆、红陶提篮，龙山文化时期的红陶三足盉，红山文化时期的镂空高足红陶杯，大汶口文化时期的红陶三足鼎，齐家文化时期的红陶鸟

郑州大象陶瓷博物馆　国家二级博物馆
位于郑州市金水区顺河路36号

"大河上下——黄河流域陶瓷精品展"基本陈列

形器,马家窑文化时期的彩陶圆圈纹壶;还有商代的白陶鬶,春秋战国时期的灰陶镂空座人形俑,秦代的灰陶文字砖,西汉的灰陶彩绘狩猎人物壶,东汉的褐黄釉龟座博山炉,西晋的褐釉鸡首壶,十六国时期的褐釉骑马俑、褐釉獬豸,北魏时期的灰陶骑骆驼商人俑,隋朝的镇墓兽、青白釉下棋俑,唐代的花釉瓷拍鼓、三彩魌头(古时打鬼驱疫时扮演者所戴的面具)、白釉瓜棱执壶,北宋的黄釉胡人俑、白釉四系罐,辽代的绿釉文字牌,金代的红绿彩文官俑、手持荷叶童子俑,元代的白釉黑花罐,明代的褐釉加彩梅花鹿……一路走下来,就像是接受了一次中国陶瓷史的普及教育。

有一件新石器时代仰韶文化时期的白陶锥刺纹瓶,在流光溢彩的陶瓷展品中显得有些特立独行。瓶子底大口小,重心稳,不易倾倒。器身饰有细密工整的锥刺纹,造型宛如黄河中的一滴滴水,浑圆饱满、气韵悠长,应是当时人们生活中用来盛水或盛酒的器物。仔细观察可以发现,瓶口有小的收口,这样的设计既方便倒水又可以防止握瓶颈时瓶子滑落。而中间的细颈处则以素面处理,也是考虑到握瓶时的舒适度,设计非常人性化,体现了仰韶先民的智慧。

一件来自春秋时期的灰陶镂空座人形俑,上尖下圆,中间镂空,最独特的应该就是头部。四面都雕刻了人脸,且有着不同表情,让人从不同的角度看到了不一样的面孔。

一件十六国时期的褐釉獬豸,体大如牛状,锐角前突,弓首翘尾,脊背高高凸起,身上的鳞片清晰可见。传说獬豸是一种能辨是非曲直、能识善恶忠奸的神兽,一旦发现奸邪者,就用角将其触倒,然后把他吃掉。从先秦到明清,獬豸被当成廉明正直、执法公正的象征,在各种场合被经常使用并作为监察御史和司法官员的重要标志——头戴獬豸冠,身穿绣有獬豸图案的补服,獬豸成了礼制官服中不可缺少的一种元素。

一组隋朝时期的青白釉镇墓兽——"地轴"与"祖明",谲诡奇特,具有强烈的神秘意味。镇墓兽最早见于战国楚墓,流行于魏晋至隋唐时期,五代以后逐步消失。早期多为木质、骨质,后来转为陶质和三彩釉,往往被置于墓室的入口,仿佛人间与冥界之

新石器时代仰韶文化白陶锥刺纹瓶　　　　　　春秋灰陶镂空座人形俑

间一道坚固的屏障。"地轴"和"祖明"是镇墓兽的名字，地轴为人首镇墓兽，祖明为兽首镇墓兽；人首怒目圆睁，兽首威严凶狠，想必是扮相显得凶恶一些才能替墓主人镇压邪祟，护佑死者亡魂的安宁。

西展厅则经常会举办一些专题陈列展，颇受观众欢迎。

"太平有象——汉唐乐舞展"中，来自汉代的褐釉乐舞俑长袖飘逸，北朝的灰陶彩绘马上乐俑神情悠然，隋朝的黄釉舞俑手舞足蹈，唐朝的胡旋舞俑舞姿曼妙、参军戏俑诙谐幽默……其中一件汉朝褐绿乐俑异常醒目，只见他双手各持一只簧管，将其首端相抵放于口中，做演奏状。有考证，这个乐俑吹的乐器叫"阿夫洛斯管"，是古希腊时期最原始的乐器之一。当年，这种乐器与波斯的唢呐、曲项琵琶和古印度的凤首箜篌一起沿丝绸之路传至中原，逐渐成为中华传统文化的一部分。这段历史被博物馆的馆藏陶釉器记录了下来。同样被记录的还有当时人们的服饰、发髻和妆容，展现出不同朝代的精神风貌和审美特点——所谓"环肥燕瘦"，是说汉朝以瘦为美，其乐舞俑多腰骨纤细；唐朝以胖为美，其乐舞俑多圆脸胖体、丰姿绰约。

"彩出中原——唐三彩器用展"，推出大象陶瓷博物馆收藏的百余件三彩器，有三彩罐、三彩壶、三彩盘、三彩枕、三彩杯等，不少出自巩义窑。巩义窑是隋唐时期中原

十六国时期褐釉獬豸

北齐黄釉胡人俑

地区有名的窑场,其窑址分布于今巩义市白冶河两岸的北山口镇水地河村、白河村、铁匠炉村、汪寨村、大小黄冶村附近。北朝晚期,这里就开始烧制青瓷,隋代又烧造白瓷,盛唐时期在主烧白瓷外又烧制唐三彩、唐青花瓷和黑釉瓷、酱釉瓷、绞胎瓷、白釉绿彩瓷等,开元年间曾一度为宫廷烧造贡瓷,展现了中原烧造技术所处的领先地位。

"宋人生活与二十四孝砖雕展"汇集了馆藏的百余件宋代砖雕,从砖雕上的夫妇宴饮、乐舞表演、力士雄姿、社火杂剧以及卧冰求鲤、卖身葬父、埋儿奉母等大爱故事中,呈现出宋人的日常生活、娱乐活动及孝道追求,系统展示了宋人的世俗生活面貌以及精神世界——在这里,宋人喜欢吃什么、喝什么、玩什么,通通都可以看到。

"青韵流光——汝州张公巷窑址前四次发掘成果展"汇集了张公巷窑址发掘出土的精品文物206件(套),里面有青瓷碗、洗、盘、盏、瓶和一批窑具等。青釉瓷是张公巷窑烧制的唯一产品,薄胎薄釉,玻璃质感强。这也是张公巷窑出土的青瓷器物首次集中对外亮相,令观者大呼过瘾。

绝妙的瓷上世界
郑州城外城陶瓷艺术博物馆

城外城陶瓷艺术博物馆是一家非国有的国家二级博物馆。馆内的藏品5200余件，另有瓷片、窑具标本25余万片，涵盖了全国各个历史时期的300多个窑口，如此海量藏品集聚于一馆，使得博物馆犹如标本库一般，故深受陶瓷爱好者青睐。

馆内藏品，属新石器时代仰韶文化的陶器有100多件。一件红陶唇口钵，器形优美，唇口如少女红唇一般娇润动人；一件红陶双系罐，敦厚朴实，抛光的表面红润怡人，甚是可爱；一件尖底撇口多纽陶尊，斜纹散布于器身，陶纽坚硬如铸；一件红陶凤纹双耳缸，器身犹如凤冠状嵌于表面，造型大器、自然；一件乳钉红陶缸，器身布满斜纹，口

郑州城外城陶瓷艺术博物馆　国家二级博物馆　位于郑州市高新区天健湖公园

城外城陶瓷艺术博物馆展厅

沿下方附以陶纽，四颗乳钉嵌于器身，为仰韶缸中此类未有见者；一件席纹双系大口尊，直口尖底，口部玄纹紧凑密集，角状陶纽井然有序分布于口部，亦是仰韶少见之重器。

陶器的出现是新石器时代最重要的一项发明。那时的人们发现，这种有黏性的泥土经过火烧以后会变得非常坚硬，可以用来储存粮食；加热后，这种器皿的吸水性也会大大降低，可用来存水或烹饪食物。久而久之，这种烧制的陶器就变成了人们的生活必需品。

在城外城，汉唐、宋金时期的藏品也展现出巧夺天工的技术，别具特色。

汉代陶楼，称得上是古人对死后的世界所做的一个现世再造。这种陶楼并不能住人，但汉代人"事死如事生"，生与死的观念都凝聚在这微缩的器物中。馆藏一件四层汉代绿釉陶楼，高110厘米，宽45厘米，进深42厘米。院落正中开方形大门，中间立一陶俑，左右两边各卧一陶狗。三层平台四角落各有一名防卫，门口有两陶俑，四层有挑梁支撑，画壁饰之，置斗拱，覆庑殿顶，正脊卧一瑞鸟。想来墓主人生前一直向往这样的院落。

唐代瓷器，到访者可以看到以下几件有代表性的藏品。

花瓷腰鼓，又称拍鼓、羯鼓，通常很少见到，但在这里，可以欣赏到唐代鲁山段店窑烧制的十多种样式的腰鼓，其馆藏的腰鼓数量及种类非常丰富。段店窑在唐代以烧制花瓷出名。当年腰鼓由西域传入中原，不仅被吸收进唐乐，并且又独创地用花瓷

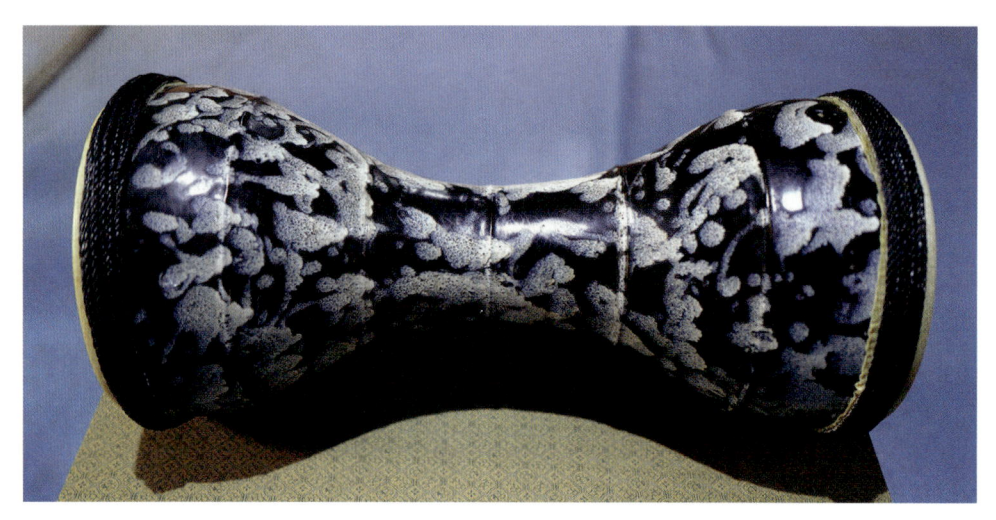

唐代花瓷腰鼓

作鼓腔，"以瓦为匡"，呈长圆筒形，两头粗，中间细，蒙革于两端，以杖击之。《旧唐书》有记："腰鼓，大者瓦，小者木，皆广首而纤腹，本胡鼓也。"馆藏一件黑釉花斑腰鼓，长60厘米，鼓身凸起弦纹七道，通体花釉为饰，作为打击乐器，当年定是占尽风头。还有一件黑釉花斑拍鼓，一头口大，一头口小，表演时大口在上，小口在下，立于地面，用手拍打，别有一番风趣。

白釉粉盒。用于盛放妆粉、胭脂、黛粉，是古代妇女闺房中不可缺少的一项"标配"，用胭脂涂抹两颊，用黛粉修饰眉毛，在唐代非常流行。这件粉盒形制规整、素雅无纹，釉色莹润透白。上下口沿处有一点彩，既显画龙点睛之趣，又有上下标识之意。

三彩俑。一看就不是中原本土人士，头戴幞头，留着一脸的络腮胡子，身穿翻领大衣，仰头远视，让人仿佛看到一位高大健壮的胡人，正牵着骆驼从遥远的西域缓缓走来。

绿釉执壶。釉色青翠莹润，造型端庄大方。执壶又称"注子"，最初是作为酒具来使用的，后来成了人们日常生活中的一种茶具。执壶在唐中晚期大量流行，式样也比较多，有短流、长流、曲柄、直柄数种。五代至宋时器身渐高，壶体多为瓜棱式，往往与注碗成套使用；元代壶体呈玉壶春瓶式，壶流弯曲而细长；明清时期执壶形式变化不大，开始有了玉、珐琅、金银等质地……

宋金时期的瓷器讲究平淡、含蓄、自然，这从馆藏的青瓷盘、青瓷瓶、天蓝釉钧瓷碗等瓷器就能看出来——突出单色釉，并不过于追求纹样装饰，釉汁莹润、冰肌玉质。

北宋绿釉莲花注碗

瓷枕在彼时非常流行,传世品中非常多见的一种器型,馆藏一件鹿纹枕,以大幅黄褐釉施之,绿釉点缀枕面,上面绘有一只雄鹿在草丛中奔跑,画面突出如雕刻一般;一件绿釉元宝枕,长43厘米,宽30厘米,高15厘米,器形硕大,似不多见,足以让人"高枕无忧";一件金代鸟戏蝶黑白花枕,造型端庄,器形优美,枕面以黑釉施边,中间绘以花、鸟、蝶,栩栩如生,称得上是黑白花瓷枕中之精品。

博物馆速递

郑州还有两家收藏古陶瓷的博物馆。华夏文化艺术博物馆,位于中原西路的华宸大厦,馆藏一件仰韶文化庙底沟类型的"飞天鸟龙"红陶彩盆、双唇口红陶尖底瓶均为目前所见之孤品;一件半坡类型的红陶大口尖底器,器外凸起一圈泥鳅背,造型极富视觉冲击力;一件北齐相州窑白瓷神牛形象威猛,2010年曾被央视《寻宝》栏目评为"民间珍宝";还有一件唐代巩县窑的白瓷双龙瓶,刻有铭文"俱是巩等王仲作也",为巩县窑铭款所仅见。登封窑陶瓷博物馆,位于郑州下辖的登封市东华镇王村,馆内收藏古陶瓷标本3万多件(片)。登封窑是中原地区民窑系中最具代表性的一座窑口,其烧造历史可追溯至唐宋时期。这个窑口的瓷器工艺精到,其纹饰如珍珠铺地,尤为独特。瓷器上的人物画大多表现僧侣道士和文人墨客所追求的山林野趣,体现了随意、洒脱、恬淡的超然境界。

石窟里的绝唱
郑州仁清金石传拓艺术博物馆

郑州仁清金石传拓艺术博物馆有藏品1298件。这些藏品,是原在河南省古建研究所工作的李仁清先生以古老的传拓技艺所拓印的金石代表作。这些作品并非一般的传拓技艺所能呈现,而是采用了一种更为复杂的高浮雕石刻传拓技艺,将高山崖壁上不可移动的石窟造像、墓葬深坑中的画像砖石以及帝王陵寝神道上的石人石兽拓印于宣纸之上,通过水墨传拓使雕塑作品从立体转化为平面构图"粉本"予以保存。

据考证,传拓技艺至少在唐代就已广泛使用,并以其独特性、珍稀性、不可替代性流传至今。很多图书馆保存有诸多原始文物已不复存在的拓片,这些拓片与古籍一起,构成了记载、保存和传播中华文明的纸质文献载体,这些拓片具有反映中国历代书法、艺术、政治、军事、文化发展状况的珍贵史料价值。但是,长期以来,对于传拓立体的高浮雕造像碑、石窟寺佛龛造像或陵寝前的人物、动物石雕,则极少有人问津,皆因立

郑州仁清金石传拓艺术博物馆　位于郑州市索凌路与国基路向东金水区文化馆4楼

北魏本尊佛造像龛　原作存巩义石窟寺第三窟中心柱南面

迦毗羅神王

那羅延神王

隋代護法神造像 原作存安陽靈泉寺大住聖窟

体的高浮雕造像在工艺设计、透视关系、贴纸的难度等传拓技艺方面不易掌控。李仁清先生在他近40年的传拓生涯中，致力于高浮雕传拓技艺的研究与创新，解决了高浮雕、圆雕石刻立体传拓的难题。

"这一成果，使千年之久的平面传拓升华到了高浮雕传拓的新阶段。这种新的技艺，既可保持原造像石刻的原真性，又提高了石刻作品内容的可读性，这是一项难度很大的高层次工艺。"（张家泰：《李仁清和他的高浮雕传拓技术》）与传统平拓不同，高浮雕拓印的对象是凸凹不平的立体雕像，湿透的宣纸必须以正投影的要求，把它切成碎片直压到各个部位之上，每一个细节都要在雕像上拓出，包括褶皱处、服装纹饰、身体动作等。在仁清先生看来，不同年代、不同脸型、不同服饰，其雕刻手法都不一样，前期要做大量的调查研究和历史、测绘、绘画、雕塑等知识的储备。从开始对石刻的现场观察确认，再到纸张的选择、传拓工具的改进、墨色浓淡的运用、创作理念的升华，每一次突破都浸润着仁清先生精益求精的匠心。

在巩义石窟寺，李仁清面对一尊倚崖就势近6米高的立姿释迦牟尼像，经过精确测量之后，便正式开始拓印。他要拓印的这尊佛像，尽管经历了1500年风剥雨蚀，但依然法相丰腴。仁清先生先把湿度合适的宣纸铺到大佛的脸上和身上，对凸起部位的拓纸用剪刀仔细地剪开，然后用打刷把宣纸与佛体完全贴敷在一起——其中耳朵处最不容易贴敷，实属再创造的大学问。而夏季的高温又使宣纸中的水分蒸发很快，仁清先生一刻都不能停歇，必须在水分完全蒸发之前扑上墨汁。上墨需要重复十几回，在上墨的过程中会发现很多细小纹路，这是古人在雕刻佛像时留下的印记，拓印会把它们纤毫毕现地展露出来。这也是拓印的魅力。到了夜晚，拓印佛像的工作还在继续。仁清先生不停地为宣纸补充水分，以此保持拓纸与佛像的完全贴合，取得最好的拓印效果。经过两天一夜的紧张工作，仁清先生完成了这幅高浮雕的拓印。与平面拓印不同的是，立体拓印需要随拓体凹凸把纸面剪开，这使得拓印后的宣纸是碎片状的。接下来仁清先生需要把上千张碎片状的拓纸拼接在一起，形成一整幅拓片。拼接碎片也是需要真功夫的，每一个步骤都显得烦琐而细腻，即便有了几十年的实践经验，但每一次拼接对仁清先生而言依然还是巨大挑战。上千张碎片的位置不能出现一个差错，否则就会"错一片而动全身"。接片拼纸需要三天的时间，不仅拓片上的佛像与原造像形神毕肖、纤毫毕现，而且浓淡相间的拓印墨色似乎光影浮动，让佛像在黑、白、灰三色间产生了衣袂飘然之感，变得灵动。

多年来，仁清先生的传拓技艺在开封北宋皇陵、登封嵩山石刻、黄河小浪底古栈道、巩义石窟寺、安阳灵泉寺石窟、桂林摩崖造像、南京栖霞寺千佛石窟等众多抢救性保护项目中得以施展。他参加了河南省文物局中小型石窟课题组，为50处石窟建立了

北魏礼佛图　原作存巩义石窟寺石窟

科学档案。他独创的技艺揭开了一段段尘封的历史，并由此成为"天地之中"嵩山古建筑群和"丝绸之路"申遗的重要依据。受国家古籍保护中心邀请，李仁清多次为"全国传拓技术高级班"授课，并被聘请为传习所传拓导师。仁清先生一再讲，高浮雕传拓技艺的传承和创新不是一代两代人能做完的，希望有更多的人能把自己倾其毕生精力探索出来的"绝技"传承下去，尽可能将蕴藏于拓片中的历史文明信息保留住并传播开来。

仁清金石传拓艺术博物馆在拓印、收藏历代石刻艺术方面独树一帜。置身其间，让人不难想象，眼前这一幅幅展示着金石传拓之美的画作，都是仁清先生在搭起的脚手架上、在空间局促的石窟洞中曲身弓背完成的——贴纸、上墨、揭取、拼合、裁剪、粘接、修复、装裱，层层递进，每一个环节都不能少，其拓印的难度与体力消耗的强度都是难以想象的。

感悟"民以食为天"的烟火气
郑州大信厨房博物馆

两千多年前的炉灶是个什么样子？中国人吃饭为什么用筷子、勺子？为什么中国人喜欢喝热水？分餐制是从西方舶来的吗？古代有冰箱和火锅吗？……对于这些问题，只要来到大信厨房博物馆，就能从馆藏的近3000件文物中找到答案。

"民以食为天"，炊具，成了人类饮食活动中不可或缺的器物。

在大信厨房博物馆的展示中，新石器时代的三足陶鼎、袋状尖足陶鬲等煮食炊具，商周时期用青铜制作的甗、甑等蒸食炊具，汉代用于火烤、爆炒、熟水的炉灶，以及唐代的母子铜勺（是个一头大一头小的造型，大头用于母亲吃饭，小头则给孩子喂食，体现了古人的智慧），还有元末明初的几十种调料罐等，都为明确古代中国独有的烹调方式提

郑州大信厨房博物馆　国家二级博物馆　位于郑州经济技术开发区南三环与凤栖街交叉口

汉代陶釉厨房

供了实证。

  展厅中的那些三足陶鼎、袋状尖足陶鬲源于新石器时代裴李岗文化，彼时人们以水稻和粟等农作物为主食，将其倒入鼎、鬲中，然后加上水，在底部生上火，煮成糊状的粥，满足人们的口腹之欲，这也是国人爱喝粥的"源头"。北宋沈括曾在《梦溪笔谈》中说："鼎中有三足皆空，中可容物者，所谓鬲也。"鼎、鬲下面的三足为空心，使用时在三足下直接点火煮食，加热很快。据说这个空心足还有个作用，就是谷物中的砂石、泥土会自然沉淀到这里与谷物分开，煮出来的饭不"牙碜"。蒸食是在古代炊具甗、甑中利用沸水的热气使食物变熟的一种烹饪方法。甗有上下两层，中间有箅子；甑如同现代蒸锅，底部有许多小孔，通常用来蒸煮食物。后来这些鼎、鬲、甗慢慢退出厨房，部分演变成为礼器，人们又发明了一种用黄泥或砖垒成几何形状的操作平台——灶台，灶台上有灶眼，上面放一口铁锅煮食或蒸食——这又促使了用木制桶状的"甑"蒸米、用竹木制成的笼屉蒸馍得到了普及。特别是灶台、烟囱的发明，让做饭变得更加方便——灶台上面有灶眼（后来由一眼灶发展到两眼灶、三眼灶甚至更多），上面放一口铁锅用来煮食或蒸食；出口上方砌有烟囱，用来出烟；灶台前边有个灶门，用来添柴。灶台在保证炉膛温度的同时，也使柴火的燃烧更持久、更稳定。灶台的烟囱促进了薪柴燃烧充分，热能提高，对灶门的遮挡又使进氧量可大可小，炊具受热温度变得自主可控。

展厅中有座复原自徽派商人胡雪岩故居的灶台，可以让到访者亲身体验一下古代人是如何烧一次柴做很多饭的。这种灶台因有七眼而得名"七星灶"，它由三个主灶头、四个小灶头组成，其中一个主灶头一烧，其他灶头皆热，可同时进行炒、炖、蒸。小灶头俗称小温缸，可在做饭时烧水，用火的余热保温，人们可以喝上热水、洗个热水澡。能喝上热水可不是个小事儿，这也是茶叶源起中国、传遍世界的必要条件。这种灶台大大节约了做饭的时间，提高了做饭效率，更符合国人的烹饪习惯，和现代设计的多功能集成灶有异曲同工之妙。

此外，大信厨房博物馆还收藏了上千版的灶王年画，全国各地的版本都有。古时人们认为吃的用的都是上天赐的，是由玉皇大帝手下的灶王爷主管的，故民间很早就有了供奉灶王爷的习俗，而且还认为这位灶王爷不但管饮食，还掌命运、察善恶，几乎是个一家之长的角色了。每年到了腊月二十三或二十四，灶王爷要上天报告一年的情况，人们要摆上吃的喝的供品来"祭灶"。祭灶时，花生糖、芝麻糖和酒都是不可少的，目的是让灶王爷吃了喝了多为民间说好话，少在小报告中说民间的不是，把"拿人手短，吃人嘴软"的处世经验用了对灶王爷的供奉上。早年有钱的人家会在灶房里设个灶王龛，供上灶王爷的像。也有的人家将灶王爷的像直接贴在墙上。有的像只画灶王爷一人，有的还画上了灶王奶奶。在古人信奉的众神之中，灶神在民间的地位是最高的，上至皇室宗亲，下至平民百姓，对灶神都是毕恭毕敬的。

大信厨房博物馆展厅

大信厨房博物馆收藏的年画

汉代陶灶 　　　　　　　　　汉代褐釉龙头灶 　　　　　　　　汉代灰陶磨

　　古本《灶王经》在大信厨房博物馆收藏有173种，一个乾隆年间的刻版成了博物馆的"镇馆之宝"。简单说，《灶王经》就是一本居家处世的行为准则，劝人多积德行善事，"勿以善小而不为，勿以恶小而为之"，说是"买卖商人念此经，陶朱事业火样红；手艺工匠念此经，心灵手巧显技能；年高老者念此经，眼不花来耳不聋；年轻学者念此经，一笔文章锦绣成……"。读来朗朗上口，世谓"善书""宝卷"。

　　从馆藏的餐具中可知，古代中国人使用餐具也有很长的历史：用勺子的历史有7000多年，用刀叉和筷子的历史约有4000年。战国时期，庖厨者将餐品加工成方便用筷子进食的大小形状，而后用刀叉的习惯渐渐就被淘汰了。筷子和勺子在先秦时期就已分工明确，筷子用来吃菜，勺子用来喝汤，沿袭至今。而分餐制也在中国本土文化中有迹可循——考古发现，分餐制在古代中国至少实行有3000多年，古人分餐进食，一般都是席地而坐，面前摆着一张小食案，案上放着食具。大约到了唐代，高桌大椅逐渐取代了铺在地上的席子，围桌而食逐渐取代了小食案进食。到宋代，随着文人士大夫的饮宴聚餐之风的兴起，现代意义上的会餐制成为社会主流——《清明上河图》中汴京的餐馆里摆放的都是大桌高椅，宋代墓葬出土的一些壁画上也有不少夫妇同桌共饮的场景。至清代，会餐制已普遍存在，那个直到如今名声依旧响亮的"满汉全席"，就是这一时期的典型代表。

独享海洋深处千年奇珍
郑州山海砗磲博物馆

郑州有个以收藏、展示砗磲为主题的山海砗磲博物馆，在全国范围内绝对算是另类。或许，很多人对这种被称为"砗磲"的东西略感陌生，不知其为何方秘器。若想深入了解一番，还得进去瞧瞧。

砗磲主要产自我国南海及太平洋和印度洋的珊瑚礁海域，是一种体形硕大的双壳贝类，大者一两米长，几百公斤重，用其一扇就能做个婴儿浴盆。砗磲壳体厚达数寸，由

郑州山海砗磲博物馆　国家二级博物馆　位于郑州经济开发区第八大街

山海砗磲博物馆展厅

外部的角质层、中间的玉化层和内里的珍珠层构成，尤其是玉化层和珍珠层，色泽白皙，质地与人们熟悉的象牙或和田玉一样温润细腻。因其外壳有一道道深沟，颇似车轮碾出的辙印，所以古人便以"车渠"相称（至少在唐代以前都是用的这两个字），后来可能觉得"车渠"犹如石头一般坚硬，便又加了个"石"字偏旁，是谓"砗磲"。砗磲被认为是世界上最白的宝石，目前发现并命名的有库氏砗磲、扇砗磲、长砗磲、番红砗磲、瓷口砗磲、魔鬼砗磲、罗氏砗磲、鳞砗磲、砗蚝9个种类。

　　说起来，砗磲之名早在东汉时期就已经出现。汉人伏胜的《尚书大传》有一则西周开国功臣散宜生用砗磲宝石换回被纣王囚禁的文王的故事，是曰："文王囚于羑里，散宜生得大贝，如车渠，以献纣。"还有西晋崔豹的《古今注》，亦有"魏武帝以车渠石为酒碗"的记载：东汉建安二十年（215），曹操平定凉州，西域诸国以砗磲宝石献于曹操，曹操将其制成酒碗。彼时曹丕、曹植宴饮名流，与"建安七子"中的王粲、陈琳、徐干、应玚以席间贵为珍宝的砗磲碗为题作赋，这便是文学史上著名的同题赋——《车渠碗赋》。赋文充满辞赋家独有的美妙夸张想象和无与伦比的华丽辞藻，描绘了砗磲碗的形体之美、色彩之妙，并且说到砗磲的些许来历。曹丕曰："车渠，玉属也。多纤理缛文，生于西国，其俗宝之。"西国当指西域，当地皆以砗磲为珍宝。曹植亦论："惟斯碗之所生，于凉风之浚湄。采金光之定色，拟朝阳而发辉。丰玄素之暐晔，带朱荣之葳蕤。缊丝纶以肆采，藻繁布以相追。翩飘飖而浮景，若惊鹄之双飞。隐神璞于西野，弥百叶而莫希。于时乃有笃厚神后，广被仁声。夷慕义而重使，献兹宝于斯庭。命公输之巧匠，穷妍丽之殊形……"凉风即阆风，山名，在昆仑之巅，言其出处神秘；西野即西域，有神异璞石藏于此地，以至于百代之内都没有人得见它的异彩。神后指主公曹操，夷人敬慕其宽厚圣明，广施恩泽，遣来重使将砗磲宝石献给魏廷。主公遂命鲁班一样的巧匠把它雕成精美绝伦的砗磲碗，斟满美酒，令人久久不能忘怀。

  有关砗磲的记载，还能在北宋沈括的《梦溪笔谈》里看到："海物有砗磲，蛤属也，大者如箕，背有沟垄，如蚶壳，故以为器，致如白玉，生南海。"南宋赵汝适的《诸蕃志》里也有详述："砗磲出交趾国，状似大蚌，沿海人磨治其壳，因其形为荷叶杯，肤理莹洁如珂玉，其最大者琢其根柢为杯，有厚三寸者，脱落碎琐，犹为环佩诸玩物。"而在历代文人雅士的诗作中，亦对砗磲酒器多有吟诵。像南齐谢朓《金谷聚》中的"渠碗送佳人，玉杯要上客"，南梁张正见《刘生》中的"尘飞马脑勒，酒映砗磲杯"，南梁简文帝《答张缵谢示集书》中的"车渠屡酌，鹦鹉骤倾"，明顾璘《春日行》中的"大官赐酒砗磲瓯，一春击尽千肥牛"，明蔡羽《尊中有明月歌》中的"春光今夕争时刻，倾尽车渠三百杯"，明徐祯卿《将进酒》中的"大白砗磲为罂锦，作幂燕京字琥珀"……只是盛名之下、赞颂之余，难免也会说些奇异之处。明杨慎《丹铅总录·琐语六》有记："俗传，车渠为杯，注酒满过一分，不溢。尝试之，信然。"其实这种现象实为酒水表面张力使然，与酒杯无关。但砗磲杯为宝，引人注目，方得于史料中留一美谈。

  2015年，洛阳市洛龙区寇店镇西朱村发掘一座曹魏大墓，其中出土铭刻"车琚镜""车琚培""车渠瓜锤""车渠跳脱"的石牌数枚。中国国家博物馆研究员霍宏伟考证，"车琚"亦同"车渠"。这些石牌铭文是目前发现的最早有关砗磲的出土文献资料。

明代砗磲浮雕阿难

红山文化时期砗磲氏族图腾神像　　　　大汶口文化砗磲杯

很多人相信，经过成百上千年的孕育生长，砗磲的体内聚集了强大的磁场，佩戴于身可以镇心安神、辟邪消灾。故从早年的先民用它制作部落氏族的图腾神像，到后来的人们用它作首饰、挂件，都是由于人们相信它能带来吉祥和庇佑。佛教中，砗磲与金、银、玛瑙、珊瑚、琉璃和珍珠被视为佛门的"七宝"（"七宝"种类说法不一，《法华经》《无量寿经》《般若经》各有所指，但砗磲均名列其中），砗磲代表了慈悲和福德，常被用来制作念珠、手串、法器等。而在传统医学看来，砗磲被认为具有促进身体代谢的作用，能够增强人体免疫力，帮助缓解焦虑情绪，提升睡眠质量。

倘若拿砗磲与红珊瑚、珍珠相比，虽说同出于海洋，但砗磲却没有红珊瑚和珍珠那么大的名气。这主要是砗磲的生长十分缓慢、生长环境要求高、存量有限。尤其需要明确的一点是，收藏级的砗磲与渔民从海底捞起来的活体砗磲的贝壳是有本质区别的。作为珠宝学意义上的砗磲，系专指古海洋生物经亿万年造山运动、由海洋随地壳变动散落于高山大川的海螺化石，仅取其尾端之部分切磨成珠的珍贵有机宝石。古代被作为宗教圣物的砗磲，基本上属于这类贝壳化石。这类贝壳化石极为稀少，不足以撑起一个现代产业链。正因如此，砗磲的原材料取之不易，古时一直被看作是异常珍贵的饰品，只有达官贵人或寺庙高僧才有少量收藏，民间很少能见到。直到当代，随着人类对深海资源的开发能力不断提升，藏在海洋深处的那些砗磲残壳逐渐被带出海面，从而吸引了一些珠宝商人。那些被用来制成工艺品的砗磲，都是在海底躺了几百年甚至上千年的老砗磲化石，其壳质出现神奇的蜕变，产生了独特的"玉化"现象，像白玉、翡翠一样"水头"十足。而活砗磲则因年份不够，壳体质地、大小、厚度都不适合用于珠宝开发，渔民将其捕捞上来，多是开壳取其肥厚的肉，从而造成对稀有海洋生物砗磲的严重破坏。目前，砗磲已被列入《世界自然保护联盟濒危物种红色名录》，定为二级保护动物。我国重点保护水生野生动物名录中，库氏砗磲贝被列为国家一级保护海洋生物。

　　走进这家仿古四合院建筑的山海砗磲博物馆，千姿百态的砗磲化石、海洋贝壳标本让人目不暇接。置身其中，仿佛跨越了时空的界限，追寻到岁月深处的海洋奇珍所在，一览绝佳风采。馆内的万余件（套）藏品，形成了一部完整的砗磲文化发展史——从亿万年前的砗磲化石标本，到新石器时代至商周时期的原始图腾与祭天礼地的砗磲器物；从汉唐的砗磲翁仲神像、砗磲六博棋、缠枝凤纹砗磲舍利函、砗磲粉盒，到明清的砗磲钺刀金刚、四壁观音银镶七宝坛城、砗磲牛角天珠、砗磲顶珠官帽——清代《会典》记载，彼时的二品官员上朝时佩戴的朝珠、六品官员帽子上的顶珠都是用砗磲制作的，再到当代精美绝伦的砗磲工艺制品，其年代跨度之大、范围之广、种类之繁多，无不体现出世人对砗磲的喜爱，沉淀着深厚的文化底蕴。而作为一个专题性的博物馆，通过对砗磲标本和化石的展示，可以让普通民众进一步了解海洋贝类生物的生存与延续，从而提高人们对于生态环境和海洋生物资源的保护意识。

密县旧治的百科全书
新密密县县衙博物馆

历史上，新密有很长时间被叫着"密县"的名字。虽然有几个朝代变更过隶属关系，且县城也迁过好几次，但"密"字一直沿用至今。考其由来，大致有两说：一曰源于古密国，一曰因地势而名。《太平寰宇记》记载："河南道密县，古密国也。"《尔雅》解释："山如堂者密。"密县三面环山，唯东部平坦，形似堂屋。本地曾建有一座"如堂庙"，或许是对"密如堂郡"最形象的描绘。

1994年行政区划调整，撤密县，设新密市，自汉唐就已设立的密县县治在两千多年后被一纸公文终结。而古城的那座老县衙，也就成了解读更名后的新密市一本不可或缺的历史百科全书。

密县县衙　位于新密市城关镇东街

县衙正堂

　　县衙始建于隋大业十二年（616），元末毁于战火。明洪武年间，知县冯万金于原址重建。至成化、正德、崇祯年间，知县叶预、高节、苗之廷又相继增修。明末李自成义军攻打密县，与守城官兵有过激战，"县衙焚烧殆尽"。入清，知县李芝兰于顺治年间主持"重加修葺，规模略备"，但很快就因"积雨，又圮"。到康熙二十二年（1683）知县衷鲲化上任时，在他前面的十一位知县已经在衙外的寺庙里"临时办公"几十年了。于是报请开封府批准，由衷知县操持着在县衙旧址上复建衙署、官舍百多间。县志记载，其时县衙大堂五楹，大堂东建赞政厅（协助长官办理政事的地方）三楹，西建架阁库（县衙贮存文秘案卷的地方）三楹，东西两翼有六曹房（吏房、户房、礼房、兵房、刑房、工房）十八楹。堂前有戒石坊，坊前有仪门，监狱在仪门内西首，筑围墙一道，狱神庙、禁卒房和南北牢房各三间；仪门外为"壮、快、皂、捕"班房，东西各四楹；仪门东建寅宾馆，门之东西为旌善、申明二亭。大堂后为二堂，二堂又称"三鉴堂"；二堂后为三堂，三堂又称"退思堂"……咸丰年间，捻军攻密，县衙几乎被烧尽。同治年间，知县杨士玉又对县衙进行了重修。

　　除了县衙衙署建了毁、毁了又建，县衙内部建筑的最大变化发生在民国时期。当时衙门改政府，县官改县长，第一任县长是杨隆准，最后一任是高万青。1948年密县解放时，高跟着国民党军队去了台湾。当时县政府设两个科，一科主办行政公文，二科主办财政公文，后来两个科扩为六个科。衙门原有的六曹房被裁撤，由县政府招录的十几个书记员分别处理诸项公务；原有的八班房也被解散，由新成立的政务警察队负责外差和内勤。其间战乱不止，县长更换频繁，据说有一位上任不到一个月就换岗了。

在河南，列入全国重点文物保护单位的县衙共有三座：内乡县衙、叶县县衙和密县县衙。这三座县衙各有特色。单看密县县衙，就能说出五六处来。

当年衷知县重建密县衙署时，曾将一块"褒德侯旧治"的石匾镶嵌于照壁前的钟鼓楼南墙，意在不忘汉代卓茂县令的治密功德。汉平帝时，河南很多地方发生蝗灾，卓县令带领密县百姓及时扑灭蝗灾，因此获得"蝗不入境"之誉。当时郡守听了监官督邮的报告不敢相信，专程跑来密县看了看，知其没有虚报，这才心服口服。光武帝刘秀登基后，下诏任命卓茂为太傅，封褒德侯。卓茂去世后，密县百姓在老城和大隗镇（比老城更老的老城）为其建了衣冠冢和卓茂祠。2008年第三次全国文物普查时，新密文管所在大隗镇河屯村一农户家中发现一块石碑，上面刻有"汉太傅衣冠冢"几个字，正是卓茂县令墓前的原物。这块石碑是一位名叫张全喜的老人五六十年前在田间耕作时发现的，当时他用小车运回家中保存了下来。如今这块石碑收藏在新密博物馆，睹物追慕一代县令之高风亮节，勾起世间百姓诸多感慨。

县衙大门面阔三间。门上有副楹联：从来清白无遗漏，自古贪争有后殃。大意是说，为官要清正，仕政不庸，给百姓办的每一件事儿都会被永远记着；若是贪赃枉法，老百姓也会看得清清楚楚，到最后不会有什么好下场。门东侧摆着一架"喊冤鼓"，专供老百姓击鼓鸣冤之用，从汉代开国皇帝刘邦始设流传了两千多年，直到清末一直都是封建官吏体察民情的重要手段。一旦大鼓擂响，官必升堂，借以显示便民、德政。当然，正常的申冤，只需写好诉状交到衙门即可。只有遇到突发案情来不及写状纸时，老百姓才会击鼓。

县衙里有一对门墩，高大方正，每个重约三四百千克。门墩是隋代的，应是县衙现存最古老的建筑构件。据说县衙初建时，道路不畅，门墩无法运送，最后是让城南湾子河村的桑大汉用粗檩条挑过来的。桑大汉身高八尺，长得虎背熊腰，干起活来有使不完的力气，一顿饭能吃一根筷子扎进去那么厚的烙馍。

县衙大门与仪门的甬道两侧各有一莲池，又称"双莲池"。这样的装点据说也是县衙之特例。莲池与"廉耻"谐音，寓意清水衙门，也是对官员的一种形象告诫，让他们能洁身自好、清正廉洁，能在老百姓中落个好名声。

戒石坊与大堂之间还有个"舆图"，估计是在其他县衙里看不到的。修建者为民国十八年（1929）密县县长谷振翔。当时他在县衙大院堆起两个半球状的模型，"陆以黄土，水以碧草，山以石缀"，把密县旧时的地理风貌以沙盘形式展现了出来。这个"舆图"也在时刻提醒县衙大院的主人恪尽职守，做个好官。

县衙莲池

　　大堂前建有月台、卷棚。每逢下雨，雨水在大堂与卷棚之间形成一道细细密密的水帘，而这样的制式过去只能是州署级别的衙门才可以有的。密县在唐武德年间为密州州治，清乾隆年间皇帝又特诏密县知县为五品官衔，高出一般知县两级，估计这些都是"破例"的重要原因。

　　三堂后面有幢大仙楼，据说全国衙署保留下来的没几处。大仙楼是保存县衙重要档案和贵重物品的地方，每到年底，会把知县的官印封在这里。"大仙"即"狐仙"，民间视为吉祥动物，说是有灵性，能报德也能复仇，能作妖也能成仙。古时县衙没有其他安保措施，故奉狐大仙确保官印安全。

　　自卓县令算起，到民国末，密县史志记载的县令、达鲁花赤（元朝官名，品秩同县令尹，实权要在当地官员之上）、知县和县长有194人，而列入《密县志·循政传》者仅38人。清嘉庆年间，老城文庙前建起一座名宦祠（今已不存），祭祀密县名宦7人。道光年间，又在老城西门外建起一座贤侯祠，增祭知县3人。这几位在任时做到了为官一任、造福一方，故深得百姓称颂。

讲述春秋战国的故事
新郑市博物馆

新郑市博物馆称得上是河南省的县级博物馆中规模最大、馆藏文物最多的一座了，馆藏文物6万余件，其中三级以上文物就有4400多件。这等规模，应与它背靠郑韩故城、郑韩王陵及大大小小的墓葬群不无关系，新郑市这些年入选"全国十大考古新发现"的重要发掘遗址有5处之多，占了郑州辖区的1/3。

博物馆的一层为"郑韩文物展"，青铜器是其中最为重要的部分，也是新郑市博物馆最重要的馆藏。展厅中，春秋郑国祭祀遗址出土的部分青铜器被摆在显著位置——1996年9月，河南省文物考古研究所在郑韩故城东城西南面约2万平方米的范围内发现这处遗址。经过两年的发掘，在这里找到青铜礼乐器坑17座、殉马坑44座，出土青铜

新郑市博物馆　国家二级博物馆　位于新郑市轩辕路228号

战国时期蟠虺纹四栖盖铜鼎　新郑梨河镇三里岗出土

器348件,其中青铜礼器142件、青铜乐器206件,礼乐器数量之多,为考古发掘所罕见。以鼎数论,以前一次出土最多的大牢九鼎不过2套,而新郑郑国祭祀遗址一下子就出土了5套。尤为引人注目的是祭祀遗址出土的一组九鼎八簋,一组24件青铜编钟,以及十几件夔龙纹铜鬲、龙纹铜方壶、蟠螭纹铜圆壶、凤鸟纹铜圆壶、蟠虺纹铜鉴、镂金足铜豆等——到访者稍稍留心,便会发现这组"九鼎八簋"有些问题。这个问题在郑州博物馆的藏品中也出现过。专家给出了以下解释:史书记载,春秋中晚期,王室衰微,诸侯国纷纷称雄割据,当时的郑国非常强势,僭越行为屡屡出现。这组青铜器有效印证了这一点。遗址曾出土一件用象牙制作的车踵,也就是上下马车时供踩踏用的部件,显然要比"纣为象箸"(商纣王用象牙筷子吃饭)还奢靡。

青铜器在新郑出土较多。除了郑国祭祀遗址,1923年在新郑南街李家楼发现的郑公大墓,出土青铜器100多件;1993年在新郑金城路发现的3座青铜礼乐器坑和2座殉马坑,出土青铜礼乐器60余件;1995年在新郑一单位院内发现的8座青铜礼乐器坑,尽管其中有6座坑都被盗过,但仍出土青铜礼器33件、编钟24件;还有2006年在新郑胡庄墓群发现的两座带封土的"中"字形大墓,尽管这两座大墓都有被盗的痕迹,但最后被证实是战国晚期的韩王陵——河南省文物考古研究院研究员马俊才和他的考古队从出土的上百件青铜铸造的鼎、盖弓帽、钮钟、铃、镞、戈、车辖中找到了证据——铜鼎上有"王

新郑裴李岗遗址、人和寨遗址、唐户遗址、望京楼遗址出土的各种陶器

后"刻铭、铜戈上有"左库"、盖弓帽上有"少府"等韩国官署的名称。

展厅中一件出土于新郑梨河镇三里岗的战国蟠虺纹四牺兽铜盖鼎，现在也成了新郑市博物馆的"镇馆之宝"。鼎通体呈球形，口内敛，子口可承盖，口外两侧附竖长方形曲耳，鼓腹且深，圜底，高蹄足。盖作覆盘状，上饰四个伏卧同向牺兽，中央有圆形镂空捉手，由六条蟠螭龙纹蟠交而成。器身和器盖均饰繁缛细密的蟠虺纹和勾连雷纹，足跟部饰兽面纹，以扉棱作兽鼻，图案精细美观。在四牺兽铜盖鼎的周围，还陈列有新郑城关乡端庄村出土的春秋蟠虺纹带盖铜敦、春秋蟠虺纹兽面双耳三足铜盘，观音寺镇唐户遗址出土的春秋变形夔纹铜壶、窃曲纹龙形鋬四足铜匜、新郑粮食储备库工地出土的春秋灰陶匜、灰陶鼎，辛店镇许岗村韩王陵出土的金莲花、白玉人，还有郑韩故城制陶遗址出土的绳纹灰陶凹槽砖、米字方格纹灰陶大方砖……

博物馆的二层设有熊氏故墟展。相传新郑古为有熊国，黄帝之所都，故又名"有熊之墟"。有史学家认为，新郑的唐户遗址有着丰富的仰韶文化遗存，而仰韶文化晚期又是黄帝时代的考古学文化，在这里发现的房基残迹相当多，尤其是地面残块用砂石和黏土混合筑成，并经火烧成砖红色，平整光滑，非常坚硬，属于高层次的房基建筑，这是其他地方的仰韶文化遗址中所少见的。加之遗址南端溱水和石洞寺河交汇处又有"黄帝口"的传说，因此认为唐户遗址很可能就是"有熊之墟"。馆内的出土文物也在证实这个论点，馆内除了展有新郑裴李岗遗址出土的8000多年前拙朴而又精致的石磨盘、石磨棒、石斧、石铲、锯齿石镰和双耳圜底红陶壶，唐户遗址出土的5000年前仰韶文化时期极富造型之美的红陶折腹鼎、红陶釜形鼎、彩绘陶盆、小口尖顶瓶、大口尖底缸以

春秋九鼎八簋　新郑郑韩故城遗址出土

及石纺轮、陶纺轮、石网坠、单孔石刀、有肩石铲等，也都摆在了醒目的位置。

那件出土时位于人骨颈下的绿松石坠，上部小孔直径不足1毫米，呈现出当时钻孔技术的高超和裴李岗先民对美的向往与追求。还有那些汲水用的小口尖底瓶，奇特的造型使瓶子在水里被灌满后会自然竖起，应是仰韶文化的重要发明。那个由大口尖底缸、大口尖底瓶和瓮、盆、钵组合成的瓮棺葬，是仰韶文化时期比较流行的儿童葬俗。儿童死后放入瓮棺内，埋在母亲居住的房前屋后，以示死后骨肉不分离。瓮棺上有一小孔，据说是为了方便死者的灵魂能自由出入而特意留下的，可见这个时期原始宗教观念已经出现。

新郑市博物馆的石刻碑廊中立有一通"河南新郑古器出土纪念碑"。碑文说到1923年出土于李家楼的那批青铜器。此碑原立于李家楼院内，碑首碑座今已不存，碑文仍清晰可见："今河南新郑古器出土多乃百数十，事蔚为空前绝后之大观……"那年8月，乡绅李锐雇工在老宅院打水井时，意外挖到4件青铜器，后来李锐将其中3件铜鼎卖给一位古董商。时任新郑县知事姚延锦得知后曾劝其停挖，但遭到李锐的拒绝。9月初，适逢陆军第十四师师长靳云鹗巡防到新郑，闻听此事，认为"钟鼎重器、尊彝宝物为先代典型所寄，应该归于公家，垂诸后世"，果断收缴了李锐所得文物，亦将卖出去的3件铜鼎悉数赎回，并派军队进驻李家楼保护现场，又请来文物专家进行专业发掘。到10月初，共出土青铜器102件，统称"新郑彝器"，其中让人啧啧称奇的无疑是那对莲鹤方壶，两件的外形一模一样，唯高度略有区别。所有文物全部运回当时的省会开封，交由河南古物保管所保存，如今这批青铜器分藏于五家博物馆：中国国家博物馆18件，故宫博物院5件，河南博物院56件，台北"故宫博物院"21件，深圳博物馆2件。

溱洧河畔传来车辚马箫声
新郑郑国车马坑遗址博物馆

新郑郑国车马坑遗址博物馆是在郑国国君及其家族墓地的基础上建起来的，重点展示了春秋时期郑国国君大墓、郑国大夫级贵族墓及一号车马坑、三号车马坑现场发掘出土的文物。

郑韩故城平面呈牛角状，民间俗称"四十五里牛角城"。车马坑遗址位于后端湾一带。春秋时期，这里是郑国国君及其家族的墓地。文物部门通过勘查，在这一区域发现春秋墓葬3000余座，其中6米以上的大型墓近180座，长宽均超过20米的特大型墓4座，车马坑18座，其墓葬数量在全国已发现的春秋墓地中最多，密集程度在全国同期墓地中也是极为罕见的。

新郑郑国车马坑遗址博物馆　位于新郑市郑韩故城东城区西南角

郑国国君大墓早在2002年就开始发掘了。从平面上看，这座大墓的形状很像汉字"中"字。它的总长有45米，带有南、北墓道，其中南墓道长21米，北墓道长10米，是目前发现的春秋时期诸侯级别中第一座带有两个墓道的大墓。两个墓道中均有大量木质实用车，其中南墓道发现40辆，北墓道发现5辆。车辆之多，也是国内已发掘的墓中"葬车之最"了。这些车绝大多数都带有棕红色的颜料，表现出郑国"尚红"的社会风气；车的形制多种多样，有大型的安车（古时多为立乘，此为坐乘，故名安车。驾车多用一马，礼尊者用四马），有中型的仪仗车，还有小型的战车；装饰各异——有象牙饰、青铜饰、骨雕饰、楼车饰、漆绘花纹饰等，做工都十分考究。

车在中国有着悠久的历史，由于它的机动性强，冲锋起来锐不可当，所以最初造出来的车主要是用于作战。限于当时的生产水平，各国拥有的车子还不是很多。当年武王伐纣发动牧野大战，直接指挥的战车也不过三百乘，其他参战的方国也才四千乘，却一举打败了商纣王统帅的几十万军队。因此，战车的多少就成了衡量一个国家军事实力的重要标志，所谓的"百乘之国""千乘之国"说的就是这个意思。彼时的王室贵族似乎对车有着特殊的喜好——当然也只有他们才有资格享用车马，平时不打仗时常乘车游猎，一旦有了战争就开到前线。主人死了以后，车马就要随葬。由此也看出郑国贵族的尚武精神和偏爱车马的世风。

郑国国君大墓的葬具形式为五重棺椁（三椁二棺），这与《庄子·天下》和《荀子·礼论》记载的"天子棺椁七重，诸侯五重，大夫三重，士再重"相吻合。但眼前的一切又让人看到一个很奇怪的现象——依周礼，只有侯爵以上的墓才能用墓道，而郑国的国君也只是伯爵，按说是不能用墓道的，但这座墓既有南北墓道，且墓道中又有那么多的车马，显然与郑国诸侯国的地位是不相称的，应该属于不服周礼的"僭越"，与那个"九鼎八簋"是同样的情况。只是这座大墓被盗严重，几乎看不到随葬品，也没有发现文字记载，因此墓主人的身份难以定论，只能做些推测，或许是春秋晚期的一位郑国国君。这座大墓的东侧还有一座"甲"字形大墓，总长约25米，是郑国墓地中发现的第二座带有墓道的大墓，专家认为很可能是这位国君的夫人墓。

一号车马坑、三号车马坑是郑国国君大墓的陪葬坑。

一号车马坑于2001年发掘，这也是我国目前发现春秋时期葬车最多的车马坑。其平面呈长方形，口长10.4米、宽8.4米，深5米，口部略大，底部略小，四角各有两道供人上下的脚窝。坑内葬了22辆车和许多马骨，葬车车体斜靠西壁，向东分三排纵向叠置，北边8辆，南边7辆，中间7辆。这些车都是实用车，绝大多数车轮上都有两根加固的辅撑，轮子的外立面（轵端）向里，轮子的直径多为1.4米左右，但也发现了两个车轮特别大的，约1.7米，很可能是一辆大型车上使用的。由于车辆摆放密集，考古发

郑公大墓　这是我国发掘出土的第一座春秋时期带有双墓道的三椁二棺大墓

安车（复制品）

掘时只对坑里的马骨做了部分清理。按一辆车两匹马来推算，一号坑内22辆车应埋有44匹马。这些车马在埋葬时采取的是拆车葬，也就是先把车的两个轮子摘掉，叠放在坑的四壁；再把马匹杀死，葬于坑底，车体放在马匹之上，摘下的车饰、马鞍、马镫、马衔等车马用具放在主墓内——这与其他列国不摘车轮、马匹放在车辕下的葬俗形成鲜明对比，可能与郑人的观念有关，应是墓主人对珍贵的车马占有权的充分体现。

三号坑在郑国国君大墓的西侧。它是在郑国国君大墓和一号车马坑发掘后又隔了十几年——也就是到2017年才开始发掘的。这座车马坑长13.5米，宽11.5米，深7.5米，面积几乎是一号车马坑的两倍。坑里已出土4辆车、清理马骨122具。出土的4辆马车中，有一辆就是前面提到的豪华车"安车"。这辆安车有4.7米长，1.7米宽，单一个车厢就有2.56米长，属于典型的"豪华房车"，应是专供国君外出视察、巡访或打猎时乘坐的。车舆顶部有防雨防晒设施，周边装饰管状铜器、骨器构件，车篷上还发现有鬃漆车幔遗痕、彩绘席纹，车轮辐条多达26根，这在郑韩故城出土的马车中亦属首次发现。清理出的百具马骨由东向西排列，均呈侧卧式，马骨数量创下"郑韩故城考古纪录之最"。

聚焦巩县窑的唐白瓷与三彩釉
巩义博物馆

巩义博物馆的基本陈列从巩义史前文化开始，围绕洛汭瑰宝、北宋皇陵、南北朝石刻艺术、唐宋巩县窑的白瓷和三彩等主题，向人们展示了巩义地区鲜明独特的地域文化特色和丰富的历史文化内涵。

洛汭是个古地域名。《资治通鉴》里有个注解："洛水东北过巩县东，又北入于河（黄河）。夏五子俟太康于洛汭，即其地。"《逸周书·卷五·度邑解》中亦有记载，周武王伐纣灭商后，曾瞻望中原，讲了一段话，"自洛汭延于伊汭，居阳无固，其有夏之居。我南望过于三涂，北望过于有岳，鄙顾瞻过于河宛，瞻于伊洛，无远天室，其曰兹曰度

巩义博物馆　国家二级博物馆　位于巩义市杜甫路82号

巩义博物馆白瓷展厅

邑"。意思是说，从洛水到伊水之间，平坦而无险阻，曾是夏朝都城。从这儿向南望是三涂山（嵩县西南、伊水之北），向北望是太岳山，回望是长河，洛、伊之间应是天子建都居住的好地方。等到周都在这里建成后，我就可以放心而去。

在巩义，远去的岁月留下了很多人与时光的故事。诸如在巩义站街镇北瑶湾村水沟南和芝田镇稍柴村发现的夏代早期遗址，在河洛镇双槐树村发现的迄今为止黄河流域仰韶文化中晚期具有都邑性质的规模最大的聚落群，在康店镇康北村发现的东周故城遗址，在夹津口镇铁生沟村发现的汉代河南郡冶铁作坊遗址，在北山口镇白河村到黄冶村发现的隋唐巩县窑址；还有河洛镇大力山下北魏石窟寺留下的7000多尊佛像，站街镇南瑶湾村笔架山下保存的杜甫故里，分布在市区和西村镇、芝田镇、回郭镇的北宋皇帝陵墓群——那里有"七帝八陵"和皇室宗亲、名将勋臣的300多座墓葬、700多件石刻……恍惚间，就像是穿越时空与古人进行的一场对话；而在巩义境内发掘出土的裴李岗文化四足石磨盘、石磨棒，仰韶文化红陶尖底瓶、夹砂灰陶四足双连鼎，商周时期的穿孔玉钺、"田父"铜爵、鸟盖扁形盉、蟠螭纹铜瓿，汉代绿釉陶仓、大泉五十陶范、朱雀铜熏炉、钱鱼纹铜熨斗、卧羊铜灯、刻有"河一""河二""河三"铭文的画像灰陶灶，隋唐青瓷、白瓷、三彩和彩绘陶等2万多件馆藏文物，无一不成为前尘往事中留下的念想，成为一段历史的见证。

巩义博物馆最大的亮点，莫过于巩县窑的白瓷和三彩釉。

唐代双龙瓶　巩义市食品公司出土　　　　　　　唐代白釉兽面贴花瓷罐　巩义市食品公司出土

　　巩县是巩义市的旧称。从秦庄襄王元年（公元前249）以"山河四塞，巩固不拔"置巩县始，叫了两千多年，直到1991年撤县立市才改名巩义。这里说的巩县窑，是古时巩县境内窑口的总称。窑址沿伊洛河一条支流密布数里长，上游称白河，主烧白瓷；中游称铁炉匠，主烧酱瓷、黑瓷；下游称黄冶，主烧三彩。各段虽有分称，并无实际分界，多以产品不同作区别，故历史上有将巩县窑分称"白河窑""铁炉匠窑""黄冶窑"的习惯。从窑址捡拾到瓷器残片，可以看到青瓷、白瓷、三彩、酱釉、黑釉、彩绘釉等一系列的演变，几乎可以读出一部中国陶瓷史了。

　　巩县窑的白瓷釉色几近纯白，常见有罐、碗、杯、瓶、盘、盆、灯、执壶、水注、茶托等，器形端庄，胎质细密，轮旋极其规整，像是规模生产的产品，却无量产产品中常见的粗糙低质，也是为当时的白瓷制瓷业撑足了门面。《国史补》《元和郡县图志》和《新唐书·地理志》中都有河南盛产白瓷向长安进贡的记载，西安唐长安城西市遗址及大明宫遗址出土的瓷器中就有巩县窑白瓷。馆藏的白釉双龙尊、穿带壶、塔形罐、三足盘、净瓶、兽面贴花瓷罐、磨盘式脂粉盒等，应是巩县窑白瓷的典型器物。双龙尊通体施以白釉，显得十分雅致，口沿至溜肩两侧有对称的龙首形耳，龙口衔着尊沿，龙头、龙角、龙须刻画清晰，龙身卷曲成月牙状；塔形罐侈口圆唇、卷沿鼓腹，最上面是一佛光宝珠，称得上是唐代陶瓷工艺与佛教文化完美结合的产物；瓷罐为侈口、短颈、弧

唐代绿釉长颈瓶　巩义市芝田二电厂出土

肩，腹部等距饰有6个模印的兽面贴花，浓眉大眼，鼻孔上翻，颌下三缕卷须，神态极为生动；磨盘式脂粉盒应是古代宫廷女子使用的化妆盒，白如凝脂，素净无瑕，显示出瓷器高贵典雅的特征。

巩县窑的三彩釉不仅种类繁多、釉色绚丽、装饰技法和图案风格独特，而且早在唐代就开始沿着陆上和海上"丝绸之路"大量输出海外。当时的日本、波斯和朝鲜半岛的新罗，都仿唐三彩烧制出了"奈良三彩""波斯三彩""新罗三彩"，在今天的印度尼西亚、伊拉克、埃及、朝鲜和日本，都曾出土过巩县窑的三彩器。1995年，西安发掘一座初唐时期的墓葬，墓主人李晦是位秋官尚书（即刑部尚书）。墓中发现百余件三彩器，其中有不少是三彩俑。为确定这批三彩器的产地，专家们曾将其与巩义黄冶和铜川黄堡几个窑口做过比较，最后认定出自巩义黄冶窑。不难想象，当年洛阳是唐朝的东都，造型生动且色彩绚丽的三彩俑被巩义工匠烧制出来后立刻受到贵族的喜爱，从此代替了以前王室殉葬用的木俑和陶俑。这股风很快蔓延开来，大量的三彩俑源源不断地从洛阳运到长安。

巩义博物馆在展厅中搞了一个巩县窑三彩专题展，展示了馆藏的三彩马、骆驼、镇墓兽、人物俑、辟雍砚、三足炉、褐釉虎枕等。马和骆驼，是三彩中塑造最成功、烧制量最多的两种动物俑，这与它们的"身份"——唐朝两大交通工具有些关系。马似现在的轿车，多用来载人；骆驼更像现在的货车，通常用来拉东西。展品中有一件出自巩

唐代彩绘交尾俑　巩义市第二造纸厂出土　　　　　　　　　唐代三彩三足炉　巩义市芝田二电厂出土

  义黄冶窑的三彩鹅衔梅花杯也显得颇为别致，曲颈回首的鹅口衔一朵盛开的梅花。鹅背突起，鹅腹为椭圆形。通体施绿彩，鹅尾施黄绿相间的条状釉彩。鹅身两翼羽毛纹饰清晰，凸显出工匠的巧思和技艺。还有几件镇墓兽，虽大小不一、高低不等，却都是一副青面獠牙、狰狞可怖的样子，周身透射出一种令人望而生畏且超乎想象的诡异色彩。巩县窑址还出土过挂蓝釉的三彩器，是谓"三彩挂蓝"，大都极具价值。

  彩绘陶和三彩器是巩县窑中并蒂双开的奇葩。两者胎体一致、模具也基本相同，唯一的区别是，陶坯初次入窑经800℃～900℃烧制，然后施釉再次入窑烧成，即为三彩；若是陶坯在第一次烧成后直接绘彩装饰，即彩绘陶。展厅中有不少彩绘陶的展示，像彩绘侍女俑、持箕俑、伎乐俑、骑马俑、陶魌头（古时打鬼驱疫时扮神者所戴的面具）、莲花座塔形盖罐等。其中十几件彩绘侍女俑高26厘米，身姿轻盈，面庞丰润，肩搭披帛，坦领襦裙，头梳高髻，足登云履，个个显得妩媚动人，就如白居易诗中的"樱桃樊素口，杨柳小蛮腰"的现实写照。还有一件交尾俑是人祖伏羲、女娲的形象，一男一女背对背呈圜状蛇体形交尾。交尾俑并不多见，据说因为它构思巧妙，经常受邀到国外展出。

古都名城的新文化地标
开封博物馆

在历史长河中,半个多世纪或许只是短暂一瞬,但对开封博物馆来说,已经足以记录和见证一个"城市文化之窗"从无到有、从小到大的发展历程。1962年建馆之初,开封博物馆仅有几百件石刻墓志和几百件汉代陶器;现在的馆藏则已涵盖了青铜器、陶瓷、书画、碑刻、货币、漆器等20余类、8万余件。

这里,就说说其中的几件珍品吧。

北宋开封府题名记碑。碑高2.14米,宽0.96米。原立于开封府衙署,清初迁府署于开封县街,在府署前建了一座包公祠,便把碑移到了祠里。1949年后,包公祠一度为市直机关所占,石碑也在"文革"中被推倒,后来因为其结实,又被用到了人防工事上。也是石碑"命大",金灭宋时没能毁掉它,明朝水淹城时也没能冲走它,就连古城府第都被淤积

开封博物馆 国家一级博物馆 位于开封市郑开大道第六大街

的泥沙埋在了地下，可它却宛若神助，得以幸存。1971年，这通石碑被送到开封博物馆保存。1990年，经耿宝昌、孙会元等专家鉴定，定为国家一级文物。当年立题名记碑，想必是朝廷强化吏治的一种举措。碑上记着开封府从宋太祖建隆元年（960）二月到宋徽宗崇宁四年（1105）闰二月共计146年间，183名知府的姓名、官职、上任时间，从中看到了寇准、欧阳修、范仲淹、蔡襄等许多名臣贤相，也看到了晋王（宋太宗赵光义）、寿王（宋真宗赵元侃）等皇储皇胄，还看到了吕夷简、吕公绰等一门四代八任知府，以及范纯礼、傅求、王拱辰等复任、数任知府的"不按套路出牌"的履历。表面看流水账似的，但从深层次讲，能让老百姓评头论足、戳戳点点，不失为一种警示。司马光《谏院题名记》说："历指其名而议之，曰某也忠、某也诈、某也直、某也曲，可不惧哉！"奇怪的是，很多观者却无法在碑中找到包拯的名字，经识者指点，方知石碑上的包拯名字在南宋时就已经被仰慕者抚摸得指痕甚深，历元明清以至民国，其名字处竟被磨成小坑，名字已经看不见了。只是包公备受百姓敬仰，老少皆知其名，其名不在碑，而有口碑在也。对于碑文中多处提到的"权知"身份，今人有三种解读：一是以"权"的汉字意思解释即为暂时代理，二是兼任，三是常务副职——首都市长由皇储亲王"挂名"，而处理日常事务的就是"常务副市长"了。

唐代《崔沔墓志》。李邕撰文，崔祐甫补叙，徐珙书丹。崔沔在武则天执政时应制举，获对策第一，任洛州陆浑主簿。唐睿宗在位时转著作郎，唐玄宗在位时初任太子左庶子，因受中书令张说赏识，拜中书侍郎，又因不满张说专权遭排斥，出任魏州刺史。因在魏州有政绩，被提拔

北宋开封府题名记碑

了上来，分掌吏部十铨事。后任秘书监太子宾客，开元二十七年（739）去世，追赠礼部尚书。墓志除了记述崔沔世系家谱，也对其品行做了一番评价，"虽道际于尊，而俭逼于下"，这与《新唐书》中所记"纯谨无二言，事亲笃孝"基本相符。撰文者李邕，唐玄宗时官至北海太守，世称"李北海"，与崔沔同窗至交，是为"十三同学，二十同游，书连榻于蓬山，夕比烛于书帷，直则为友，道则为师"，故以志文自任。其实他本人就是一位书法家，史家评其"尤长碑颂。善行书"。补叙者崔祐甫乃崔沔之子，德宗时拜门下侍郎、同平章事，也是一代名相。书丹者徐璹，虽说官职不大，只是个颍阳县丞，但此人的唐隶写得极好。而要说到其父（一说其叔）徐浩，更是位有名的书法大家，《登封嵩阳大唐碑》上的"八分隶"就是由他书丹的。

北魏孔惠超石造像。通高2.06米，为莲瓣形背屏式一佛二菩萨造像。主尊高1.21米，面相长方，大耳贴面，削肩平胸，着双领下垂式通肩大衣，下着长裙，飘逸潇洒；左手下垂，掌心向内，右手屈肘于胸前施无畏印，跣足立于台座之上，二菩萨头戴宝冠，有桃形火焰纹头光，面相与主尊相同。背屏正面上端自内向外分五层雕刻，一层为主尊椭圆形头光，内饰莲花瓣；二层为桃形项光，内刻禅定坐佛九尊；三层刻结跏趺坐佛，左右各刻飞天四身，或吹笛，或吹笙，或吹埙，或翩翩起舞；四层刻一禅定坐佛，左右各刻一身飞天；五层也是最外层，刻火焰纹。背屏背面也刻满了佛事活动，并有造像记一方——这也正是这尊石造像的珍贵之处，可知纪年为北魏孝昌三年（527）。

北宋仁宗时期的《嘉祐石经》。初置开封国子监，后遭战乱、水患及人为破坏而散失不全。1949年以前曾在府学崇圣祠出土《孝经》残碑一通，1949年以后又找到《尚书》《周易》各一通。对于所刻经数，坊间说法不一，尤以《周易》《诗经》《尚书》《春秋》《礼记》《周礼》《孝经》《论语》《孟子》之说居多；又因石经以一行篆书一行正书刻之，故又称"二体石经"。书者由皇帝亲试，入选者有赵克继、杨南仲、章友直、张次立、胡恢，皆当时大家名手。赵克继是魏王赵廷美的曾孙，工篆隶；杨南仲是北宋名相晏殊的外孙，擅篆楷；章友直自放不羁，专擅"玉箸篆"；张次立官至殿中丞，工篆书；胡恢擅篆隶，原为华州（今陕西渭南）推官，因事牵连潦倒贫困，后赴京应选遇见枢密使韩琦，恢献小诗自达，其一联曰：建业关山千里远，长安风雪一家寒。"琦深怜之，令篆太学石经，因此得复官。"

金哀宗正大元年（1224）女真进士题名碑。其时金人因受蒙古威胁，已将都城从北京迁到南京（今开封）有10年了。又过了10年，金国就亡了。金人最早没有文字，后来国势渐强，用过一段契丹文。到金太祖完颜旻时，始命完颜希尹仿汉字撰国字。其后金熙宗完颜亶又命制女真文，与希尹所制文字并行。因此世间又有"希尹所制乃女真大字，熙宗所制乃女真小字"之说。此碑高约2米，以女真小字书写，似楷却又不完全相同。

北魏孔惠超石造像

北宋二体石经《礼记》残石

金代女真进士题名碑

最初立于汴学，金亡后在开封宋门外宴台河村的宣德庙里藏着，清道光九年（1829）被大梁书院刘师陆访得，其时碑身下半截已损，文字剥落残缺，漫漶不识——即便完整，也不认得那上面的字，是谓"碑文类汉字，然不可识也"。后来有学者对此碑做了释译，但读懂的也只是碑文一小部分，知其记述的是哀宗完颜守绪上任后开考录取女真进士的情况，以及考中进士的人员姓名、籍贯等。从史书记载看，金代女真族人和汉族人是分开考试的。此碑所记全是女真族人。西安碑林博物馆也藏有一通金代进士题名碑，上面所记则全是汉人。这通碑也算是做个实证，碑文所记与《金史》所载一致。

北宋大晟编钟。高27.5厘米，最大口径18厘米，重约6千克。据《续考古图》记，崇宁三年（1104）冬，应天府（今商丘市）崇福院出土6枚春秋时期宋公所铸铜钟，被朝廷认为是"于受命之邦出为太平之符者"，于是依古钟样式铸之，共12编，每编28枚（正声12枚，中声12枚，清声4枚），共336枚。宋徽宗赵佶颁诏，赐新乐名"大晟"。大晟是北宋王朝的宫廷乐府名。靖康二年（1127），金兵攻占东京，大晟乐府被洗劫一空。从《金史·乐志》记载来看，大晟编钟在金代皇统朝时曾被朝廷所用，后避太宗完颜晟名讳，先是用黄纸封盖，后把"大晟"刮去，改刻"大和"。大晟或大和款编钟存世极少，目前所知也就十几枚，其中北京故宫博物院藏3枚、辽宁博物馆藏1枚、开封博物馆藏1枚，日本和加拿大各有1枚。

北宋大晟编钟

传统汴绣打造的艺术盛会
开封宋绣艺术博物馆

宋绣艺术博物馆是由中国工艺美术大师、国家级非物质文化遗产（汴绣）代表性传承人王素花创办起来的。千余平方米的展厅陈列着气势宏大的长卷《清明上河图》、古色古韵的《韩熙载夜宴图》、雍容华贵的《梦幻牡丹图》，以及王素花老师数十年间绣制收藏的各类刺绣、服饰、鞋帽、被面、绣裙等，让人恍若置身一场艺术盛会。

宋绣，又称汴绣，是流行于开封一带的传统手工刺绣艺术。说起来，宋绣似乎不比苏绣、湘绣、粤绣、蜀绣的名气大，但它却是源于900多年前的北宋。在宋代，宋绣把都城汴京装扮得花团锦簇、满目生辉，宫里宫外、朝野上下，到处都能见到宋绣的影子。像皇帝穿的龙袍、官员穿的朝服，还有小孩围的兜肚、戴的虎头帽、穿的虎头鞋，姑娘

开封宋绣艺术博物馆　位于开封市龙亭区清水河畔

宋绣大师王素花

绣品《满园春色》

媳妇用的花枕、穿的花鞋、佩戴的荷包，以及城内几十家大酒楼、上千家小店挂的珠帘绣额、旌旗招牌等，都是绣出来的。

宋真宗赵恒时，朝廷举办庆典，文武百官穿的朝服及祭祀用的各类绣品大都委托市井百姓绣户和尼寺师姑来绣作。孟元老在《东京梦华录》里说，相国寺东门外有一条街叫绣巷，"皆师姑绣作居住"，规模就像今天的行业一条街；相国寺的寺院里头也有诸寺师姑卖绣作的摊位，生意很火。当时"京师织帛及妇人首饰衣服皆备四时"，穿戴讲究。不过这也带来一些问题，由于绣作多是民间加工，工艺良莠不齐，看上去花花绿绿，其实做工千差万别。这种局面到宋徽宗赵佶时得以改变。《宋会要辑稿》记载，崇宁三年（1104）三月八日，试殿中少监张康伯上言："今朝廷自乘舆服御至于宾客祭祀用绣，皆有定式，而有司无纂绣之工。每遇造作，皆委之间巷市井妇人之手，或付之尼寺，而使取值焉。今锻炼、织贡、纫缝之事皆各有院，院各有工，而于绣独无。欲乞置绣院一所，招刺绣工三百人，仍下诸路选择善绣匠人以为工师，候教习有成，优与酬奖。"张康伯上言不到一年，文绣院便成立了，一批善绣工匠与绣女从全国各地挑选过来，专为帝王后妃、达官显贵绣制御袍官服及其他饰品。文绣院又设绣画专科，有了山水楼阁及人物花鸟的分类，更加体现出宫廷绣品的高超水平。

对于宋绣，明代大学者屠隆《画笺》有赞："宋之闺绣画，山水人物，楼台花鸟，针线细密，不露边缝。其用绒止一二丝，用针如发，细者为之，故眉目毕具、绒彩夺目，而丰神宛然，设色开染，较画更佳。"称"女红之巧，十指春风，迥不可及……"

宋绣的衰落，是在宋室南迁以后出现的。当时金兵攻破开封，京城百工技匠多四散逃命，部分绣工去了江南。从苏杭一些绣厂老师傅保存的家谱看，他们的祖辈记的多是中原大梁、祥符人。也就是从那时起，古城开封的刺绣艺术一蹶不振。但刺绣在民间仍无间断。像开封周边的县区，每逢男婚女嫁、添丁增口等喜庆事儿，那些大姑娘小媳妇都会把"绣花"的手艺亮出来。

宋绣的复兴，是在中华人民共和国成立后实现的。而"汴绣"之名，也是从这个时候叫起来的。1959年，开封汴绣厂绣制了一幅《清明上河图》作为中华人民共和国成立十周年献礼，当时设计组组长王少卿（后来成为中国工艺美术大师）与绣工骨干王素花和她带领的众多绣工一起研究宋绣传统工艺，搞出了很多新的刺绣针法，像反戗绣、双合绣、拉链绣、盘绣、席篾绣和蒙针绣等，使得汴绣上升到了一个全新的艺术境界。这幅高2.55米、宽5.25米的《清明上河图》中不仅有牲畜、船只、房屋、纤绳、桥梁、树木，还有七八百个人物，个头高的也不过一寸，还得把人物的鼻子、眉毛都清晰地绣出来，难度可想而知。但王素花她们硬是凭着扎实的绣技和独创的绣法，完成了这幅堪称汴绣"创世之作"的艺术绣品，成为当年刺绣界轰动一时的盛事。

开封宋绣艺术博物馆收藏的清末戏装盘银袍（上）和青缎镶边吉福褂（下）

"文革"期间,汴绣作品基本上服从于"革命需要",高涨的政治热情使得当时绣领袖像、绣英雄人物像成为绣工们的骄傲和荣耀。那时候汴绣厂绣制的毛主席像有四五米高,经常出现在街头游行队伍的最前面。1973年秋天,加拿大总理皮埃尔·特鲁多访华,周恩来总理代表中国政府赠送给他的礼品是一幅汴绣《嫦娥奔月》,这在当时有着重要的意义。

随着汴绣走出题材"禁区",开封汴绣厂又陆续推出了一批传世名画、西方油画和人物肖像等绣品,像《五牛图》《虢国夫人游春图》《韩熙载夜宴图》,还有《县委书记的榜样——焦裕禄》《草原英雄小姐妹》等。为文莱国王绣制的肖像,开创了首幅汴绣人物肖像走向世界的先例。2000年,开封汴绣厂为北京人民大会堂绣制的一幅2.4米长、3.3米宽的《天香富贵》,两幅6.6米长、1.6米宽的"双面绣屏风"等,在汴绣史上都是空前的。2001年,开封汴绣厂又为中国驻新加坡大使馆绣制一幅6.85米长、1.45米高的《清明上河图·虹桥》,再次创下汴绣史上的单幅长度之最。几十年来,开封汴绣厂荣获上

《清明上河图》绣品（局部）

百个殊荣，涌现了一大批像王素花这样优秀的汴绣人才。

从豆蔻少女到耄耋老人，王素花一绣就是七十载。她用一针一线守住了这份古老的"指尖艺术"，让岁月与手工之美跃然于布帛之上。退休后，王素花本可含饴弄孙、颐养天年，可她却始终放不下手中那根捏了几十年的绣针和五彩线，花甲之年再次向汴绣的艺术高峰攀登，相继绣出《洛神赋图》《富春山居图》《百鸟朝凤图》《百骏图》《簪花仕女图》《韩干牧马图》等一幅又一幅令人惊叹的作品，引起广泛关注和高度赞誉。她以自己独特的艺术风格，让中国绘画史上鼎鼎大名的巨幅长卷在绣绷上立体呈现，让宋绣这一古老的技艺焕发出新的光彩。

守望奇幻斑斓的彩灯世界
开封汴京灯笼张民间艺术博物馆

灯笼又名花灯、彩灯,是人们在喜庆节日使用的寓意吉祥的装饰品。

在开封,彩灯已经有上千年的历史。早在北宋时期,开封的元宵灯会就已四海闻名。当时东京城的制灯艺人能巧妙运用兽角、翎毛、琉璃、皮革、丝绸等材料制造各种各样的彩灯。北宋以后,开封制灯艺人和作坊代代相传,并在制作工艺、材料及花灯造型上逐步发展创新。

"汴京灯笼张"的名气则始于晚清时期。第一代传人张泰全,是开封城里有名的彩灯艺人,当时官府门前高悬的宫灯及府内悬挂的各种彩灯大多出自张泰全之手;第二代

开封汴京灯笼张民间艺术博物馆　位于开封市理事厅街

千手千眼佛灯

无骨花灯

传人张艺广以雕刻彩灯图案称绝;第三代传人张精业,发明了能迎风快速转动的风车灯;到了第四代传人张弘,以宣纸竹篾彩灯制作见长,且正赶上光绪二十七年(1901)慈禧太后与光绪皇帝"西狩"后自西安返回北京,途中经过开封,地方官员指派其布置行宫灯饰,得到慈禧太后和光绪帝的赞赏,由此,张家名声大振,被赞誉为"汴京灯笼张"。

　　至民国年间,"汴京灯笼张"的制灯技艺已十分成熟,不仅纸、布、绸、缎、绢、竹、木等各色材料应有尽有,而且品种繁多,有宫灯、走马灯、折合灯、云中灯(放入夜空中的孔明灯等)、水中灯(放入河湖中的莲花灯、花船灯等)、造型灯等。单是这造型灯就分出七大类,有山水盆景灯、神话人物造型灯(龙王灯、佛像灯、财神灯、阿福灯等)、动物造型灯(锦鸡灯、神犬灯、鲤鱼跳龙门灯、孔雀开屏灯等)、植物造型灯(荷花灯、西瓜灯、寿桃灯、石榴灯等)、建筑造型灯(城门灯、鼓楼灯、铁塔灯、龙亭灯、八角琉璃殿灯等)、玩具灯(风车灯、猴上树灯、年年有余灯等)、架子焰火灯(彩灯与焰火相结合的一种灯笼),惟妙惟肖,多姿多彩。

　　中华人民共和国成立后,第五代传人张嘉义和第六代传人张金汉制作的彩灯曾参加开封市第一届至第四届元宵灯会,获得广泛好评。张嘉义擅长把民间玩具和彩灯相结

万眼箩灯

合，做出了便于携带和保存的花灯，使灯玩在市井大为普及；而张金汉不仅继承家传技艺，做出了复杂的"八仙过海走马灯"，还运用现代科技创作出了几百种新款彩灯，有十几米高的巨型灯，也有不足几寸的微型灯；有会走会跳的灯，也有会说会唱的灯——像"锦鸡报春"灯，只要向鸡嘴里投入一枚硬币，锦鸡便会扭头、张嘴、展翅、鸣啼；"天将神犬灯"，投入一枚硬币，神犬就会喊出"神犬汪汪，祝君旺旺"；"猪八戒吃西瓜灯"，投入一枚硬币，猪八戒会说20分钟的吉祥话，还会摆耳、吃瓜、吐籽、摇扇子。最神奇的要数千手千眼佛灯，这盏灯以开封大相国寺的千手千眼佛为原型制作，有3米多高，每只手中的佛眼射出柔和的光，宛如碧天繁星，光彩夺目。如今这盏千手千眼佛灯已经成了博物馆的镇馆之宝。

从2000年开始，张俊涛、张俊丽兄妹在父亲张金汉的带领下，致力于传统古灯的研究和复原。2008年，"汴京灯笼张"被列入第二批国家级非物质文化遗产名录。2011年，张家兄妹以收藏的100多个品种、600余件传统灯笼和近百块灯画印版、近千件老灯具建起这家"汴京灯笼张"民间艺术博物馆。2018年，张俊涛入选第五批国家级非物质文化遗产（灯彩）项目代表性传承人。

"汴京灯笼张"的灯笼很有特点，传承有序，生活气息浓郁。他们制作的走马灯，是北宋时期作为儿童的玩具被发明出来的，利用热能转化为机械能，使外面悬挂的纸片人物不停地旋转，投入一枚硬币，触动某个机关，灯里的人物或动物就会咧嘴哈哈大笑，互动中充满亲切感，至今仍为人们喜闻乐见。他们制作的万眼罗灯，要先做灯片，灯片上还要画图，再在图上刺孔，然后将灯片黏合，靠其张力成型而非靠骨架支撑。整个灯身布满成千上万个小孔，全是用最细的绣花针一针一针刺出来的，故名"万眼罗"，观赏性极强。

　　汴京灯笼有无骨和有骨之分，工序大体相似，但手工工艺极其复杂。以有骨灯笼来说，从选料、截条、破竹篾、洗竹竿、扎腰箍、盘底到糊面，算下来有十几道工序。像扎制，使用材料有竹篾、芦苇、秸秆、棉线、糨糊等，工具有竹刀、尺、笔、锉刀、刮刀、铲刀、剪刀、带罩煤油灯等。再如造型，使用材料有宣纸、绵纸、透光纸等，工具有夤（折纸模具，制作透光纸上的宽褶）、轧纹（制作透光纸上的细褶）、花瓣烙子（制作各种花瓣）、勒花（制作对折的纸花）等；着色、绘图需要的工具除印版外，还需要排笔、晾纸杆、晾纸架、趟子、刷子、案子、夹子等，使用的材料则是各种染色、蒉褶后的绵纸。

　　"汴京灯笼张"在用色方面遵循传统，通常以民间吉庆的大红、中黄、翠绿等原色为主，采用大面积的纯色、补色、对比色，辅以桃红、亮黄、淡蓝、草绿、深蓝、深紫、黑白、金银等调和色作点缀，呈现出质朴、鲜艳的装饰效果。灯笼上或刻纹饰或绘图案，如回纹、盘长纹、方胜纹、如意纹、牡丹、莲花、芙蓉等，图案自然，色晕圆润，笔法简洁，疏密有致。

　　制作一个好的彩灯，往往需要十几天甚至几十天的工夫。在张俊涛先生看来，传统彩灯是一项综合艺术的汇聚、展示，民间技艺中的剪纸、刺绣、雕刻、皮影等，几乎都能用到彩灯制作上。

映照古人的寻常生活
开封常明古灯博物馆

油灯，曾是古代照明工具中最具代表性的一种。走进开封常明古灯博物馆，仿佛瞬间被带入灯火的时光隧道。馆内700多件不同年代、不同材质、不同造型、不同功用的油灯，映照出古人的寻常生活，一股强烈的烟火气扑面而来。

早期的灯，类似陶制的盛食器豆。《尔雅·释器》说："瓦豆，谓之登。"它的形状就是上为斜壁浅腹折腰式的敞口钵，下面有个喇叭形底座。到了商代，瓦豆上部变得直而深，下部形成有弦纹的高圈足，在瓦豆上部置上灯芯，就成了最早的油灯，这也是油灯在实用和审美结合上的重要标志。当然，单从字义上看就很有意思——随着青铜文化的发展，彼时的灯从陶烧改为铜制，祀天的瓦豆从陶质改以范金，故小篆中的"登"字也因此变成了"镫"。后来经过隶变，"镫"字又弃"金"从"火"，"燈"便成了照明器具的专用，而"镫"则多作马鞍两旁的铁脚踏讲。至于说现在用"灯"借代"燈"，也是早已有之，元抄本《京本通俗小说》、明《字汇》和《正字通》里都有收录。

油灯虽小，却也反映了中国文化中许多独特的内容。在造型审美与功能拓展方面，战国时期出现的人物形灯以及汉代出现的动物形灯，使之增加了实用性之外的文化内

开封常明古灯博物馆 位于开封市清明上河园上善门内

常明古灯博物馆展厅

涵。那些陶制的灯盘会做成展翅翘尾的金鸟，盘下塑兔形圆柱，柱下又塑蟾形座，以金鸟象征太阳，以兔和蟾象征月亮，寓意"世间常明"。魏晋南北朝时，随着青瓷技术的成熟，青瓷灯开始取代此前的青铜灯。这种灯造价低廉，民间易于普及。此后直至隋唐"南青北白"及三彩的出现，更为一直是素色的油灯增添了绚丽的外表。彼时新材质不断被运用于油灯的制作，铜、铁、锡、银乃至玉石、竹木、玻璃等，品种越来越多。唐宋两朝，实用兼装饰或纯装饰性质的灯大量出现在宫廷和灯节中，由灯轮、灯树、灯楼、灯笼、走马灯、孔明灯（松脂灯）、风灯打造的灯俗烘托了那个时代的盛世。而始于唐代的省油灯到宋代则广为流行，这种灯设计为夹层结构，上层盛油，下层贮水，在点燃上层灯油前先向注水孔中注入冷水，通过水的循环带走灯油燃烧所产生的高温，从而达到省油的效果。到了元代，世间又出现了防止老鼠偷吃油的灯，将灯油藏于封闭的腹腔之内，老鼠就偷吃不到灯油了。猫咪原本蹲守在油灯旁"守株待鼠"，但老鼠偷不到灯油就不来了，把猫咪气得要死，所以又叫"气死猫"油灯。到了明代，青花和粉彩油灯成为新的时髦，尤其是士子们为追求读书的雅趣，用古朴雅致的青花瓷器作书灯，妙处自然不少——这种灯用的灯油多为纯净的植物油，燃烧起来不但火光明亮，连黑烟

历代油灯

都极为少见；壶身造型亦显独特，盛装灯油时不易外溢，即使是壶身盛满灯油也可以随意移动，不必担心灯油溅出污染桌面或是酿成火灾。清代的油灯中，最具特点的当数玻璃灯。大约在晚清以后，外国洋油（煤油）进入中国市场，各种各样的"洋油灯"逐渐被广泛使用。到了20世纪中期，电灯开始普及，油灯最终退出实用领域。

  过去的日子里，油灯与人们的生活密不可分，故其燃烧自己、照亮别人的品格亦为历代文人雅士所吟诵，魏晋时期庾信的《灯赋》、江淹的《灯赋》、谢朓的《咏灯诗》，唐代韩愈的《短灯檠歌》，都赋予灯以丰富而又深刻的文化内涵。灯，常被人们作为心灵的一种寄托，勾起乡思与情思。像这首"去年元夜时，花市灯如昼。月上柳梢头，人约黄昏后。今年元夜时，月与灯依旧。不见去年人，泪湿春衫袖"（欧阳修《元夕》），写出了灯下一位小女子哀婉悲戚的爱情故事。再有这"三更灯火五更鸡，正是男儿读书时"（颜真卿《劝学》），表现的是灯下的刻苦励志；"回衾灯照绮，渡袜水沾罗"（李商隐《荷花》），释放的是灯下的浓浓爱意；"孤灯不明思欲绝，卷帷望月空长叹"（李白《长相思》），抒发了灯下的寂寞愁绪；"独抱浓愁无好梦，夜阑犹剪灯花弄"（李清照《蝶恋花》），流露出灯下的怀春情思；"候馆灯昏雨送凉，小楼人静月侵床"（元好问《候馆灯昏雨送凉》），

酱白釉象形灯

清代锡制麒麟灯台

老鳖灯

酱釉省油灯

老鼠油灯

道尽灯下的伤感别离;"醉里挑灯看剑,梦回吹角连营"(辛弃疾《为陈同甫赋壮词以寄之》),抒发了灯下的壮士豪情;"桃李春风一杯酒,江湖夜雨十年灯"(黄庭坚《寄黄几复》),感慨于灯下的相聚之乐;"夕殿萤飞思悄然,孤灯挑尽未成眠"(白居易《长恨歌》),道尽了灯下的相思之苦;"有约不来过夜半,闲敲棋子落灯花"(赵师秀《约客》),则吟出灯下的焦急等待与无奈……

眼下,尽管油灯已经淡出人们的视野,但现代生活中的人们仍然喜欢用灯来形容繁华景象——"灯火辉煌""万家灯火""霓虹闪烁"。

博物馆速递

常明古灯博物馆是2019年经批准成立的一家非国有的民间博物馆。而在2013年,豫西嵩县县城翠三街上的嵩州古灯博物馆就已经准许开馆了。馆内收藏的古灯有千余盏,年代跨度从商周延续至民国年间。它们材质不一,有陶、瓷、石、铁、铜;造型多样,有鹤形灯、童子举灯、升官灯、夫妻灯、猴形灯、狮马人物灯、莲花灯,乃至从西方流传过来的豪华西洋灯等几十种;功能各异,有的置于庙堂之上,有的伴于佛像龛前,有的成了文人墨客的必备雅物,而最多的是用于百姓之家的平日生活中。

见证十三朝古都的发展轨迹
洛阳博物馆

对洛阳博物馆而言，收藏记忆是它的第一个关键词。

在这里，一座历史文化名城的发展轨迹几乎被完整地保存了下来。

史家考证，以洛阳为中心而诞生的河洛文化，是华夏文明重要源头之一，中华民族最早的历史文献——河图洛书，就出自这里。后来，周公制礼作乐，老子著文章，孔子问周礼，都来过这里。还有，道学肇始于此，儒学渊源于此，经学兴盛于此，佛学首传于此，玄学形成于此，理学寻源于此。在这里，博学经籍的许慎完成中国第一部字典《说文解字》，才华横溢的班固著成中国第一部断代史《汉书》，杰出的农学家贾思勰写出中国第一部农业专著《齐民要术》，以才学成名的陈寿编撰纪传体史《三国志》。也

洛阳博物馆　国家一级博物馆　位于洛阳市洛龙区聂泰路与文博路交叉口

是在这里，"建安七子""于学无所遗，于辞无所假，咸以自骋骥于千里，仰齐足而并驰"，成为汉末三国时期文学成就的代表；"金谷二十四友"几乎垄断了西晋文坛的"泰斗级"人物，其文学活动"金谷雅集"成为西晋太康文学繁盛的主流象征；曹子建一篇《洛神赋》文采飞扬，传诵至今；潘岳一篇《藉田赋》辞藻清艳，声震朝野；左思一篇《三都赋》更是名满天下，时人竞相传抄，一时"洛阳纸贵"；隋炀帝杨广创科举取士之制；唐武则天创殿试并设武举；宋司马光编纂中国第一部编年体通史《资治通鉴》；程颐、程颢开创宋代理学；还有张衡发明浑天仪、地动仪，蔡伦造纸，马钧造出龙骨水车……可以说，有着五千年文明史、三千年建城史、一千多年建都史的洛阳就是中华文化的一册简明读本。

而洛阳博物馆，也总是让众多到访者在这些"可能触摸到的消逝了的真实"中有所发现，进而分享收获的愉悦——在这里，近40万件馆藏文物，围绕河洛文化起源、洛邑地理形胜和洛阳夏代都城、商代都城、东周王城、汉魏故城、隋唐洛阳城等几条凸显的主线，串联起各个时期的重大历史事件、重要历史人物、重要史迹、重大发明等，对这个漫长的发展过程做了全记录。

遥远的历史在这里变得近在咫尺、生动而又真切。

1924年在孟津县（今洛阳孟津区）小李村出土的一件西周叔牝方彝，高32.6厘米，长23.5厘米，宽19厘米，盖及腹内有铭"叔牝赐贝于王姒用作宝尊彝"，被郭沫若先生

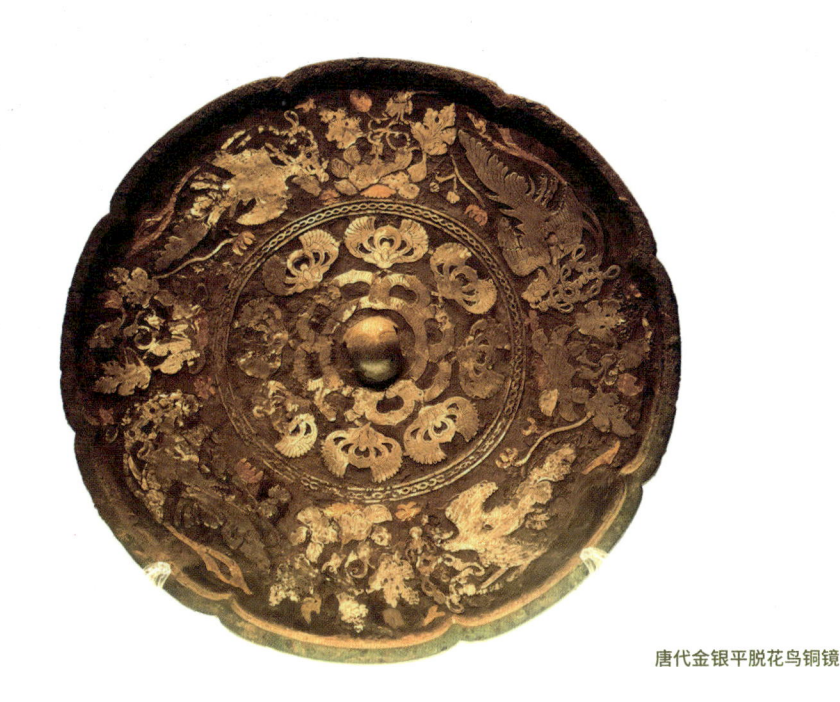

唐代金银平脱花鸟铜镜

考为"武王或成王时器",意思是叔牝用文王之妃太姒赐予的贝(当时的流通货币)铸造了宝尊彝。叔牝是西周时封在成地(今洛阳东)的侯伯,文王之子,武王之弟,太姒是他的母亲。这件器物为王室重器,是西周时期青铜礼器的典型之作。

1956年在洛阳涧西区一座曹魏墓葬中出土的一件羊脂白玉杯,高11.5厘米,口径5厘米,以纯白的和田玉琢成,玉质温润,曲线流畅。这件白玉杯之所以显得与众不同,除材质卓尔不群外,主要还是它抱朴守拙的形制。其实这素面无纹的白玉杯也是对工匠抛光技术的考验,做起来并不比雕花玉杯省力,古时饮酒器中很少有这种形状存世。曹魏政权存在时间不长,但它却形成了独特的文化——魏晋时期崇尚简朴,这只白玉杯就是最好的象征。

1963年在洛阳北窑一座西周贵族墓中出土的一件商代母鼓方罍,通高50厘米,宽33厘米,外形稳重大气,器身纹饰华丽,方体溜肩,直口圈足,盖子为四阿屋顶形,兽首衔耳,通体为龙纹、云雷纹组成的浮雕兽面,盖内器口各铸有"母鼓"二字,应是鼓国女子嫁与母氏男子的称谓。这件商代晚期的酒器之所以在西周贵族墓葬中出土,应是墓主人在参与灭商的一次战争中获得的战利品,出于对它的喜爱,最后把它带进了自己的墓葬里。

曹魏白玉杯　　　　　　　　　　　　　　**商代母鼓铜方罍**

1970年在洛阳关林出土的一件唐代金银平脱花鸟铜镜，直径36.2厘米，用金银捶拓而成，内侧有8朵宝相花，外侧有鸾凤、飞鸟和蝴蝶环绕，不同肌理的纹饰显得金光熠熠，活灵活现。金银平脱技术很复杂，工匠要先将金银熔化，制成箔片，并剪镂成各种花纹，然后将箔片花纹贴于漆器表面，再在上面髹漆，待干后研磨，让漆层下的金银箔片露出，最后形成与漆底在一个平面上的装饰。金银的光泽映照在黑色漆面上熠熠生辉，充分显示出器物的雅致贵重。唐玄宗时，曾大量制作这种金银平脱镜赏赐功臣。

1972年在洛阳涧西区七里河出土的一件彩绘陶制百花灯，代表了东汉时期陶灯制作的高超水平。它的造型酷似一棵大树，通高近1米，上下4层，枝干上有12个灯盏，宛如盛开的花朵，故而得名。灯盏口沿外有火焰形花饰，下方曲枝上有柿蒂和卧蝉装饰——汉代人把蝉看作是一种可以重生的吉祥物；10个长着小翅膀的羽化仙人骑龙跨枝而坐，与灯柱下象征长寿的乌龟、象征昆仑山的覆盆灯座和绕"树"奔腾的鹿、虎、羊、猴、狗、猫等30多只动物相映成趣，淋漓尽致地反映出先人们想要羽化成仙的强烈愿望与祈盼，也让世人感受到汉代精湛的制陶技艺和丰富的艺术想象力。

1977年在洛阳北窑庞家沟出土的一件兽面纹方鼎，通高36厘米，长33厘米，呈直腹、双立耳、柱足造型，四面浮雕有醒目的饕餮纹，巨眼凝视，阔口怒张，夸张的双目

西周兽面纹铜方鼎　1977年洛阳北窑庞家沟出土

在青铜色泽衬托下平添一种清冷的狞厉之美。这件方鼎被认为是西周方鼎中的第三大方鼎，展现了那个时期拥有者的王者之尊。

1979年在洛阳西工区小屯村窖藏出土的一件战国错金银铜鼎，高16.5厘米，腹径13.2厘米，外层以金银为饰，其中盖顶、口沿、流及附耳皆为错金银三角纹。所谓"错金银"，乃指工匠制作时先在青铜器表面錾刻出凹槽，然后嵌入金银丝、片等，锤打牢固，再用厝石将其磨光并与器物表面相平，最后用木炭和清水细研，使青铜器的表面和金银纹饰各显出不同色泽和图案，映衬出瑰丽图案。这种错金银的炊食器只有王室贵族家中才有，而出土地点恰在东周王城遗址区。因此认为，这件精美绝伦的铜鼎应是东周王室的用品。

1980年在汉魏洛阳城址永宁寺塔基出土的一件泥塑佛面像，虽说只有25厘米的残高，却以其神秘与温婉的微笑打动了无数人的心。依佛像的面部比例推断，这尊佛像的身高应在3米以上，不幸在北魏永熙三年（534）遭遇一场雷火，泥塑被大火焚后陶化，原有的彩绘消失殆尽，仅留下残缺的佛面。如今这块佛面像留在了洛阳博物馆，丰满的脸庞、挺直的鼻梁、轮廓清晰而柔和的嘴唇，依然流露出宁静、雍容和慈祥的神韵，成为那个赫然瞩目的传奇时代为数不多的见证。

1981年在洛阳龙门安菩夫妇墓中出土的一件三彩黑釉马，高73厘米，长84厘米，全身黑色，唯马面鬃尾和四蹄雪白，鞍鞯为绿、黄、白三色相间，在唐三彩中实属罕见，应是文献中"龙种神驹，四蹄踏雪"的艺术再现。之所以显得珍贵，就因为它的颜色。在唐代，黑釉并不能直接烧成，而是反复施釉、层层加深，深到一定程度才会呈现。当时这种工艺并不能人为控制，几乎全靠运气，因此黑釉极为罕见。

1985年在洛宁县陈吴乡西寨子村出土的一件商代玉戈，长48厘米，形似兵器匕首，实则是一种礼器，用来祈求力量与胜利、彰显威严与等级。以玉为戈，始见于二里头文化，流行于商周时期。早期玉戈普遍较大，一般都在30厘米左右；商晚期和西周时期的玉戈明显变小，长度只有十几厘米，甚至几厘米。

1987年在洛阳吉利区出土的一件唐代三彩灯，通高44.5厘米，通体施以绿、棕、白三色釉，装饰有宝相花和力士纹，灯座为覆盆式，灯盏像一朵盛开的莲花，造型优美端正。这盏灯是国内发现的唯一一件顶部为盏的三彩灯，目前所能见到的顶部多为烛台，用来放置蜡烛；而这盏三彩灯的顶部则放了一个盏，只要往里面倒入油、放上一个灯芯就能使用。

1987年在洛阳机车工厂一座汉墓中出土的一件东汉鎏金铜羽人，高15.5厘米，底径9.5厘米，通体鎏金，呈跽坐状，面目颇为怪异，大耳出顶，眉眼深凹，鼻子突出，背生双翅，身着饰有卷草纹和羽纹的束带紧身衣，双手合抱一圆筒（或为插放他物的器

北魏泥塑佛面像

唐代三彩天王俑　　　　　　　　东汉鎏金铜羽人

唐代三彩黑釉马　　　　　　　　东汉石辟邪

座）。对于追求长生不老的古人来说，得道成仙乃是一种本源的渴望，而辗转于人间与仙界的羽人，自然承载起羽化而登仙的梦幻。或许这座鎏金铜羽人就是墓主人接引灵魂抵达仙界的使者，其造型充满着腾空翱翔、羽化飞仙的动感，也让观者对那个光怪陆离的神仙世界产生了无限遐想。

1992年在孟津县老城乡（今孟津区会盟镇）油坊街出土的一尊石辟邪，其造型极具超凡的想象力，形若虎豹，头类狮子，昂首弓颈，长尾扫地，大有一跃而起之势。辟邪是东汉陵墓神道石刻，是帝陵规制的产物，用了一整块青石雕成，高1.9米、长2.9米、重7.8吨，其神态比例乃至线条都恰到好处。

2001年在洛阳西工区一座有四条墓道的"亞"字形大墓出土的一件圆形铜鼎，高约40厘米，三足如大象腿一般壮实，被认为是洛阳迄今发现的唯一一件周王自作器，内壁铸铭文"王作宝尊彝"。王作乃指周王自作，由此证实大墓的主人应是东周时期的某位天子，或许就是那位东迁国都的周平王。也是因为这一发现，文物部门确定大墓所在的地方就是东周王陵区。

还有一件清代金丝楠木塔，原藏于北京故宫慈宁宫大佛堂。1973年柬埔寨国王西哈努克造访白马寺时，经赵朴初先生提议、周恩来总理批准，从故宫博物院调拨了一批文物给洛阳，金丝楠木塔是其中一件。木塔为三层八角攒尖顶式，周身有304佛龛，供奉304尊鎏金无量寿佛。令人叹为观止的是，这座6米高、重4吨的金丝楠木塔竟然没有一颗铁钉，全凭工匠丝丝入扣的榫卯结构方式建造起来。最后这件珍宝留在了洛阳博物馆。

在洛阳博物馆，历史上那些最辉煌的历史阶段和最有特色的文物遗存都被做了颇有深度的展示。当然，这个过程并非那种平分秋色似的再现，而是重点突出了夏商周和汉魏、隋唐几个朝代绝无仅有的藏品及其独一无二的特点，每个特殊段落都有一个能够烘托气氛、有震撼力的场景布置，这些都曾引起考古界和公众的极大关注。

寻找中国历史上第一个王朝的信史
二里头夏都遗址博物馆

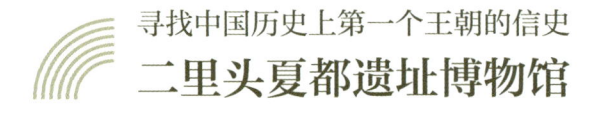

走进二里头夏都遗址博物馆,或许让众多到访者听到最有分量的讲解就是这句话了:这里是"最早的中国"。

也正是基于"最早的中国"这一理念,博物馆在设计上撷取了"钥匙""盘龙""绿松石龙""铜爵""玉璋"等二里头文化元素。若从空中俯瞰,它的屋顶平面恰似一把钥匙,寓意着二里头遗址是探寻华夏文明起源的重要物证;台地建筑造型恰似一条盘龙,最高处的中央大厅隐喻了这条盘龙的龙头,由此表达了二里头在早期中国探索研究中的独特地位。

博物馆汇集了这处遗址自1959年发现以来的考古发掘成果,2000多件文物藏品中,有青铜器、陶器、玉器、绿松石器、骨角牙器等,从中可以解读出关于国家兴起、城市起源、王都建设、王宫定制等诸多问题的答案。

在考古专家眼里,二里头是一个"不断改写中国历史记录"的地方。

二里头夏都遗址博物馆　国家一级博物馆　位于洛阳市偃师区斟鄩大道

夏商绿松石龙形器

二里头属翟镇，南临伊河，北依洛河，往东不远，就是伊、洛两河汇流处，村子就坐落在两河中间的夹河滩上。1959年夏天，历史学家徐旭生先生来河南作夏墟调查，在二里头村南发现不少灰坑，还见到很多陶器残片。接着，中国社会科学院考古研究所洛阳工作队来复查，一下子圈住了好几个村子。也就是从这年起，二里头遗址发掘正式拉开序幕，最终使二里头遗址作为夏商时期重要都城遗址的学术地位得到确认。

考古界把在这里首次发现的一种介于河南龙山文化晚期与商文化早期的新文化命名为二里头文化。这一文化被认为是探索夏文化的关键所在，它表明当时的社会已由"满天星斗"式的若干竞争的政治实体并存的局面，进入"月明星稀"式的广域王权国家时期，由之前多元化的邦国文化走向一体化的王朝文明。

或许，用遗址中几个"发现之最"做解释，会让人更明白一些。

最早的都城。距今约3600年。《竹书纪年》记载："太康居斟鄩，羿又居之桀亦居之。"《括地志》里说："故斟鄩城在洛州巩县西南五十八里，盖桀所居也。"从历史文献与考古发现的相互印证看，这里应是夏代中晚期的都城斟鄩。

最早的宫城。距今约3700年，面积逾10万平方米。当年主持二里头遗址发掘的中国社会科学院考古研究所研究员、夏商周研究室主任许宏认为：二里头宫城可以看作是中国古代宫城的祖源，此后的中国古代宫城连续演进，在明清时期营建的北京紫禁城达到了顶点。

最早的宫殿群。它的整体布局开中国宫室建筑和都城规划之先河，后世宫室制度和

二里头宫殿遗址

都邑营造讲究坐北面南的朝向、方正规矩，以及中轴线规划多组建筑群、多进院落的布局，还有宫殿群中的高台建筑、纵横交错道路网的发端都可以追溯至这里。

最早的双轮车辙。它将中国发明双轮车的年代上推到二里头文化早期。

最早的青铜礼器。一只造型精美的乳钉纹青铜爵，高26.5厘米，总长31.5厘米，束腰平底，三锥足细长，长流尖尾，流折处有钉形的短柱，腹部凸线列五颗乳钉纹，极富美感，是目前我国发现的时代最早的青铜容器；一件20厘米高的网格纹青铜鼎，造型和纹饰与河南龙山文化晚期的陶鼎一脉相承，但材质却是当时罕见的青铜，这也是迄今为止我国考古发现最早的青铜鼎，它的出现，标志着王权礼制的萌生；一件绿松石兽面纹铜牌饰，在略微拱起的铜胎上用了300多片大小、厚度只有几毫米的绿松石镶嵌成一副兽面，上挑的眼眶里瞪着一双灼灼有神的大眼睛，幽绿的光泽氤氲着一种神秘诡异的气氛。整个铜牌饰在背面没有任何依托的情况下历经三四千年竟无一松动脱落，如此高超技艺，这在它的那个年代也是出类拔萃的。

二里头遗址发掘出土的宝贝还有很多。一件长65厘米、宽9.5厘米的七孔玉刀是迄今为止二里头遗址出土的最大一件玉器，玉料呈墨绿色，刀形扁平，两侧各有两组对称的扉牙；刀的两面有相同纹饰，皆以交叉的直线阴纹组成网状和几何状的图形；刀背处有等距且排成一条直线的7个圆孔。一件长48.1厘米、宽11厘米左右的龙形牙璋是二里头文化典型的玉礼器之一，当时也仅为高级贵族所拥有。一件长70.2厘米、宽4厘米左右的绿松石龙形器由2000余片绿松石嵌成，每片绿松石大小仅0.2~0.9厘米，厚度仅0.1

乳钉纹铜爵

二里头遗址出土的各种陶器

网格纹铜鼎

镶嵌绿松石兽面纹牌饰

厘米左右。龙首隆起，以三节实心半圆的青白玉柱组成额面中脊和鼻梁，鼻端为绿松石质，如蒜头状，硕大醒目，两侧弧切出对称的梭形眼，以顶面弧凸的圆饼形白玉为睛；龙身曲伏若游动状，中部出脊，近尾部渐变为圆弧，轮廓线富于动感。如此造型，在中国早期的龙形文物中堪称绝无仅有。尽管以往其他地方也发现过"龙"——譬如辽河流域红山文化龙，但是和秦汉以来的文化似乎没有直接联系。从文化"亲缘关系"上看，只有中原地区发现的龙从夏商到秦汉一脉相承。

正因为这些重要发现，使得二里头遗址在2004年、2022年两度入选"全国十大考古新发现"。这也使一度归于沉寂的中国考古界关于夏商分界的讨论再次出现新的兴奋点。由于地处古代文献记载的夏王朝中心区，年代也大体在夏王朝的纪年范围，这座幸运的都城遗址理所当然地成为探索夏商王朝分界的关键。

当年邹衡先生提出"二里头一到四期都是夏文化"的观点时，几乎是孤军奋战，应者寥寥。如今这一"异说"渐为多数学者接受，学术界亦倾向认同二里头是夏王朝中晚期都城所在。这就意味着人们"几乎可以从中触摸到中国第一个王朝的脉动了"，许宏博士说。在他看来，二里头遗址没有被发现之前，洛阳盆地虽说也找到了数量众多且面积较大的龙山时代聚落遗址，但都没有发现城邑和遗存；二里头遗址的闪亮登场，给人一种突兀而至的感觉——大型宫殿的发现、大型礼器的出土，其奢华程度诚如日本京都大学冈村秀典教授所言："真正的'朝廷'与'宫廷礼仪'应是发端于这个时期。"而遗址的范围更是达到300万平方米，这也是那个时期人口高速膨胀的证据，城市建设有了规划和功能分区，而此前的陶寺或新砦都还是因地制宜、不求方正。再说了，就这还是个现存面积，"600多米宽的洛河河道横扫遗址北部，现存面积算是'劫后余生'，至少有100万平方米的遗址被彻底切割、破坏"。

二里头都城废弃于谁手？终结于何时？这些问题也有争论。有学者说，二里头文化衰落于四期。也有学者讲，二里头遗址与相距不远的偃师商城是一废一兴的关系，中国历史上第一幕改朝换代的悲喜剧——"夏殷革命"就是在这里上演的。而从许宏当年主持的勘察发掘及初步研究成果来看，这一阶段的遗存在遗址中心区分布还很密集，规模并未缩小；宫殿区仍在使用，范围甚至有所扩大；宫殿区的遗存丰富程度远远超过三期，南面的作坊区还在生产着贵族用的奢侈品，青铜礼器和绿松石器的作坊一直延续到二里头文化四期。诚如许先生所论："种种迹象表明，在一般认为已经实现了王朝更替的二里头文化四期，这里的宫殿区仍在使用中。这一阶段的二里头遗址仍属都邑性质的大型聚落，仍集中着大量人口。即便其间发生了王朝更替的历史事件，也并未导致这一都邑迅速而全面的衰败。相当于二里头文化第四期的二里头遗址仍在发挥着重要的作用。所以，不管二里头遗址姓夏还是姓商，丝毫不影响它在中国文明发展史上的地位和分量。"

生在苏杭葬在北邙的真实写照
洛阳古墓博物馆

在洛阳古墓博物馆的藏品中，相当多的文物是从一座座墓葬出土的。其实不仅墓葬出土的东西是文物，就连古墓本身也都成了文物，从其设计、建造、装饰到各种防盗措施的运用，大都成了某一个历史时期的重要见证。所以，很多古墓在发掘后都改建成了博物馆。但是，要想在一个博物馆中同时看到几个朝代的墓葬，恐怕有些难度，除非那些跨越成百上千年的古人一致认为某地风水奇佳，都要将墓修在这里才行。在国外，像尼罗河西岸古埃及都城底比斯附近的帝王谷，第17王朝到第20王朝期间的64位法老就都认为这里为最佳安息之所，死后纷纷用麻布把自己显贵的遗体缠好安放在此处。而在国内，若要找一处类似古埃及帝王谷而为历代帝王贵胄、显赫人物梦寐以求、趋之若鹜

洛阳古墓博物馆　国家一级博物馆　位于洛阳市老城区机场路6号

的葬地，那就非洛阳北邙莫属了——自东周迄五代，葬于北邙的帝王就有40多位，达官贵人更是数以千计。而对邙山密密麻麻、层层叠叠的陵冢坟茔，历代文人多有笔墨形容，像"生在苏杭，葬在北邙"；再有唐白居易的"贤愚贵贱同归尽，北邙冢墓高嵯峨"，王建的"北邙山头少闲土，尽是洛阳人旧墓"，张籍的"山头松柏半无主，地下白骨多于土"；元张养浩的"悲风成阵，荒烟埋恨，碑铭残缺应难认。知他是汉朝君，晋朝臣？把风云庆会消磨尽，都做北邙山下尘"；明王瑄的"北邙山上朔风生，新冢累累旧冢平"，大才子杨慎的《廿一史弹词》——借一首《临江仙·滚滚长江东逝水》叙述历史兴亡、人生沉浮，道出他看透世事的洒脱心境："滚滚长江东逝水，浪花淘尽英雄，是非成败转头空。青山依旧在，几度夕阳红。"又以纵论是非成败、名利得失留下几多感慨："青史几行名姓，北邙无数荒丘。前人田地后人收，说甚龙争虎斗。"

博物馆选址时依托了北邙山头的北魏宣武帝景陵，并从原址迁建复原了自西汉至宋金9个朝代的25座古墓。2009年的时候，古墓博物馆曾改名为古代艺术博物馆，据说是为了避"古墓"之讳，但很多人对这个名字并不认可，于是在2022年又改回了原名。其实这"古代艺术"真不如"古墓"的诱惑力强。在一些文物爱好者心目中，古墓就是宝藏一样的存在。它能满足人们对考古的爱好，也能满足人们对古墓的猎奇心理。

博物馆开辟有历代典型墓葬展、北魏帝陵展和古代壁画展。

历代典型墓葬展区在古墓博物馆中最有特色，也最吸引游客。它的仿汉式大殿外立着镇墓的天禄、辟邪，殿后为玄堂，由此进入地下展厅。展厅的平面呈"口"字形，四角分出两汉、魏晋、唐宋、综合等展区，有通道相连，两侧便是那些自原址迁建过来的墓室。墓室的建筑风格各异，真实地再现了墓主人所营造的彼岸世界，乃至跨越时空的"衣食住行"。

幽微灯光中，三彩镇墓兽似乎对"擅自"闯入者并不欢迎，个个怒目而视且神态狰狞，仿佛怪罪你打扰了墓主人亡魂的安宁。墓室中的石棺已是空空如也，能拿走的都被盗墓者拿走了，唯余两汉、魏晋时期的壁画、空心砖，北魏时期的陶俑和生活器皿，以及西晋的墓志、唐代的三彩、宋代的雕砖。在盗墓者眼里，这些都不值钱，但在考古工作者眼里，这些东西才最有价值。

一座西汉卜千秋壁画墓，1976年在洛阳市邙山南麓烧沟村西被发现。墓主人为郡一级的官员卜千秋。墓室有幅升仙图壁画，在狭长的脊顶上以长卷式横向展开，用朱红、淡赭、浅紫、石绿等颜色，描绘了墓主人夫妇在仙人的迎送和神兽的陪同下分别乘龙持弓、乘三头凤鸟捧金乌升入天界的情景。壁画的主题与战国楚墓和长沙马王堆西汉墓的帛画相同，都是墓主人"死后升天"的意思。与其他汉墓壁画不同的是，这座墓的壁画不是画工在砌就的墓室内所画，而是先在地面上把20块特制的空心砖排列编号、粉刷

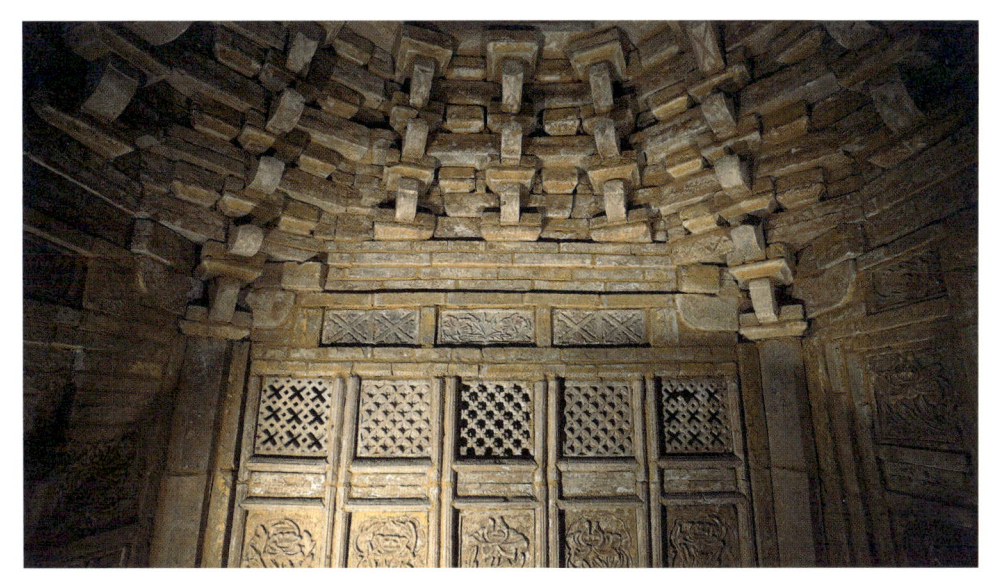

北宋晚期砖雕壁画墓　1983年新安县石寺乡李村发掘

绘制之后再依次砌到墓室里的。

　　一座西汉打鬼图壁画墓，1957年在洛阳郊区烧沟村被发现。墓室作房顶状，用了22块方柱形的空心砖平铺，两旁用29块长方形的空心砖斜砌，四壁则用长方形的空心砖竖砌或横垒。墓内壁画有天象、宴飨、打鬼、神虎食旱魃（传说中引起旱灾的怪物）、驱傩（一种驱瘟避疫的娱神舞蹈）、乘龙升仙和"晏婴二桃杀三士""孔丘拊掌师项橐"的历史故事图。同卜千秋墓一样，这座墓的壁画也是先在地面做好然后再砌到墓里的。

　　一座东汉砖室墓，1970年在洛阳唐寺门被发现。这是个家族合葬墓，随葬器物百余件。其中一件筒瓦有"东汉永康元年（167）辛亥朔十日"的字样，让人知道了墓主人的入土时间。不过还有更惊人的发现——墓葬出土两把汉代骨尺，为世人了解东汉末年三国时期的人物形象提供了线索。历史上，不同朝代对于尺的长度有着不同的划分。现在的1米约合3尺，1尺约合33.3厘米，而在商代，1尺却只合16.95厘米。到了秦朝，1尺合今23.1厘米，而汉代的1尺，约合今23.6厘米。依据这把汉尺，不妨推算一下《三国演义》中诸位英雄的身高——关羽9尺，合今2.12米；张飞8尺，合今1.88米；刘备7尺5，合今1.77米。刘关张一出场，关羽最高、张飞粗壮、刘备最矮。诸葛亮8尺，也是1.88米的样子。曹操个子较矮，只有7尺，也就是1.65米左右。

　　一座唐安菩墓，1984年在洛阳龙门东山北麓被发现。安菩是西域安国（今乌兹别克

北宋壁画墓

斯坦的布哈拉）大首领的后裔，贞观四年（630）年，他随父归顺大唐，因骁勇善战，被封为五品定远将军。作为一个粟特人，安菩生于西域，卒于长安，葬于洛阳，一生颇多传奇。墓中随葬器物有三彩、陶器、瓷器、金币、石刻等上百件，以三彩最多，尤其是三彩胡人俑、身负驼囊和丝绸的三彩骆驼俑、叉腰握拳尽显威武阳刚之气的天王俑，传递出盛唐时期丝绸之路商旅驼群长途跋涉的形象意境。墓葬出土一枚金币系东罗马帝国福卡斯皇帝时期铸造，约在公元601年～610年之间，成为那个胡音驼铃交织年代的实物凭证。

一座北宋晚期砖室壁画墓，1983年在新安县城关镇厥山村被发现。墓室四周砖砌。

三国曹魏正始八年（247）墓　1956年洛阳涧西十六工区发掘

牵驼俑壁画

牵马俑壁画

北魏景陵 　　　　　　　　　　　　　　　　景陵地宫入口

　　南壁有浅浮雕棂窗，窗下格有对称的石榴图案；北壁与南壁相对应，也是浅浮雕棂窗和对称的牡丹图案。东壁有墓门，门两侧上部砌有窗户、中部砌有砖雕方桌、下部砌有浅浮雕马；西壁有"妇人启门"浅浮雕壁——虚掩的两扇门之间，一位美人倚门而立，神态娇羞，面带诡秘的微笑，像是召唤墓主人，她已经打开了另外一个世界的大门，让人不禁对她和她身后的来世充满遐想。这类壁画常见于唐宋墓室，意在表示墓主人殷实富有。

　　一座北宋晚期砖雕壁画墓，1983年发现于新安县石寺乡李村。墓主人是宋代新安大户人家宋四郎。墓室平面为八角形，除南边为墓门外，其余七面墙壁皆有壁画。绘于北壁的是一幅宴饮图，夫妇端坐于方桌两侧，面前摆着执壶、盖碗、茶点和水果，两人在侍从侍奉下饮酒喝茶，颇显悠然自得；西北壁与东北壁皆绘庖厨场景；东南壁即墓主夫妇的对面绘一幅杂剧表演图，表演者着圆领袍服，头戴幞头（俗称"乌纱帽"）或浑裹（古代巾帽名），表情诙谐夸张，像是请的杂剧班子唱堂会。从壁画所营造的氛围来看，似乎不见哀伤悲恸。这样的表现，或许可以从墓主人追求来世的宴饮与娱乐享受来解释。

　　回到地面，若觉得看了几十座墓葬还不过瘾，那就再去北魏帝陵看看。

　　帝陵乃景陵，宣武帝元恪的陵墓。这位北魏王朝的第8位皇帝，16岁时由"六辅"秉政登上帝位。即位后干的第一件大事就是扩建洛阳城。当时他非常果断地拒绝了鲜卑遗老重返故里的建议，巩固了其父孝文帝元宏的改革成果。而后趁齐东昏侯萧宝卷残暴统治下众叛亲离、朝野哀怨的机会，对南朝发动了一连串的战争，不断把疆域向南部拓展。后来朝廷外戚专权，元恪回天无力，33岁那年患病不治，驾崩于式乾殿，葬景陵。20世纪90年代初，文物部门在对景陵进行考古勘察时，发现封丘顶上有盗洞。为保护地宫不再受到破坏，经国家文物局批准，中国社科院考古研究所联合洛阳古墓博物馆于1991年对景陵进行抢救性发掘。据说这也是中华人民共和国成立后主动发掘的第二座帝陵（第一座是明定陵）。发掘时没有大揭顶，而是沿墓道进去，从而使墓室地宫得到完整保护。墓内出土青瓷器、陶器、石器等50余件，并在墓道口西南处找到一尊残高2.9米的石翁仲，弥补了史书关于北魏帝陵前神道石刻记载的缺漏。

景陵两侧，还有清河王元怿和江阳王元乂两座墓。这两座墓是搬迁过来的。

元怿是孝文帝元宏的四子、宣武帝元恪的弟弟。元恪在位时他做过侍中、尚书仆射，孝明帝元诩时当过司徒、太傅、太尉，后被灵太后引为辅佐。在位恪尽职守、正直不阿，正光元年（520）被元乂诬以"毒害皇帝"之罪所害。20世纪40年代末，元怿墓志碑在洛阳城北邙山南麓俗称"青菜冢""司马懿冢"的封土堆内被盗出。

元乂是道武帝拓跋珪的五世孙，太师京兆王元继的长子。平时飞扬跋扈，为非作歹。孝昌二年（526），元乂因涉嫌谋反被毒杀，但因为他是灵太后的妹夫，仍追赠了一大堆的名誉职务。他的墓是在1974年孟津县向阳大队社员挖蓄水池时被发现的。这两个人生前是冤家对头，死后墓却被放在了一起，可道是"造化弄人"啊！

走出景陵，还可以再去古墓壁画展看看。收藏在这里的壁画真品出土于两汉至宋金共53组、90余幅。壁画墓的主人上自皇亲国戚、达官贵人，下至地方小吏、普通百姓，内容多为升仙、打鬼、四神、天象图和墓主人的生活场面。所描绘的有对生的留恋、对死的恐惧以及对来世的幻想。前面说的元乂墓，就有一幅50多平方米的星象图。图中银河纵贯南北，周围密布300余颗星辰，亮星之间附有连线，绝大多数星宿名称可以辨识。专家考证，这幅图是我国目前考古发现时代最早、幅度最大、星座最多、标位最准的一幅。

"天子之乘"的发现地
洛阳周王城天子驾六博物馆

这是一座以原址保护展示东周时期大型车马坑为主体,以王陵考古新发现及部分东周时期珍贵文物为辅的专题博物馆。博物馆分出两个展区。一展区介绍了历史上洛阳的五大都城与当代洛阳相互位置的关系,以及东周王城与王陵的探索与发现;二展区展示了2002~2003年考古工作者发掘清理的17座车马坑中的两座——北边一座车马呈纵向两列排放,出行车队威武壮观,那个"天子驾六",就是在这里发现的。

当年的洛邑,曾是周王朝两大都邑之一。武王灭商后,原本有过在伊洛一带建都的设想,可是这个设想还没来得及实现他就得病死了。后来他的儿子成王继位,不到一年便在洛邑建成了东都。当然,这要感谢周公。其时成王年幼,全靠德高望重的周公摄

洛阳周王城天子驾六博物馆　国家二级博物馆　位于洛阳市西工区中州中路东周王城广场

政——本来周公也是可以坐上天子宝座的，但他却甘居臣位辅佐成王，留得一世英名。武王和成王在位时，各自都想过如何控制东方地区，而营周洛邑，正是以其"天下中心"的区位优势和"四塞坚固"的重要位置来考虑的。洛邑背靠邙山、黄河，面对伊、洛双川，东屏虎牢，西依崤函，出潼关可达关中沃野，过嵩阳便入黄淮平原，稍有风吹草动，洛邑要比镐京反应快多了。

周公在洛邑建了两座城，西为王城，东为下都。王城是周王召见诸侯及处理政务的地方，下都是大臣们居住和治事的地方，不过最初却是为了安置殷商"顽民"而建，怕这些人捣乱。当时周公派了八个师的兵力驻扎于此，每个师有两千多人，史称"成周八师"。王城与下都共为一都，新都相对于镐京称洛邑，相对于宗周称成周。宗周者，武王自丰居镐，诸侯宗之也。成周者，成王于洛邑营以为都，周之道成于此也。

成周城的营建，对巩固和扩大周王室在东方的统治起到了很大作用。镐京遭到犬戎部落一场破坏性的焚烧和劫掠，继位的周平王宜臼很快就把首都迁到了洛邑。自平王始，至景王，再到赧王，洛阳作为东周都城共历25王、515年。景王死的时候，周王室发生内乱，王子朝把周敬王赶出了王城而自立，时称西王；周敬王被迫迁居翟泉（今属孟津区平乐镇），时称东王。这种局面持续了一段时间，最后周敬王在诸侯的拥戴下赶走了王子朝。当时王子朝的人多在王城，"敬王畏之，徙都成周"。也就是说，周敬王没敢去王城住，而是在王城以东的西周城址上又建了新城，是为东周成周城。

对于西周城，由于缺乏考古证据，至今尚属未解之谜。前些年，文物部门在洛阳找到两处遗址，西边一处在瀍河附近，是个规模比较大的西周铸铜遗址和西周贵族墓地，有不少车马坑和祭祀坑，旁边还发现了殿基夯土；东边一处在汉魏洛阳故城遗址，规模也很大。但是眼下还不能说，这两处遗址就是西周初年周公建的。在遗址没有找到之前，成周城只能从文献中领略了。

对于东周王城的认定，1957年考古工作队在洛阳城西的小屯村东北发现的五座大型战国墓最先拉开序幕。在这里出土了一大批珍贵文物，像有墨书"天子"字迹的石圭，刻有"王作宝尊彝"铭文的青铜器，透雕的龙虎大玉璧，错金银的狩猎纹铜镜等。随后，文物工作队又在洛河以北的瀍、涧两水间发现了东周王城的城址，在城址西北发现东周时期烧制陶器的作坊区，在城址西南隅瞿家屯村东北（今洛阳单晶硅厂家属院）找到了王城的仓窖区，探出粮窖80余座。通过专家一步步确认，东周王城渐渐显出一个大致轮廓——它的东北角在今洛阳火车站以东，西北角在今干沟村北，东南角在今五女冢村附近，西南角在今兴隆村西北。这与晋《元康地道记》"王城去洛河四十里，城内南北九里七十步，东西六里十步，为地三百顷一十二亩三十六步"是相吻合的。

5号车马坑　长约42米，宽约8米，深约3米，葬有70匹马和26辆车

东周持续500多年，分出春秋、战国两个阶段。尽管那个时期诸侯称霸、王室衰微、社会变革有些动荡剧烈，但东周王城作为天子之都的重要性都还是其他列国都城无法相比的。在近3个世纪的时间里，这里成为全国政治、经济、文化的中心，今人熟知的风云人物如老子、孔子、孟子、庄子、墨子、鬼谷子、苏秦等在此各领风骚，轮番登上历史舞台；孔子入周问礼、庄周梦蝶、楚王问鼎、田忌赛马、孟尝君食客三千、齐相二桃杀三士、孙膑与庞涓同门反目、洛阳人苏秦身挂六国相印等精彩故事，也都发生在这个神奇的时代。

当然，寻找周王朝的遗存，不仅仅是求证一个古都的身份，而"天子驾六"的发现，却意外地成为考古发掘中最为重要的收获。

从古至今，出门坐什么轿、乘什么车，一直都被视为国人政治生活中的一件大事——可不能单纯把它看作是个代步工具，它真真切切是衡量主人等级身份的重要标志。车不能乱坐，不同级别有着不同的配置。所谓"天子驾六"，是说先秦时期天子出门坐的车要用6匹马拉着，而诸侯和大臣们坐的车最多只能用4匹马，这在当时是一种不可僭越的礼制。但就是这个"天子之乘"的问题，曾在学术界争论过很长一段时间。如今这个问题得以破解，答案就是在东周王陵中找到的。

发现"天子驾六"是在2002年。本来这个发现还可以更早些。让人不堪回首的是，葬于北邙的周王室大墓至少有十几座早被盗贼给毁掉了。而在2001年的一次发掘中，考古专家已经从一座四墓道的"亞"字形大墓中一件铜鼎、两件铜鬲带有"王作宝尊彝"的铭文上看出是天子大墓了。这座大墓的墓室有8米长、7米宽，墓道位于东西南北四个方向，其中南墓道有20米长，东墓道、西墓道、北墓道均在10米以上。"亞"字形大墓被认为是春秋早期的墓葬，也是洛阳发现的规格最高的一座墓葬，比"亞"字形大墓低一个档次的是"中"字形大墓，再低一个档次的是"甲"字形大墓。2002年的这次发掘，在1.7万平方米的钻探区域内发现东周墓葬397座、陪葬车马坑17座。其中一座规模最大的五号车马坑——也就是"天子驾六"车马坑的发现，当时轰动全国。五号车马坑与那座"亞"字形大墓相隔不远，南北长40多米，东西宽7米多，葬车26辆、马70匹，其中一辆为一车六马（驾六）、八辆为一车四马（驾四），其余均为一车两马（驾二）。车队呈南北纵向两列摆放，宛如出行的阵列。那辆"天子驾六"，就在西列车队自北向南第二排的位置。两千多年的时光流转，木制的车轮与马匹的身躯一点点腐朽，泥土一点点侵入，只是这车马的土与它周边的土相比要细点、软点，经考古专家仔细辨识、精心剥离，使得车辕、车厢、车轴、车轮及马匹骨骼清晰可见。它的发现平息了自汉代以来对"天子驾六"还是"天子驾四"的争论，也印证了古文献中"天子驾六，诸侯驾四，士驾二，庶人驾一"的记载。

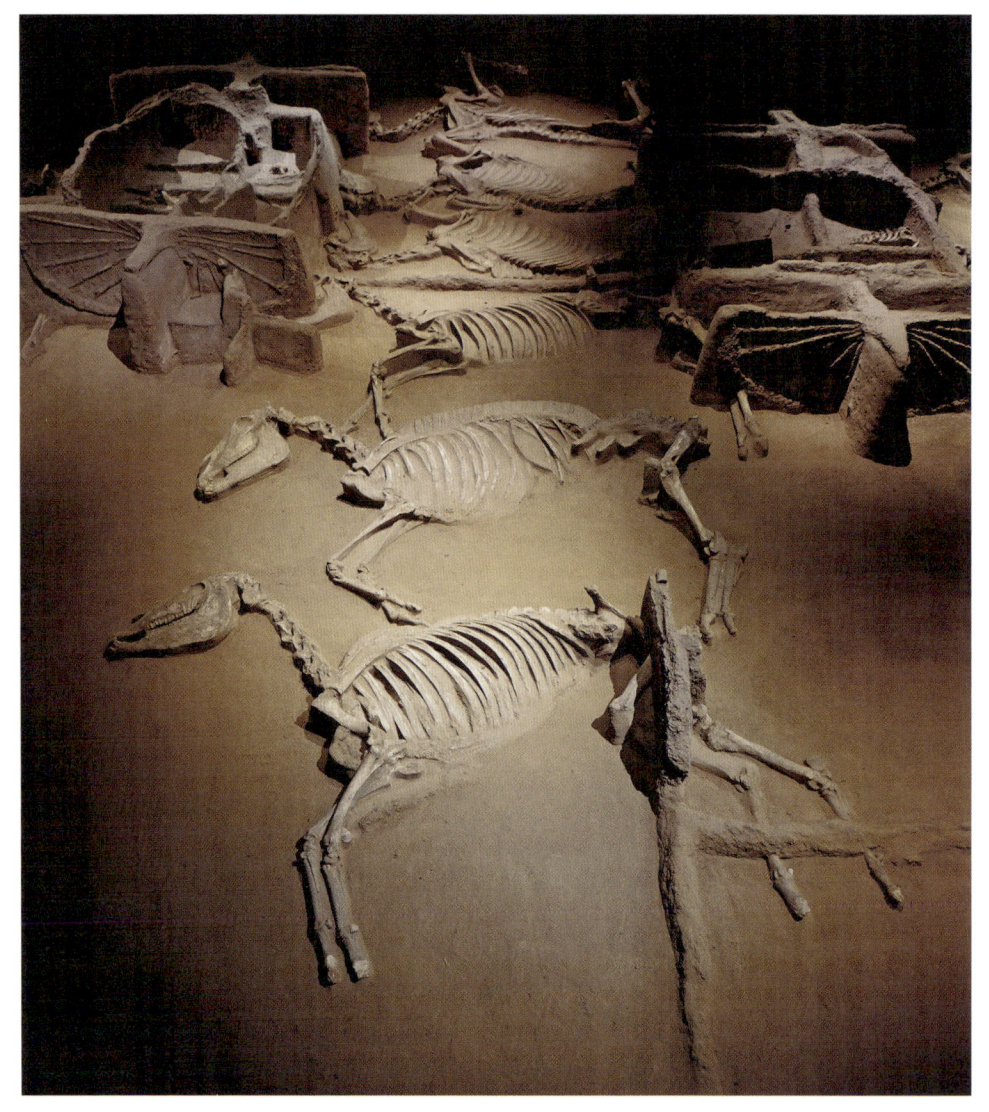

"天子驾六"车马遗迹　位于车马坑西列车队自北向南第二排的位置

　　这次发掘之后,文物部门再次把关注的焦点锁定在东周王城遗址,又在这里探得东周时期车马坑30多处,墓葬700多座。算下来,前前后后在洛阳市区发掘的东周墓葬竟有7000余座。而其中的6000余座都出自王城的王陵区。当然,最终认定东周王陵的重要依据,就是"天子驾六"的发现。

感悟陶俑最美的微笑
洛阳龙门博物馆

棕黄色的建筑群掩藏在青山绿水之中，砖石砌就的外墙与龙门山色极为相似，静默地坐落于龙门石窟旁边，看似巧合，或许也是一种历史的必然。若从空中俯瞰，整座内圆外方的建筑被一汪碧水所簇拥，巨大的漏斗状造型很巧妙地勾勒出别具一格的空间布局，令人惊为天界。入馆，一层层、一圈圈环绕的方形窗窟，似与龙门石窟上的佛龛遥相呼应，流转的光线很柔和地照进静谧的馆内，使这里成为"可视世界与理想世界的过渡空间"——这样的设计理念符合中国本原哲学和佛教文化精神，与博物馆提出的以丝绸之路为主线，以收藏、保护、研究、展示中国佛教艺术为重点的宗旨，也是相一致的。龙门博物馆是一座非国有的国家二级博物馆，收藏文物6万余件，其中常设展出的文物就有好几千件，比较典型的有北魏至唐代的三彩釉陶与墓志、汉代的砖瓦陶器、商周青铜器，以及唐宋以降几个朝代的瓷器等。

洛阳龙门博物馆　国家二级博物馆　位于洛阳市龙门石窟风景区北入口处

巨大的"漏斗状"屋顶和一层层、一圈圈环绕的方形窗窟，使这里成为"可视世界与理想世界的过渡空间"

龙门博物馆收藏的石刻造像

碑志和砖石陶器是龙门博物馆的一大收藏。碑志收藏逾千种，数量之多、门类之全、品级之珍稀、内涵之丰富都为世人惊叹。其中东汉黄肠石题铭有150余品，相当于国内外各大博物馆所藏洛阳东汉黄肠石数量的总和。

一件残缺的熹平石经，本是汉代官定儒家经典刻石，刻于汉灵帝熹平四年（175）至光和六年（183），一共刻了46石，每石高约3米、宽约1米，字体采用隶书，方平正直、中规入矩。刻成后立于洛阳太学。相传当年石经初立，"其观视及摹写者，车乘日千余辆，填塞街陌"。汉献帝初平元年（190），董卓烧毁洛阳宫庙，石经遭到破坏。北齐高澄时，石经被掠至邺都，半路上掉到了水里，运到邺都的不足一半。隋开皇年间，这不足一半的石经又被从邺都运往长安，但营造司竟用其做了柱子基石。至唐贞观年间魏征收集残存石经时，已是毁坏殆尽。自宋代以来，偶尔有石经残石出土，后又陆续在洛阳、西安两地发现一些零碎残石，至民国时期太学旧址时有残石出土，算下来也有几百块，计8275字。中华人民共和国成立后又发掘和收集到一些，计600余字。龙门博物馆这件熹平石经残存4行24字，其内容可能是石经的总序。

一件东汉陶楼，主楼7层，副楼4层，中间有一廊道相连接。主楼前用墙围成院落，前墙中部有一大门，置双扇门扉。两侧有凸起的门框，并各出一挑梁，上置斗拱。前墙两角各出一柱，柱头上做出对称的双阙形式，阙置四阿顶，覆瓦垄，顶下作成叠涩倒方锥形。陶楼是楼阁形式的建筑明器，其创造和设计源于对现实建筑的模仿，由此得以一窥汉朝人的生活面貌——从贵族至百姓，从南方到北方，陶楼里蕴藏着解开汉代生活奥妙的钥匙。

一件"闗"（关）字瓦当，应是汉代关楼遗存。瓦当俗称瓦头，即整片瓦的头部，是古建筑中覆盖在檐头筒瓦前端的遮挡。这种遮挡与那个覆盖在檐头板瓦前端的遮挡是有区别的，那个遮挡呈下垂状，叫滴水，俗称滴水瓦。《辞海》解释："当，底也，瓦覆檐际者，正当众瓦之底，又节比于檐端，瓦瓦相盾，故有当名。"瓦当起着保护木制飞檐和美化屋面轮廓的作用。瓦当上的文字多作篆书，结字因势变体，用笔抑扬顿挫且屈曲富变化，具粗犷纵逸的趣味，故为书家珍重，篆刻家也常模拟瓦当风格入印。馆藏中还有一件北魏兽面纹瓦当，造型张扬，富有想象，瓦呈色青灰，应是《考工记》所述之"青辊瓦"，此类瓦也只有在北魏永宁寺和金銮殿遗址出土，逾千百年仍灿然若新。

一件北魏贵族男俑，身材高大，长相英俊，应是供养人的真实塑像，与同时期营造的石窟——如巩义石窟寺、龙门石窟宾阳洞中洞、皇甫公洞礼佛图中的人物形象一致，且愈显精美。男俑的脸上荡漾着一抹微笑，那应是内心深处一种幸福感的自然流露，彼时的工匠将人生中特别的幸福时刻塑为永恒，此俑恰如神品一般存在。

一件唐代石埙，高10厘米，口径1.5厘米，腹径7厘米，底径5厘米，正面有六孔，

北魏贵族男俑　　　　　　　　　　　　公元 4 世纪罗马帝国时期的玻璃执壶

背面两孔，其音色朴拙抱素，极尽忧思之情，乃乐器中最接近道家之天籁的。古人对"埙"多有解释，《说文》曰："埙，乐器也，以土为之，有六孔。"《尔雅注疏》云："烧土为之，大者称鹅子，锐上平底，形如秤砣，六孔，小者如鸡子。"唐代郑希稷《埙赋》说："埙之自然，以雅不潜，居中不偏。故质厚之德，圣人贵焉。于是挫烦淫，戒浮薄。"说埙"广才连寸，长匪盈把。虚中而厚外，圆上而锐下"，又说埙之声"感和平之气，积满于中；见理化之音，激扬于外。迩而不逼，远而不背"。

馆藏青铜器中，让人看到了商代青铜甗、青铜觚、商父丁青铜爵，春秋时期青铜鼎、青铜剑、青铜编钟，汉青铜钫，北魏时期的鹊尾香炉，唐代长颈舍利瓶、舍利罐状的铜佛塔、塔式香宝子、宝相花铜镜、明朝龙头金发簪等。这件礼佛用具鹊尾香炉为铜鎏金质，由杯形承炉与长柄组成，承炉敞口，斜沿，口沿处残，腹向下微收，杯底为花瓣状；长柄与承炉连接处装饰云纹，因长柄尾端下折似鹊尾而称为鹊尾炉。柄上及背部刻文"清河王布施"，可证此器应是清河王元怿布施，由此看到北魏时期佛教得到皇家贵族尊崇的盛况。

唐宋瓷器中，让人看到了唐代白釉双龙尊、白釉净瓶、黄釉双龙瓶、白瓷大钵和鲁山段店窑的花釉罐，宋代镶银边青瓷碗、青瓷三足炉和禹州扒村窑的黑釉斗茶盏，金代玉壶春瓶，元代钧瓷碗等。其中一件白釉净瓶形制奇特，圆流锥形口，肩腹丰隆，修长颈，施白釉，薄而匀净，釉不及底，有细碎开片，造型肃穆大方，考其应是佛门僧侣贮水净手用的器物。

北魏至唐代三彩中，让人看到了镇墓兽和彩绘的天王俑、文官俑、武士俑和骑马俑等。尤其是两件镇墓兽，一为兽面兽身，圆目怒瞪，龇牙咧嘴，面容狰狞，令人望而生畏；一为人面兽身，凸睛竖眉，扇形大耳，表情威猛，显出一副咄咄逼人之态。两兽背部皆塑四短状锯齿形脊饰，形象很特别。镇墓兽早期称"魌头"，镇守于墓门，说是能为亡人驱除邪恶和疫疠。

古代丝绸之路的遗存，在这里收藏有100多件，包括古罗马和西亚的琉璃器和粟特银币，以及丝绸之路沿线粟特、鲜卑、突厥、铁勒、高句丽的碑志，展示了丝路贸易、大秦景教（古罗马基督教）传入和异域风情等，成为古代丝绸之路东西方交流的重要证据。

一件荧光绿色的瓜棱玻璃执壶，经考证出自公元4世纪时期的罗马帝国。还有一件蓝色玻璃质地的龙柄小瓶，与执壶为同一时期，手柄的捏制形简而神似，瓶身的厚度仅0.5毫米。这件龙柄小瓶也是从异域过来的，产自罗马帝国的钠钙玻璃。在罗马，这种明净透彻的玻璃器皿多用来盛放香水，传入中国后因其稀有且精美，常被供奉于佛像前。

立于展厅中的汉代两根多立克式罗马柱，以其真实的存在说明那个时期东方的中国与罗马帝国已经有着密切交流。多利克柱是一种没有柱础的圆柱，直接置于阶座之上，柱头没有装饰，柱身从上到下刻有凹槽，沟槽数目在16～24条之间，柱高与柱直径的比例为6∶1，显得粗壮雄伟，故又被称为男性柱，古希腊首都雅典卫城中的巴特农神庙即采用的这种柱式。

再看出土的三彩胡俑，个个头戴扁形胡帽，身着长袍束腰，高鼻深目，有的还留着络腮胡。胡俑者，以胡人形象为蓝本烧造的人物俑也。隋唐时期，大量胡人通过丝绸之路来到长安和洛阳，他们保留了原有的民族习惯和独特的民族造型，有的长期居住了下来，有的成为商品贸易的中继者或向导，往来于丝绸之路。《旧唐书·西戎传》记载，胡人"多嗜酒，好歌舞于道路。生子必以石蜜纳口中，明胶置掌内，欲其成长口常甘言，掌持钱如胶之黏物。俗习胡书。善商贾，争分铢之利。男子年二十，即远之旁国，来适中夏，利之所在，无所不到"。而以胡俑随葬墓室的习俗，也以两京地区的咸、洛二城最为盛行。究其原因，应是与当时唐文化的开放包容、文化自信和人们崇尚胡风有关。

龙门博物馆，让人体会到非同寻常的纵深感与神秘感，仿佛进入了时光隧道，视野所见，是一个遥远的时代留下的众多不为人知的历史细节。

迷人的河洛风情
洛阳民俗博物馆

这是一座以弘扬河洛文化、展示民俗风情为主的专题性博物馆。原址为潞泽会馆。1987年挂出了"洛阳民俗博物馆"的牌子。早年这地方在东门外，因别于城墙内的老街而得名新街，向以商业繁华著称。以今人眼光打量，潞泽会馆应该算是清代会馆建筑艺术与晋商文化相结合的产物，是清代商业文明发达和繁荣的见证。当然，若是想对会馆了解一番，且不论博物馆的藏品如何，单就清代的建筑群就能唠上半天。这还不包括那些令人啼笑皆非的诸多往事——抗战胜利至中华人民共和国成立以前这段时间，这座供奉关公的关帝庙做过潞泽中学、关过壮丁，中华人民共和国成立以后还做过十几年的看守所。或许正是这些复杂缘由，潞泽会馆才得以完好如初保存下来。

洛阳民俗博物馆　国家二级博物馆　位于洛阳市瀍河区新街南端东侧

会馆建于清乾隆九年（1744），系潞安府（今山西长治）和泽州府（今山西晋城）两地在洛阳经商的商人集资搞起来的。不过最早建的是关帝庙。生意人出门在外，人生地不熟，想找一位能够信得过的神灵保佑，于是找到了关老爷。关老爷人所敬仰，且又是山西老乡，人们觉得有他的庇护，生意自然会顺当些。

清代河南府的生意人中，晋商最多。这从乾隆年间一通《建关帝庙泽潞众商布施碑记》中就能看出来。当时参与兴建关帝庙的潞泽同乡有100多家，有棉布商、布店商、杂货商、广货商、铁器商和油坊扎布坊里的当家的。后来他们又操持着对关帝庙进行了扩建，把这里变成了一个为晋地在洛经商的同乡联络商务和提供食宿的会馆，一拜关公，二做生意，两全其美，几多便利。

大凡做生意的人，都有这样那样的讲究，潞泽商人也不例外。比如会馆的形制，就有他们独到的见解。在精明强干的晋商眼里，太高太阔或是东扯西拽、东盈西缩都会影响到财气运势。所以整个会馆地基方正，中轴对称，而已协调，结构严谨，可谓入眼，好看，方吉。会馆的局部装饰也用了很多寓意美好的图案，有珍禽、瑞兽、祥草，让人看着很舒服，细细品味更觉惬意。

当然，做了民俗博物馆，潞泽会馆里要看的东西自然就多了起来。会馆东西廊房、后殿分别作了刺绣、民间艺术、农具、床具、生活器具、婚俗、寿俗、信俗等藏品的展厅，藏品有1800多件。

看刺绣，清末民初的嫁衣、云肩、罗裙、香袋、腰包、幄头（老年女性额头用的装

博物馆收藏的民间工艺与店铺招牌

饰）、童帽、绣鞋、多宝袋（放置针线、顶针等日用品）等都很有看头。从头到脚、从里到外，从宫廷贵族的华丽衣冠到村姑莽汉的土布衫，从造型别致的狗头帽到憨态可掬的虎头鞋，可谓是应有尽有。旧时的洛阳女子多会女红且技艺精巧，绣出来的图案别出心裁、寓意深刻——她们把翩翩起舞的蝙蝠绣在衣服上寄托"天降福运"的心愿，把大象和花瓶绣在一起表现出对春和景明、安定祥和的太平景象的期盼。云肩是旧时妇女披在肩上的装饰，类似现代的披肩，多为丝缎织锦。明清时期，大户人家的闺女出嫁往往以云肩霞帔装扮，她们会在云纹上绣上一些喜庆吉祥的图案。

看民艺，有皮影、剪纸、店铺招牌等。皮影在豫西一带颇有影响，民俗博物馆将这一艺术形式移进馆内，不仅在玻璃柜内展出用驴皮、羊皮制作的皮影道具，还在展厅一角搭起一个亮窗，让游客在观赏皮影藏品的同时还能看到实地表演。游客若有兴趣也可以拿起道具在亮窗上表演自己的节目，增添不少乐趣。馆藏剪纸色彩丰富，有本色剪纸，也有套色剪纸和染色剪纸等。吉祥又是豫西剪纸中的主题，如"门笺"谐音"门钱"，春牛意喻"耕种和丰收"，葫芦"福禄"，牡丹"大富大贵"，石榴"多子"，而满屋满墙的墙围花则有着"富贵不断头"的美意。

看生活器具，烟火气浓郁，令人颇感亲切。或许那个货郎担最能勾起儿时的回忆，它就是旧时的"移动超市"。货郎挑着担子、摇着拨浪鼓走街串巷，叫卖糖果、针线、玩具等，赚个辛苦钱。那个纺车，看见它便想起20世纪60年代中原一带很多人家纺花织布的情景。那时候挣钱门路少，为养家糊口，就把没日没夜"吱咛""吱咛"响的纺

货郎担是旧时的"移动超市"　　　　　　　　　　织布机

车当成了"摇钱树"。"一棵树，十六桠，又打滚，又翻叉，又牵藤，又结瓜。"彼时的农家孩子说到这首谜语的谜底时，往往会脱口而出：纺车！那个有着木床框架般的织布机，让人想起《木兰诗》中"唧唧复唧唧，木兰当户织"的诗句，织布机的历史伴随了整个农耕时代，"你耕田来我织布"成为古代传统经济的典型写照。豫西一带流行一首民谣"十亩地，八亩宽，里面坐个女儿官，千根缯，万根线，梭子手中来回穿。脚一踏，手一扳，十指莲花乱动弹。织成布，做衣衫，娃娃穿了挡风寒"，说到早年家用纺线织布成为家庭妇女的重要活计。而今在全社会崇尚环保、回归自然的潮流中，用传统织布机织出的老粗布以其特有的纯棉质地、手工织造等特点再次引起城里人的青睐。那个"坐婆"，是当时常见的一种婴幼儿坐具。四周有围栏，正前有搁板，小孩儿坐在里面，屁股下面有木槽，正中间有个圆洞洞，方便拉屎撒尿。有了它，带娃的人不再担心小孩爬出来摔倒，腾出双手，还可以干些别的活儿。还有那个独轮车，当年它的重要性几乎与毛驴有一拼。在现代交通运输工具普及之前，独轮车就是最轻便的一种载人运物工具。它只有一个轮子，推不好就很容易翻车，须胯部灵活才能保持平衡，有句顺口溜说得很形象："推小车，不用学，只要屁股挪得活。"

　　看床具，除了常见的架子床外，还有一种"屋床"倒是挺稀罕的。屋床，顾名思义是像房屋一般的床，是中国传统家具中体型最大的一种。它睡觉的床连着洗漱间，私密性强，且便于起居。

清末民初高轮马车

看婚俗，这里有清代一对新婚夫妇结婚的场面和洞房陈设。含羞的新娘、憨厚的新郎和笑容满面的傧相、顽童，重现了一个欢天喜地的拜堂成亲的场面。洞房鸳鸯缎被、刺绣香枕光彩夺目，加上一侧手执各种乐器吹奏的民间乐师，那种久违的传统娶亲场景又重现在游客面前。清代大户人家娶媳妇排场很大，讲究很多，新娘子"出门坐轿，回门坐车"。不过这种轿车看着体面，坐着并不舒坦，比现在的小轿车差远了。

看寿俗，这里依照明清时期的寿堂布局，复原了旧时洛阳人家为老人祝寿的场面。寿堂上挂着寿幛、摆着寿屏，盘子里盛着寿桃。老寿星寿眉高扬，笑口常开；贺寿者彬彬有礼，叩头祝福；众亲友欢聚一团，愿老人寿比南山、福如东海，喜庆的气氛溢满寿堂。那张寿屏可不是个"道具"，乃是清乾隆年间的大制作，通体黄花梨材质，底部镶嵌贝壳玉石，奢华精美。据说寿屏来自偃师一户乔姓人家。乔家出过一位高官，其祖母过八十大寿，地方官员贺寿，联手送了十二扇寿屏。寿屏也是身份地位的象征，乔家当年的风光显而易见。

看信俗，这里陈列了民间信仰的60位大神，以卷轴形式向到访者介绍了诸神的相貌和作用。一尊三世佛以明代夹苎贴金工艺制成；一尊清初金丝楠木佛塔为八面三级重檐，上有307龛，每龛一佛，甚为珍贵。

上岁数的老洛阳人来到民俗博物馆，往往睹物思旧，感慨万千；年轻人到了这里，见啥都觉得新奇、稀罕，今昔对比、新旧碰撞，多有"穿越"时光隧道之感。

名家风范的历史展示
洛阳匾额博物馆

　　匾额，俗称"匾"，也作"扁"。匾指牌匾，古时多以木制（也有石刻的）；额指门首，点明牌匾所挂的位置——门上方，屋檐下，古建筑的点睛之位。东汉许慎在《说文解字》中是这样解释的："扁，署也，从户册。户册者，署门户之文也。"北魏郦道元《水经注》记载："汉世，洛阳宫殿门题多是大篆，或云蔡邕书。"唐代书法家张怀瓘在《书断》中也提到过："初，青龙中，洛阳、许、邺三都宫观始成，诏令仲将大为题署，以为永制。"说是魏明帝青龙年间，洛阳、许昌、邺城的宫殿和亭观刚刚落成，曹叡下诏令大臣韦诞（字仲将，也是曹魏时期的一位书法家）题署匾额，作为永久法度。可见匾额很早就出现了。

洛阳匾额博物馆　国家二级博物馆　位于瀍河区九都路与新街交叉口

匾额博物馆展厅

　　这种传统文化载体与中国独特的建筑形制息息相关，后来逐渐演变为古建筑不可或缺的组成部分。旧时正门之上是必须挂匾的，无论是皇室宫殿还是名人府宅。或彰显门第，或崇功祖德，或褒扬良善，或笃行励志，或表达诚信纳吉、财源兴茂，可谓匾额一挂，蓬荜生辉。当然，有讲究的还会在匾额上做些装饰，有的雕花描金，有的镶珠嵌玉，极尽华丽之能事。

　　题写匾额用的字体曰"署书"，亦称"榜书"，又称"擘窠大字"。明代书法家费瀛《大书长语》曰："秦废古文，书存八体，其曰署书者，以大字题署宫殿匾额也。汉高帝未央宫前殿成，命萧何题额，覃思三月，乃以秃笔构隶体书之，时谓萧籀。又题苍龙、白虎二观。此署书之始也。"匾额大都由历代书法名家或是有一定身份地位的人题写，虽片辞数语，寥寥几字，望之却巍然大观、醒目端庄，令人肃然起敬。

　　洛阳匾额博物馆收藏匾额2000余块，年代自明、清两朝至民国时期，展挂于博物馆的两层楼内。按其性质，大致分出官府门第、医德教泽、功德声望、婚喜寿庆、贞节贤孝及宗祠堂号6类。官府门第匾中的"御前侍卫府""钦赐登仕郎""钦赐寿官""关西大户""望重桥门""状元及第"等，古时悬挂在官府门第或宗祠家庙，是一种身份、地位与荣誉的象征；医德教泽匾中的"杏林春茂""桃李满门"，表现了对良医、恩师的颂

恩犹椿萱　　　　　　　耆德杖朝

扬和敬意；功德声望匾中的"德重闾里""星德仰乡""公益襄勤""重义轻财"，应是赞扬善行义举，褒奖为世人所仰慕者的业绩懿行；婚喜寿庆匾中的"婺星恒耀""耳顺眉齐""玉杖扶鸠""恩犹椿萱"，多为祝颂之词；贞节贤孝匾中的"陶母遗风""从容就义"，赞喻女性贤德，亦反映了旧时的礼教和对清白守节的看重；宗祠堂号匾中的"唐氏宗祠""智氏家庙""爱竹堂""文渊堂"等，则寄托了一个家族的历史承源以及对本固枝荣的祈盼，让家族美名世代相传。

众多匾额辞藻华美，言简意赅，书法精湛，寓意深邃，讲的是一个个妙趣横生的故事。

比如"青钱世第"，清嘉庆五年（1800）翰林院编修、官至内阁中书的张坦为选拔上太学生的偃师张文翎所题。"青钱"一词，语出《新唐书·张荐传》，说到唐高宗调露初年（679）进士张鷟文采出众，时人赞其"鷟文辞如青铜钱，万选万中"，人誉"青钱学士"。传偃师张姓人氏为张鷟后人，以此赞誉张家人才辈出。

又如"耆德杖朝"，清光绪年间一众亲友为庆贺马老先生八十大寿所题。杖者，老人也。《礼记·王制》曰："五十杖于家，六十杖于乡，七十杖于国，八十杖于朝，九十者天子欲有问焉，则就其室以珍从。"乡人饮酒，拄杖参加，其年龄不下六十岁。酒毕，要等拄杖的老年人起身后，自己再出去，体现了尊老敬老的良好风范。

再如"弧帨有辉"，清光绪十年（1884）一位外孙女婿为舅父母、岳父母双寿庆所题。"弧"，弓也；"帨"，佩巾也。"弧帨"一词，语出《礼记·内则》："子生，男子悬弧于门左，女子设帨于门右。"古时谁家生了男孩，就在门的左边挂一张弓，生了女孩，就在门的右边挂一条佩巾。后人便以弓和佩巾同悬，祝夫妇长寿。

匾额收藏中亦不乏大家名作。比如明崇祯十六年（1643）的武状元黄赓题写的"是

竹节长青

义勇第

帝龄双锡

里端人"匾，清康熙三十八年（1699）都察院左都御史、文渊阁大学士兼吏部尚书陈廷敬题写的"采溪"匾，清乾隆三十一年（1766）翰林院编修、提督福建学政的纪昀题写的"竹节长青"匾，清嘉庆六年（1801）左都御史、礼部尚书刘墉题写的"义勇第"匾，清道光十年（1830）闽浙总督孙尔准题写的"帝龄双锡"，清道光二十八年（1848）云贵总督林则徐、云南巡抚程甫共同题写的"恩荣达尊"，清同治七年（1868）状元及第、翰林院侍读、提督江西学政的洪钧题写的"硕德延龄"，清同治九年（1870）河南巡抚张之万题写的"义高恩享"，清同治十三年（1874）钦差大臣沈葆桢题写的"花甲长春"，清光绪八年（1882）军机大臣、两江总督左宗棠题写的"君子偕老"，清光绪十四年（1888）北洋海军提督丁汝昌题写的"吉人天相"匾，民国二十二年（1933）河南省代主席张钫题写的"椿荫常垂"……一块块匾额犹如一条条光滑的多棱镜，折射出当时的政治、经济、文化、艺术乃至风俗习惯。

故纸拾遗中读到的民间故事
洛阳契约文书博物馆

洛阳契约文书博物馆,是一座两层小楼,收藏了6万余件纸质契约文书,有家谱、金兰谱、婚书、遗书、人契、房地契等,泛黄的纸上尘封着一件件爱恨情仇的往事和一段段生死离别的瞬间,成为历史的重要见证。沧桑流年,往事如烟,于"故纸拾遗"中寻觅到这些静默无言且不动声色的文字,可以当书法作品观赏,也可以当民间故事阅读,里边看点多多,颇耐人寻味。它们诉说的,不仅仅是旧时年华中某个人的命运转折或某个家族的兴旺衰落,更是一个时代的更迭、一个社会的缩影。

看点一,婚事文书。在古代宗法制度下,婚姻被划在了"礼"的名下。婚礼程序沿袭《仪礼·士婚礼》的"六礼"(纳采、问名、纳吉、纳征、请期、亲迎)进行,每个阶

洛阳契约文书博物馆 位于洛阳市瀍河区新街与九都路交叉口东北角

契约文书博物馆展厅

民国年间庚帖

段都要出具相应的婚事文书。馆内收藏的婚书多是清代至民国时期，当时社会动荡不安，婚姻自由等新思潮也在冲击着封建旧秩序，婚书也不单纯，"自由自主""找价""卖绝"等字眼频频出现。1950年中华人民共和国第一部《婚姻法》颁布后，废除了包办婚姻，婚书中出现了《婚姻法》的相关条款，新郎新娘的名字也头一次并列在了一起。馆藏一件1952年郑州市人民政府填发的2749号结婚证明书，与旧婚书相比显得十分新奇——在男女双方的名字、年龄、申请结婚的时间下面，醒目地写着"业经审查符合中华人民共和国婚姻法准予结婚特发给此证"，上面还盖着郑州市人民政府和市长、副市长的印章。除了婚约，馆内还能看到改嫁、入赘、离婚、退婚的文书。民国三十一年（1942），老汉董丙辰的儿子不幸去世，儿媳年纪尚轻，"茕茕无依"，实无谋生之力，

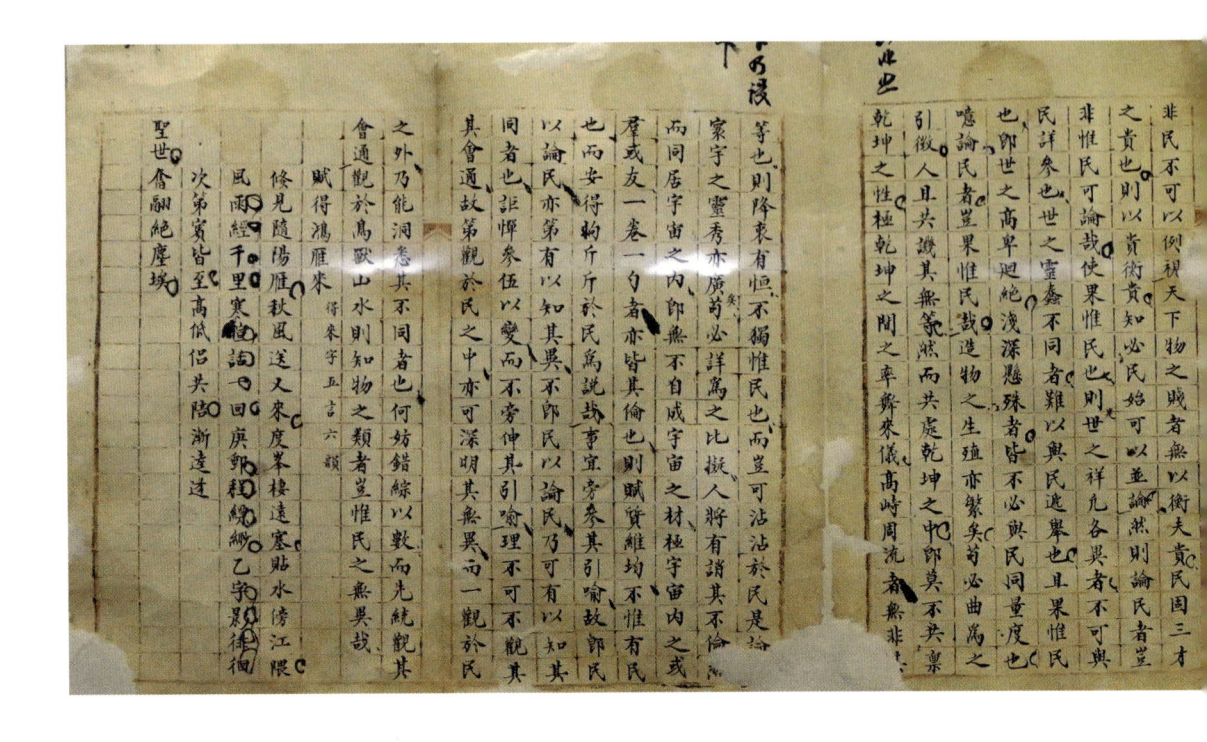

于是董老汉就同意儿媳另寻出路。后经人说合，改嫁一安姓男子为室，安家还给了董老汉3000元的聘礼。为防止亲族干涉，立下契约。相比之下，民国二十八年（1939）一户姓宋的人家要显得厚道些，儿子在抗战中捐躯，公婆把儿媳妇当亲闺女看待，不忍其改嫁他处，于是就招了一个上门女婿入赘宋家。招赘婚书上写得很清楚，不论儿媳妇生男生女，家产都归小两口所有，任何宗族不得干涉。

看点二，家谱。家谱也称族谱、宗谱，是以表谱的形式记录一个家族世系繁衍和重要人物事迹的一种特殊文书，是区分家族内部血缘关系亲疏远近的重要依据。经历了朝代的演变和社会的动荡，传世的家谱消失殆尽。唯有明清时期出现专门替人修造家谱的谱匠，故现在能见到的古代家谱，多是明清两代编修的。馆藏一幅王氏祖容画像，系根据王氏家族祖辈的面容绘制，人物众多，画工精美，自上而下共14代，以男左女右排列。需要说明的是，在男尊女卑的封建社会里，并不是家族中的所有女性都能如此风光，只有正室，才能与丈夫一起为后人所瞻仰。这幅祖容画像，通常会在除夕年夜饭前，由王氏家族后人挂出来祭拜，落灯后收起。

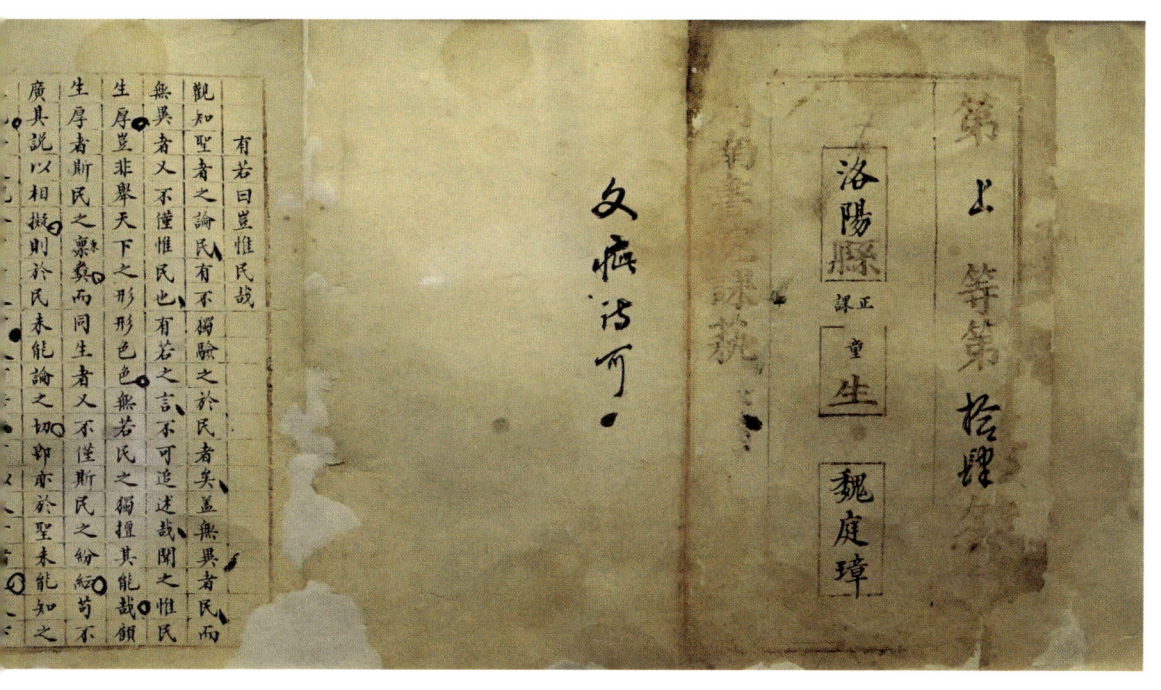

清代洛阳县魏庭璋科举试卷

看点三，金兰谱。馆内陈列有清代和民国年间的金兰谱，红（黄）纸黑字，很醒目。旧时，两人或数人要好，或为了共同利益心心相印、友情甚笃，进而结为异生兄弟姐妹（少者二三人，多则不限，但须单数，实际超过七人者极少），称"义结金兰"，俗称"换帖""拜把子"。金兰者，源于《易经》"二人同心，其利断金。同心之言，其臭如兰"，后来用于结拜兄弟姐妹的代称。金兰谱的序文大都引经据典，以重情重义的人物为典范（譬如桃园三结义），写的多是同生同死的誓言，附有结拜人姓名、籍贯、生辰、结拜时间及祖上三代的名字，还要签名、盖章、按指印。民国时期结拜之风盛行，市面上有印刷版的金兰谱售卖，结义者只需买来填上相关内容即可，很省事儿。但结拜金兰的程序却不能省去，要举行换帖式，选定良辰吉日，焚香叩拜，同饮血酒，对天盟誓，交换金兰谱。倘若日后反目，还得再举行个仪式把金兰谱烧掉，公开绝交、"断义"。

看点四，人契。人契是古代买卖人口时签订的纸质契约，是带有确认身份归属关系转移内容的凭证。这方面的记载多见于官方典籍文献，而契约原件留存于世者甚少。馆内收藏有明代至民国年间的人契几十件，从中可以看出，立人契的原因多为命运之苦、生活艰辛和家庭不和，而其中的交易对象以女性为多，有丈夫卖妻女、兄弟卖嫂子的，还有公公卖儿媳的，可见古时女性在社会和家庭中的地位非常低下。这些女性在文书中多被冠以"张王氏""韩王氏"等，连个具体名字都没有，更不要说在文书上签字画押了。明永乐九年（1411），一位叫王刘氏的女子因"生辰不幸，卖入烟花"，其状甚苦，故"仰望金批执照特许从良，赐其永出水坑"。后上报州守准此，由"顺从夫李三桂"将其赎出，发给一张从良执照，上面加盖着官府的印章和州守的"准此"批语。明代烟花女隶属乐籍，从业时由所在花柳巷到官府统一注册纳税，除非特殊情况不得从良，要想从良，除由赎领人（即执照中的"顺从夫"）缴纳赎身钱外，还需经官府批准才能从乐籍中除名，而后加入民籍方为良民，其命运之苦、从良之难，可见一斑。清光绪二十三年（1897），一位叫陈寅辉的人因年荒无度、食用不便，将妻子以五十七吊钱的价格卖于一屠姓男子为妻，立字据为证，此后若有反言，由卖主一面承当，与买主无干。民国二十三年（1934），一位叫王喜南的老汉在中间人见证下写下卖儿媳的字据。称：王喜南因儿子去世，儿媳正值青春，娘家父亲央人与王喜南说合，愿将自己的闺女"买"回去，议定礼洋一百七十元，当日交足，以后该女或在娘家守节或改嫁由娘家人做主，与王喜南无干。民国三十七年（1948），一位叫韩宗周的人以"夫妇不合"为由，将妻子韩王氏以小麦七石五斗的身价卖给杜家，言明以后双方绝无纠葛，立两清字据为凭。民国七年（1918），一位寡嫂因丈夫去世，青灯孤影，生活无依，被她丈夫的弟弟做主，以五十两银价将其卖给别人为妻，她身边还带着一个小女儿。弟弟代表哥哥对嫂子行使了处分权，所卖银两归弟弟所有，而寡嫂分文不得……

　　看点五，房地产买卖。明清两代早期的房契、地契都是民间版本，没有官方公证，一般称这种民间自写、民间合议、民间公证的契约叫作"白契"或"草契"。清乾隆年间，朝廷规定土地、房屋交易和典当须由州县官府公证并交纳税金，官府收税后办理过户手续，在"白契"上粘贴由布政使司统一印制的文书——"契尾"，相当于现在的完税凭证，最后在粘贴处加盖县官印，这时的"白契"就成了官契，也叫"红契"。红契受法律保护，相当于官府颁发的财产所有权证。馆藏一份签订于明崇祯十四年（1642）的土地契约显示：这年三月，一位叫王交英的村民因家中用度不足，在见证人的说合与证明下，将自己家的两亩地租给同族的王时记耕种。从土地出租之日起算，地上粮草一并交租地人。这份契约距今已有380多年，是一份难得的中国早期民间土地出租合同文本。另一份康熙十一年（1673）的地契，是一位叫王交兴的与同族寡妇杨氏签订的土地买卖合同，杨氏将自己村南坡的一亩地出卖给"本枝民人"王交兴，并且写明如有反悔，愿罚白米五石充官公用。这份地契距今也有350年了，其珍贵之处就在于"见人"——契约上见证人王添表和王日星均有签字。

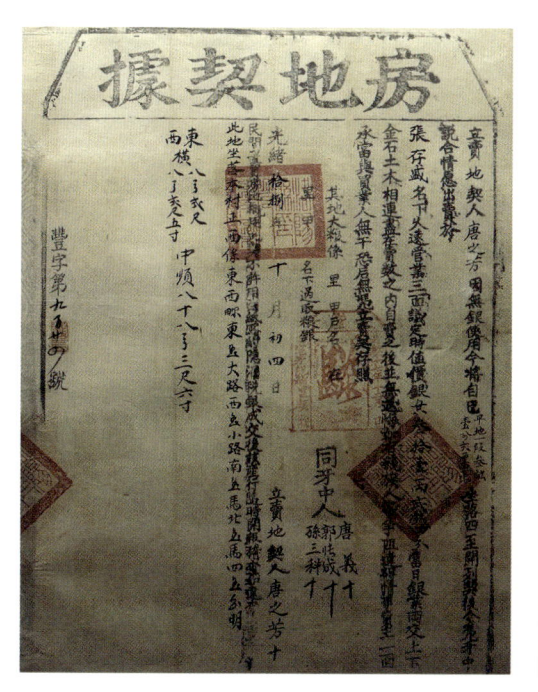

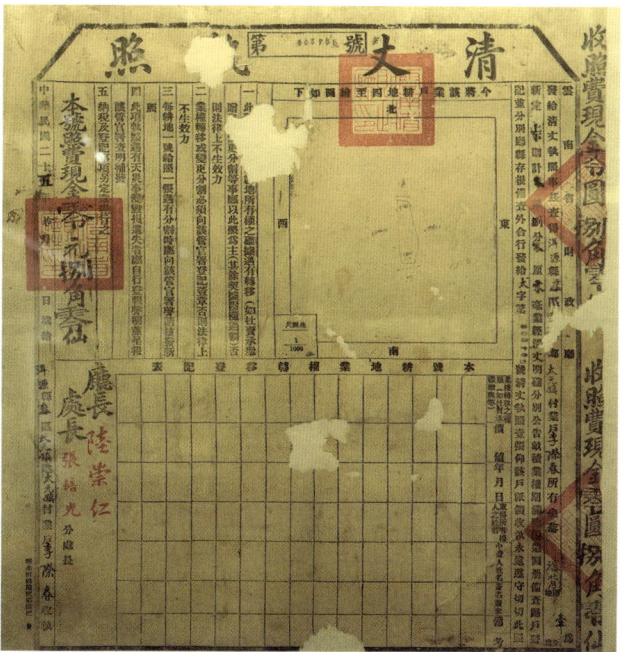

清光绪年间房地契据　　　　　　　　　　　　　　　民国年间清丈执照

看点六，官府文书。馆内收藏的有官府发布的公告、通告、公示、谕令等，具有规范格式。其中一件清光绪十二年（1886）一县署发给东路绅士的谕令，上面写着"奉抚催办仓谷，速照每亩捐谷一升按户劝办，限十日先将捐数报明，以便禀复"，并附注"谕到即给收条，交来差带回为据"。还有一件是1950年洛阳县人民政府为确保"三夏"任务完成而发布的一则布告，要求"任何机关或个人不得以任何借口加派增加群众负担，否则以敲诈勒索论处"，并提出"如发现有多派少分非法行为，每个人皆有监督检举报告之权"。

看点七，证书证件。有毕业证、荣誉证、身份证、聘书、执照、资格证书等，多由机关、学校、团体颁发，涵盖了社会生活的方方面面，见证了一个人告别旧社会、走进新时代，其社会地位、政治觉悟不断提高，工作学习不断进步所发生的深刻变化，其中一件《识字证书》让人觉得很新鲜。旧时生活条件不好，穷人没条件读书，不识字的"睁眼瞎"一抓一大把。20世纪50年代，国家开展大规模的扫盲运动，各地纷纷成立扫盲班、速成班，帮助"睁眼瞎"和一些文化程度低的人学文化。这场扫盲运动席卷全国，数以亿万计的人投入学习，热情高涨。当时只要学会一定数量的汉字，便可获得识字证书，摘掉文盲帽子。展厅中展示的这张《识字证书》是从外地收集来的。证书上有红旗和毛泽东主席的头像，颁发日期为1958年，盖有红红的大印章。

此外，馆藏的合同、诉讼文书、遗嘱分单等也有很多看点。像民国三十七年（1948）张顺发立下的一份遗嘱，让人得知这张老汉有着不一般的家业——良田百顷、房舍百间、家丁百余，膝下三个儿子，大儿充军，官至副师；二儿经商，定居香港；三儿弃田离乡，据说也是去了港台地区。因战乱，家中的黄金元宝、金佛像、银元等不便携带，藏在祖房正栋东侧墙。倘若有生之年能重归故土，宝物依存，按大儿、二儿、三儿"叁、叁、肆"分，不得争执。若有缘者得之，望能代为善事，筑路修桥或济贫等，以泽万代。只是这世事难料，后来的结局是否如张老汉所愿，就不得而知。只记得20世纪六七十年代，很多地方在扒建一些地主老财家的旧宅院时，挖出一包一包的银元、一缸一缸的铜钱，想必都是那个时候留下的。

博物馆速递

中原地区的民俗文化特色鲜明，成为一方水土极富历史文化内涵且代代相沿的"活化石"。洛阳市涧西区西苑路上的**老雒阳饮食文化博物馆**，有不少藏品是平时难得一见的老祖宗吃饭的家什，比如汉代的陶制烤炉，外形与现代烧烤炉差不许多，炉上架着"铁钎"，上面穿着几只餐风饮露的"蝉"，似乎还弥漫着诱人的香气。再如清代一种专门盛放肴食果品的木制彩绘食盒，应是官府宅邸不可或缺的"标配"，士绅名流出门访友、定亲拜寿或与至交把酒言欢时，事先都会准备一些作为助兴的下酒菜，此刻这种精美的食盒便派上了用场。还有中州东路的**真不同水席博物馆**，给人的印象却是另一番风采，典雅的彩绘宫灯、艳丽的宫廷服饰、金银打造的碗、盏、樽、碟……走进去，瞬间有了一种穿越至大唐盛世的感觉。洛阳水席始于唐代，如今已经成为洛阳一张靓丽的名片，成为洛阳饮食文化中的代表。而洛阳水席又以"真不同"最为知名。真不同水席博物馆的建立，为世人展示了一段看得见的"舌尖上的洛阳"，成为一座"能吃的博物馆"。

此外，郑州、开封、商丘、周口、安阳等地，也有一些以展陈传统民俗文化为主题的博物馆，成为人们了解中原地区风土人情的重要窗口。

郑州市管城区西大街上的**瞻世客家文化博物馆**，让到访者近距离地感受到客家人对根的追寻、对中原文化的执着守望。客家人的百年古宅、宗祠牌匾、家规家训，与传统的匠艺民俗、美食特产相互浸润，人文气息意蕴深远。高新区白桦街上的**天祥博物馆**，原本是清乾隆年间天祥寨任家一位二品官员的老宅，2012年"城中村"改造时，其七进的院落被拆了多半，剩下的两进院后来被保存下来，成了如今的博物馆。馆内随处可见的砖雕、石雕、木雕，还有先祖留下的蟒袍、皇帝钦赐的牌匾，以及门前一人多高的拴马桩，依旧显出昔日阔绰和考究的气派。

开封市书店街上的**宋都木版年画博物馆**，由首批中国非物质文化遗产代表性传承人任鹤林先生创办，馆内收藏明清开封朱仙镇木版年画千余件，对古都木版年画的起源、产生、变迁和发展过程作了全景式的展现。龙亭区清明上河园景区的**大宋皮影博物馆**有藏品800多件，件件与皮影戏相关。表演时，艺人就"藏"在白色幕布后面，一边操纵着用透亮的牛皮、羊皮或驴皮雕刻彩绘的影人，一边用方言曲调讲述着历朝历代的兴衰旧事，一时间帝王将相纷纷登场、黑忠白奸对比强烈。万岁山景区的**王炯民俗博物馆**看点多多，有汉代的石磨、宋代的女红、清代的官斗，还有民国的刺绣霞帔、四轮太平车、木制马拉轿等，尤其是那个四进镂空雕刻进士床，功能全面，一进脱鞋、二进脱衣服、三进放马桶、四进睡觉。

商丘市睢阳区神火大道南段的**观忆民俗博物馆**，让人看到了几十年前豫东城乡的生活场景。馆内收藏有早年磨面用的石磨、打场用的石碌、喂牲口用的石槽，有20世纪五六十年代的手摇电话机，六七十年代的小人书、自行车、缝纫机、座钟、电影放映机和红灯牌收音机，还有八九十年代的唱片、磁带、宣传画等。日常生活的柴米油盐和喜怒哀乐，凝聚成充满温暖情怀的商丘记忆，显得生动而亲近。

周口市川汇区中州路沙颍河北岸的**关帝庙民俗博物馆**，让人领略到本地的泥泥狗、布老虎、土布、花馍、剪纸、根雕、木版年画等民间传统艺术的绚丽多彩，尤其是馆中搭建的场景，再现清末至民国初期豫东一带传统婚俗中热烈喜庆的场面；川汇区工农南路上的**华威民俗文化博物苑**，里面的老物件凝聚着彼时的淳朴乡情，那些犁、耧、权、耙、碾子、磨盘、石碌，还有早已退出历史舞台的榨油机、织布机、制网机、砖瓦机等，将岁月中沉淀的旧时光拉回到世人面前。

安阳市文峰区鼓楼东街上的**安阳民俗博物馆**依托原彰德府城隍庙而建，馆内展示的城隍文化和明清秦氏绢艺、汤阴剪纸、滑县木版年画颇具特色，为这座千年古都增添了些许"烟火气"。安阳敬奉的城隍是尉迟迥，被认为是安阳老城的守护神，在百姓心中的地位不亚于皇帝。秦氏绢艺为手工制作，向有"三不"（不变质、不褪色、不变形）之誉，其作品"蝈蝈白菜"堪称一绝；汤阴剪纸具有浓厚的乡土气息，相对完整地保留了原生态的豫北民间剪纸艺术特征；滑县木版年画颜色艳丽，人物造型粗犷夸张，线条刚劲有力，表现形式除年画外，还有家族族谱、中堂画等，反映了当地独特的风俗习惯。

见证世界上最长最古老的人工水道
洛阳隋唐大运河文化博物馆

　　隋唐大运河文化博物馆很有自己的个性和特色。它的建筑外立面及屋顶使用了大面积的黄色三彩釉面瓷砖，连绵起伏的造型如同隋唐宫殿建筑群的天际线，似乎在唤醒到此参观的人们对盛唐风韵中的大运河文化遗产所潜藏的记忆。若再走近些就会发现，这种三彩釉面瓷砖均为空心设计，不仅具备防水功能，还能左右调节间隙，这又让人对传统三彩工艺在现代装饰中所表现的美观与实用的统一有了全新的认识。三彩釉面瓷砖由国家级"非遗"唐三彩烧制技艺代表性传承人高水旺及其团队设计制作，其釉料配方、烧制方法均有别于传统工艺，是应用于现代装饰的一次创新实践。

　　步入馆内，最先映入眼帘的是一大片面积约万余平方米的三彩陶瓷菱形挂板饰件。这个以《云帆》命名的作品由中国工艺美术大师郭爱和领衔创作，他用了写意的表现手法，将十几万个三彩陶瓷组成的菱形挂板（每个菱形由13组13厘米宽的椭圆弧面三彩陶瓷构件组成）挂在博物馆圆弧穹顶，犹如被风吹满的船帆。在光线充足的条件下，游

洛阳隋唐大运河博物馆　国家二级博物馆　位于洛阳市老城区滨河北路与新伊大街交叉口东北

客在场馆移动时能感受到三彩陶瓷吊顶的光影变化，恰似流动的大运河，波光荡漾，秀美壮阔。

博物馆以"国运泱泱"为主题，讲述了洛阳优越的地理位置、东都洛阳的营建、大运河的开凿及运河上的水工传奇，展示了运河的漕运体系及因漕运而生的水运仓储、水上交通工具等；并以有趣的"一粒米的漕运之旅"再现了一粒米从征收、运输至到达目的地的全过程，对运河漕运的巨大作用和功能做了生动解读，很自然地将隋唐大运河沿线的一座座城市串联起来，演绎出城市与运河的千年邂逅。

隋唐大运河开凿于1600多年前的隋朝，以洛阳为中心，以通济渠、永济渠和江南运河作一撇一捺的"人"字状延伸。北通涿郡（今北京），南达余杭（今杭州），全长2700多公里，纵贯中国最富饶的华北平原与江南水乡，沟通了海河、黄河、淮河、长江、钱塘江五大水系，成为古代南北交通的一条大动脉，促进了不同区域间的经济贸易和文化往来，在国家统一、政权稳定、经济繁荣、文化交流和科技发展方面发挥了不可替代的作用。

中国古代有很长一段时间，经济重心一直在黄河流域。只是到了魏晋南北朝时，整个社会发生了剧烈变化，几百年的混乱使北方地区的经济受到严重冲击，而同时期的东南地区则得到迅猛发展。葛剑雄先生对此做过分析。在他看来，隋王朝在统一全国后即决定开凿南北大运河，其动机绝非单纯的军事目的，"实际上，隋朝已经出现了关中资源不足的情况。每当关中发生灾荒时，皇帝就带领文武百官和关中百姓从长安到洛阳去吃饭。此时的关中已经养不起一个庞大的朝廷，必须从江淮地区调集粮食供应中央。而在主要依靠水运的古代，开凿一条通往首都的大运河就势在必行"。不过当是从江南运粮到长安，路程过于遥远。尤其是洛阳至陕州这一段，黄河中间有个三门峡砥柱，船过不去，只能靠牛车走崎岖山路，十分艰险，运量也非常有限。于是，到了杨广当政时，便把首都从关中迁到了洛阳。

隋大业元年（605），杨广以尚书令杨素为营都大监、宇文恺为副监营建东都洛阳，征发河南、淮北两百余万民夫开挖大运河首期通济渠，自洛阳西苑引谷、洛二水入黄河，自板渚（今荥阳）引黄河入汴水，又从大梁（今开封）引汴水入泗水，最后至江苏盱眙入淮水，达山阳（今江苏淮安）。自山阳又征发淮南民夫十余万，疏吴王夫差所开邗沟，引淮水至江阳（今属江苏扬州）入长江。大业四年（608），杨广再次诏发黄河以北诸郡民工百余万开凿永济渠，将黄河与沁水、淇水、卫水相沟通，然后一路向北，接漳水至天津，继溯芦沟（今永定河）达北京。而要说到隋炀帝开通永济渠的目的，主要是解决远征高丽军队的粮草运输问题。至于往扬州的通济渠，似乎与战争没有太直接的关系，目的是把江淮一带的粮食运往洛阳。当然，以后到江南巡幸也会方便些。大业六

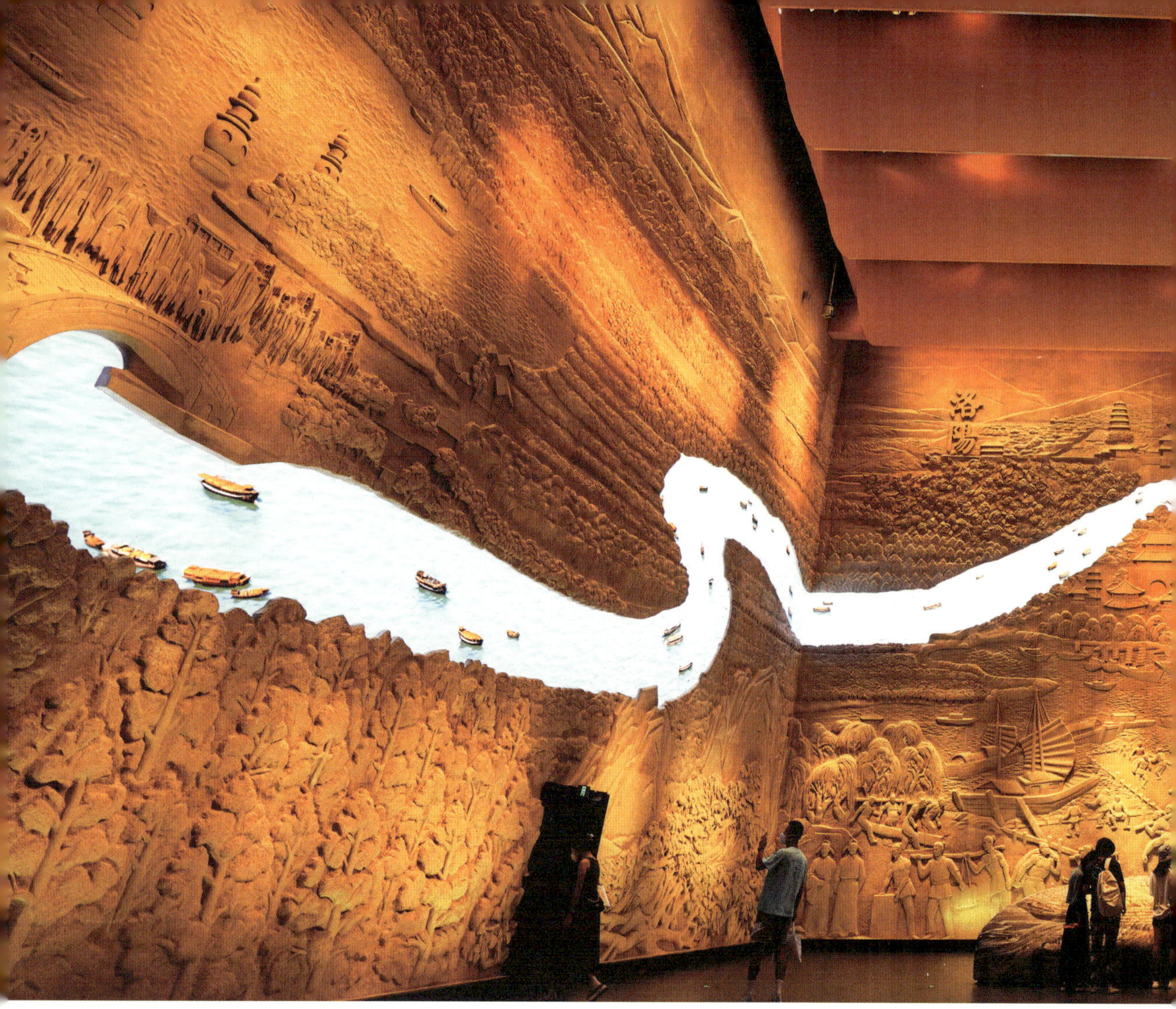
洛陽

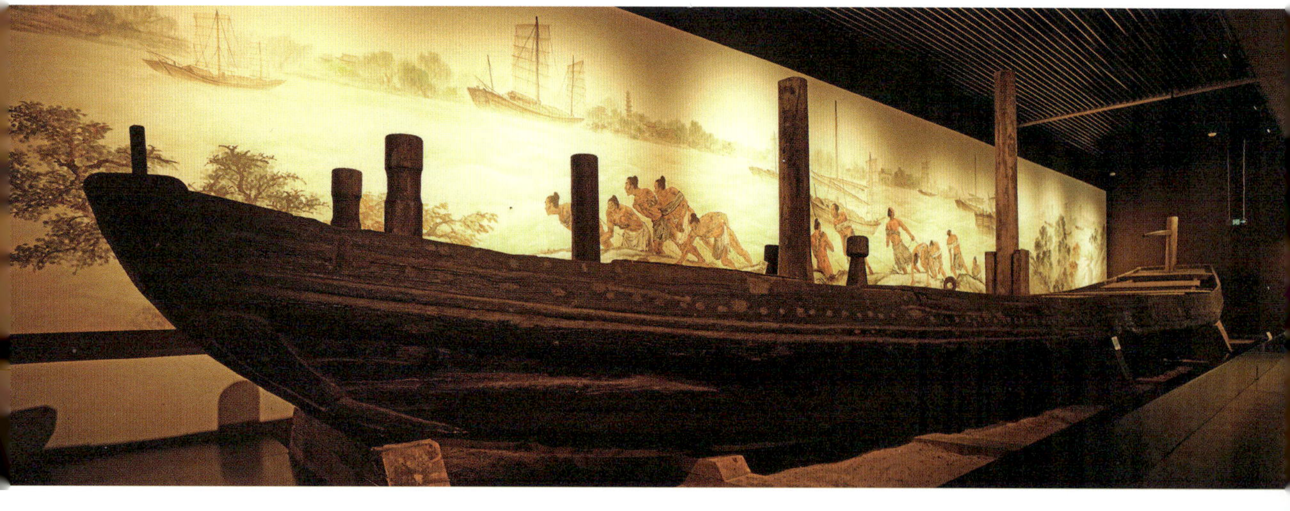

"国运泱泱——隋唐大运河文化展"是博物馆的基本陈列

运河1号沉船(左)、2号沉船(右)　2013年出土于洛阳偃师区首阳山镇义井村西南的洛河滩地

年(610),杨广下令疏浚修整京口(今江苏镇江)至杭州段运河,将长江与钱塘江相沟通。此后,从东都洛阳到杭州到北京的河道已是畅行无阻。

随着大运河漕运的完成,粮食大量涌入首都,数量多得惊人。为了存放这些粮食,隋炀帝建了很多粮仓。像兴洛仓、回洛仓、常平仓、黎阳仓、广通仓,储粮皆在百万石以上。隋末天下大乱时,瓦岗军李密把前三个仓给抢了,靠着抢来的粮食聚集了一支与朝廷对抗的农民武装。唐贞观十一年(637),监察御史马周向太宗汇报:"隋家储洛口,而李密因之。西京府库,亦为国家之用,至今未尽。"此时隋朝已亡20年,可那时的粮食还未用完。

隋朝的终结,隋炀帝有责任。在位时不加节制地耗费国力、滥用民力,最终激起民变,把个"挖出一条水道,搞垮一个王朝"的罪名也安在了他的头上。至于"方便"南下江都的事儿,更为一干文人提供了极好的素材,一般的奢靡描写已经难以满足众人胃口,由此夹杂了很多沉迷女色、贪图享乐的细节,让人觉得没有比他更坏的皇帝了。其实杨广并没有坏得那么彻底,只是他过于喜欢折腾,理想主义的色彩浓了些。更要命的是他一味地向东拓展,而与其一向依赖的关陇集团渐行渐远。对此,晚唐诗人皮日休吟出"尽道隋亡为此河,至今千里赖通波。若无水殿龙舟事,共禹论功不较多",让人听起来觉得还比较客观些。

大运河影响所及,远非一个隋朝,后来的好几个朝代都受益匪浅。

唐代,通济渠成了长安朝廷的生命线,朝野上下几乎全靠江南供应的粮食和物资养活。位于洛阳老城的含嘉仓,据说就是唐太宗精心设计的。他把粮仓建在城内,以免重蹈前朝统治者的覆辙。起初政府机构少,问题尚不突出,李世民的军队也是军农合一的府兵制,一年往长安运个十几万、二十几万石的粮食就够了。到唐高宗时,随着政府机构膨胀,粮食就成了大问题,最后竟到了吃了上顿没下顿的地步。也许是李治厌倦了逃荒要饭的日子,很快他就宣布定洛阳为东都,称洛阳、长安为"东西二宅"。到了武则天时,更是大胆决定将洛阳定为神都,并且把政府机关也搬了过来。吃饭不再是问题。当时全国几个主要粮仓储粮1200多万石,单是洛阳城内的含嘉仓就有580多万石。

宋代,位于通济渠上的古都开封脱颖而出。它所在的位置控制着汴河到黄河的入口,成为运河上一个关键所在,控制了它,也就留住了漕运的财富。此前的五代十国,朱温就是以此为基地灭了大唐,建了后梁。宋代开封的漕运比洛阳、长安都要发达,朝廷设有发运司统筹东南六路的物资运输,"岁漕江淮湖浙米数百万,及东南之产,百物众宝,不可胜计"。庆历二年(1042),知制诰富弼向仁宗奏曰:"朝廷用度,如军食、币帛、茶、盐、泉货、金、铜、铅、银,以至羽毛、胶、漆尽出九道(指东南六路与福建、广南东、广南西)。朝廷所以能安然理天下而不匮者,得此九道供亿使之然尔。此九道者,朝廷所仰给也。"神宗时,做过三司使(总理国家财政,地位略低于参知政事)

唐代执旗人物壁画　洛阳洛龙区龙盛小学唐墓出土

的沈括在《梦溪笔谈》中也说到运河的重要性："发运司岁供京师米以600石为额。淮南130万石，江南东路99万石，江南西路120万石，荆湖南路65万石，荆湖北路35万石，两浙路150万石。"到后来，即便赵家皇帝被金人打得到处乱跑，一俟局势稳定，便又把首都建在大运河另一头的杭州，始终离不开大运河。此时虽因宋金对立中断了大运河南北联系，但赵构很快就疏通了西晋时开挖的浙东大运河，将其打造成与海上丝绸之路相连接的重要通道，由此带动江南商业、农业、手工业、造船业和对外贸易的空前发展，使得偏安一隅的南宋与北宋一样成为中国历史上最具魅力的时代。

元朝，忽必烈把首都建在北京。固然基于不能与其大后方蒙古高原离得太远来考虑，但他也想到了必须解决南粮北运绕道过远的问题，为此花了10年时间新修了元大都至天津的通惠河，开挖了洛州河、会通河，把天津至清江（今江苏淮安市）的天然河道和湖泊连接起来，清江以南接邗沟和江南运河，直达杭州，这就是今天的京杭大运河。

由明入清，基本维持了元代运河的基础，每年自江南有数百万石漕粮及数十万匹苏杭织造丝织品沿运河北上达京城，江宁、苏州和杭州的几个织造局专办官用绸缎和布匹。而北方的松木、皮货、煤炭、杂品也源源不断由运河南下。明永乐后，官运之外亦有商运逐渐增加，运河上开始设关收船税。清道光时，有一年户部纳定额税银400万两，其中近1/3收自运河上的商船。运河边上的城市像杭州、苏州、扬州、淮安、济宁、临清和天津等，也因此成为颇有影响的商品集散地，商业盛衰与运河相伴始终。

大运河让历史变成了动词，成为"活着的遗产"。历史地理学家陈桥驿先生说："清宣统年间津浦铁路完成之时，社会就有大运河必将式微的舆论。在这方面，我曾为研究生开过'运输学'的课程，深知在各类运输手段中，水运是无可替代的。"作家徐则臣曾凭借运河题材《北上》获得第十届茅盾文学奖，他也说到这个意思："一条河活了起来，一段历史就有了逆流而上的可能。"

2014年6月22日，第38届世界遗产大会将"中国大运河"列入世界遗产名录，共有隋唐大运河、京杭大运河、浙东大运河10个河段、58处遗产点，涉及北京、天津、河北、山东、江苏、浙江、河南、安徽等8个省市。其中河南有洛阳回洛仓、含嘉仓和浚县黎阳仓遗址，通济渠郑州段、商丘南关段、夏邑段，卫河（永济渠）滑县—浚县段。世界遗产委员会的评语是：中国大运河是世界上最长最古老的人工水道，也是工业革命前规模最大、范围最广的土木工程，它促进了中国南北物资的交流和领土的统一管辖，反映出中国人民高超的智慧、决心和勇气，以及东方文明在水利技术和管理方面的杰出成就。历经两千余年的持续发展与演变，大运河至今仍是沿线地区不可缺少的重要交通运输通道，仍具备行洪、灌溉、输水等功能，在保障中国经济繁荣和社会稳定方面发挥着重要作用。

隋炀帝最早走过的古城门
隋唐洛阳城定鼎门遗址博物馆

定鼎门是隋唐洛阳城外郭城的南垣正门。隋炀帝登基那年（605），敕命营建东都。第二年，一座规模宏大的都城便拔地而起。迁都洛阳后，杨广成为第一个从定鼎门下走过的皇帝。不过当时这道门叫建国门。唐朝建立后的第4年，李世民在洛阳打败了王世充，改建国门为定鼎门。当年周武王迁九鼎于洛阳——时称郏鄏，定鼎门是郏鄏东门之名，九鼎就是从这里入的城。《左传·宣公三年》曰："成王定鼎于郏鄏。"郏鄏，雒北古山名，在今洛阳市西北，文人多代指周朝东都洛阳。

隋唐洛阳城定鼎门遗址博物馆　国家二级博物馆　位于洛阳市洛龙区龙门大道与古城路交叉口往西400米

自隋大业算起，洛阳城作隋都15年，后来又成为唐、后梁、后唐和后周几个朝代的都城。而作为外郭城南垣正门的定鼎门，一直沿用到北宋末，时间长达530年。虽说隋王朝的痕迹入唐后即被抹去，但定鼎门的地位一直都没有变。武则天定洛阳神都时，曾在长寿三年（694）"征天下铜五十万余斤，铁三百三十余万，钱二万七千贯，于定鼎门内铸八棱铜柱，高九十尺，径一丈二尺，题曰'大周万国述德天枢'"。这件事写在唐人刘肃编撰的《大唐新语》集里。唐朝末年，褚遂良九世孙、乾宁四年（897）进士褚载曾赋诗写到定鼎门，觉得还是这地方的颜值高些，浓缩了一段盛世的记忆："郏鄏城高门倚天，九重踪迹尚依然……"

彼时的洛阳，在一个由城墙围合而成的一个封闭空间中，城门就成了沟通城市与外界的唯一通道。尤其是洛阳城外郭城门的独特形制，展现了隋唐都城文化的礼制特征，并成为古都洛阳作为丝绸之路鼎盛时期东方起点城市的代表性遗存，成为亚欧多元文化交流和商贸往来的真实见证。2014年6月22日，定鼎门遗址作为中国与吉尔吉斯斯坦、哈萨克斯坦三国联合申报的丝绸之路中的遗址之一，被列入世界遗产名录。

定鼎门遗址正处于隋唐洛阳城的中轴线上，当年自南向北渐次分布着人们津津乐道的"七天建筑"——天阙（伊阙）、天街、天桥（天津桥）、天枢、天门（应天门）、天宫、天堂（明堂）。其中，宽阔轩敞、车马声喧的天街显得格外耀眼。唐人杜宝在其撰写的《大业杂记》中说到了隋时天街景象："阔一百步，道傍植樱桃、石榴两行，自端门至建国门，南北九里，四望成行。人由其下，中为御道。通泉流渠，映带其间……"中唐时，诗人裴夷直作七言绝句《和周侍御洛城雪》，说到天街时忍不住一番感慨："天街飞辔踏琼英，四顾全疑在玉京。"五代时，那位在后晋当过宰相、断过疑难奇案却又好文学、长于短歌艳曲的和凝写下《宫词百首》，对天街亦是赞赏有加："天街香满瑞云生，红伞凝空景日明。"北宋时，西京洛阳名流云集，天街上经常能撞见熟悉的身影和面孔。司马光居洛阳，常到天街访客会友，"悠然念吾友，逍遥城阙间"。他的一位好友邵雍就住在天津桥南。天津桥与天街相接，天街是邵雍从其宅居的"安乐窝"出来必走的街道。因此，天街和天津桥也经常出现在安乐先生的诗句中，像这首"信马天街微雨后，凭栏僧阁晚晴时"（《秋游六首》），"无涯逸兴不可收，马蹄慢踏天街草"（《秋日饮后晚归》），"唯此天津桥下水，古今都作一般声"（《天津感事二十六首其二三》），"五凤楼前月色，天津桥上风凉"（《小车六言吟》），"莫道天津便无事，也须闲处着功夫"（《二十五日依韵和左藏吴传正寺丞见赠》）等。邵雍名气很大，曾两度被举荐，但他均称疾不仕，只想过隐逸生活，这也为他赢得了一个"天街高士"的美名。有一次，做过盐铁副使、后以集贤殿修撰知荆南的李复圭来到洛阳，想约邵雍一聚。走到龙门先给尧夫先生写了一封信，其中有句"天街高士还知否？好约南轩醉一觥"。

定鼎门遗址　隋唐和武周时期都城洛阳城外郭城正门

　　定鼎门遗址博物馆紧邻隋唐遗址植物园。早几年这里还是关林镇曹屯村和安乐镇赵村之间的一片庄稼地，如今在遗址上用钢架结构复原了一座新城门，依旧是青砖灰瓦，依旧是高大巍峨。从城门西侧入口走进博物馆，首先映入眼帘的是两侧墙壁上悬挂的介绍定鼎门历史文化和考古发掘的图片文字。再往前走就是博物馆的展厅，地下一层、地上两层。地下一层为遗址保护区，旧时的门道、墙砖、墩台、阙台、马道、柱础石等遗存就地作原址展示。墩台是定鼎门的基础，由含沙量较大的黄褐色土夯筑而成，东西长44米，南北宽21米。台体残高约1米，基槽厚度约3米，三条门道和两道隔墙将其分出"东墩台"和"西墩台"。墩台的墙壁底部残存一些包砖，砌砖的方法和使用的材料各不相同，基槽砌砖用的多是平头整砖，外皮砌砖用的多是斜面砖，内墙砌砖用的多是平头残砖。门道均采用梁架结构，规模大小和形制基本相同，东西宽度约6米，南北进深约21米。门道中置单重门扉，东西两排地袱石，并有土衬石、门砧石、立颊、撞石、车道石等。地上两层为博物馆的陈列展区，主要展示定鼎门遗址的演变历史和隋唐洛阳城出土的部分文物。

或许，留在遗址里的那些密集的脚印、车辙印（单辙的、两辙的）、骆驼蹄印、马蹄印等更容易引起到访者的兴趣——在遗址博物馆展示的唐代路道上，各种足迹清晰可辨，让人依稀看到当年定鼎门外车水马龙、人声鼎沸的热闹场面。尤其是骆驼蹄印的发现，为洛阳在东汉至隋唐时期成为"丝绸之路东方起点"提供了新佐证。永元十二年（100），大秦（罗马帝国）属下的蒙奇、兜勒国（今译马其顿）遣使到东汉首都洛阳，向汉和帝进献礼物，汉和帝赐给两国紫绶金印。延熹九年（166），古罗马大秦王安敦派使者至洛阳，朝见汉桓帝。北魏文成帝太安元年至孝明帝正光三年（455—522），波斯与统一了中国北方的北魏王朝建立了直接联系——《魏书》记载，其间有10个波斯使团到了中国，前5次到了平城（今山西大同），为中国带来了玻璃制品工艺；后5次到了孝文帝太和十七年（493）迁都后的洛阳。当时洛阳城规模宏大，面积近100平方公里，是中国历史上最大的古都，也是当时世界上最大的城市，远超罗马城和君士坦丁堡。

这些密集的印迹是如何保留下来的？专家推测，应是很偶然的一次"巧遇"所致。或许是在一场大雨后，道路上的土质松软，留下了来往行人、长途跋涉的骆驼商队和载重车辆从这里经过时的印迹。随后又是一场突如其来的洪水，裹挟着淤泥将路面掩埋，使得这些印迹历经千余年而得以保存。当年考古队发掘时，发现此路宽处达百余米，路面下碾压的土质竟有十几层厚，最早有隋代的，最晚是中华人民共和国成立后铺设的。这说明，自隋唐洛阳城建成到现在，这条道路一直都在使用着。

展示洛阳城的新地标
隋唐洛阳城应天门遗址博物馆

与定鼎门遗址一样，应天门遗址也是在原址保护的基础上，采用历史建筑的外观形制建起了一座遗址博物馆，最大程度地还原了历史风貌。

从南门走进去，迎面可见一幅壁画《天街小雨》，展现了隋唐洛阳城中轴线上的建筑。建筑最能反映一个朝代的城市繁华景象和文化底蕴，当年的定鼎门、天街、天津桥、天枢、应天门、天宫、天堂都成为洛阳城里最有名的地标。

入序厅，又见一幅长达50米的壁画《应天长歌》，那是天授元年（690）九月九日武则天在文武百官、帝室宗戚、四夷国王、沙门道士等6万余人的簇拥下于神都则天门登基称帝、改唐为周的盛大场面。中间往左，展示了武则天与唐高宗李治宴请众臣宾客，欣赏歌舞的欢乐场面。再往左，则是隋炀帝命将作大匠宇文恺兴建应天门的场面。壁画中间往右，描绘了唐玄宗接见日本遣唐使的画面——自贞观五年（631）到开成三年

隋唐洛阳城应天遗址博物馆　位于洛阳市老城区定鼎南路23号

展厅中的气氛，让人仿佛回到了大唐盛世

（838），日本共派出遣唐使团12次，他们通过友好访问或是留学两京的方式把唐代文化带回了日本，对日本政治、经济、文化产生了很大影响。再往右，画面讲述了则天门改名应天门以及后来又称五凤楼的故事。整幅作品以传统绘画与现代创作理念相融合，用壁画的构图、写实的描绘以及采用矿物颜料和立体贴金所呈现的艳丽色彩，再现了应天门530余年的历史演变。

序厅两侧，分别是东、西遗址展区，到访的游客可通过凌空架设的栈道近距离地观看应天门遗址的部分遗迹，沿途还能看到遗址出土的部分文物，里面有唐代的铜钱，有唐代的长方形砖和斜面砖——那是特制用于应天门和隋唐宫城城墙外侧的包砖，每块重约3.3千克；还有唐代的莲花纹瓦当、宋代的兽面瓦当等。

隋唐时期，应天门是东都宫城的正门，南与皇城的端门和外郭城的定鼎门相对应，北与明堂、玄武门、龙光门相对应，处于隋唐洛阳城的南北中轴线上，位置十分重要。不过最早在隋朝初建的时候这座门以"惟天为大，惟尧则之"而称"则天门"，应天门是后来又改的。当年隋炀帝诏尚书令杨素、纳言（宰相职）杨达和将作大匠（彼时掌管宫室修建的官署"将作监"的行政长官）宇文恺设计建造隋朝东京时，依据洛阳特殊的山川地貌而果断地改变了中国传统左右对称、皇宫居中的城市布局，将宫城、皇城、东城、仓城等重要建筑群布置在都城中地势最高的西北部，并按照"天人合一"的理念把都城规划和上天宫阙相对应，由此形成洛阳城一道独特的"天字号"风景线——皇城以天宫"三垣"——太微、紫微、天市中的太微垣命名，号太微宫；宫城以天宫中的紫微

应天门遗址是目前我国发现的等级最高的隋唐宫城门阙遗址

垣命名，号紫微宫，说是"天有紫微宫，上帝之所居也"，后来人们把神仙的住所称作紫府，把故宫称作紫禁城，把紫气看作是帝王圣贤出现的祥瑞之气，大都源出于此。又引洛水贯都"以象天河（银河）"，取"天汉津梁"之意在洛水上建天津桥，称这里是天河上的桥、驰往天河的渡口；而连接于皇城端门与外郭城定鼎门之间那条百米宽的御街，也被称作天街。武则天临朝称制时，又以天帝在紫微宫布政的宫殿——明堂为呼应，乃仿天上心宿星座拆紫微城乾元殿（隋之乾阳殿）而建之，号万象神宫，是谓"法紫微以居中，拟明堂而布政"；随后又在明堂西北处建天堂，号通天塔，又用100万千克铜铁铸天枢柱，立于皇城端门前。唐中宗神龙元年（705），为避武后尊号"则天大圣皇帝"，则天门被改称应天门，改了这样的名字也有对应"天门"的意思——"天门"是天帝所居住紫微宫的正门。

文献记载，应天门东西120米长、南北60米宽，城门楼有两重观，两侧一前一后有阙楼、朵楼（正楼两旁的楼），两座阙楼相距83米，各有两重飞檐、各有三出阙，各自通过十几米宽的廊庑与城门相连，由此形成了一个巨大的"門"字形建筑群。这样的结构，也让应天门有了一个"五凤楼"的名字，据说这个名字就是从城门上五座崇楼飞檐如翅翼、恰似五只凤凰的造型而来的。李白在一首诗中提到过它："一百四十年，国容何赫然。隐隐五凤楼，峨峨横三川。王侯象星月，宾客如云烟……"诗人从隋朝迁都洛阳后建造的紫微城皇宫正门五凤楼说起，讲到隋文帝结束自西晋末年以来中国长达近三百年的分裂局面，重新建立起大一统的国家政权，到唐玄宗开创"开元盛世"，这一百多年间的国家景象是何其瞩目，遂以"隐隐""峨峨""横三川"见出黄河、洛水、伊水间的洛阳城宫阙层叠深邃、雄伟壮丽，让人充分领略了东都洛阳的龙蟠虎踞之势。诗人还讲到洛阳城里一个耐人寻味的现象：大小王侯似星月般密布，往来宾客如云烟般聚集——当时很多达官贵族在洛阳城建房置屋，甚至死后也都要葬在洛阳的北邙山，以至于李隆基每隔几年都要抽出一段时间把朝廷从长安移到洛阳办公，可见其吸引力是多么强烈。诗人白居易任河南尹时，笔下也写过五凤楼："晴阳晚照湿烟销，五凤楼高天沉寥。野绿全经朝雨洗，林红半被暮云烧。龙门翠黛眉相对，伊水黄金线一条。自入秋来风景好，就中最好是今朝。"除李、白二位外，元和年间诗人徐凝及北宋邵雍等也都以诗歌的形式写过五凤楼，文人喜欢这座造型灵动的城门楼，用了一个诗意的名字来称呼它，可见不是一般的喜欢。

应天门在中国宫城建筑史上占有重要地位，其对置双阙的形制布局与北魏洛阳城宫城阊阖门、东魏北齐邺城朱明门相类似，并对后来的北宋东京宣德门、元大都崇天门、明清午门的形制布局产生了很大影响，甚至日本在延历十三年（唐贞元十年，公元794年）建平安京（京都）朝堂院南门时也是取洛阳应天门之名而用之，到明治二十八年（1895）创建京都神宫时再次继承。

当然，由一座城门而衍生的政治影响也是不可忽视的。当时朝廷举行国事大典——像登基、改元、大赦、皇族宴饮以及接见各国来朝使节等，多把场地选在这里——隋炀帝入主东都，唐高宗诏释百济国扶余王，女皇武则天登基称帝，李隆基接见日本国遣唐使……可惜，就在南宋绍兴十年（1140），这座沿用了530年之久的应天门被金兵烧毁，从此湮没于尘世之中。

自20世纪50年代以来，文物部门一直没有停止对应天门遗址的考古发掘——1960年秋，中国科学院考古研究所洛阳工作队通过试掘找到了它，发现5块保存完好的门道基石和东西两侧约4米高的土台。又过了几年，工作队在应天门遗址北侧发现一座隋唐时期专为宫殿建筑烧制砖瓦的窑场，出土了大量带字的砖瓦，上面刻有砖瓦工匠的名字或压上去的手印；1980年秋，洛阳市文物工作队对宫城南墙、门道基石和城台墩基、城阙台基进行了发掘，出土了铺地砖和石铺散水（建筑外墙四周的勒脚处用片石砌筑的有一定坡度的散水坡，避免雨水冲刷或渗透到地基下）；1990年，中国社会科学院考古研究所洛阳唐城队对应天门东阙遗址进行了发掘，基本明确了应天门遗址的平面布局和形制——城门楼一门三道，两侧辅以朵楼，向南伸出阙楼，阙楼为双向三出阙——这是隋唐两京考古中首次发现，入选了1990年度"全国十大考古新发现"；2001年至2002年，洛阳唐城队对应天门墩台门道和西廊庑进行发掘，基本查明应天门遗址的建筑沿革和变化、门道的数量和结构、墩台的形制和规模——早期应天门属隋至盛唐的门址，晚期属中晚唐至宋的门址——这个时期的东西门道打破了早期墩台的位置，可能是门道加宽或是位移，并且发现门道开始铺石；2010年，洛阳唐城队与洛阳市文物工作队组成联合考古队，对应天门西阙进行了发掘。查明应天门从隋唐时期一直沿用到北宋末年，其西阙的形制和规模与东阙相一致，阙台基础为夯土，外铺包边石，每块包边石之间有铁楔相连。包边石的制作非常讲究，每块石上都刻有个"官"字——专家推断：或指为官办砖石场所造，或指为宫廷建筑特别制作。石铺散水有不少是龟背石，每块宽约0.45米，长约2.9米，中间高，两边低，形似乌龟背。这种龟背石很可能是为营建应天门而特制的一种石头，在隋唐洛阳城门址考古发掘中属首次发现。

行看洛阳陌，又见应天门。尘封了千年的遗址重见天日，如今成为古都洛阳的城市会客厅，成为洛阳旅游最为热门的网红打卡地。

应天门遗址博物馆门前的石碑
碑文曰：日本国遣隋使遣唐使访都之地

与洛邑古城的营造者打个照面
洛阳周公庙博物馆

　　周公庙本来是给营建洛阳城的周公姬旦建造的，但是周公已有很长时间没有在里边住了。至少在20世纪30年代以后近半个世纪，周公庙一直被充作临时机构挪作他用，大门口的牌子变来变去，直到80年代末才算"落实政策"，把周公庙"还"给了周公。2006年，周公庙被列为全国重点文物保护单位。2008年，周公庙挂出了周公庙博物馆的牌子。

　　周公庙也是经历过大场面的。当年，武则天就在紧挨着周公庙的隋唐东都宫城正门——应天门前昭告天下，登基做了女皇，改唐为周。后来李自成义军攻入洛阳，在周

洛阳周公庙博物馆　国家二级博物馆　位于洛阳市定鼎南路

公庙扎下大本营，而后大开杀戒，把明朝官员的头颅砍掉了不少，其中有退职的兵部尚书吕惟祺被当众处死。清初，为彰显前朝忠臣，也是为笼络人心，清廷专门在周公庙刻立了《明大司马赠太傅忠节公殉难处碑》，碑文在洛阳县志中有著录。再后来，血雨腥风散尽，周公庙又与教育结缘，河洛道师范学校（洛阳师范学院前身）在周公庙里诞生。

1932年1月，日军攻陷上海，逼近南京，国民政府为效法周公东征而迁都洛阳，定洛阳为行都，西安为陪都。其时国民政府驻洛阳老城府衙署；中央党部驻西工兵营；蒋介石及军事委员会驻省立第四师范学校；汪精卫和行政院驻河洛图书馆（老北营旧址）；监察院驻南关贴廓巷庄家大院；司法院驻张敬尧公馆；考试院驻周公庙，院长戴季陶就在庙里的定鼎堂办公，堂上挂的匾额"定鼎堂"为其所题。这年3月，蒋介石在洛阳就任国民党中央军事委员会委员长。年底，戴季陶又以蒋介石的名义重修周公庙，并在来年春勒石纪念，立了一通《重修洛阳周公庙碑》。他发现，庙里那些辽金时代的古建筑极有保存价值，尤其是那个伯禽彩塑更为其所爱，于是就把它藏了起来。

在史学家眼里，中国礼仪之邦的真正成型是从周朝开始的。此前，夏商的王者权威还要借助于神的力量，而周公作礼，第一个以约法的形式一统天下，其意义更显重大。孔子就说过向周公学习的话："郁郁乎文哉，吾从周。"甚至在他晚年的时候，还在慨然长叹："吾不复梦见周公。"周公是孔子崇拜的先贤，孔子当年入周问礼，就是奔周公的礼乐典章来的。对于君臣、父子、夫妇乃至上下尊卑之间，该怎么做不该怎么做，周礼都规定得很具体、很规范。周公的仁政，也正是孔子最向往的理想社会的图式。

但在老百姓心目中，周公就是个常常笑眯眯、乐呵呵、会帮人排忧解难的一位聪明人。当年他占卜吉凶、运筹帷幄，促使成王做出定都洛阳的英明决策，最终把一个象征国家权力的九鼎给搬了过来。这便是"定鼎"的由来，后来又派生出"问鼎""扛鼎""一言九鼎""鼎力相助""三足鼎立"等词语来。洛阳人觉得，像定都洛阳这么大的事情周公都能办得到，平时找他说点儿居家过日子的小事儿，问个婚姻或是财运亨通什么的，应该不是啥大问题。据说周公庙在明清时期香火最旺，那尊伯禽彩塑就是明朝立的，是周公庙里最具历史价值的艺术作品。

说到当年周公庙的兴建，很多人都觉得挺玄乎。那是隋朝末年，洛阳城被李密的瓦岗军围得水泄不通，守城隋将王世充——就是电影《少林寺》里那个反派王仁则的叔叔，与几位心腹密谋了个解围的办法，他们诈称左军卫士张永通夜里三梦周公，周公答应帮王世充护城。对此，众将士一直持深信不疑的态度，因为洛阳城最早就是周公建的，他能眼睁睁地看着偌大的城池毁在瓦岗军手中？有周公神明相助，洛阳城肯定平安无事。为此，王世充专门为周公建了一座庙——《资治通鉴》中有记载。王世充每次出兵必先祈祷，并且托巫师多次在梦中与周公见面，说是周公要守城的将士主动出击，攻打城外

定鼎堂

的瓦岗军，一定能打赢。结果这一仗还真像梦中所预见的那样，只有两万人马的王世充打败了十万之众的瓦岗军。

其实并非周公暗地相助，而是王世充耍了个花招。他在双方混战时，突然将一位长得很像李密的人押到了阵前，高呼"李密捉住了！李密捉住了！"于是守军士气倍增，高呼万岁；而这厢瓦岗军不知真假，一下子乱了阵脚。李密手下的秦叔宝、程咬金几位后来都归顺了王世充，而这座应运而兴的周公庙也很快成了世间万事顺利的保护神。

洛阳周公庙与陕西岐山周公庙、山东曲阜周公庙并称为海内三大周公庙，皆为祭祀西周初年文王之子、武王之弟、成王之叔——周公姬旦的祠庙。现在这里保存下来的有明清建筑定鼎堂、礼乐堂、先祖堂和东西两庑。史料记载，周公庙在唐贞观年间有过一次重建、开元年间有过一次重修；明嘉靖年间又在旧址上搞了一次重建，清康熙、乾隆、光绪年间及民国年间又搞了多次重修，周公庙大体保存了旧制，虽历经沧桑，但风采依旧。

这就是那尊被戴院长藏起来的伯禽彩塑

明清时期，对周公的祭拜曾被列入河南府官方祭礼，春、秋各一次。乾隆年间的《洛阳县志》对庙祭记载得很详细，元圣殿、定鼎堂、会忠祠、文昌阁、两庑都摆上了香烛、丝帛、猪、羊、酒等祭品，祭礼一开始，先由乐队奏乐，依次是初献、亚献、终献、送神等，然后在元圣殿、定鼎堂上宣读祝文……当时周公庙由河南府儒学管理，置有祭田百亩。民国初，祭田被卖，庙里开办了学校，官方的祭礼也就不再举行了。

2008年，周公庙改名周公庙博物馆。从博物馆的馆藏中，能看到唐代的单凤纹方砖、莲花纹方砖、兽面纹瓦当、盘龙纹瓦当等，还能看到定鼎堂西山和后墙十几通"周公解梦"碑石，碑高125厘米、宽45厘米，碑刻为楷书，清秀隽雅，很耐观赏。从碑文内容比较，此刻石与三义堂（清末民初冀中南最大的一家印售书作坊）的藏版极为相近。只是长期风吹雨淋日晒，风化严重，加之多次拓印，局部已漫漶不清。

当年戴季陶立起来的《重修周公庙碑》，有一段时间也不见了踪影。过了半个世纪，到2001年周公庙整修时，这通碑在一所旧房基下被发现。碑文称："民国二十年（1931）

九月,倭寇起,政府师公成规,以洛阳为行都,凡百执事咸景从。前国民政府主席蒋公既至洛阳,过周公庙曰:呜呼!此吾国文化之基而四方之民观瞻所系也。因而新之,责在吾党。乃谋于考试院院长戴公、副院长钮公(钮永建)重葺定鼎堂……公行天之罚以东征者,此则蒋公等重修公庙,大声疾呼于国人之前,同投袂而起以赴国难之微旨也。"

那尊被戴院长藏起来的伯禽彩塑,有段时间也是不知所终。1991年整修周公庙定鼎堂时,施工人员无意中敲击到东墙的墙壁,听到"嘭嘭"的响声,感觉里面空荡荡的。便好奇地挖开了墙壁,结果发现伯禽彩塑在壁龛里藏着。

绚丽夺目的视觉享受
洛阳三彩艺术博物馆

洛阳三彩艺术博物馆，收藏了近千件由中国工艺美术大师郭爱和设计、制作的洛阳三彩艺术作品。这些作品曾多次到北京中国国家博物馆、中国工艺美术馆及法国卢浮宫、联合国教科文组织总部、希腊亚洲艺术博物馆、韩国光州美术馆以及德国柏林等地参展，完美地诠释着美轮美奂的三彩艺术所达到的一种前所未有的新境界。

在这里，到访者能欣赏到郭爱和创立的"三彩艺"釉画——这是他在洛阳三彩传统工艺基础上采用独特施釉和烧制技术创造出的平面陶瓷艺术品。郭先生用他精心研制的

洛阳三彩艺术博物馆　国家二级博物馆　位于洛阳市老城区丽景门瓮城内

郭爱和 作品《梯田》获"第六届中国工艺美术大师作品展""百花杯"中国工艺美术金奖

500多种发色稳定的"釉中彩"和非凡的美学创意,使"三彩"真正成了"多彩",他挥洒自如地把中国绘画的晕染和西方油画的色彩结合起来,丰富了创作者的艺术语汇,从而使中国陶瓷文化的潜能和优势得以充分彰显;他为解决古今三彩釉色不可控带来的创作困扰,用精确的成分配比调整流动系数和窑温管控,实现了釉色流动的自主控制,开拓了"三彩窑变"的研究新领域,一件件无与伦比的三彩艺术品呈现出强烈的近乎玄学概念的东方神韵,给人以叹为观止的视觉享受。

说到三彩技艺,其实可以追溯到仰韶文化时期,黄河流域出现了低温烧制的彩陶,像伊川土门遗址出土的泥质红陶缸(又称伊川缸),汝州阎村遗址出土的鹳鱼石斧图彩陶缸,三门峡陕州区庙底沟遗址出土的花瓣纹彩陶盆,渑池仰韶遗址出土的绘有五人手拉手舞蹈的彩陶盆等,都是这一时期典型的彩陶艺术。古人运用简略的线条和抽象的图案创造出极具夸张的装饰效果,其丰富的艺术想象力令人仰望。两千年前的东汉洛阳,铅釉陶器的生产成为滥觞之始并达到了最高成就。那时的釉陶品种多,几乎全作明器。明器就是为随葬而制作的冥器,胎质稍粗,釉质却光滑平整。唯一的毛病是烧成温度低,700℃左右,胎体不结实,釉层易脱落。到了唐代,三彩陶脱颖而出,这种彩釉陶器用一种细腻的白色黏土作胎。说是土,其实跟石头差不多硬。但这

种硬土具有可塑性，黏结起来十分牢固，晾干后不会开裂，烧成后更结实。它在烧制中用含铅、铝的氧化物作熔剂，又用含铜、铁、钴、锰等元素的矿物质作着色剂，先用1000—1100℃的温度素烧，冷却后上釉，然后再用800—900℃的温度焙烧，各种釉料在烧制中自然漫流，相互交融，无论工艺技术还是艺术表现力都达到前所未有的高度。

"唐三彩"的名字，最先是民间叫起来的。虽说这种彩釉陶器盛行了好几个朝代，但一直处于有实无名的地步。唐代文献中查不到这种叫法，然而现在这个名字已经闻名全世界，朗朗上口，妇孺皆知，有些约定俗成的意思，保持这样的名称或许更有普遍意义。只是唐三彩的发现纯属偶然。清末民初修陇海铁路时，洛阳北邙的唐墓被挖开不少，墓中翻出了很多彩釉仕女俑、乐伎俑、马俑、骆驼俑等。民工们觉得这东西不吉利，竟将其砸个粉碎。后来有行家将这些彩釉陶俑运到了北平（今北京市），引起国内外考古学家的重视和古董商的垂青，一时身价百倍。由于这些彩釉陶器最早出土于唐墓，且色彩多以黄、绿、白或绿、赭、蓝三色为主，于是人们就为其封了个"唐三彩"的大号，也因为这些彩釉陶器首先发现于洛阳，故又称其为"洛阳唐三彩"。尽管这种彩釉陶器以"三彩"名之，但它所呈现的颜色却不止三种，而是有好多种。

独特的窑变技艺创意出更加绚丽多彩的三彩世界

¥198

在唐代，唐三彩也是做明器用的。那时候，国势强大的唐朝光彩照人，整个社会莺歌燕舞般欢快，各个阶层很明显地表现出对豪华奢侈的向往与追求，大小官员无不喜爱攀比炫耀。尤其是自汉代而兴的厚葬之风又在唐代重新刮起，上至王室成员，下至士大夫，个个都相信"灵魂不灭"，事死如事生，主张把生前的财富死后带到阴间继续享用。即便平民百姓，家里再穷也得弄个好棺木，盼望着生前未能享受到洪福，死后能得到补偿。武则天、唐玄宗在位时，皇亲国戚、文武大臣墓葬用的明器都是实行的供给制，并且规定不同等级的官员可领取大小不等的三彩器陪葬。这种风气大大刺激了唐三彩的生产，出土的那些器物大都烧造于这一时期，在中国陶瓷史上留下不可或缺且意义非凡的一页。"安史之乱"后，唐王朝政治、经济出现严重危机，厚葬之风渐渐平息，唐三彩的烧造也随之结束了历史使命。

仿制唐三彩在洛阳已有近百年的历史。洛阳人把唐三彩从陪葬品变成了工艺品。当年三彩器由丝绸之路走出去后，日本在奈良时期（710—794）依照唐三彩的工艺烧制过"奈良三彩"，朝鲜在新罗时期（668—901）烧制过"新罗三彩"，伊朗在10至11世纪也搞过"波斯三彩"。这些都成了中外交流的历史实物见证。而在中国，唐三彩在烧造技术和工艺水平上已臻达完美无瑕的境地，传播的国家更多，走得也更远了。

博物馆速递

洛阳是三彩艺术的发源地，这种独特的陶瓷工艺在河洛大地得以传承与创新，成为反映人类文明进程的重要物证之一。寻访它的俏艳美姿，除前面提到的几家博物馆外，还有两处值得推荐：西工区涧东路上的**洛阳唐三彩陶艺博物馆**，馆藏中不乏唐宋时期的陶瓷珍品，同时还展出有国家级非物质文化遗产传承人高水旺用柴窑烧制的三彩黑釉马、骆驼、抱物胖俑、贴花坐鼓俑、菱形盖罐、凤首杯等作品，色彩绚丽，姿态万千。洛龙区安乐镇郑村牡丹宫内的**洛阳牡丹瓷博物馆**，馆内既有三彩文物精品收藏，更有唐白瓷非遗传承人李学武先生始创的新派陶艺——洛阳牡丹瓷的展示。这种瓷以优质高岭土为原材料，以洛阳牡丹为原型，继承以唐白瓷为主、兼具唐三彩等传统工艺，又在雕刻造型、镂空捏花、装饰刻印、颜料釉色等方面赋以全新创意，尽显富贵之气，被誉为"永不凋谢的牡丹花"。

隋唐洛阳城的两座国家粮仓
洛阳仓窖博物馆

从前，人们靠天吃饭，一年的庄稼收成如何，对于一个家庭的影响还是很大的。记得小时候，老家的米缸，还有用秫皮编织的苼子围起来的麦囤上，都会贴上一张红纸，写上一个"满"字。满满的期盼和希望。粮食丰收了，对于千百年来面朝黄土背朝天的人们来说，实在是太有幸福感了。人常言：手中有粮，心里不慌。而对于一个以农业为本的国家来说，岁丰年稔，不仅意味着物质的充裕，更意味着无可替代的安全感。国无三年之食者，国非其国也。意思是一个国家如果没有够吃三年的存粮，就离亡国不远了。于是，趁着丰年提前存粮以备不时之需，就成为关乎国计民生的头等大事，故中国古代历代统治者都极为重视国家粮仓建设。

隋唐回洛仓遗址　位于洛阳市瀍河区睦邻大道与原310国道交叉口北老春都东路

回洛仓46号、47号粮窖遗址

在洛阳历史上的三大都城遗址中，目前除汉魏故城外，已经发现粮仓的有东周王城和隋唐洛阳城。隋唐时期，洛阳城附近的仓窖主要有河阳仓（今洛阳市偃师区北）、兴洛仓（今巩义市河洛镇洛口村附近，又称洛口仓）、回洛仓（洛阳老城以北小李村、马坡村一带）、含嘉仓（洛阳老城古仓街附近）和常平仓（今三门峡市陕州区）等。而这里要说的洛阳仓窖博物馆，向人们展示了隋唐时期设在古都洛阳的两座国家粮仓——回洛仓、含嘉仓的前世今生。

回洛仓遗址，早年是隋唐洛阳城东北角，距宫城还有两三公里，应该是在城外的位置。这座粮仓建成于隋大业初年，隋亡后被废弃，只存在了短短十余年。

唐代刻铭砖　含嘉仓粮窖遗址出土

就在十几年前，人们对回洛仓的认识还只是停留在史书的记载中，没人知道这座一千多年前的粮仓究竟在什么地方。2004年，因洛阳一拖轮胎厂搬迁改造，洛阳市文物工作队在厂区勘察，意外钻探到几十个排列有序的大坑。起初也不知道这些大坑是干什么用的，直到坑内发掘出土一块隋代的刻铭砖，才知道原来这里就是大名鼎鼎的回洛仓。刻铭显示："太仓署，新都仓，回洛城北竖街东第五行，纳丁粟贡米……大业四年十二月二十日。"铭文记载了当时管理仓窖的机构为太仓署，还记载了各粮窖储粮的数量、粮食的来源、仓窖在仓城中的位置及粮食入窖的时间，各地与回洛仓粮食储运有关的四级领受官员的姓名等。刻铭砖的作用其实跟入库凭证类似，它要随着这批粮食一起被封存在每座粮窖的底部，待到调运粮食时取出核查，而后废弃。

一次意外的发现，打开了一扇见证运河兴衰和回洛仓存废时间的大门。从那时起，文物工作队先是在这里找到71座粮窖，并对其中的3座进行了试掘，接着又在2009年确定了仓城东、北、南三面城墙的准确位置，2012年又对回洛仓遗址进行了全面的勘探。目前已经探明粮窖约700座。各粮窖大小基本一致，窖口内径10米，外径17米，深10米，每个粮窖储存粮食50万斤左右，粮窖的间距在8～10米，东西成排，南北成行。

《资治通鉴》说，大业二年（606）十二月，隋炀帝杨广"置回洛仓于洛阳北七里，仓城周回十里，穿三百窖"。仓城地处邙山南麓，不易积水；土层为黄褐色黏土，直立性强，非常适合筑窖储粮。同时，这里西邻瀍河，水运方便，江南的糙米可顺利到达洛阳城，储于回洛仓内。当然，若从技术层面看，回洛仓的建造也是几近完美，令人称奇。

但从战略层面讲，回洛仓的选址却存在一个致命的缺陷——它建在了洛阳城外，易攻难守。打起仗来，一个存放了很多粮食的地方必然成为各方势力争夺的一块"肥肉"。后来的结局证明了这一点。隋末天下大乱，瓦岗军抢先占领回洛仓，使得洛阳城一时陷入无粮境地，从而加剧了隋朝的灭亡。

回洛仓的建造确实有很多令人称奇的地方。彼时工匠先在生土上挖一个外径17米、内径10～12米、深1.5～2米的环形基槽，然后对基槽夯打，形成一个坚实的粮窖口。再在粮窖口内挖一个深约10米、口略大于底的缸形粮窖，外围基槽就像是一个保护罩，让内层的粮窖更加牢固。之后，在仓底和仓壁铺上棘草，棘草压实后用火点燃，以去除粮窖内湿气，确保粮窖干燥，这样存放粮食时就不容易受潮。其实在点燃棘草后，土层温度很高，也杀死了土层内的害虫，使粮食贮存过程中免于虫害。做好这些防护后，仓壁上还要刷上厚厚的青膏泥，这样既做到仓内防潮，又防止地下水渗漏。最后在刷好的青膏泥上铺上木板，再铺上厚厚的糠，盖上草席，压上土窖封……经过这样一番操作，粮仓里面空气干燥，又没有病虫存在，粮食存放很长时间都不会变质。

在回洛仓遗址，到访者可以看到空旷的地面上一个个绿篱圈的造型，那是对已探明和未探明的粮窖位置所作的一种标记。虽然它们只是其中的一部分，但亦显得蔚为壮观。2014年，回洛仓遗址入选本年度"全国十大考古新发现"。也是这一年，回洛仓与含嘉仓作为大运河沿岸的重要官仓遗址，随"中国大运河"一起被列入世界文化遗产。

含嘉仓位于老城北关古仓街附近。1971年洛阳市文物工作队发掘这个遗址时，最初以为它是周代的一处墓地，也是在发掘中出土了粮仓窖址的八角大坑，又挖出了带有"含嘉仓"字样的刻铭砖，这才意识到它是史籍中鼎鼎有名的含嘉仓。

史载含嘉仓作为大型粮仓，是在李世民登基后才定下来的。当时唐太宗已经认识到粮仓设在城外的诸多弊端，决定在城内也建一座粮仓，以保证特殊情况下城内的粮食供应。而这个被他精心打造的粮仓就是含嘉仓。含嘉仓不仅供应洛阳城里所需的粮食，还肩负着关东和关中之间的漕米转运的任务。这座粮仓自唐朝一直沿用至北宋。仓城四周以墙围之，南北长725米，东西宽615米，总面积有43万平方米。仓城东南角是漕运码头，与瀍河、洛河相通。那时候，漕运是储粮的重要通道。运粮船从通济渠、永济渠过来，经瀍河沿一条宽80米、深12米的水道（今洛阳环城北路）西行，穿过里坊区直抵漕运码头，粮食由此卸船，再由车马运往各个粮窖。

从1971年到现在，文物部门已经在含嘉仓遗址探明粮窖287座，先后发掘了19座，其中有9座粮窖出土有刻铭砖。19号粮窖的一块方形刻铭砖，被定为国家一级文物，长宽各33厘米，厚6.5厘米，正面磨光平整，刻文内容与回洛仓发现的刻铭砖基本一致，说到了粮窖在仓城中的方位、储粮品种、数量、来源、入窖年月、运输和管理人员的官

含嘉仓160号粮窖遗址

职姓名。《旧唐书·官职三》曰:"凡凿窖置屋,皆铭砖为庾斛之数,与其年月日,受领粟官吏姓名。"可见当时的管理制度还是很严格的。

仓城中的粮窖形制和结构基本相同,最大口径约18米,一般为10~16米,最深为12米,每座粮窖储粮约50万斤,总储粮量约2.5亿斤。其中160号粮窖位于隋唐洛阳城皇城内,1972年发掘清理时窖内还有一窖粟(谷子),距今已有1000多年。当考古人员挖开粮窖上面的土层时,保存在里面的粮食仍粒粒分明,糠是糠,米是米,轻轻一吹,只剩下米粒,只是颜色有所不同,有的为棕色,有的则明显发黄。经仪器检测,这些粮食颗粒有一半已经炭化,还有一半仍保存着有机质成分。考古学家把这归功于粮窖的科学设计。

当时的含嘉仓规模有多大呢?唐《通典·食货》记载:天宝年间全国储粮约1200万石,单一个含嘉仓储存的粮食就有580万石,占了总储量近一半。"安史之乱"时,含嘉仓受到破坏,但仍有一部分粮窖一直沿用到北宋。宋末战乱,随着都城南迁临安,含嘉仓才慢慢湮没于历史长河之中。

打探文物"背后的故事"
洛阳考古博物馆

相对于洛阳已开放的其他博物馆,考古博物馆着力展现的是馆藏的几百件从洛阳本地出土的文物"背后的故事"——几乎每个朝代的都有,力图为洛阳博物馆群增加一个了解传统文化和提高文物鉴赏能力的"新视野",以一种不同于寻常方式的"切入"法来呈现考古发掘成果,让到访者在这里能够看得更全面、更直接。

进入展厅,最先看到的是"四大发明与洛阳",与此相应的文物"端坐"于展柜中,细细"陈述"着几种发明与古都洛阳千丝万缕的联系。

指南针。古时又叫司南,虽说文献中早有记载,但说得比较确切、直接的有三。一是《三国志》里记载,三国魏时扶风人马钧在洛阳造出传说中的指南车,"天下服其巧也"。二是北宋曾公亮的《武经总要》,说到"指南鱼"的做法:"用薄铁叶剪裁,长二寸,

洛阳考古博物馆　位于洛阳市洛龙区隋唐洛阳城遗址南城墙的西段

西汉陶马俑　洛阳出土

阔五分，首尾锐如鱼型，置炭火中烧之，侯通赤，以铁钤钤鱼首出火，以尾正对子位，蘸水盆中，没尾数分则止，以密器收之。"三是北宋沈括的《梦溪笔谈》，他在研究和比较了磁针的水浮法、置指爪法、置碗唇法、缕悬法的优缺点后，认为缕悬法最佳："其法取新纩（丝棉絮）中独茧缕，以芥子许蜡，缀于针腰，无风处悬之，则针常指南。"

火药。火药的发明者最早是在道家中出现的，道家亦发源于洛阳。东晋时道家有一位叫葛洪的炼丹家很有名，唐代有一位叫孙思邈的医学家也是深谙"炼丹术"，两人都在洛阳待过一段时间，他们在炼丹过程中积累了不少经验，发现将硫磺、硝石、木炭混合制成粉便可以制作成火药。葛洪在《抱朴子》中说的"火法炼丹"，孙思邈在《丹经内伏硫黄法》中讲的"硫黄伏火"，应是中国现存文献中最早的关于火药配方的论述。至今，洛阳及周边有诸多炼丹火药的遗迹和传说，洛阳的汉墓中也发掘出土成套的炼丹器具，有铜炉、铜臼、铜壶、铜灯、铜盘和矾石水等。

造纸术。洛阳在东汉时就有蔡伦造纸故事的流传。古时流经偃师区的马涧河被称"造纸河"。志书记载岸上原立一通造纸河石碑，今惜已不存；附近前纸庄村和后纸庄村皆为汉代造纸作坊的所在地。汉和帝时，掌管皇宫内院事务并监制各种御用器物的中常侍蔡伦带着皇室作坊技工来到这里，利用丰富的水源和河边的构树（楮树）、扶桑和木芙蓉的树皮，并配以麻头、破布、旧渔网等原料，造出了一种质细有韧性，兼有简牍价廉、缣帛平滑之优而无竹木笨重、丝帛昂贵之弊的新的书写材料，人称"蔡侯纸"，蔡伦被纸工奉为造纸鼻祖。元兴元年（105），汉和帝下令推广他的造纸法。

印刷术。东汉洛阳是世界上最早的印刷术记载地。这从《后汉书》中汉灵帝刘宏于建宁二年（169）"刊章讨捕"史事中可以看到。所谓"刊章"，即刻印政令的章表。隋唐时期，以中国最早的佛教寺院——洛阳白马寺为中心，被称为"中国第一译经道场"，佛教经典印本在洛阳的数量之多，可以说是居天下之冠。唐代留下的《金刚经》(868)是世界上最早的标有确切日期的雕版印刷品。

在考古博物馆，到访者可以从陈展的考古报告、学术专著和大量的图片中看到洛阳考古研究院几十年来在河洛大地所取得的丰硕成果，包括大运河申遗、丝绸之路申遗，以及隋唐洛阳城应天门东阙、洛阳北宋衙署庭园、孟津妯娌新石器时代聚落、偃师商城小城、小浪底东汉漕运基址及古黄河栈道、偃师二里头遗址宫殿区、偃师东汉帝陵与邙山墓群、栾川孙家洞古人类化石、新安汉函谷关、隋代回洛仓、汉魏洛阳故城宫城太极殿、伊川徐阳春秋时期陆浑戎贵族大墓等十几处遗址入选"全国十大考古新发现"；还可以从博物馆中的下沉式遗址中看到朝代更迭在洛阳城留下的隋唐、五代、宋代城墙遗迹，并能从考古工具的展示中看到大名鼎鼎的"洛阳铲"。当然，更有洛阳考古发掘出土的文物，一再吸引着到访者的注意。

一组明代出行俑，2012年在隋唐洛阳城北、邙山南麓的明南京工部尚书沈应时家族墓地被发现。沈应时，正史无传，但《河南通志》有记载："河南卫人，明南京工部尚书，墓在府城北十里北邙山之麓。"明代河南卫即今洛阳，由此可知沈应时是洛阳人。依墓志

明代出行俑　2012年洛阳北邙南麓明南京工部尚书沈应时家族墓地出土

所记,沈应时籍贯为直隶苏州人,"高祖道坚明兴从征入洛,占籍河南卫,家焉"。嘉靖二十九年(1550),沈应时考取进士,入朝为官。彼时正值严嵩把持朝纲,初入官场的沈应时不知"深浅",冒犯了这位擅权专政的内阁首辅。《河南通志》讲述了这样一段故事:严嵩的亲信赵文华贪污军饷,数额巨大。事情败露后,严嵩一再叮嘱要对赵文华从宽处理,但沈应时不畏强权,请求对赵文华依法严办。为此惹得严嵩恼怒,将其遭至凉州为官。凉州地处边境,常被侵扰,沈应时却能先机料敌,使敌不敢来犯,屡以捷闻,后凭军功回到京城。不过,回到京城的沈应时依然是官场中的"清流",不攀附权贵,因此受到排挤,被安排在南京任工部尚书。仅一年多,他就申请辞官,回到老家洛阳。明万历十年(1582),张居正病逝,朝廷本打算让沈应时接任内阁首辅,然这一年沈应时因夫人离世而伤心不已,62岁病逝于洛阳。墓中随葬的出行仪仗令人震撼,仅陶俑及各类生活用具就有143件,置于过洞东西两侧4个壁龛中,里面有骑马俑、挑灯俑、抬轿俑、扶轿俑、仪仗俑、动物俑,还有一尊八抬大轿,可谓造型生动,栩栩如生。或许是沈应时本人曾官居尚书高位,壁龛中的"强大阵容"可能是"恤典特从厚议"在葬仪上的反映,尤其墓中发现的明代官员出行图,应是近年来洛阳地区明代考古的重要收获。

一件来自两千年前的西汉"化妆盒"——漆奁,2020年初在西工区纱厂路一座古墓中出土。漆奁共有三件,其中一件"九子漆奁"——里面有九个小格子,分别用来盛放脂粉、梳篦等;漆奁的盖子上还贴着了金箔饰片,既有人物又有神兽,人物中,骑射

洛阳铲

　　有骠勇飞奔之势，跽坐有拱手凝思之态，舞蹈有展臂跨步之姿，还有的骑着神虎快速前进；神兽中，有奔跑如飞的鹿、展翅飞翔的鸟、低头觅食的豹、回首张望的九尾狐、憨态可掬的猫、手持工具的狐狸……一个个细小的人物与神兽，尽显工匠运剪走刀之功力。西汉时期，贵族阶层男男女女都要梳妆，他们对化妆的要求非常高，而这件九子漆奁造型独特、做工精美，代表了这个时期漆器制作的工艺水平，也表现出汉人的精神世界。专家解释：这应该是墓主希望自己死后能升仙的寓意。

　　一件西汉时期的高浮雕鹿头空心砖，在洛阳火车站南广场出土。空心砖中间有一高浮雕鹿头，鹿头上方有类似金沙太阳神鸟的图案，鹿头两侧彩绘两个峨冠博带的红衣使者，手持引导仪仗的棨戟，面面相对，形象生动写实。空心砖最早出现在西周，秦汉时期盛行，常用于建筑、墓葬等，亦常见于两汉时期的洛阳地区，多将驱鬼逐疫与引魂升天的题材模绘其上。这块空心砖的器型较大，且两只鹿角就占了空心砖一半的面积——鹿角被认为有指引灵魂升天的作用，将之放于墓砖上，显然是作为升天与辟邪的表现。

　　一件唐代白釉鹰首壶，出土于洛龙区一处古墓，看上去呆萌呆萌的，是一件不可多

汉代"关"字瓦当

得的精品。器物具有明显的波斯萨珊式器物造型风格，这种巧妙地把外来文化与传统民族艺术结合起来的装饰手法，是唐代陶瓷造型上的创新。唐代白釉鹰首壶的存世数量屈指可数，洛阳考古博物馆这件应是其中器型保存相对完整的一件。

一件"关"字瓦当，应是新安县汉函谷关遗址的代表性遗物。当面用阳文篆书一"关"字，似乎让人感受到要塞之地函谷关的深险，千年历史凝聚其中，看似遥远，却亘古未变……

一件陶制的"扑满"，看上去不是很起眼，却是汉代留下来的储钱罐。罐上有进孔而无出孔，要想取出存到里面的铜钱，必须将其敲碎，"满则扑之"。

还有出土于伊川县鸣皋镇徐阳墓地的百余件玉器、铜器、骨器、陶器，这些器物揭秘了文献所载春秋战国时期"秦、晋迁陆浑之戎于伊川"这一历史事件。洛阳考古研究院在这里进行了历时十年的考古发掘，取得丰硕成果，2020年入选"全国十大考古新发现"。

石刻的唐人档案馆
新安千唐志斋博物馆

千唐志斋是新安铁门人张钫营建的一个唐志博物馆。新安，就是诗人杜甫在其诗作"三吏"中《新安吏》说的那个县。铁门，古称阙门，新安城西靠近陇海铁路的一个小镇。

张钫（字伯英），辛亥革命元老，早年毕业于保定陆军速成学堂。孙中山发起护法运动时，曾出任陕西靖国军副总司令，后来还做过国民党第二十路军总指挥兼河南省政府代主席等职。虽说打了大半辈子仗，却对金石字画和鉴赏考证极为痴迷，尤其对唐代墓志精心收藏，趁着"蒋冯阎混战"的间隙，他在老家铁门故宅百亩花园建起这座千唐志斋，计有15孔颇具豫西特色的拱式窑洞、3个天井院，将搜集来的志石镶嵌于斋院墙

新安千唐志斋博物馆　国家二级博物馆　位于新安县铁门镇

新安千唐志斋博物馆

千唐志斋博物馆新馆

壁。章太炎先生用古篆为之题了个"千唐志斋"的斋名，并写下一段跋语："新安张伯英，得唐人墓志千片，因以名斋，属章炳麟书之。"康有为亦在游陕过豫途中专以来园中逗留数日，两人谈书论画、相叙悃诚，南海先生感慨系之，托物言志，为其新建园林写下"蛰庐"两字，并作《宿铁门赠伯英将军兄》："窟宫徘徊亦自安，月移花影上阑干。英雄种菜寻常事，云雨蛰龙犹自蟠。"

据1935年上海西泠印社发行的《千唐志斋藏石目录》所记，当时千唐志斋的藏石共计1578件，后经战乱散失，尚存1419件，其中唐志达1191件。中华人民共和国成立后，张钫先生嘱托家人将千唐志斋捐献国家。1986年，政府在此设千唐志斋管理所，后更名为千唐志斋博物馆。2022年，千唐志斋旧馆东侧又建一座新馆。两馆与南侧张钫故居形成"品"字形布局。

千唐志斋博物馆里的志石，大多来自洛阳北邙。北邙古墓多，每座墓都有一方青石板的墓志，做得精致而又结实，随葬于墓穴。有考证：为死去的人做墓志铭，大约是从东汉开始的。最初只是简单写个名字和去世的时间。到了南北朝，墓志文体渐成定制，墓石上的内容也逐渐多了起来。北魏入主中原后，孝文帝元宏推行汉化政策，规定皇亲国戚死了以后只能葬北邙，不得再回老家平城。这样一来，那些原本不想迁都的人，心里就更不踏实了，于是纷纷将那朝代官职、姓氏祖籍、生平事迹、配偶子嗣、姻亲关系、卒葬时地等都一股脑儿地刻在了青石板上，同棺椁一起埋在地里，以备日后有什么变化，好让后人能先祖。这股风刮了好长时间，直到唐朝太平盛世，人们对墓志铭的热

情依然不减。只是墓志铭做到后来，已经与初衷相去甚远，为后人留作识别的用途渐渐淡化，而歌功颂德——哀痛之余的溢美之辞，则成了墓志铭中最受关注的重点。

遗憾的是，尽管人们把流芳百世看得很重，尽管那一方方青石志板做得精致而又结实，可北邙山头大大小小数以万计的墓冢，到底经不住岁月的煎熬和战乱的折腾，特别是盗墓贼无休止的破坏——好在那些盗墓贼看中的只是墓里的财宝，随手就将挖出来的墓石扔了，扔得邙山山头上到处都是。在常人眼里，那一方墓石，不过是个刻了些字的石头罢了，不值一文，更何况又是墓冢里挖出来的，即便当个石材也是不能做正途用，嫌其晦气。但深知碑石文化内涵的张钫却看到了它的价值，对北邙墓志展开了一番搜寻，最后竟到了如醉如痴的地步——北邙出土的墓志，有80%都被他收藏了。

当然，有很多次机会，都让这位"友石主人"赶上了。像北邙山的厚葬、清末陇海铁路的修建、盗墓者的破坏，再加上张钫本人就是新安铁门人，又是个曾经拥兵一方且又喜欢金石收藏的儒将，还有他身后实力的支撑，都使他有机会、有能力收集被盗贼遗弃的及散落于民间的墓志铭。据说有时为找到一方墓志，张钫不惜花重金购买，甚至能动用几个连的兵力去追讨。张钫同乡及友人王广庆，早年随张在陕西从军反清，后留学日本，回国后曾任河南大学校长，在国学研究方面有建树，曾极力帮助张钫收购墓志石刻。先生晚年回忆："洛阳唐志出土者为数极多……当时此石为人遗弃，散置乡村槽枥庭阶之间，每方值银币只三元，不及新石每方尚需工料八元之值。余促邑友张氏蛰庐斥

一方方志石镶嵌于十五孔拱式窑洞、三个天井院的墙壁上

资托郭君玉堂从事广收,以存史料……"郭玉堂是孟津人,在洛阳城开有一间"墨景堂"店,出售碑帖拓本。他对收集洛阳出土的历代石刻墓志和拓本用力甚勤,与王广庆、张钫私交颇深。当时郭先生跑遍了邙岭的各个角落,把这些墓志收购后用牛车运到洛阳车站,然后装上火车运到铁门镇。

千唐志斋给世人提供了一个究史的平台。于此究史,所藏唐志自初唐武德、贞观至晚唐天复、天祐历280多年、76个年号不曾中断,武则天改元、安禄山反叛、朝廷内部争斗乃至战场厮杀烽烟,大凡政治变革、经济兴衰、内外战争、赋税徭役、地方风俗人情等世态百相,墓志所记无不涉及,成为证史、纠史、补史之佐证,被史家誉为"石刻唐书"。而墓志主人形形色色的身份——上至位极人臣的相国、封疆列土的皇亲、威震一方的大吏、铁马金戈的将军,下至官职卑微的尉丞、浪迹山林的名士、行走于古道上的过客,甚至是深锁内宫、连个姓名都不曾留下的宫女,把一方方黝黑冰凉的碑石变成了一道道栩栩如生的人物画廊,观者如见其人,如临其境。即便是不起眼的小人物,字里行间可能就勾连着某一个大事件,让世人看到了历史早已隐去的背影。

千唐志斋也给世人提供了一个观书的通道。于此观书,是因墓志之作意在传世,众多华美的辞藻多仰名家动笔,其文体与书法艺术的价值弥足珍贵。论书体,千唐志斋藏志篆隶行楷无体不备,尤以楷书书艺成就显著;讲流派,初唐的虞世南、褚遂良、欧阳询,盛唐的颜真卿、柳公权、李邕、张旭,诸位书家风格应有尽有。如神似褚体的李

唐故长安县尉郑府君（泌）墓志铭

魏故右中郎将城阳太守郭府君（翼）墓志铭

蛰庐

凑所书写的顺节夫人李氏墓志，形近颜体的李公辅撰写的孙公夫人李氏墓志，诗人王昌龄所书陈颐墓志，文学家苏王廷所撰卢行毅墓志，著作郎李昂为其叔叔——书法家李北海所撰墓志，还有无名氏楷书的田夫人墓志和以行草所书的赵洁墓志，都是唐志中不可多得的书艺佳作。而在名相狄仁杰为相州刺史袁公瑜撰写的墓志中——这也是迄今所能看到的唯一的狄氏手迹，还能看到武则天在位时创造的十几种字体。穿行其间，稽古钩沉，纵横都能从这里找到唐书演变的源头。

若要再说到千唐志斋一处景致，便是旧馆院中那间爬满青藤的石屋。石屋是张钫先生的书房，门头上有康有为所题"听香读画之室"匾额，门两侧还有他写的一副楹联：丸泥欲封紫气犹存关令尹，凿坯可乐霸亭谁识故将军。上面又嵌两方刻石，应是张钫先生亲书："谁非过客，花是主人。"字里行间，流露出先生"一瞬年华苍老，万物恍若隔世"的叹惋。想是张钫既知，千余方石刻有蛰庐安身、石屋寄情，实为不幸中的万幸；而百年身后，这些东西亦非先生之物，皆为后世所有。

神奇的恐龙世界
汝阳恐龙化石博物馆

汝阳县的刘店镇、三屯乡一带，到处可见红褐色的山坡。

早先，当地村民经常在山坡上挖一种叫"龙骨"的石头，说这种石头是止血良药，专门有人收购，然后卖给城里的药铺。后来村民们才知道，他们挖了几十年的这种"龙骨"石头，竟是恐龙的骨骼化石，这把他们吓了一大跳。这地方怎么会有恐龙呢？

恐龙，英文名Dinosaur，是中生代时期（三叠纪、侏罗纪和白垩纪）爬行动物的统称，矫健的四肢、长长的尾巴、庞大的身躯是大多数恐龙的特征。1841年，英国科学家理查德·欧文在研究一种像蜥蜴骨头的化石时，认为它们是某种史前动物留下来的，将其命名为"恐龙"，意思是"恐怖的"或"极其巨大的蜥蜴"。恐龙在6500万年前白垩纪结束时突然消失，成为地球生物进化史上的一个谜，这个谜至今无人能解。

汝阳恐龙化石博物馆　位于汝阳县刘店镇洪岭村

这里是史前霸主恐龙的神秘家园

2009年，汝阳县被中国地质科学院正式命名为"中国恐龙之乡"；2016年，汝阳恐龙化石博物馆在刘店镇洪岭村正式开馆。贴在墙上发在网上的宣传画是这样描绘的：这里是史前霸主恐龙的神秘家园，亿万年前它们征服了世界，亿万年后它们又穿越时空主宰了你的想象！而在此前的几年间，中国地质科学院地质研究所、河南省地质博物馆的专家们在汝阳上百平方公里的面积内共发现恐龙化石点130多处，从而证实在距今1亿~8500万年前的晚白垩纪早期，这里是恐龙频繁活动的一个区域。

其实，早在1989年夏天，汝阳县三屯乡一位长期收购"龙骨"的曹宏欣老人就觉得这里大有文章，他把当地发现的一块"龙骨"寄到了中国科学院，希望能有专家来看看。"龙骨"被送到古脊椎动物与古人类研究所研究员董枝明手中，他判断可能是恐龙的骨骼化石，原本打算亲自过去，但由于当时新疆恐龙化石发掘工作十分紧张，无法脱身，便委派刚从兰州大学地质系地质学专业毕业的吕君昌去了汝阳。吕君昌到当地村民采挖"龙骨"的几个山岭寻找化石，又从村民手中收集了一些"龙骨"，但没有发现埋藏点。后来，吕君昌又先后三次走进汝阳寻找恐龙化石。1993年，他在曹家沟发现一处恐龙化石埋藏点，挖出恐龙股骨、椎体等化石。但这项调查研究在吕君昌赴美攻读博士学位期间便中断了，有关汝阳恐龙化石的研究结果也一直未能发表。2005年，河南省地质博物馆因新馆陈列中生代标志性生物恐龙化石，派人找到中国科学院古脊椎动物与古人类研究所求助，董枝明研究员的回答让他们惊诧不已："你们不必东奔西走了，汝阳就

汝阳恐龙化石博物馆

汝阳恐龙化石群的发现，满足了人们对亿万以年前恐龙所有的想象

有恐龙。"此时，已调中国地质科学院地质研究所工作的吕俊昌研究员再度启动对汝阳恐龙动物群的考察和研究，并与河南省地质博物馆的专家联手开展了抢救性发掘，使得汝阳恐龙渐渐为人所知。

汝阳恐龙动物群的发现，满足了人们对亿万年前恐龙的所有想象。

2006年在刘店镇沙坪村刘富沟出土的"汝阳黄河巨龙"，身长18米，体宽3米，头高8米，肩高6米，臀高5米，体重60吨，相当于10头大象的重量。在此之前董枝明研究员到汝阳考察，就发现了这只黄河巨龙。"当时基本上是完整的。可老百姓并不知道这是恐龙化石，只当是新发现的'龙骨矿'呢，拼命挖拼命卖，到出土时只剩下不到一半的样子，一大半化石都被'吃'掉了。按当时每斤7角钱计算，这具60吨重的恐龙化石被'吃'掉7万多斤，为当地村民增收了5万多元。若是完整地保存下来，其真正的价值就无法衡量了"。

2007年在刘店镇沙坪村二号化石点出土的"洛阳中原龙"，化石含量高达80%，包括几乎完整的头骨、肱骨、坐骨、耻骨、背肋和部分颈椎、背椎、尾椎及大量的甲板，复原后体长5.6米，背高1.3米，身上披满了"盔甲"。这一发现，改写了以往认为中国无结节龙类甲龙的认识。

2012年在刘店镇沙坪村盛水沟出土的"巨型汝阳龙"，体长38.1米，体宽6米，体重130吨，相当于20头成年大象的重量。立在河南自然博物馆门口的那个大块头就是它。

2013年刘店镇化庙沟村一处山坳里出土的"汝阳云梦龙",脖子特别长,伸展起来可达16米,是成年长颈鹿的6倍,也是目前世界纪录保持者。

汝阳恐龙化石的出土,不断地填补着国内外的空白。

专家判定,汝阳盆地至少有汝阳黄河巨龙、巨型蜥脚类恐龙、中型蜥脚类恐龙、甲龙类恐龙、似鸟龙等多个属种存在,是一个密集分布的恐龙动物群。当然有一点也很重要——汝阳恐龙动物群的发现,也为1993年西峡县发现大量恐龙蛋化石却没有恐龙遗迹的疑问做出了回应。地质科学家们做了一个推测:白垩纪晚期的豫西南地区是一个密布着森林、湖泊和沼泽的盆地。在恐龙主宰的世界,汝阳一带是植食性恐龙的地盘,栾川一带是肉食性恐龙的天下,而西峡一带地势较高,阳光充足,土质疏松干燥,则成为恐龙所中意的产房和育婴室。

寻觅古应国的遗迹
平顶山博物馆

平顶山博物馆的建筑外形源自古代竹简的形象,看上去古韵盎然、雄浑大气。藏于馆中的5万多件文物沿着清晰的年代溯源过往,其中一部分现身"鹰城古韵"的基本陈列中。而对于身边这座1957年才建市的工业新城来说,对它的了解仍可追溯到这一地区的史前文明时期。

1978年出土于汝州阎村遗址的一只陶缸,器腹外壁有一幅图显得神秘。画面左侧是一只昂首挺立的白鹳,通身洁白,圆眼长嘴,嘴上衔着一条大鱼;画面右侧立一柄石斧,斧身穿孔、柄部有织物缠绕,并刻画着一些符号。陶缸上的白鹳眼睛很大,目光炯炯有神,鹳身微微后仰,头颈高扬,六趾分开抓地,将抓获猎物的亢奋之情表现得淋漓尽致;而鱼眼则画得很小,身体僵直,鱼鳍低垂,毫无挣扎反抗之势,与白鹳在神态上

平顶山博物馆 国家一级博物馆 位于平顶山市新城区平安广场西侧

应国墓地出土的青铜器

形成强烈反差。画面真实生动、色彩和谐、古朴优美，极富意境。陶缸属于仰韶文化时期的瓮棺葬具，大多造型简单，素朴无彩。而这件陶缸不但施彩，且构图复杂，应是氏族首领的葬具。白鹳是首领本人所属氏族的图腾，鱼则是敌对氏族的图腾，石斧是权力的标志，表明首领生前曾率领"白鹳氏族"同"鱼氏族"进行过战斗并取得胜利。人们将这些事迹寓于图画中，记录在首领的瓮棺上，以此纪念首领的英雄业绩。这幅图高37厘米，宽44厘米，占了缸体表面的一半，是迄今中国发现最早、面积最大的一幅陶画，今收藏于中国国家博物馆。而作为这件彩绘陶缸的出土地，平顶山博物馆收藏的是个复制品，但还是让人感受到了一种震撼。

展厅中还有一处蒲城店遗址的复原场景，最早发现它是在1953年，但真正让人们认识到它的价值却是在半个世纪以后。2004年，文物部门对位于卫东区东高皇乡蒲城店村的这处遗址进行发掘，在这里发现一座龙山文化时期的古城址。它的发现，将平顶山的建城史向前推到4300年以前。

甲骨卜辞记载，平顶山地区在商代有个应国。应国最早在山西应县一带，后迁至今平顶山地区。西周初，周武王姬发封其子姬达于应地，为应侯，后来成了姬姓诸侯国。春秋时期，也就是公元前680年左右，应国被楚国所灭。应国灭亡后，应国的国君和宗室成员被遣散于楚国境内，今湖北应山、应城，湖南应水等地的名称，应该都是与此有关。应国贵族的墓地是在平顶山市新华区西部的滍阳岭上被发现的，前后历经20多年的考古发掘，在这里找到了599余座墓葬，出土文物万余件，让世人得以对这个古老封

西周柞伯簋

国的历史地望有一个全面了解。在这里出土的各类文物，也因此成为平顶山博物馆最精彩的部分。

一件1984年出土的邓公簋，通高21厘米，口径20厘米，腹径24.5厘米，重4.78千克。其器底铭文记载了这件铜簋是邓国国君为女儿出嫁至应国而制作，希望她能够永远使用。邓国是西周分封到鄂西北的一个姜姓诸侯国，由此证明当时的邓国与应国有联姻关系，这件铜簋是一件陪嫁的青铜礼器。

一件1988年出土的匍雁铜盉，通高25.2厘米，流至尾长31.8厘米，体宽17.2厘米，口径14.3厘米，重3.55千克。其盖内铭文记载：四月戊申这天，应国大夫匍出访邢国，到了邢国近郊的馆舍氏地，邢公派司使赠送给匍一束鹿皮做的服饰，还有2件围裙和15千克红铜。匍为感谢邢公的馈赠，特意制作了这件铜盉以示纪念。铜盉造型颇为新奇，极富想象力，表现出了很高的艺术造诣。只是馆中的这件匍雁铜盉也是复制品，原件为河南博物院收藏。

一件1992年出土的应申姜鼎，通高31厘米，口径38厘米，内壁铭文记载了应国在春秋早期与南阳一带的申国通婚联姻的事情。应申姜是嫁给应侯的申国女子，是应国国君夫人。作为应侯夫人能亲自制作这种十分重要的礼器，表明她当时执掌着应国一定的权力。这不仅反映了应国与申国以联姻的形式结成政治同盟，也揭示了春秋早期应国妇人参政议政的情况。

西周玉鹰

一件1993年出土的柞伯簋,通高16.5厘米,口径17厘米。簋内底铸有铭文,记载了八月庚申这天早晨,周王在镐京举行射箭比赛,并拿出10块红铜板作为奖品。柞伯在比赛中成绩优异,得到周王赏赐的10块铜板,将其铸成铜簋以示纪念。依《左传》记,柞是周公某一位庶子的封地,而应国是周武王之子的封地,国同为姬姓国。柞伯簋出土于应国墓地,说明柞伯将这件铜簋作为礼物馈赠给了应国,看来两国的关系很亲密。

一件1986年在应国遗址西周晚期一位应侯墓中发现的玉鹰,长5.7厘米,宽2.2厘米,重16克。通体温润光洁,泛青透明,专家考其具有族徽意义。甲骨文中,"应""鹰"通假,而应国墓地又出土了大量以鹰为形象的文物,佐证了应人以鹰为图腾崇拜。现在,玉鹰已经成为平顶山的市徽,平顶山也因此有了一个"鹰城"的美誉。

博物馆的展陈也让人看到,当年楚国把它的版图划到平顶山一带时,这里的叶地曾做过许国的国都。那是周简王十年(前576),许国国君许灵公因不堪郑国袭扰而请迁于楚。是年,楚国公子申把许国迁至叶地,定都叶邑(今叶县叶邑镇旧县村)。2002年,文物部门在叶县澧河南岸发掘一座古墓,出土了跽坐青铜俑、青铜鼎、青铜戈和数量众多的编钟。其中一件铜戈上刻有铭文"许公宁之用戈"。考古学家李学勤先生认定:"此即许国十五世国君许公宁之墓。"由此揭开春秋时期这个唯一可确定为男爵的小诸侯国,在强势争霸中屡遭侵伐而迁许都(故城在今许昌东南张潘一带)于楚国统治下的叶地的风雨飘摇历程。到许悼公时,许国又迁夷邑(今安徽亳州东南),再迁析邑(今西峡县)。之后许国差不多每隔个三五年就迁徙一次,其中一次是十七世国君许男斯把都城迁到了

战国钮钟、编钟

容城（今鲁山县东南）。迁来迁去，最终还是没能躲过被楚国吞并的厄运。史载公元前375年，"许二十四世为楚所灭"，绵延700余年的许国彻底退出历史舞台。

此时，青铜礼器的变化已经显露出楚风北渐的影响。出土于应国墓地的一件春秋中期铜鼎，器身轻薄且以细高足呈现，已与中原地区铜鼎的敦实、厚重迥然不同。叶县叶邑镇许国国君墓出土的一件升鼎，虽说高有49厘米、重40多千克，但给人以敞口束腰、轻盈灵动的表现，通体蟠螭纹与垂鳞纹的装饰更衬托出器物的浪漫妖娆。而延绵于鲁山县、叶县、舞钢市一带蜿蜒游走于险关要塞上的楚长城遗址，又让人们看到春秋时期自称蛮夷、力攻华夏诸侯的楚国君臣问鼎中原、筑列城于北方的事实。

还有，从展厅陈列中看到汉昆阳故城的记载、两汉时期汉墓群及冶铁遗址的发现，也为后人研究、了解汉代人们的生活方式提供了难得的资料。出土于鲁山望城岗冶铁遗址的灰生铁块和各种陶范、铁范，再现了1800多年前汉代这座集冶炼铸造和炼钢为一体的大型工场的冶铁盛况，尤其是它那不同于其他冶铁遗址的"生平"介绍，带给人以别具一格的视觉冲击——它是目前发现的汉代一座最大最完整的椭圆高炉；它的出铁口与出渣口是分开的，极大地提高了工作效率；它利用自然河流作动力向高炉鼓风，节省了大量劳力；它的填料工作台系首次出土，以前从未发现……再往下看，唐宋时期，平顶山境内瓷业兴盛、窑口林立，其中鲁山段店窑的花瓷、宝丰清凉寺窑的汝瓷、汝州张公巷窑的青瓷、郏县黄道窑的"唐钧"等，成为那个时期的典型代表。

叶邑古城的一座明代县衙
叶县县衙博物馆

县衙，指的是古代县府衙门。县衙主官在唐代以前称"县令"（人口在万户以上）或"县长"（人口不足万户），宋代以朝廷大臣到地方兼领一县之长称"知某县事"，简称"知县"，官秩多为七品。知县的助手有县丞、主簿等，县丞协助知县管理县政，主簿管理全县粮税、户籍等。元代，县一级主官改称"县尹"。到明清两朝，仍沿袭宋代知县制度，以知县为一县正式长官。

对于"县"的解释，有几层意思：其一，旧时指县治。现代也指县一级行政区划单位。其二，指县城，即县级行政机关所在的城镇。

在中国漫长的历史长河中，各级衙门成千上万。但能保留到现在的寥寥可数。就县衙而论，明清两朝留下的也只有十几座而已。叶县县衙大约在朱元璋登基后的明洪武二

叶县县衙博物馆　位于叶县东大街9号

年（1369）就开始建了，距今已有600多年历史。2006年，叶县县衙被列入全国重点文物保护单位，并以此为依托成立了叶县县衙博物馆。

早些时候，至少在北宋以前，叶县县治还在今叶县城南叶邑镇（过去叫旧县乡）的旧县村。大约是在天会十四年（1136），金人将处于南方战场边缘的县治由旧县北迁到了今叶县县城。但当时的情况在史志中并未见记载。清同治年间的《叶县志》曾有"始建于北齐阜昌七年"之说，可在北齐国号中又查不到这个年号，这让后来的续志者常陷入谜团。实际上，阜昌年号是金朝扶植的傀儡政权伪齐皇帝刘豫的年号。刘豫是宋哲宗赵煦元符年间进士，曾任河北西路提点刑狱，金兵南下时弃职而逃。建炎二年（1128）知济南府，见北方大乱，遂请改派江南一郡，被拒，于是刘豫就在金兵围城时杀勇将关胜而降。其时金太宗完颜晟为稳定民心，于天会八年（1130）册封其为"大齐皇帝"，先是用金"天会"年号，不久又改元"阜昌"。概因刘豫是伪政权，后人耻之，不肯以其年号记事，于是就出现了前面提到的"谜团"问题。后来据各种资料分析，伪齐时代的叶县治所就在今叶县县衙一带，中轴线在县衙东侧。其间或许是战乱兵祸的原因，使得县衙屡毁屡建，有些建筑可能在改建中变动了位置。否则现在看到的狱所在仪门以东的位置就不好解释了。按规制，狱所位置当在县衙西南方才是。

作为明代衙署的存世代表，叶县县衙现存建筑有衙门三堂、六科房、东西班房、东西厢房及狱所百余间房屋，甚至连大堂前的卷棚、虚守堂、思补斋、大仙祠及知县和子女家眷住的宅院后花园、衙署人员日常膳食的厨院都无一缺失，可能在全国也找不到几处。当时叶县是个大县，每年上缴税赋10万石以上，人稠地广，又处在南北交通的紧要位置上，知县多为同知衔五品官，像县衙大门的门钉用的是五路五排，与一般县衙相比有些区别。还有大堂前的卷棚，本是大寺拜殿一种建筑形式，用在衙门里，便成了高级别官衔的官员在县衙建筑形式上的一种表现——清同治年间，知县欧阳霖先在中牟任职，后调署叶县事，任上加任，于是就以增修卷棚来突出其身兼两职的特殊意义。而且这里的卷棚与大堂前檐连接处所采用的"天沟罗锅椽勾连"，也是古代木作技术中不多见的。至于虚守堂和思补斋的设置，目前国内现存的其他县衙建筑中尚无发现。这一堂一斋，乃是一县之长在受到朝廷嘉奖或处分时，用以激励自己正确对待荣誉、不可虚受功名，以及反省思过、检讨失误的场所，据说也是欧阳霖上任后增修的。

县衙大院，几乎是有门必有联，有屋必有匾。内容不乏官箴戒约，或警示或激励或自勉，讲了很多做官的信条和治政安民的道理。像大门上这副：

> 天听民听，天视民视；
> 人溺己溺，人饥己饥。

此联为清同治六年（1867）知县欧阳霖撰、当代书法家冯国语书。冯先生是叶县人，一直在云南工作，曾是云南省政协委员、文史馆馆员，其书法以碑入行入草，古朴旷达、跌宕沉雄，有"云南第一笔"之誉。冯先生写的上联出自《尚书·泰誓中》，下联来自《孟子·离娄》，用在这里的意思是：当官做事一定要正大光明，自己的一言一行都瞒不过上天和民众；为官一任，要造福一方，让百姓过不好，自己也过不好。楹联好记易懂，唯"溺"字不易解，有时会被人误识。原本出自《诗经·大雅·桑柔》："谁能执热，逝不以濯；其何能淑，载胥及溺。"又如大堂这副：

> 我如卖法脑涂地，
> 尔敢欺心头有天。

楹联正对着跪石。这样的设置，用心十分明显：一则是要申明为官者严格执法，主持公道，若非如此，愿接受一切处罚；二则是要告诫涉案人员遵守法纪，实话实说，否则天理不容。再看宅门这副：

> 受半文不值半文，莫为事无知者；
> 做一事须精一事，庶几心乃安然。

这番话想是对县令身边人的告诫，莫要人不知，除非己莫为。无论做任何事情都要尽心尽力，这样才能对得起黎民百姓，对得起衣食父母。

县衙大堂前的甬道上立一通《戒石铭》碑，正面书"公生明"三字，背面是曾任叶县县尉的北宋书法家黄庭坚写的官箴："尔俸尔禄，民膏民脂。下民易虐，上天难欺。"依史书记，《戒石铭》始于宋朝，由太祖赵匡胤首倡，他在总结后蜀不战而败的教训时取后蜀主孟昶《戒谕辞》中四句作《戒石铭》，谕旨各级官员。南宋绍兴年间，高宗赵构颁《戒石铭》于郡县，勒之于石，置于座右，以为晨昏之戒。明清两朝，又将《戒石铭》置于大堂甬道，使官署人员出入之间时举目可望，达到时时自省的效果。

诚然，县衙里当家的是知县。虽说官职小些，但往大堂上一坐，也是很威风的。每次出巡，鸣锣开道，前呼后拥。遇上有拦轿喊冤的，也能主持正义，把那横行乡里、鱼肉百姓的恶霸绳之以法。不过有时候也显得很无奈，凡传统戏曲舞台上，经常忙得头上

县衙大堂

冒汗、一路小跑的县官多是丑角打扮，很少见到"父母官"的正面形象。办个案也总是前思后虑、左顾右盼，谁也不敢得罪，且往往嗜贪者多。其实像戏中角色"七品芝麻官"唐成那样"当官不为民做主，不如回家卖红薯"的好官还是大有人在的。问题在于现实中往往"上梁不正下梁歪"，一如孔夫子所讲："君子之德风，小人之德草，草，上之风，必偃。"康熙皇帝也说过："朝廷致治，惟在端本澄源。臣子服官，首宜奉公、杜弊。大臣为小臣之表率，京官乃外吏之观型。大法则小廉，源清则流洁。此从来不易之理。如大臣果能精白乃心，恪遵法纪，勤修职业，公尔忘私，小臣自有所顾畏，不敢妄行。"说起来，这历朝历代对贪官污吏的处理都不惜用降职、罚薪、杖责、抄家没产、发配流放，甚至是枭首、剥皮等"杀一儆百"的非常手段，下手奇重。然而这些封建王朝依然无法避免覆亡的命运，其中官场腐败之风愈演愈烈，往往是一个重要原因。

叶县县衙博物馆经常会举办一些历史文物展览，对人们了解县衙文化很有帮助。像"古代官服展"就很有意思，看了以后便知，官服上的图案各有寓意。自隋朝开始，历代都把黄色和龙的图案作为皇帝专用，乱用者以"僭越"论罪。除了官服和"补服"（区别文武官员和官品等级的徽识），三品以上的官员还能在帽后装饰金花和孔雀翎，这也是皇帝特赐的一种奖励。不过，有时候犯错了，夺其"服配"便又成为一种惩罚手段。戏剧、影视中，常能看到那些被罢了官的又被革去顶戴花翎的场面。

揭开汝官窑址的神秘面纱
宝丰汝窑博物馆

　　宝丰汝窑博物馆于2017年10月19日正式开馆。开馆当日，国内外相关领域专家学者，专程来到清凉寺，出席了在这里举行的开馆仪式。共襄盛举的还有港台地区的陶瓷收藏家，来自多处历史名窑所在地的上百位代表。汝窑博物馆展示了清凉寺汝窑址的发掘成果——出土的890多件汝窑瓷器和窑具标本中，有40多件汝瓷首次公开露面，20多件汝窑器型为传世珍品中未见。这些藏品与清凉寺村地下的30多座窑炉、6座作坊及100多个灰坑、澄泥池、釉料坑交相辉映，让到访者近距离地感受到千年汝窑的非凡魅力。

　　清凉寺村还建了一座汝官窑遗址展示馆，就在当年汝官窑址发掘现场，2017年1月16日正式开馆。馆名由考古学家叶喆民题写。叶先生著述颇丰，有《中国陶瓷史》《汝窑聚珍》《中国磁州窑》《隋唐宋元陶瓷通论》等十几部专著问世。展示厅中显示屏上反复播放着汝窑址的发现过程，视频中有多处叶先生侃侃而谈的画面。

宝丰汝窑博物馆　国家二级博物馆　位于宝丰县大营镇清凉寺村

北宋汝窑天青釉莲花式香薰炉标本

北宋汝窑天青釉龙形香薰炉标本

说到大营镇和清凉寺村，历史上这一带是有名的陶瓷产地，方圆不足百里有大小瓷窑几十座。除清凉寺外，附近的鲁山段店、汝州严和店、郏县黄道、禹州神垕等都是唐宋及金元时期的名窑。那时的大营镇是湖广、山陕商贾云集的中州名镇，"人车辐辏，店铺繁密"。20世纪50年代初，宝丰有些地方的村民找人说事评理，还要找那些"到大营赶过集"的，意思是人家见过世面。而流行于当地的一句"清凉寺到段店，一天进万贯"，也让世人见识了当时这一带陶瓷业兴旺的盛况。如今走进清凉寺村南那片庄稼地里，还能捡到黑的、白的或青的、绿的瓷片。

宋朝是最富有竞争性与开放性的朝代。赵宋皇帝向以"郁郁乎文哉"而见重于文史，不仅热衷字画，而且酷爱瓷器，雅致而又精美的瓷器在华丽的宫廷生活中具有不可或缺的地位。汝窑是当时的五大名窑之一，与定窑、哥窑、官窑、钧窑齐名。而把汝窑列于五大名窑之首，可从宋人叶寘所著《坦斋笔衡》中找到根据："本朝以定州白瓷有芒，不堪用，遂命汝州造青窑器，故河北、唐、邓、耀州悉有之，汝窑为魁。"那时候，定窑的白瓷是把瓷器一件一件扣起来烧的，为避瓷器相黏接，其口沿处不上釉，留下"芒口"，瓷器烧完后再"镶口"。汝窑烧造时，是用三五颗支钉将瓷器托起，口沿与圈足施釉，只是在瓷器底部留下几颗芝麻粒大小的支钉痕。五大名窑中，除定窑主烧白瓷外，其余四窑均属青釉系，这恐怕也与赵宋皇帝崇青尚玉的爱好有些关系。

宝丰清凉寺在唐宋时期属汝州，汝窑也因此得名。当时汝州领梁县（今汝州西部）、叶县、襄城、郏城、鲁山、龙兴（今宝丰）、临汝（今汝州）七县。这一带的瓷土釉料与

汝窑博物馆收藏的宋金元时期汝窑烧制的瓷器

煤炭资源极为丰富，本地文献资料中一直都有烧窑制瓷的记载，像段店窑、黄道窑、清凉寺窑、严和店窑、张公巷窑的规模都很大，兴盛了好几个朝代，而烧制的瓷器也多以"汝瓷"命名。

大约在宋哲宗时，由汝窑烧制御用汝瓷的指令就已经从深宫传出。对此最入迷的要算宋徽宗赵佶。赵佶整日沉湎于艺术遐想和笔墨情趣之中，有一天不知怎么突然心血来潮，下令汝窑烧制一种与五代后周世宗柴荣指示柴窑烧制的"雨过天青云破处，这般颜色做将来"类似的瓷器不可。皇帝的兴致倒给清凉寺的匠师提供了大出风头的机会，于是天青釉的汝瓷脱颖而出，着实让奉道以"青"为贵的皇上兴奋了好一阵子。赵佶当皇帝，副业要比主业干得好，自创瘦金书体，长于花鸟工笔，品茶出过专著，赏瓷亦非一般人能望其项背。

汝窑也就是在这个时候成为官窑的。所谓官窑，就是由朝廷负责营建且专为宫廷烧造瓷器的窑场。一般认为，官窑出于宋代。南宋叶寘《坦斋笔衡》称："政和间京师自置窑烧造，名曰官窑。""政和间"，是指宋徽宗在位时；"京师自置"，是说由朝廷建立并直接控制的窑场。一般来说，官窑瓷器有以下特征：官窑为皇室而专设，并由朝廷所控制，烧造的瓷器与民用瓷迥然有别；官窑瓷器烧成后经严格挑选，精良者送进宫中，落选者便被打碎掩埋，民间严禁使用，市面上偶尔见之也是由宫中流出；历代君王都把官窑瓷器视为宫中珍宝，世代相传，不作明器陪葬，因此在大量考古发掘中少见出土。

汝窑为宫廷烧制瓷器也就二三十年的时间。北宋末年宋金之间战事频发，惊扰了赵佶对"静为依归""清极遁世"的体悟。到南宋初，汝瓷已是"近尤难得"。周密《武林

北宋汝窑天青釉盏托　　　　　　　　　　　　汝窑天青釉莲花碗

旧事》称，高宗时，近臣张俊进奉古玩，内有十几件汝瓷，可见当时已是相当珍贵。汝瓷传世品极少，加上官瓷一直为皇室垄断，民间难得一见。晚清八国联军攻入北京，慈禧太后带着光绪皇帝弃京西逃，以致宫廷珍宝遭到内偷外抢，丢失惨重。汝瓷可能是在这个时候流出宫外，流到了海外。

当今国内外藏有宋代汝瓷的博物馆只有十几家，馆藏传世汝瓷也就不足百件。北京故宫博物院一件宋代天青弦纹尊，器身圆筒直壁平底，上有弦纹数道，下承三足，开细小片纹，底部有五个芝麻支钉痕，称得上是汝窑精品。台北故宫博物院一件宋代汝窑青瓷莲花式温碗，釉面晶莹透亮，如春水清澈，似美玉圆润，给人一种高雅的美感，被认为是不可多得的传世之作。大英博物馆一件北宋汝窑盏托，采用满釉裹足支烧法，圈足留有五个芝麻钉痕，其天青色的釉面匀净光润，层层开片如同冰裂，十分美丽。

由于汝窑器物珍贵而稀有，明清以来窑业一直持续仿烧汝瓷。在北京故宫博物院研究员冯小琦看来，仿汝最早的是高丽。高丽初受唐越窑、继而受宋汝窑影响，这从徐兢的《宣和奉使高丽图经》中可以找到根据。书中所记"汝州新窑器"就是指的高丽仿汝瓷。在当代，仿汝官瓷烧制得以成功的有中国陶瓷艺术大师、国家级非物质文化遗产代表性项目传承人朱文立，中国工艺美术大师、国家级非物质文化遗产代表性项目传承人孟玉松，国家级非物质文化遗产代表性项目传承人李廷怀、王君子等。当然也不能忘了台湾的蔡晓芳先生，他做仿古瓷也颇有名气，所承制的器物几乎涵括了历代官窑的釉色与器型。蔡先生对古今美学精髓的洞彻体现在他的每件作品中。当然，最为人称道的是他对两宋窑器的仿制，其中又以北宋汝瓷为翘楚。当年也正是蔡先生对古陶瓷研究的一种超乎常人的关注，使得台北故宫博物院准许他近距离接触馆藏传世汝窑珍品。每过一段时间蔡先生都要为台北故宫博物院承制一些经典名瓷，里面有汝瓷水仙盆、莲花温碗、纸槌瓶等。

说到汝官窑址，毋庸讳言，曾经是中国陶瓷史上一大悬案。

从20世纪30年代开始，人们一直在寻找汝官窑的窑口。虽在汝州境内发现了几十处窑址，却无法认定汝官窑窑址。1977年，叶喆民先生在宝丰县清凉寺村堆积如丘的废弃窑具中发现了天青釉残片，经化验与北京故宫博物院所藏的汝窑盘成分基本一致。1985年，叶先生在中国古陶瓷研究会郑州年会上发表《钧汝二窑摭遗》论文，指出"宝丰清凉寺窑很可能就是汝官窑的窑址"。此后，叶先生在日本京都讲学时又做了阐述，引起海内外学者的注意。

1986年，宝丰瓷厂技术员王留现带着一件出土于清凉寺村的瓷器，参加了中国古陶瓷研究会西安年会。会上，王留现拿着瓷器找到北京故宫博物院研究员耿宝昌，耿先生对他说："这是汝窑的东西。"随后，王留现又见到上海博物馆副馆长汪庆正，"当王留现出示这件器物的瞬间，我眼前一亮，因为这是一件千真万确的汝窑瓷器，"汪先生说，"而这件瓷器，正是他在河南省宝丰县清凉寺窑址采集所得"。很快，上海博物馆派出范冬青、周丽丽二位专家两次赴清凉寺村调查，先后采集到40多件瓷片和窑具标本，还从当地村民保存的瓷器中发现与北宋宫廷御用汝官瓷完全相同的瓷盘，随后向社会公布了汝官窑址的发现，并于1987年10月出版了《汝窑的发现》，书中用了肯定的语气说到这次发现的重大意义："清凉寺窑即宋代五大名窑之一——汝官窑的故乡是确凿无疑的。"正式宣告汝官窑遗址揭开谜底，在全国古陶瓷界乃至考古界引起不小的轰动。

王留现采集的那件宋代汝窑天青釉笔洗，后来捐赠给了上海博物馆。

从1987年到2017年的30年间，河南省文物考古研究所考古队先后在清凉寺窑址进行了14次大规模发掘。其间清凉寺汝窑遗址文物保护员李中敏提供了一个线索，考古队把发掘重点从村外转入村内，最终在清凉寺村找到了汝官窑中心烧造区。考古队也揭开它神秘的面纱，一个900多年前的场景——御用汝窑的窑炉、作坊、澄泥池、釉料坑以及各种有别于民窑的匣钵、支烧窑具呈现在世人面前。专家们将这些出土的瓷器，还有在清凉寺相近的蛮子营村发现的窖藏汝瓷，与传世汝官瓷做一一对照，其胎釉完全一致。尤其是清凉寺窑址出土的一件天蓝釉刻花鹅颈瓶为首次发现，如今已经成为河南博物院的"镇院之宝"；一对天青釉盘口折肩瓶，与台北故宫博物院珍藏的两件传世汝窑纸槌瓶完全相同。台北故宫博物院藏的汝窑纸槌瓶因盘口残缺无法复原，故将瓶颈缺口处镶了边，成了小圆口；宝丰清凉寺汝官窑址发现的盘口折肩瓶比较完整，让世人看到了纸槌瓶的原貌。2000年，这座让世人苦苦寻觅了大半个世纪的汝官窑址入选"全国十

宝丰汝窑博物馆

北宋素烧仿青铜器出戟瓶　2015年在宝丰清凉寺汝官窑遗址出土

大考古新发现"。2001年，宝丰汝官窑址被列入全国重点文物保护单位。2002年，国家邮政局发行一套四枚《中国陶瓷——汝窑瓷器》邮票，所选"四件套"乃传世藏品汝瓷尊、碗、碟和三足洗。

感受千年汝窑的非凡魅力
汝州市汝瓷博物馆

汝州市汝瓷博物馆有两个馆。

旧馆位于汝州市望嵩中路汝州学宫内。馆中的藏品大多出土于古时汝州境内各大窑口。也正是基于这一原因，1985年12月汝瓷博物馆在汝州学宫正式开馆时，时任中国古陶瓷研究会会长冯先铭，副会长安金槐和全国150多位专家学者都赶来参加开馆仪式。李苦禅先生为之题词："天下博物馆无汝者，难称尽善尽美也。"

新馆位于汝州市汝瓷小镇，与宋元时期的严和店窑址隔蟒川河相望。博物馆的外观取自汝窑传世的葵口洗和莲花温碗，整体用天青色开片纹饰的玻璃幕墙包裹，极具汝瓷神韵和现代气息。对于这种设计，与其说是一种风格，不如说是根植于汝州人心中的一种历史情怀，众多置身其间的观赏者都对这座博物馆沉稳、雅致的展示空间钟爱有加。自2020年以来，这座造型独特的建筑屡屡"闯入"抖友的镜头，并在社交媒体和短视

汝州市汝瓷博物馆　位于汝州市汝瓷小镇

频平台迅速走红，成为新的网红打卡地。

汝瓷博物馆收藏文物3000多件，其中青瓷400多件。

馆中收藏两件宋代青釉洗，1981年出土于临汝县（今汝州市）骑岭乡十里铺村，一为天青釉，一为豆青釉，均是圆唇直口、弧腹平底、满釉支烧，器胎薄，质坚密，釉色莹润而不刺目，开片细碎且有规律。底有5个小支钉痕，釉色青中闪绿，从胎、釉及精湛的烧制技艺看，这两件青釉洗与汝州张公巷窑址出土的青瓷相同，与一般民间用瓷有明显区别，应是宋代青瓷中的精品。

还有一件元代天蓝釉荷叶口瓶（同样的实有两件，另一件为河南博物院收藏），1976年出土于临汝县纸坊公社西赵落大队，大瓶口沿由六片向外翻卷下垂的荷叶组成，两片叶子中间靠下凸出一釉珠，恰似甘露欲滴。腹呈瓜棱六瓣状，喇叭足，釉面有棕眼及开片。从胎釉及烧造工艺看，专家认为很可能出自金元时期的临汝窑；而从器形来看，这件荷叶口瓶高64.2厘米，口径19.1厘米，足径21.2厘米，如此硕大，汝瓷中并不多见。

最近这几十年，汝州市的蟒川镇、大峪镇和城内的张公巷等处相继发现十几处窑址。其中张公巷、严和店、东沟窑址分别在2006年、2013年和2019年列入全国重点文物保护单位。三座窑址相距不远，如此密集相拥，且都有着"全国重点文物保护单位"的显赫身份，这就让人不由得心驰神往了。

那就跟着博物馆的藏品，去领略一番几处窑址留下的吉光片羽吧。

张公巷窑址位于汝州老城中大街与张公巷交会的小巷入口处。自2000年2月至今，由河南省文物考古研究院、北京大学考古文博学院、汝州市文物局联合组成的考古队先后对张公巷窑址约3600平方米的面积进行了5次发掘，在这里找到了过滤池、窑炉、房基和灰坑，出土器物标本900余件，瓷片标本1600多袋。出土的器形有深腹碗、花口折腹圈足盘、板沿盘、葵口平底盘、板沿平底盏托、圆形平底碟、圆形弧腹平底洗、瓜棱腹隐圈足梅瓶、鹅颈鼓腹瓶、盘口折肩瓶、花口折腹碗、熏炉和鸟兽器盖等，约有几十个品种，釉色有青绿、淡青、淡天青、灰青和卵青等。从发掘情况看，张公巷窑与汝州严和店窑、东沟窑和宝丰清凉寺窑的瓷器釉色、胎质、造型确有不同——张公巷窑的青釉瓷较独特，既不同于严和店窑的豆青釉，也有别于清凉寺窑的天青色；出土器物施釉均匀，以薄胎薄釉为主，釉面有玻璃质感，开片较大，鱼鳞纹，支钉痕似小米粒，且多见4枚支钉支烧；胎质细腻坚实，有粉白、灰白和浅灰色，几乎不见汝窑香灰胎；带圈足的器物多为直圈足，裹足的少，而传世汝瓷多为裹足支烧；匣钵外壁涂抹耐火泥，这一点与汝窑相似；出土多素烧胎片——或许是官窑所致，所有产品都要先素烧，然后再根据宫廷需要上釉烧成，故库存素胎较多；出土的瓷土中有宋代釉料，经试烧其成色和瓷片色泽一样，烧成温度为1300℃，釉料中有玛瑙。

宋代粉青釉敛口碗　　　　　　　　　　　　宋代天蓝釉敛口钵

  2004年5月，中国古陶瓷学会与河南省文物考古研究所在郑州举办了"汝州张公巷窑考古新发现专家研讨会"，与会专家比较一致的认识是，张公巷窑址是继宝丰清凉寺汝窑之后又一处重要的古窑址。而对于烧造年代，则有"北宋说""金代说"和"元代说"，但论及窑址性质，都认为张公巷窑应定性为官窑。

  当然，对于张公巷窑址姓"宋"还是姓"金"、称"汝"还是称"官"，仍有不同意见。古陶瓷专家李辉柄认为，张公巷窑没有文献记载，清宫旧藏官窑瓷器中没有它的产品，这座窑的瓷器烧结温度过高，其釉与清凉寺汝窑瓷器相比呈豆绿者居多，其裹足支烧者也少，没有官窑瓷器古朴端庄、气韵素雅、釉色滋润的风格，故"张公巷窑不属于官窑性质"（《宋代官窑瓷器》）。北京大学教授秦大树根据出土张公巷窑青瓷器的地层及其叠压打破关系，结合在同时或更早的地层中出土"正隆通宝"铜钱的现象，指出张公巷窑青瓷器的生产时代应为金代后期（《宋代官窑的主要特点——兼谈元汝州青瓷器》）。中国古陶瓷学会会长、曾任张公巷窑考古发掘领队的孙新民通过对张公巷窑、清凉寺窑与传世品的比较，认为虽然目前还不能遽断张公巷窑就是北宋官窑，但他还是赞同"北宋官窑说"的观点（《汝州张公巷窑的发现与认识》）。中国古陶瓷学会副会长，曾任上海博物馆副馆长的陈克伦，对上海博物馆四件疑似20世纪40年代在开封出土的青瓷标本与张公巷窑出土的标本进行频谱仪和热释光年代测试，得出"两者胎釉成分几乎一致，

元代临汝窑天蓝釉荷叶口瓶

年代也相同"的结论，因此"不排除张公巷窑是北宋官窑的可能性"（《关于汝窑、张公巷窑研究的一些思考》）。日本大阪市立东洋陶瓷美术馆馆长伊藤郁太郎先生通过对张公巷窑址的发掘资料与韩国高丽青瓷比较，提出"北宋官窑说是合理的"的观点（《北宋官窑的谱系——汝州张公巷窑的诸问题》）。曾主持发掘张公巷窑址的河南省文物考古研究院研究员郭木森认为"汝州张公巷极有可能是北宋官窑的所在地"，但"也不完全否定张公巷窑是金元时期仿'汝'或仿'官'的可能"（《浅谈汝窑、官窑与汝州张公巷窑》）……或许，随着张公巷窑址的进一步发掘，相信会获得更多的实物资料，最终解开这个谜题。

严和店窑址位于汝州市蟒川镇严和店村，始烧于北宋早期，至北宋晚期达到鼎盛，金元时期仍在生产，所产汝瓷胎质薄、质地密，胎质呈香灰色，清雅素净。器形有斗笠碗、敞口碗、瓜棱罐、粉盒、罐、瓶、碟、盘、尊、炉、盏等，纹饰有刻花、划花、印花几种，多以花卉、游鱼和禽鸟为题材。瓷器上有的还刻了工匠的姓氏作为碗铭，与同类产品相比显得做工精细，釉色光泽更显柔和鲜丽，应是严和店窑之上品，很可能是专供当时汴京皇室贵族而生产的贡瓷。最早发现严和店窑址的是古陶瓷专家陈万里先生。他在1953年来河南境内调查时找到这里，认为严和店窑是北宋时期中原地区一处制瓷工艺水平较高、规模较大的青瓷烧制场所。而后从1958年到1989年，河南省文化局文物工作队、河南省文物考古研究所工作队和北京大学历史系考古研究生班的学员又在这里进行了四次发掘，前后找到了四座宋代窑炉、两座元代窑炉、一个澄滤池和一些瓷器；窑具有匣钵、垫饼、支柱、垫圈等。特别是四座宋代窑炉，在中国陶瓷史上应是一次重大发现，使得人们对那个朝代的窑炉构造、烧造技艺、工艺流程有了新的认识。

东沟窑址位于汝州市大峪镇东沟村，最早发现于20世纪50年代，北京故宫博物院、河南省文物考古研究所曾多次组队来这里调查。2003年，由于地方小煤窑采煤巷道从东沟窑址中部穿过，致窑址局部塌陷，地面出现裂缝。随后河南省文物考古研究所进行抢救性发掘，在这里找到窑炉、水井、灰坑、窑具和一批青瓷、钧瓷标本。青瓷、钧瓷是东沟窑主打产品，器形有碗、盘、洗、盏、盏托、碟、盒、炉、罐等。

博物馆的陈列以汝州境内的窑口为支撑，通过几十年来在张公巷、严和店和东沟窑址的考古发掘，厘清了宋金元以来汝窑的整个历史发展脉络。汝州因瓷而名，因瓷而兴。如今，千年窑址得到保护，千年技艺得以传承。

置身青韵流光的温润之间
汝州青瓷博物馆

汝州青瓷博物馆是一家非国有的国家二级博物馆。博物馆外观借鉴了汝窑天青釉莲花碗的造型,主体以八片花瓣组合而成,顶部排列冰裂纹窗花,入口处为瓶形剪影,整个建筑简约大气、美轮美奂。

从馆内珍藏的青瓷器来看,有出自河南本省窑口的,像宝丰清凉寺汝窑,汝州张公巷窑、东沟窑、文庙窑、严和店窑,禹州神垕窑,宜阳二里庙窑,新安城关窑等;也有出自省外窑口的,像陕西耀州窑、浙江越窑、龙泉窑、江西景德镇窑等。不同的窑口在不同的烧造时期风格迥异,最终形成了自己独特的风格和釉色釉质。这也是青瓷的迷人之处。

汝州青瓷博物馆　国家二级博物馆　位于汝州市朝阳东路与云禅大道交叉口

青瓷博物馆收藏的五代至宋金元时期各个窑口的青瓷器

从各地的窑口来看，汝窑的特征是"雨过云破"，釉色以纯正的天青色为主，釉面隐现出一种柔和含蓄的光泽，看上去如古玉般温润，薄薄的釉汁平滑均匀地紧贴于胎骨；其细密开片犹如蟹爪，无纹片者极少见。器型多为小件，且大多为满釉支烧，仅器底留有支钉痕，细小如芝麻状。钧窑的釉质不同于玻璃状的透明青釉，而是一种典型的乳光青釉。其基本釉色如雾霭烟霞、浓淡不一，蓝色较淡的称天青，淡于天青的称月白。耀州窑在宋代北方青瓷窑场中堪称翘楚，其胎薄质坚，釉面莹润，釉色青绿如橄榄，呈半透明状，似薄玉浮冰，十分淡雅。越窑以光素为主，线条流畅简洁，纤细生动。晚唐五代时期的越窑青瓷被称作"秘色瓷"，釉面晶莹润泽如宁静的湖水一般，清澈碧绿。龙泉窑在北宋时以碗、盘、壶器为大宗，南宋中晚期始以梅子青、粉青釉色取胜，釉层肥厚如凝脂，纯如美玉。景德镇窑自唐代即烧制青瓷，至北宋时以青白瓷为主，其釉色白中泛青、青中见白，釉质透明如水，胎体质薄轻巧。这种青白瓷釉罩在刻花、印花器皿上，纹样凹下处积釉稍厚而较青，胎薄的花纹在迎光下若隐若现，故又有"影青"之誉。

在河南的青瓷窑口中，宝丰、汝州、禹州神垕窑的名气比较大，而宜阳、新安的窑口却鲜有人知。其实这两处在宋代也是颇具规模的窑场。宜阳窑位于宜阳县二里庙，烧制的瓷器一般施釉较厚，器表除去素无纹者外，刻花和印花占了多数。装饰纹样中以花卉为主，碗内多满刻菊瓣纹，青釉器盖顶也多刻有百折纹，形成以盖纽为中心向四周的放射线，简洁而生动。新安城关窑在1980年前后被发现，烧制的瓷器具有施釉薄而匀净的特点，有天青、淀青、豆绿、葱绿等多种釉色，器表比较注重图纹装饰，由刻花、

北宋宝丰清凉寺汝窑天青釉冰裂纹撇足洗 　　　　　　北宋汝州张公巷窑粉青釉深腹碗

划花到印花，由缠枝、折枝、交枝花卉到鸳鸯戏莲、海水游鱼及田螺浮于水浪等，富有浓郁的民间生活气息。

在汝州青瓷博物馆收藏的汝窑青瓷中，五代临汝窑的青釉葵口碗，北宋张公巷窑的青釉折沿托盘、椭圆洗和影青釉深腹碗，宋代临汝窑的青釉印花出筋大碗、印花"水波鱼藻"纹盘、印花"螺鱼"纹盘，宋代东沟窑的青釉碗、三足香炉、三足手炉、花口龙柄杯和深腹贡盘，金代东沟窑的青釉三足琴炉、茶盏、罗汉碗、双系灯笼罐，北宋汝窑口的青釉深腹钵、鸡心罐、折沿方盘、天蓝釉龙柄八方杯，宋代文庙窑的青釉贡碗、荷叶花口洗、冰裂纹深腹钵，宋代严和店窑的青釉印花团菊纹"杨"字款碗、印花缠枝纹"曹"字款大碗、印花"同"字款碗、印花"童"字款碗、印花"一束莲"纹浅腹盘，还有北宋宝丰清凉寺汝窑的天青釉冰裂纹撇足洗、平底洗、龙纹钵和粉青釉莲瓣花口洗等，均称得上是精品之作。

对于青釉，早在900多年前的宋代就已经通过汝窑瓷器把这个色彩做了最好的诠释。正如《中国陶瓷史》所评价的："汝窑把青瓷之美推向了极致。"汝窑的天青色犹如雨后晴空，色泽最美；汝窑的天蓝色犹如海水一般湛蓝，17世纪初，法国作家雨尔费创作了一部长篇小说，轰动文坛，后来被改编为剧本并搬上舞台。剧中女主人色拉通身穿一件美丽的外衣，给观众留下深刻的印象。在当时的欧洲，人们认为中国青瓷的颜色可与色拉通的衣服相比，所以欧洲人就把"色拉通"的雅号赠给了中国青瓷，而中国青瓷中的佼佼者，就数汝瓷了；汝窑的月白色，滋润纯正，晶莹明丽，像月光一样；汝窑的豆绿色，犹如刚被剥离豆荚的鲜绿豆，清雅素静。

金代东沟窑青釉盏、托　　　　　　　　　　　　金代东沟窑青釉琴炉

　　印花，是汝窑青瓷中最具特色的一种装饰工艺。青釉碗、盘的印花纹饰以花卉较为常见，多饰以碗、盘内壁，有缠枝牡丹纹、团菊纹、莲花纹、花草纹和水波鱼藻纹等，线条流畅，层次分明，釉层较厚处纹饰仍清晰可见，极富装饰美感。

　　馆藏中，北宋汝窑口的一件青釉印花折沿方盘，造型规整，形制少见；严和店窑的一件"一束莲"纹浅腹盘，以折枝莲花、莲蓬、莲叶并数枝水草系为一束，谓之"把莲"，因其有"清廉高洁"的寓意而深受士大夫喜爱；北宋汝窑口一件青釉深腹钵，造型古朴大方，釉质肥润，釉色纯净，开片细碎，显得卓然不群。宋代文庙窑一件青釉荷叶花口洗，器型端庄优美，深浅均匀，口沿凸凹分明，壁薄，底也不厚，由下向上缓缓敞开似盛开的花朵，实实地惹人喜欢；金代东沟窑一件青釉盏，应是饮茶的一种器具，器型比饭碗要小，比酒杯要大，由此见出唐宋以后的文人墨客将品茶作为重要的精神享受，斗茶之风大盛，故对茶具造型、釉色极为讲究。还有东沟窑的一件青釉三足琴炉，应是香炉的一种，只是比香炉更小些，适合置于书斋琴案。古人讲究生活情趣，所谓"高士焚香抚琴"，也是很雅致的一件事情。

殷邺彰德千古风
安阳博物馆

成立于1958年的安阳博物馆，殷商青铜器、隋唐相州窑瓷器、明清书法绘画是其最具代表性的藏品。

其中，青铜器有千余件。从年代上看，晚商时期的藏品占了绝大多数，商代中期的只有十几件，但不少青铜器上都带有铭文，这对研究商代中晚期的社会生活具有极其重要的价值。

一件商代兽面纹锥足鼎，通高23厘米，口径17.1厘米，出土于安阳市北郊三家庄村一个地下1米多深的窖穴里。窖穴里共有8件青铜器叠放在一起，这件兽面纹青铜鼎是其中之一。经鉴定，这件青铜鼎为商代中期的典型器物，敞口、侈沿、立耳。鼎腹上部大些，下部为圆底，锥足中空，外撇。尤其是出土青铜鼎的三里庄村就在洹北商城的范围内，这件青铜鼎为研究洹北商城的都邑性质提供了实物资料。

安阳博物馆　国家一级博物馆　位于安阳市文明大道

一件刻有"父乙车衢"铭文的兽面纹青铜觚，高37厘米，口径20.5厘米，腹径5.25厘米，它是在祭祀时才使用的礼器。青铜觚为瘦长圆柱形，喇叭口，周身突出四道扉棱延伸出口沿外，而这种有四条通体扉棱的觚，也只有在规格比较高的商王室贵族墓中才会出现。它的器身满饰"三层花"，均以云雷纹衬底，颈部饰有蕉叶纹和夔龙纹，这两种纹饰的线条修长圆润，使铜觚显得挺拔、舒展。腰部饰有兽面纹，上窄下宽的圈足上分别饰有夔龙纹和兽面纹。圈足内铭文"父乙车衢"，经专家解读乃知"车衢"为族名，"父乙"是指名为乙的父辈，也就是说这件青铜觚是车衢族人为名叫乙的父辈所做。

一件商代圆涡纹带盖青铜方罍，高41.2厘米，口长径13.4厘米，口短径11.4厘米，腹围80厘米，1958年在安阳市郊区大司空村殷墓出土。罍是盛酒器的一种。这件青铜

商代圆涡纹带盖青铜方罍　1958年安阳大司空村殷墓出土

商代兽面纹青铜觥

方罍为直颈、广肩，直腹下收，平底矮圈足，顶上还带了个四阿屋顶状的盖子，盖为子母口，钮饰雷纹，周围饰圆涡纹。肩部有两个对称的半环形耳，内穿陶索形环，两侧有对称的兽首，耳部有牛首装饰。其造型如精灵般奇异，虽逾千年，但依然不失旧时的灿烂与神秘。

一件商代兽面纹青铜觥，高16厘米，口长径14.9厘米，短径7.66厘米，腹围33.5厘米。觥的上部有盖，盖为虎头形，口呈椭圆形带流，束颈鼓腹，颈部和腹部有夔纹、云雷纹和兽面纹饰，器身有兽首錾。觥是商代宴会、祭祀时使用的盛酒器，在商代礼制中属于代表性器具之一。这件铜觥满花装饰，构思巧妙，工艺精良，为殷墟青铜器中之精品。

殷人爱喝酒。有考证：殷墟一带，甚至连普通的平民墓葬中，觚、爵也都是不可缺少的殉葬品。殷商遗址中出土的酒器种类很多，盛酒有尊、罍、瓿、卣，饮酒有爵、觚、角、觯、兕觥，调酒有盉，温酒有斝。甲骨文记载，殷人酿的酒至少有三种：酒、醴、鬯。酒是指用黍酿成的酒，类似后人酿制的黄酒；醴是稻谷加少量酒曲经发酵酿成的甜酒，味甘美、性平和，即便喝多了也不会醉；鬯是用黑黍加香草酿制的香酒，专为祭祀用。《说文解字》曰："以秬酿郁草，芬芳攸服，以降神也。"毛传解："秬，黑黍也。"殷人经常搞祭祀活动，酒的用量很大。史学家胡厚宣在研究殷人祭祀时发现：在不到一个月的时间里，殷人为妣庚就举行了4次祭祀，每次用酒"鬯卅卣"，共120卣，每卣容酒2至3斤，百卣就是200至300斤。商亡后，周公封康叔为卫君，驻守殷墟。康叔受封时年纪尚轻，行前周公对他讲：商纣王因"好酒淫乐、嬖于妇人"而亡国，要接受这个教训。周公把嘱言写成《康诰》《酒诰》《梓材》送给康叔，其中说到"无彝酒，执群饮，戒缅酒"，告诫康叔只有祭祀神灵、执礼宗庙时才能饮酒，不要聚众饮酒，更不要酗酒。后来西周的礼器从酒器改为鼎、簋等食器，将盛酒容器称之为"铜禁"，就是对前朝亡国教训的警示。

相州窑的瓷器，也是安阳博物馆的一大收藏。相州最早为北魏置，隋以前州治在邺城（今河北临漳县西南），隋以后州治在今安阳。窑址是1974年在安阳北郊洹河南岸发现的，故以地名称为相州窑。相州窑是南北朝至隋唐时期中国北方最大的青瓷窑。窑址出土瓷器及标本逾千件，釉色以青釉为主，白釉、褐釉、黄釉次之。瓷器胎壁较厚，胎色灰白，里外施釉，外不及底，有较强的玻璃质感。因系叠烧，一些碗、盘的器底多见支钉烧痕。

事实上，在相州窑址发现之前，相州窑的瓷器大都出土于安阳境内的北朝至隋唐时期的墓葬中。1929年，安阳小屯村发现一座隋仁寿三年（603）卜仁墓，墓中出土了十几件青瓷器，有高足盘、碗、罐等，这是安阳地区隋代青瓷的首次发现。1949年以前，安阳小屯殷墟遗址发现隋唐墓葬175座，其中多为隋墓，出土了一大批隋代青瓷。但是这批墓葬的考古资料被带到了台湾，至今尚未完全发表，从有关书刊登载的零星资料来看，出土的青瓷器有碗、罐、高足盘、瓶、俑等。1949年后，小屯殷墟遗址在1966至1975年又发现29座隋墓，出土瓷器130多件，多为青瓷。而在殷墟以外的安阳其他地方，自20世纪50年代以来亦不断有北朝及隋代瓷器出土——1956年在安阳琪村发现的隋开皇十六年（596）魏镇远将军郑平墓、1959年在安阳豫北纱厂附近发现的隋开皇十五年（595）征虏将军张盛墓、1971年在安阳洪河屯发现的北齐武平六年（582）凉州刺史范粹墓、1971年在安阳县安丰乡发现的隋开皇九年（589）骠骑将军遂州刺史宋循墓、1975年在安阳老城西南活水村发现的隋开皇七年（587）司马骑都尉韩邕墓、1993年在安阳

隋代青釉刻花杯盘

市洹北胜利小区附近发现的隋代家族墓地、2008年在安阳市龙安区置度村发现的隋墓、2020年在安阳市樾龙台小区发现的隋开皇十年（590）麴庆墓……从这些墓葬中出土的瓷器有千余件，同样以青瓷居多。韩邕墓出土一套青釉刻花杯盘，堪称相州窑的精美之作，其六杯一盘均为轮制，相比于早先的泥条盘筑又有很大改进，釉层均匀、釉色光润，盘内有疏疏朗朗三圈花纹，这在以简朴为特色的隋代瓷器中实为罕见。同样，在这里发现的白瓷也很典型——范粹墓的白釉莲瓣纹四系罐，被认为是中国目前有纪年墓出土的最早的白瓷。

安阳博物馆书画收藏积淀不菲，尤以清代为最。其书法作品中有8位作者都是状元身份——于敏中，乾隆二年（1737）状元，历官文华殿大学士，其行书七言联结体端庄、点画厚实；陈继昌，嘉庆十八年（1813）解元、二十五年（1820）会元、同科殿试状元，为中国科举史上第13位"连中三元"者，官至江苏巡抚，其行书轴书法落笔稳健、端庄凝重；孙家鼐，咸丰九年（1859）状元，文渊阁大学士，与翁同龢同为光绪皇帝的老师，当过京师大学堂首任管理学务大臣，其书法温润敦厚、意趣清醇；陆润庠，同治十三年（1874）状元，做过溥仪的老师，官至都察院御史、东阁大学士，其书法意近欧、

清王铎书法 | 商代岁于中丁牛胛骨卜辞 | 唐代贴银壳鎏金宝相花铜镜
民国"景仁堂"铜胎掐丝珐琅祭器

虞，笔力劲峭朗润，清末民初即被视为珍品，慈禧太后作画时常命其题志；王仁堪，光绪三年（1877）状元，做过苏州知府，有碑帖行世，所作楷书《千字文》帖向为学书者临摹范本；赵以炯，光绪十二年（1886）状元，也是科举创立以来云、贵两省中状元者第一人，提督广西学政、顺天考官，书学颜、柳，刚健峻拔；张謇，光绪二十年（1894）状元，做过北洋政府农商总长兼水利总长，是中国近代史上功名卓著的实业家和教育家，其书宗颜、欧，笔取中锋，结字工稳，虽书出馆阁（清代科举取士，要求中状元者必须练就中规中矩的馆阁体），但他能以"张体"独具，人称"同光间书法第一"；刘春霖，光绪三十年（1904）状元，也是中国科举史上最后一位状元，有"第一人中最后一人"之称，书法以小楷为著，笔力清秀，深得世人推崇。

  2024年，安阳博物馆搞了一次"十大镇馆之宝"评选。入选藏品除上面提到的商代兽面纹锥足鼎、商代"父乙车衢"兽面纹青铜瓯、隋代相州窑青釉刻花杯盘外，另外7件是：商代岁于中丁牛胛骨卜辞、商代凤鸟纹石簋、商代原始瓷罐、唐代贴银壳鎏金宝相花铜镜、宋代婴戏图枕、清代王铎行书立轴、民国"景仁堂"铜胎掐丝珐琅祭器。

一片甲骨惊天下
安阳殷墟博物馆

远远望去，身披古铜色外衣、状如四方大鼎一般厚重的殷墟博物馆（2024年2月开馆）就像是从地底深处的商王朝冒出来似的，让人很容易生出"四土四方，王居中央"的联想。博物馆正门上方，以青铜器铸铭形式摹写了三个甲骨文字——大邑商。这个称谓出自商晚期的帝乙、帝辛两代，是商朝人口最多、殷都面积最大最繁荣的时期。可以看出，博物馆要展示的正是商代文明顶峰时期的东西。这也是对上古传说中"天命玄鸟，降而生商"的一种呼应。

馆中的展陈，聚焦于"商文明"这一主题，从商代史、甲骨学、考古史与商文明的世界传播等多个角度，全方位阐释了商代繁盛的城市文明、完善的礼乐文明、发达的青铜文明、灿烂的文字文明以及高超的手工业技术，生动呈现出商文明在中华文明乃至人

安阳殷墟博物馆　位于安阳市殷都区纱厂路39号

类文明发展史上的重要地位和作用。尤其是摆在展厅或展柜中的近4000多件出土文物，让人看到了青铜器中的"天花板"司母辛鼎和那头憨态可掬的亚长牛尊，还能读到3000多年前的商代"小王子日记"，能领略"一片甲骨惊天下"中最有名的屯南甲骨所记载的商王狩猎信息，能欣赏到中国目前所知最早的车马实物标本，能从商代留下的一件面范上瞅瞅商朝人长什么样子，能大大方方地浏览商王武丁写给妻子妇好的一封封暖心的"情书"，甚至还能见识一下商代人洗澡时用的搓澡巾（陶甋），还可以猜猜那只出自亚长墓的青铜手形器究竟是干什么用的……

的确，很多人来到这里，都想知道掩藏在殷墟深处那些久远的故事。

殷墟，就是史书上说的"盘庚迁殷"的地方，在今天安阳城西北以小屯为中心，包括洹河两岸的后冈、司空、花园庄、侯家庄、武官庄等20多个村子。司马迁在《史记·项羽本纪》中提到楚霸王领军来到"洹水南，殷墟上"，指的就是这一带。

最早对殷墟的发掘，是从1928年开始的。本来殷都已经在世人的记忆中消失了，就因为清光绪二十五年（1899）国子监祭酒王懿荣在一次服中药时偶然发现了甲骨文，而后在光绪三十四年（1908）清廷学部参事罗振玉又发现甲骨文是在安阳小屯出土，殷墟这才又走到世人面前。

从1928年到1937年，中央研究院历史语言研究所在殷墟进行了近10年的考古发掘，那个编号YH127的大型甲骨埋藏坑就是在这期间发现的，一次出土刻辞甲骨1.7万片。抗战时期，殷墟发掘与研究工作被迫停止，直到中华人民共和国成立才又恢复，尤其是20世纪70年代以来的几次发现，最终把一个历史谜团化成一段可圈可点的信史，殷墟成为中国历史上第一个有文献可考并为考古学和甲骨文所证实的都城遗址。

殷墟考古，可谓举世瞩目。其影响最大的应是甲骨文、青铜器，尤其是那个司母戊大方鼎（后称后司戊鼎），还有妇好墓、亚长墓和洹北商城遗址的发现。

甲骨文是在殷墟宫殿宗庙遗址发现的。在殷墟，洹河是个界线，南部为宫殿宗庙区，北部为王陵区。遗址在洹河南岸小屯村和花园庄一带，在这里发现了上百座宫殿、宗庙建筑基址和众多甲骨窖藏。所谓甲骨文，就是刻在龟甲或牛胛骨上的一种占卜祭祀的文字。殷商时，国君处理大小事务都要占卜，祈神问鬼，将所问之事刻于龟甲和牛肩胛骨上。《礼记》载："殷人尊神，率民以事神，先鬼而后礼。"之所以这样做，概因古人认为龟有天地四方通神之功，牛在华夏民族中被视为万物之始，《说文解字》曰："物，万物也，牛为大物；天地之数，起于牵牛。"巫师们先用枣核形的凿将甲骨打出一些排列整齐的小圆孔，在圆孔旁边凿出一条长槽，再把燃着的木炭放在上面烧，烧得甲骨出现裂纹，然后根据这些裂纹的走势来解释占卜的结果，并用精美的青铜刀或玉刀在甲骨上刻下卜辞。

YH127的甲骨窖穴，1936年发现，一次出土刻辞甲骨1.7万余片，是殷墟历次科学发掘以来出土甲骨最多的一次。

刻辞背甲　　　　　刻辞背甲

　　1899年，当第一片甲骨文被确定是先民契刻文字时，世界为之震惊了。"今藏于国家图书馆的一块牛肩胛骨，被认为是馆藏数字最多、尺寸最大、骨形最完整的甲骨。3000多年前殷人在这块甲骨上连续记录了11天卜雨的情况。

　　世界四大古文字体系中，唯有以殷墟甲骨文为代表的中国古文字体系历经数千年演变而传承至今。虽然经过金文、篆书、隶书、楷书等不同书写形式的变化，但是以形、音、义为特征的文字和基本语法都保留了下来。它的魅力主要表现在两个方面，一方面透过甲骨文可以让我们真切地认识商朝的历史，另一方面解析甲骨文可以帮助我们深入触摸文字源头。

　　对甲骨文的研究，最早有刘鹗1903年出版的《铁云藏龟》。刘鹗是清末小说《老残游记》的作者，与王懿荣是好友。他的这本书是甲骨学史上的第一部著录。1904年，学者孙诒让根据《铁云藏龟》写出《契文举例》，成为中国历史上第一部研究甲骨文的著作。而最先提出"甲骨文"名称的是史学家陆懋德，1923年，他首次做题为《甲骨文之历史及其价值》的演讲，被学界所接受。在此之前，人们对殷墟出土的龟甲和牛骨称呼不一，有按材质称"龟甲""牛骨"的，也有按书写方式称"殷契""书契"的，还有按

晚商时期刻辞卜骨　残断的甲骨上发现了93个单字

用途称"贞卜文""卜辞"的。但叫来叫去，都不如"甲骨文"恰当些。

除王懿荣、刘鹗、孙诒让、陆懋德外，甲骨文研究大家还有罗振玉、王国维、董作宾、郭沫若，这4位名号中都有个"堂"字——罗雪堂、王观堂、董彦堂、郭鼎堂，人称"甲骨四堂"。罗振玉最早发现了甲骨文的"出生地"，并考证出殷墟就是武乙之都；王国维从甲骨文中破译出商代诸王的排列，他在1917年写的《殷卜辞中所见先公先王考》厘清了殷墟的来龙去脉；董作宾多次主持殷墟发掘，首次发现占卜机构及"卜问命龟之人"的存在；郭沫若在1929年写出《甲骨文字研究》，晚年又任《甲骨文合集》主编，人们这样形容——雪堂导夫先路，观堂继以考史，彦堂区其时代，鼎堂发其辞例。

在殷墟，甲骨文有过三次大发现。从出土的甲骨文来看，1936年、1973年那两次发现的甲骨占卜基本上都是商王的，以武丁最多。占卜内容多是问上天是否会降下旱灾、是否会影响收成、是否会被异邦攻打，甚至还会问为什么会牙疼、为什么做噩梦等。但1991年在殷墟花园庄东地H3甲骨窖藏坑出土的689片甲骨上的文字却并非商王卜辞，而是属于一位身份为"子"的贵族——博物馆特展"子何人哉"中展示的正是此坑出土的甲骨。卜辞上说"子"与武丁关系很好，武丁经常到"子"的家里观看音乐演奏、吃鱼喝酒；"子"与妇好也很亲近，常常会因祭祀、出行、见面等事情为妇好问卜。专家考证：甲骨卜辞中的这位"子"很可能是商王武丁与妇好的儿子孝己。

殷墟出土的青铜器有5000多件，其中兵器就有3500多件，礼器则有1500多件。这些青铜器制作精美，显示出商朝高超纯熟的冶炼技术。那时的商民已经熟知青铜器的合金成分，工匠们通过调整铜铅锡的配比，铸造不同用途的青铜制品。兵器自然是殷商王朝为巩固和扩张国家的势力进行战争时的重要工具，而让人眼花缭乱的青铜礼器则是商王朝在祭祀中沟通人与天地神灵的重要媒介，凸显那个时代的铸造工艺水平和艺术想象力，最终演变成为商朝王族权力、财富和地位的象征。在殷墟王陵出土的成组青铜陪葬品中，器具的搭配方式和数量与墓主人生前的社会地位有很大关系。譬如觚和爵，就是界定墓主人生前等级的一个重要指标。从1对到10对，等级随数字由低到高而变化，如果墓中发掘出8对以上，墓主人往往是高级贵族；如果能有10对，那就是最高等级了。

那件司母戊（新说"后母戊"）大方鼎是1939年春在侯家庄西北岗殷墟王陵遗址发现的。王陵遗址是目前已知朝代最早、最完整的王陵墓葬群，在这里发现12座王陵大墓和2000多座陪葬墓、祭祀坑和车马坑。它让世人得以了解商代残酷的人祭、人殉与车马葬制度——每当祭祀时，商王就会把人像牲畜一样供给祖先和神灵，"国之大事，在祀与戎"，那些被杀的人多为战俘和奴隶。而这件大方鼎足有1米多高，重875千克，是现存最大的商代青铜器。鼎身和鼎足整体铸造，鼎耳是在铸好鼎身后装范浇铸。鼎耳

车马坑

外廓有两只猛虎，虎口相对，含一人头。有识者称，这个人是主持占卜的贞人，他将头伸到虎口里，是为了让民众相信自己的法力。据说贞人出场，通常都要牵着两只猛兽，青铜器和甲骨文上经常能看到这样的图案和记载。国民党去台湾时，原本要把大方鼎带走，只是鼎体太重，上不了飞机，这才作罢。1959年，大方鼎从南京运至北京，现在成了中国国家博物馆的"镇馆之宝"。

　　那件亚长牛尊是2000年在殷墟花园庄东地亚长墓里发现的——博物馆的另一个特展"长从何来"便是把这座墓里随葬的器物全部展出，让观众看到3000多年前一位非王族的"亚长"贵族所享有的风光。牛尊长40厘米，带盖高22.5厘米，腰围52.5厘米，重7.1千克，牛身饰有20多种动物的纹饰，最突出的是牛腹两侧各饰一只猛虎，虎头低垂于牛的前腿处，虎尾上卷在牛的臀部。这些纹饰有讲究，在祭祀中具有某种神圣的象征。牛脖子下面和器盖内壁铸有铭文"亚长"——墓葬中发现百余处铭文，多是"亚长"两字。有考证，"亚"是武官的称谓；"长"指长氏家族；亚长是来自商王朝南部（考古队员在他身下发现大量的花椒颗粒，而在商代用花椒随葬的习俗一般出自南方）长部落的一位首领。他曾多次驰骋疆场，未及伤愈便又持钺上阵，直至战死。死时只有35岁左右，骨骼上至少有7处创伤，有几处是遭连续击打的致命伤。墓中随葬品有577件，其中青铜器就占了265件。

亚长牛尊　2000年花园庄东地出土

青铜器中，表明身份地位的觚、爵有九对，而最引人注目的是那只13厘米长的青铜手形器和七把象征军权的铜钺。专家认为，亚长是来自豫南"长"族一位带领军队替商王打仗且英勇顽强的武将，他在残酷的战争中身负重伤，失去了双臂，最后战死疆场。商王为他举行了隆重的葬礼，将他葬于宫殿区附近，并且很可能用青铜手形器为他做了假肢陪葬。

那件司母辛鼎是1976年春在小屯村西北岗地妇好墓发现的。鼎高80.1厘米，口长64厘米，宽48厘米，长方形口，短沿方唇，立耳，直腹平底，柱状空心足，足上部兽面醒目，虽不似想象中那么凶狠，眼睛小小的不突出，嘴里的獠牙也不是那么大，但依然能让人感觉到它的卓尔不群。鼎内壁铸铭"司母辛"，应是祭祀母亲的意思，"辛"是妇好的庙号，专家认为这座大鼎是武丁的两个儿子祖庚、祖甲为纪念母亲妇好而做。

商王武丁一生有过三位王后，妇好是其中之一，最受武丁宠爱，她既是王室的主要祭司和占卜官，经常受命主持神圣的祭祀和占卜活动，又能领兵打仗，为商王朝开疆拓土立下过不朽战功。她以一位女性的身份直接参与了祭祀与征战这两件国家大事，确实很不简单。她的名字在甲骨文中出现过200多次，有一次卜辞记下了妇好率领一万多人的军队抵御前来侵犯的鬼方国，大获全胜；在对西南巴部落的一次作战中，武丁率军进攻，妇好布阵设伏，夫妻联手打了个漂亮的歼灭战。33岁那年，妇好先武丁而亡，武丁

"司母辛"铜鼎　小屯妇好墓出土

铜盉　刘家庄北地出土

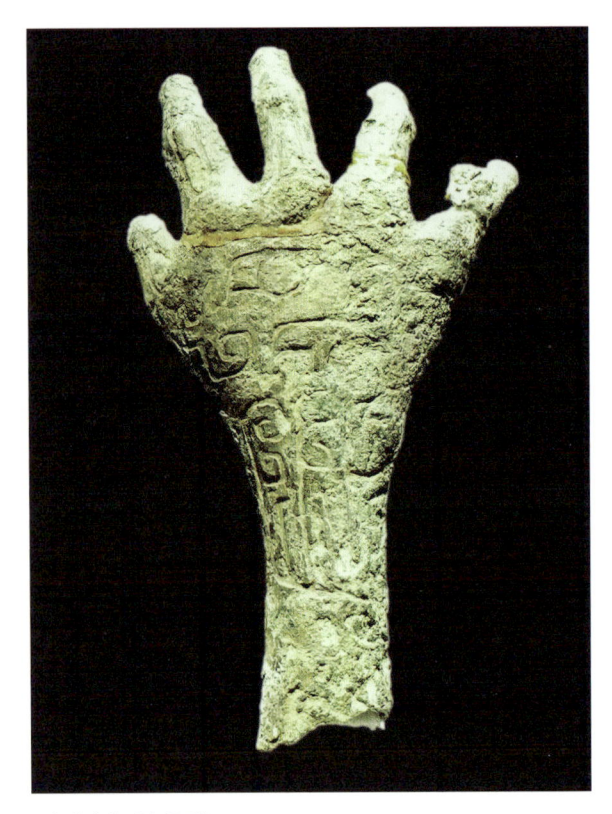

亚长墓中的"青铜手"

将她葬在宫殿旁，与亚长墓相距不到500米，期望他们死后能继续守护殷商社稷。妇好墓出土随葬物品1928件，其中青铜器有468件，像司母辛鼎、三联甗、偶方彝，均为商周青铜器中仅见。还有那个最为特殊的组合觚和爵——在妇好墓中出土的数量大大超出最高等级的标准，单是铸有"妇好"铭文的就有十对，还有几对是其他家族赠送的。而最能证明妇好戎马一生、执掌帅印的是其中四把铜钺和几百件青铜兵器，这恐怕是历代后妃墓中没有的。铜钺两大两小，上面装饰有商代青铜器中常见的虎食人纹，并有"妇好"刻铭。这又让我们看出，那座亚长墓虽说没有妇好墓规格高，但出土的铜钺却比妇好的多，可见亚长的军事地位要在妇好之上。妇好墓中还随葬有755件玉器，499件骨笄、铜镜、骨梳，以及精美的象牙镂花杯、骨刻刀、绿松石、孔雀石、玛瑙珠等。

洹北商城遗址是1999年在殷墟东北处发现的。消息甫一发表，便在学术界引起了很大震动。引起震动的因素很多，既有对过去"殷墟没有城墙基址而非殷都"的观点的终结，也有传统观念上的改变。毕竟，殷墟遗址已经发掘了70多年，此前从未找到任何与城址有关的迹象。一些学者甚至断言殷墟不可能发现城墙，还把"殷墟为什么没有城墙"作为课题研究。洹北商城遗址的发现，证实这处遗址晚于郑州，早于殷墟，处于早商和晚商之间的中商文明时期，彻底改变了传统的"殷墟"概念，被认为是继殷墟发现甲骨文后又一重要突破。当时考古工作站站长唐际根把发现千米长的夯土墙的消息告诉了导师郑振香，治学严谨的郑振香仍一再叮嘱唐际根"不拐弯就不是城墙"。最后这些都得到了证实——他们探到了拐弯处，找到了一道略呈方形的面积达4.7平方公里的商城城址。其实唐际根他们的发现还不仅仅是这些——第二年，他们又在城内发现了面积达10万平方米的宫殿区，单是大型夯土基址就有30余处，其中一号宫殿基址达1.6万平方米，是迄今发现的面积最大的商代单体建筑基址。

2006年7月，安阳殷墟被列入《世界遗产名录》。世界遗产委员会对殷墟的评语是："这里出土的15万片甲骨上，发现了目前中国文字体系最早的证据，至今仍为世界上1/4的人口使用。"

当然，对殷墟的认知，并没有止步于用甲骨文的发现来证明一个朝代或一段文明的存在。最近几十年，有关殷墟的研究已经扩大到环境、人种、人口和家族等多个层面，从中获得了殷墟先民衣食住行及文化习俗的更多信息——殷商时代的一件陶制三通管，向世人表明那个时候这里已经铺设了城市地下管网；出土于贵族宅院的一件大瓮，很可能是最原始的消防设施——洹北商城发掘中，考古人员通过随处可见的红烧土确认这处城池曾遭遇一场大火，当城里人从洹北商城移址小屯村时，或许便有了防火的经验；商人好酒的习俗在出土文物中也有体现，酿酒用的陶尊有一米多高，小的陶壶、陶罍则是日常饮酒器；当时人们的主食是小米，田猎的对象是温顺的鹿或是个头硕大的野牛，畜牧业很发达，一次祭祀就宰杀上百头牛、上百只羊；至于出行，商代的贵族已经使用了舒适快捷的交通工具，殷墟复原多处车马遗迹，十几米宽的路面铺有鹅卵石、碎陶片……可以肯定，3000多年前的殷墟将会在世人面前呈现出更多、更鲜活的画面。毕竟，持续近百年的殷墟考古，前后都加起来也只是发掘了遗址总面积的10%左右。

汉字文化的饕餮盛宴
中国文字博物馆

走进这座"文字之家",仿佛触摸到了中国历史深处的文字脉搏。

博物馆主体的造型如同象形文字中的"墉"。墉,古代城墙也。甲骨文、金文中最神圣的一种建筑形象。与其他博物馆不同的是,这座博物馆多以文字为主的"藏品",因此它的主体建筑采用了殷商时期的饕餮纹、蟠螭纹图案浮雕金顶,表现出殷商宫殿极尽华丽的建筑效果。它的四壁与外廊的柱子以浮雕手法和红黑相间的图案,展示了各种刻画符号和文字,明快的色调烘托并张扬出辉煌的殷商文化一种气势撼人的艺术视觉。

博物馆的馆藏文物有5000多件。通过对馆藏文物的浏览、辨识,可以对中国汉字起源、书体演变有一个基本认知——从史前符号到殷商甲骨文,从周代金文、大篆到秦朝小篆、籀文,从汉隶到唐楷、行草,从简牍、帛书、刻石、造纸、印刷到当代汉字

中国文字博物馆　国家一级博物馆　位于安阳市人民大道

中国文字博物馆展厅

信息处理；从发明活字印刷术的毕昇、发明造纸术的蔡伦到开发汉字激光照排的王选，以及中华人民共和国成立后汉语拼音方案的实施、普通话的推广、简化汉字的发布……在这里，汉字成为传承中华文明的重要载体，无论象形还是指事，亦无论形声还是会意，每一个汉字都有一个故事，每个故事中都有其深邃而久远的来历，千百年来的风俗礼仪、社会结构、道德伦理、哲学思考、审美意识等中华民族的文化基因，几乎都隐藏在每一个汉字里。

而最令人惊叹的，是那片片甲骨上的信息量，上面记载了商代社会生活中极为丰富的内容，有祭祀、征伐，还有农业、畜牧、田猎等。

博物馆收藏的"歲祭卜甲"和"子其射卜甲"，应是殷商甲骨卜辞中比较典型的两版，分别记录了祭祀和田猎活动中的两件事儿。其中"歲祭卜甲"为祭祀卜辞，说在癸卯日、乙巳日分别杀了一只母羊、三头母猪祭祀先王祖乙；在甲辰日祭祀祖甲和妣庚，祭祀祖甲时杀了一头公牛、一只公羊，祭祀妣庚时杀了一只母羊并进献了香酒。"子其射卜甲"为田猎卜辞，卜辞的内容是问子去打猎是否顺利。

一片1936年出土于安阳小屯的龟腹甲上的卜辞也非常有趣——"丙子卜，韦贞，我受年？""丙子卜，韦贞，我不其受年？"让世人看到殷商时期的统治者对农业的重视。这条卜辞记载了在"丙子"这一天，贞人（巫师）"韦"按商王的吩咐分别用正问"我受

子其射卜甲　商代田猎卜辞　　　　　　　歲祭卜甲　商代祭祀卜辞

年"（我会有好收成）和反问"我不其受年"（我不会有好收成）来卜问农作物收成如何。甲骨文中，"年"字是由上下两部分组成，上面是甲骨文的"禾"，下面是"人"字，两个部分合在一起表示"丰收"的意思。那个时期黄河流域的文明形态主要表现为农耕文明，其文明成果首先和农业生产有关，故农作物收成的好坏正是殷商统治者所关心的。

博物馆还对一件牛肩胛骨上的一段刻辞做了介绍，说到商王在癸巳日搞了一次占卜，由一位叫"殼"的贞人主持，卜问本旬之内会不会有灾祸——"癸巳卜，殼贞：旬亡祸？王占曰：乃兹亦有祟，若称"。商王从卦象上看不是很吉利，很可能有不好的事情发生。过了几天，商王和随从在甲午日坐着马车去狩猎，结果在追逐一种体态肥硕、前面长有獠牙的"兕"（可能是野水牛，也可能是野猪）时，小臣驾的马车压到一个石块，车轴断裂，翻了车，商王受了伤，一个叫子央的随从也从马车上坠落下来——"甲午，王往逐兕。小臣甾车，马硪，迫王车，子央亦坠"。有意思的是，这起车祸的后续情况也通过占卜留在了甲骨上："乙未卜，宾贞，令永途子央于南。"商王在乙未日又做了一次占卜，根据卦象分析，商王命令一位叫永的人去南方把子央抓了回来。子央的最后结局也在其他甲骨上找到了记载："丙申卜，贞，翌丁酉用子央歲于丁。"商王在丙申日再次占卜，通过卦象决定在丁酉日把子央祭祀给先祖丁。可怜的子央成了祭祀的牺牲品。一个发生在3000多年前的车祸，通过象形文字的记载让后人得以了解，让你不能不惊叹于甲骨文的魅力。

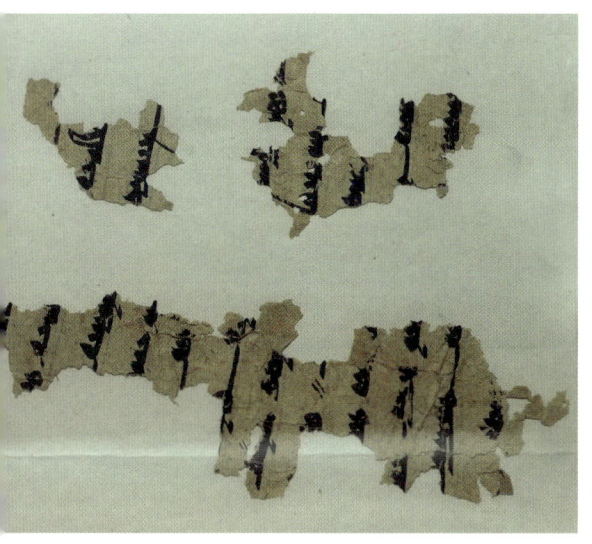

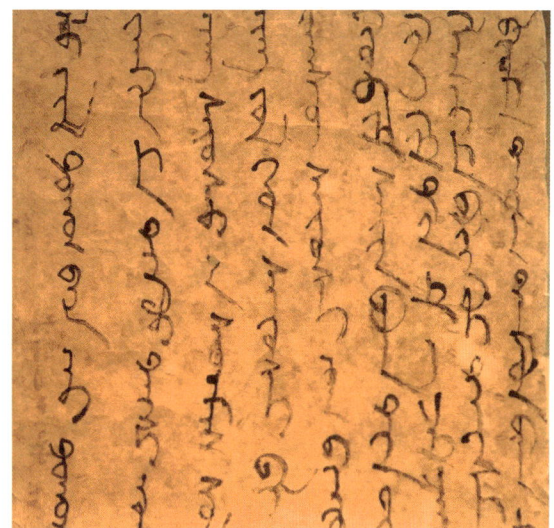

回鹘文写经残片　　　　　　　　　　　　　　　　　回鹘文定会慧大师卖奴契

关于汉字起源，历代学者一直都想揭开它扑朔迷离的身世背景。

旧有五说：一说结绳。《易·系辞下》曰："上古结绳而治，后世圣人易之以书契，百官以治，万民以察。"从此论述中推断出"文字起源于结绳"。二说八卦。孔安国《尚书》序："古者伏牺氏之王天下也，始画八卦、造书契，以代结绳之政，由是文籍生焉。"三说河图。《易·系辞上》曰："河出图，洛出书，圣人则之。"四说仓颉造字。《吕氏春秋·君守》称"仓颉作书，后稷作稼"，许慎在《说文解字》中讲"仓颉之初作书，盖依类象形"。五说图画。认为汉字源于原始图画——中国最早的刻画符号出现在舞阳贾湖遗址，距今已有8000多年历史；西安半坡遗址的刻画符号为7000~6000年前，共有27种；山东大汶口遗址出土陶器上的刻画符号以图像居多，距今有5000年；山西陶寺发现一件龙山文化晚期的陶扁壶残片，上面的符号被文字专家释为"文"字；无独有偶，登封王城岗遗址出土的一件二里头文化时期的陶器也刻有与古汉字相近的符号——两只手作拱捧状，为古汉字一个基本构形，专家考为"共"字。虽然这类例证不多，但它却是汉字发明和文明社会到来的一个重要信号。

关于汉字的数量，似乎没有准确统计，有说6万多，也有说8万多。许慎《说文解字》收录了9000多字；清代《康熙字典》收录了4万多字；《汉语大字典》收录了5万多字。其实人们日常使用的汉字，只有3000多字而已。

汉字属非拼音文字，具有集形象、声音、辞义三者于一体的特性。这一特性在世界

253

公元 6 世纪龟兹文木牍

文字中独一无二,因此它具有独特的魅力。汉语文字的另一个奇特之处,是它的超方言特性及超语言特性。现在中国有几十种语言,还有好多种方言,但无论是哪种语言或是哪种方言,都能对应同一种文字。汉字是中华民族大家庭中一条重要的联结纽带。欧洲的意大利语、法语、西班牙语、葡萄牙语、罗马尼亚语之间的语言差别比中国各地方言的差距要小得多,但是这些国家绝不愿意承认各自的语言是罗曼语的不同方言,因为它们都是独立的国家。

在中国文字博物馆的陈列中,藏文、蒙古文、哈萨克文、满文、锡伯文等几十种少数民族文字,甚至还有像粟特文、龟兹文、西夏文、东巴文这些昙花一现的文字,都被一视同仁,与汉字一样平等地呈现在世人面前,让观众充分感受到中华民族一体多元的包容性和内聚力。在中国文字史上,汉字和一些少数民族文字相互产生过不同程度的影响。一些少数民族文字如西夏文和契丹文都曾借助于汉字表达,还有一些少数民族则根据汉字创制出属于本民族的书写系统。汉字和少数民族文字之间相互影响和借鉴,促进了民族文化的交流与融合。

历史上的四大文明古国都曾是文字的起源地。6000 年前,两河流域(幼发拉底河和底格里斯河)和美索不达米亚平原(今伊拉克境内)的先民始用小木棍在半干的黏土板上记数、计时,然后用火烤或放在太阳底下晒干。他们用小木棍画出的笔画像楔子,故后人称为"楔形文字"。几乎与此同时,尼罗河谷的古埃及人也拿起芦苇笔在纸莎草上写出了象形文字,并且把这些文字刻在了石碑和墓壁上。又过了好多年,印度河流域出现了古梵文,黄河流域出现了甲骨文。再晚些时候,美洲出现了玛雅文——今天的墨西哥和秘鲁属于这个文化区。但是,除汉字以外,其他文字已经无人再使用了,甚至没有人能看懂这些字的意思,即便专家学者与之对视,也像破译密码似的,无法将它们完全识别。如今,伊拉克人、埃及人使用的是阿拉伯文,印度人使用的是印地文和英文,墨西哥和秘鲁人使用的是西班牙文。只有中国,几千年来一直在使用汉语和汉字。

不可低估中国文字在人类社会进步中的重要作用。伴随着造纸和印刷术的一次次技术革新，中华文明同古印度、古希腊、古罗马文明有了相互交流的可能，孔子、老子、释迦牟尼、苏格拉底、柏拉图、西塞罗等贤哲的名字随着"丝绸之路"的延伸而在东西方的古老国度里广为传颂；葡萄、石榴、苜蓿、涅槃、琵琶等来自西域的词语成为汉字家族中的新成员；而结构方正的汉字也跨越辽阔的地域传播到朝鲜、日本、越南等地——20世纪前，汉字还是这些国家官方的书面规范文字。目前世界上使用汉字和汉语的人达16亿，是使用人数最多的文字和语言。

所以，切不要以为出土的青铜器才是宝贝，我们天天写、天天读、天天使用的文字更是无价之宝。倘若没有文字，人类的历史便成了一片空白。譬如，我们判断一件出土青铜器的"身份"，首先是看其器体上有没有铭文。有了铭文，我们就可以更深入地了解这件文物所蕴含的历史价值。

"没有文字，就没有历史、文明、文化的传承与发扬"，中国文字博物馆首任馆长冯其庸先生说，"正是通过文字的记录和梳理，中华文明源远流长、浩如烟海的历史发展轨迹才逐渐变得脉络清晰且有章可循"。

困扰国人的千古谜题被破解
曹操高陵遗址博物馆

2023年4月29日,曹操高陵遗址博物馆正式对公众开放。整个遗址博物馆分出遗址展示区、博物馆展示区及陪葬墓展示区三大部分,其中遗址展示区由神道、陵前建筑、围壕、垣墙、南侧建筑遗址、曹操墓及陪葬墓组成。到访者可通过栈道近距离观看这些遗址。博物馆展示区以"往事越千年——曹操高陵历史文化展"为基本陈列,集中展示了在高陵出土的各类文物,其中有能证明墓主人身份的"魏武王常所用挌虎大戟""魏武王常所用挌虎大刀""魏武王常所用挌虎短矛"等石牌,以及慰项石、石璧、十二陶鼎等,同时在原墓室西北侧按1:1的比例复原了一处模拟墓室,再现了真墓室的内部结构。陪葬墓展示区则以地面植被标注的形式展现了四座陪葬墓。

最早向社会公布曹操高陵的发现,是在2009年12月27日。当时河南省文物局在北京召开了一场新闻发布会,宣布"初步认定安阳县安丰乡西高穴村一座东汉晚期的大墓,就

曹魏高陵遗址博物馆　位于安阳市殷都区西高穴村

是文献记载中的魏武王曹操的高陵"。消息传开，一时间引起巨大反响。毕竟，有关曹操的墓址一直是众说纷纭，诸如许昌城外、漳河水底、铜雀台下、谯陵故里、七十二疑冢……种种奇谈怪论无不迷雾重重，使人们对曹操这位"治世之能臣、乱世之枭雄"的身后事产生了诸多怀疑和曲解。十几年间，从考古挖掘到学术认定，再到确认公布、立项保护，任何风吹草动都在牵动着公众的神经。

难道这个困扰中国人的千古谜题要被破解了吗？

被认定的曹操高陵是在西高穴村的一处台地上发现的。

西高穴村靠近漳河的南岸，北岸是河北的磁县，再往东是河北的临漳县。之所以称曹操墓为高陵，说法有二：一说曹丕尊曹操为创业之君，故称其陵号为高陵；另一说曹操墓位于邺冈高地，故称其墓冢为高陵。确切地说，最早发现高陵是从一方墓志引起的。1998年4月的一天，西高穴村村民徐玉超在村头砖窑场打土坯时挖到一块青石板。他擦去泥沙，见上面刻有文字，就把石板交给了县里。经专家一看，石板是一方墓志碑，墓主人鲁潜原是西晋时期镇守许昌的都尉，后在石勒攻取许昌时降了后赵，建武十一年（345）病逝，享年75岁。墓志前半部分说了一些鲁潜的个人信息，后半部分透露出一个惊天秘密——"墓在高决桥陌西行一千四百二十步，南下去陌一百七十步，故魏武帝陵西北角西行卅（四十）三步，北回至墓明堂二百五十步。"这里说的"高决"就是今天的"高穴"，魏武帝就是曹操，建安二十五年（220）病逝，与鲁潜相隔百十年。碑铭证明，鲁潜死的时候高陵还有，就在鲁潜墓东南不远。

2008年11月，经国家文物局批准，河南省文物局决定对西高穴村这处遗址进行抢救性发掘，领队是河南省文物考古研究所副研究员潘伟斌。只是盗墓者的行动比文物部门要快些。就在此前的三四年时间，村头台地上已经被打了好几个洞。当地派出所接连破获四起盗墓案，抓了二十多个盗墓贼，作案对象都是这座墓。12月，河南省文物考古研究所副研究员潘伟斌带着考古队在西高穴村铲下大墓发掘的第一锨土。次年9月，二号大墓的墓门被打开，只见墓主人尸骨散落了一地。两个月后，考古队在墓里找到了一批带铭文的石牌。其间，国家文物局考古专家组、中国社会科学院考古研究所和历史研究所、北京大学、河南大学、郑州大学有关专家从考古学、历史学、古文字学等方面对这座大墓进行了论证，根据墓葬形制、规格及出土文物、石牌字体、墓主人骨骼的鉴定，并结合历史文献资料，初步认定此墓就是曹操墓。

曹操墓的平面呈"甲"字形，总面积达740平方米，墓道宽9.8米，距地表有十几米深。这等规模，应是目前考古发现规模最大的东汉或曹魏时期墓葬。墓门为一厚重石门，相当坚固，门口有凹槽——应是封堵墓室的门槛，用的大青砖每个有半米多长、四五十斤重。墓室分前室和后室，两室之间以拱券顶的甬道相连，前室和后室的南北两侧又各带一个侧室，中间各有拱门相隔，墓室为满地铺石，极为平整。墓室顶部用楔形砖修砌，这种砖都是专门烧造的。从墓室地面到顶部的高度，前室有6.5米，后室有6.4米，比现代的两层楼房还要高，进去以后给人的感觉就两个字——空旷。虽说墓室已被盗掘多次，但仍有幸存，考古队先后从墓室中找到水晶珠、玛瑙珠、铠甲片、铜泡钉、铜环、银环、金饰件、铁箭镞、铁剑、骨簪、石圭、石璧、石枕、铜铺首衔环、刻字石牌、画像石块等400多件，其中较完整、无须修复的有250多件，都是"常所用"之物。石圭在商周及秦汉时期被称为国之重器，汉帝陵中曾有发现，但最长也就十几厘米，曹操墓中出土的有28.9厘米长，7.4厘米宽，应是目前发现最大的石圭了。刻字石牌找到66件，由器形可分两类：一类是圭形，上刻"魏武王常所用挌虎大戟"等铭文；另一类为六边形，刻字内容多为随葬物品的名称和数量。这些疑为遣册的石牌子，也证明了墓主非曹操莫属。墓室中出土三枚头骨，一枚为男性，年龄在60岁左右，墓中出土一块刻有"胡粉二斤"的石牌，多少透露出这位男性的年龄秘密——东汉时期，胡粉是老年人用来涂面的。另外两枚头骨是女性，一位年龄在50岁左右，一位年龄在20～25岁。专家认为，这枚男性头骨应是墓主曹操的可能性最大，下葬时用了厚重的棺木和石葬具，置于主室（后室），两位女性的头骨应属于墓主的陪葬人，分别安葬在后室的两个侧室之中。

当然，专家认定的依据还有几个很重要的方面。譬如墓的规模、形制和结构符合曹操身份。生前先封魏公、后升魏王、再谥武王。称曹操为魏武帝，那是曹丕称帝以后的事儿，其实曹操一天皇帝也没当过。那些石牌子上刻的魏武王也符合历史背景——直到辞世入土，曹操一如文献所载，也仅仅是个魏王。鲁潜墓志中称魏武帝，则与曹操死后的追封史实相对应。

再譬如墓葬位置，与鲁潜墓志亦吻合。公元218年，曹操颁《终令》，嘱后人以"西门豹祠西原上为寿陵，因高位基，不封不树"。两年后，曹操病逝洛阳，死前又颁《遗令》，称"吾死之后葬于邺之西冈，与西门豹祠相近，无藏金玉珠宝"。交代家人"汝等时时登铜雀台，望吾西陵墓田"。当时西门豹祠就在今漳河大桥南边，大墓就在西门豹祠西边。只因"不封不树"，没有坟头，墓口没标志，才使曹操墓成了中国历史上的千古之谜。墓中没有发现墓志铭——东汉流行墓前立碑，很少有埋入墓中的，曹操还专门下过禁碑令，指其劳民伤财。墓中也没有哀册，哀册是给皇帝用的，曹操去世时以"魏王"身份礼葬，按制是不能有哀册的。

至于说到"七十二疑冢"，可能是后世文人杜撰出来的话题。至少在隋唐时期还没有发现有什么证据来证明曹操搞了疑冢或是秘葬的。唐贞观十九年（645）二月，太宗李世民远征高句丽，途中路过邺地，曾拜谒高陵，亲撰《祭魏太祖武皇帝文》，把曹操与"匡殷室复明王道""佐汉朝还泰皇纲"的伊尹、霍光相提并论。而在墓志上以曹操高陵

曹操高陵墓道（上）、墓室（下）

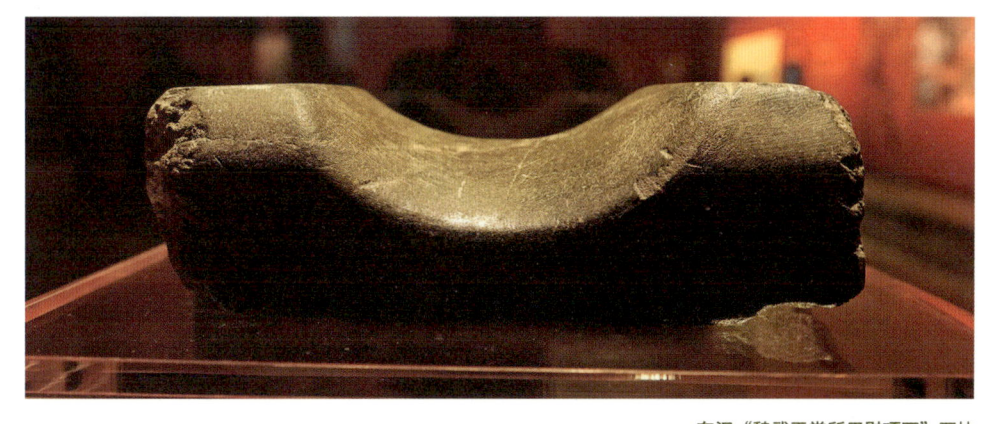

东汉"魏武王常所用慰项石"石枕

曹操高陵出土的刻铭石牌　　　　　　　　　　　　　　　　　　　　曹操高陵出土刻铭"魏武王"石牌

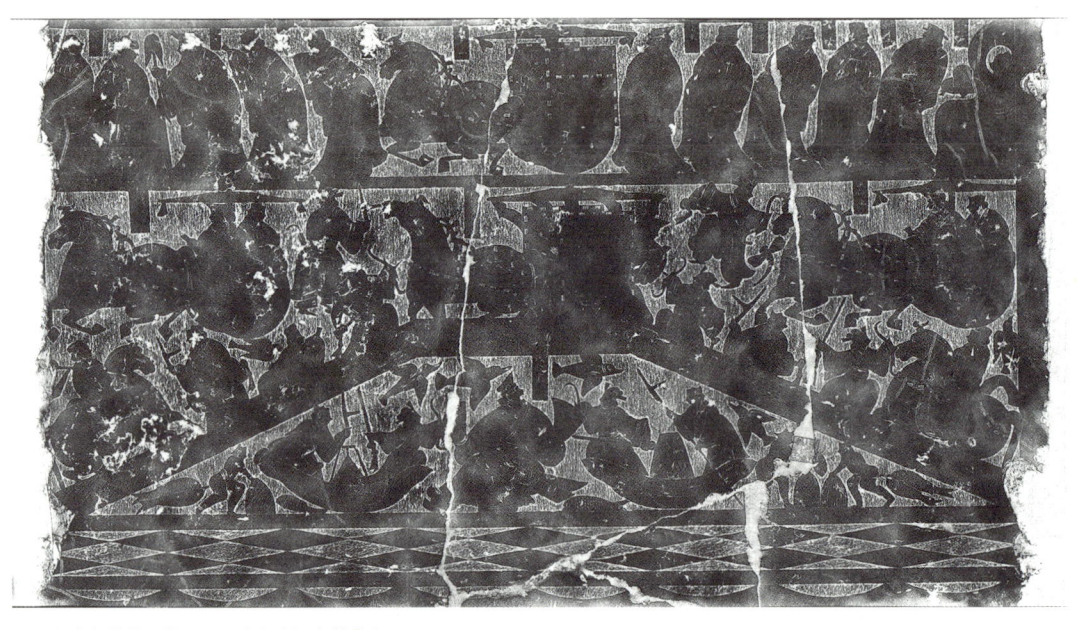

七女复仇图画像石　西高穴东汉大墓出土

作为地理坐标的也不单是后赵的鲁潜，像北齐天保十年（559）的《龙骧将军杜达墓志》就记着其生前居于"邺城之西"，死后葬在西门豹祠西四五里处，与曹操高陵相距不远，均在漳河南岸，葬地"四望坦荡，高陵崇栢"；北齐河清元年（562）的《王敬妃墓志》也说到她与其夫合葬于邺城西北的漳河之阳，"东眺铜爵，睹宫观之佳丽；西瞰高陵，见青松之萧瑟"；还有唐天宝五年（747）的《柏道墓志》，已经与曹操那个时代相隔520多年了，可魏郡人柏道在与夫人合葬于邺县西南时还是讲到墓地"左魏武陵，右天宫寺，前苍忙城，后衡漳水"，个个都是把曹操高陵作为地理标志来描述的。可见当时曹操墓并非秘葬，更不存在七十二疑冢之事。或许高陵是在五代乱世中遭到了毁坏，尤其是南宋以后特别是明清两朝，文人笔记、民间传说、坊间野史逐渐把曹操给妖魔化了，加之古邺城一带特有的地貌——确实分布着众多圆形的坟丘——明清以前估计能看到更多，其实这些坟丘多是北朝时期东魏、北齐的贵族墓，有些是北朝的皇陵，这在一些不明真相的人的眼里都成了当年曹操设置的，于是对曹操墓的具体位置也就以讹传讹，胡乱揣测起来。

还有一点也很重要——曹操是主张薄葬的。虽说高陵是按照王侯级别建造的，但墓内装饰极简，尽显朴实，随葬品也很普通——文献记载曹操生前患有头痛病，墓中出土有刻着"魏武王常所用慰项石"的石枕；文献记载曹操生前有熏香的习惯，墓中出土有"香囊卅双"的石牌；文献记曹操生前曾打制"百辟刀"，墓中出土有"百辟刀"的石牌，既然有石牌，当年的随葬品中必有这些东西，而且都是曹操"常所用"的东西。几件看似精美的玉饰应是曹操日常佩戴之物，玉珠、玛瑙都只有扣子大小；即便王侯用的玉圭、玉璧，在这里也被石圭、石璧所代替。曹操曾遗嘱"敛以时服"，也就是在入殓时穿平时的衣服。这既符合曹操的身份，又体现了曹操薄葬的态度。

事实上，每一次重大考古发现，都会引来一阵铺天盖地的质疑声，甚至连"周老虎""躲猫猫"这些词儿都用上了，说曹操墓室是假的、墓里的刻字石牌是考古队"埋地雷"的结果（意思是考古队找人预制的，而后埋到墓里冒充发掘品）、鲁潜墓志是伪造的，还说墓中断为三截的画像石上有考古队用电锯作伪的痕迹等，类似的"指控"不一而足。其实考古工作非常科学严谨，不会随随便便就对一种新的发现下定论的。诚如唐际根先生所言："曹操是个历史人物，他有自己的时代，有自己特定的身份。"地理条件（包括墓葬地层关系）与考古实证（包括墓葬器物的共存与组合关系），构成破解谜团的二重维度与逻辑线索——正是在这种双重逻辑下所做出的判断，西高穴村这座大墓才被认定为曹操墓。随着曹操高陵考古发掘的深入，各种质疑和"指控"才渐渐平息。2010年6月，国家文物局在苏州公布了一年一度的"全国十大考古新发现"评选结果，安阳曹操高陵入选。

这里发现了"中国的庞贝"
内黄三杨庄遗址博物馆

内黄县城西南方向有个梁庄镇三杨庄，2003年村民在黄河故道开挖水渠时从地表下5至6米的地方挖出一处房顶，那是一座汉代的瓦屋顶。河南省文物考古研究所的一支考古队在刘海旺研究员的带领下，在这里忙碌了好几个年头，最终使一个沉睡了2000多年的汉代村落露出了原貌。

在刘海旺看来，三杨庄就是"中国的庞贝"。

庞贝，亚平宁半岛一座古城，位于那不勒斯附近，往西北再走个十几公里就是维苏威火山。公元79年的一天，维苏威火山突然爆发，喷涌的火山灰将庞贝城瞬间掩埋。过了一千多年，也就是到了1707年，人们在维苏威火山脚下一座花园里打井时挖出三尊衣饰华丽的女性雕像。起初人们以为这些不过是那不勒斯古代遗址中的文物，怎么也

内黄三杨庄遗址博物馆　位于内黄城西南的梁庄镇三杨庄

三杨庄遗址

不会想到在他们脚下的火山岩屑中会"藏"着一座古城。到1748年，人们又挖出被火山灰包裹的人体遗骸，这才意识到，"藏"在脚下的原来是被维苏威火山爆发所掩埋的庞贝古城。

把三杨庄遗址与庞贝古城相提并论，是因为这一村一城都遭遇了一场不可预见的灾难。历史上，黄河多次改道，每次都会淹没大量的村庄和农田。在汉代，黄河决口发水被认为是仅次于匈奴入侵的灾害。王莽时期，黄河发过一次大水。可能是在这次大水中，三杨庄所在的地方被暴涨的洪水淹没了。当时房屋的主人似乎还在田间劳作，事发突然，被洪水泡塌的屋顶仍保留着板瓦与筒瓦扣合及坍塌时的原状房屋状况得以保留。大约是在唐代以后，黄河逐渐北移，到北宋中期便彻底脱离了内黄地界，进入现在黄河水道的位置。之后有很长一段时间，这里成了荒无人烟的寂寥之地。

谁能想到，两千多年后，这处遗址无意中被挖水渠的村民发现了，经过考古发掘，使之再现了汉代村落的真实景象。眼下三杨庄遗址考古勘探的面积已超过百万平方米。为了保护这处全国罕见的汉代村落遗址，当年内黄县委、县政府决定将水渠改道，就地保护已清理的两处庭院建筑遗址。然而出人意料的是，当新渠道在原渠道50米外开挖时，又发现两处汉代庭院遗址。在国家文物局的支持下，河南省文物考古研究所对新发现的两处庭院遗址进行了发掘清理工作。至2009年，考古队在这里共发现汉代村落庭院建筑基址14处，其中一处遗址在2010年建成遗址博物馆。

三杨庄遗址

遗址上发现的水井、石磨和陶瓮

　　展厅中，精心制作的沙盘展示出三杨庄遗址所处的位置、地形地貌和周围的环境。阳光透过玻璃镶嵌的硕大屋顶照射进来，像是穿越一条时空隧道，使得脚下的汉代泥土清晰可辨，汉代农耕文明仿佛近在眼前——那是些坐北朝南呈长方形的两进院落，屋舍覆着瓦顶，筒瓦上面还刻着"益寿万岁"的字样。主房宽敞，东西厢房布局规整，院门前有浅浅的水井、圆圆的石磨、内圆外方的石臼，还有石磙、水槽、陶罐、陶轮、陶甑等。院子有围墙，墙外挖有池塘、建有厕所。再往外是一垄垄农田，门前的道路穿过田埂通向更远的地方……

　　通过展示我们得以窥见汉代黄河岸边的农村生活环境——宽敞的宅院建在田地中间，宅院周围种有高大的桑榆，人们在家中养蚕纺织，在田里春种秋收。

　　三杨庄遗址年代被定位在西汉晚期。考古队在这里发现三枚王莽时期的"货泉"铜钱，遗址应该在西汉末、王莽初就已经存在。这个时期正是中国农村形成的关键时期，上承井田制遗风，下启庄园制形成。

　　正因为这样，专家们非常看重三杨庄遗址所蕴含的信息，希望能尽快把遗址范围、院落和房子结构搞清楚，这些都有助于对汉代家庭和社会结构的了解。他们觉得，由此展现出的家庭单元与土地相连的乡野村情肯定会让世人着迷的——那是一幅真实的、活生生的汉代田园生活风俗画，几乎要让人听到院子里传来的鸡犬之声，看到农家屋顶的袅袅炊烟了!

"这是一个了不得的大发现!"中国考古学会理事长、考古学家徐苹芳先生说:"汉长安城使我们对汉代城市有了基本认识。但汉代的农村是什么样子,我们并不太清楚,文献记载也不清楚。三杨庄遗址发掘出来后,给我们展示了汉代农村社会,因为以前从来没有发现过这么大面积的汉代建筑实物,这么大这么规整的田垄!"

"把三杨庄遗址保存好,就留下了一部真实的汉代经济史。"曾任中国社科院考古研究所所长的考古学家刘庆柱先生说:"目前大遗址所保护的,基本上都是政治、经济、文化中心,真正反映社会生产基本单位的很难找到。三杨庄遗址的发现,不管是它的庭院建筑,还是它的农耕田垄,都是研究汉代这一特殊的中国经济转型期非常难得的典型材料。"

文王拘而演周易的故事发生地
汤阴羑里城周易博物馆

汤阴县城以北有个小山包似的地方，名叫羑里城。这个羑里城就是中国历史上有文字记载以来第一座国家监狱。殷商末年，西伯侯姬昌因遭纣王疑忌而被囚禁在这里，由此留下一个"文王拘而演周易"的故事。

羑里城无遮无掩，矗立在空旷无垠的原野与蜿蜒流过的汤水、羑水间。相传"羑里"之名源于羑水，在它从西向东流去的时候往羑里城北绕了一下，将羑里城揽入怀中，于是就有了"羑里"之说。汉语词典中的"羑"字一般是作汤阴一个古老地名来解释的。只是一提到它，常常让人联想到的并非多姿的景色，而是国家监狱、囚禁文王地、"周易"发源地等昏暗幽昧的词语。

汤阴羑里城周易博物馆　位于汤阴县城北羑里城遗址

1993年，汤阴县以羑里城遗址为依托，建起羑里周易博物馆。

馆中收藏了羑里城遗址出土的文物及有关《周易》的一些版本，设有"历代易学发展史料陈列展"，展示了周易的产生、六十四卦的含义、周易在社会各方面的影响，以及历代学者对周易的研究成果等。可以说，这里的一切，都是冲着周易而来的。走一趟羑里城，谁说不是与智慧老人的一次重要约会呢？人们忘记了它的阴森恐怖，忘记了它最初的囚禁功能，更多的感受是文王的从容与周易的神秘，古老的监狱成了后人祭拜的一方圣地。

步入羑里城，最先映入眼帘的是一座高大的文王姬昌的塑像，当年在羑里城的一个土台子上，残暴的纣王把姬昌一拘就是八年。曹子建《诘纣文》云："崇侯何功，乃用为辅。西伯何辜，囚之囹圄。囹圄既成，负土既盈。兴立炮烙，贼害忠贞。"关押姬昌的理由很荒唐，就因为朝中一位大臣的女儿被召入宫中为妃，因厌恶纣王的过度淫乐而被杀死，她的父亲也被处以醢刑，剁成了肉酱；有着"三公"身份的鄂侯实在看不下去了，便与纣王争辩几句，竟被纣王下令处死，并制成肉干示众；时任周族首领、被纣王封为西伯侯的姬昌，在得知这些情况后也仅仅是背地里叹息了一声，被人告发到纣王那里，纣王派人去岐山将西伯侯抓了起来，装进囚车，拉到羑里，投进了监狱。

那时姬昌已年过古稀，从陕西关中走过来至少得一个多月的时间，路上没少受罪。但就在他来到羑里城后，突然静下心来，他要在这里为自己的命运前途占卜，以期扭转逆境。当时找不到龟甲，无法观纹络、画卦象，他就用蓍草的茎节来演算。蓍草是一种遍地疯长、生命力极强且有着特殊灵性的伞状草本植物，其茎节又直又硬。姬昌把伏羲的八卦演绎成了六十四卦、三百八十四爻，方法比甲骨占卜更简化，故以"易"相称。易者，变也，简也。

后来他被纣王放了出来，以创周礼、尚中道而成为天下诸侯的道德楷模，后世儒家更是把他当成一个"内圣外王""三代之英"的典范来推崇。姬昌死后，儿子姬发继位，打败了纣王，成为西周王朝的开国君主。姬昌的"周易"经孔门弟子对筮占原理及功用进行的重新阐释，成为儒家的经典《易经》。书中爻辞含有深刻哲理，诸如：否极泰来；刚柔相济，变在其中；穷则变，变则通，通则久；君子见善则迁，有过则改；君子上交不谄，下交不渎；君子自强不息；君子厚德载物……它把宇宙万象的变化之道都给讲透了。就卜筮而言，小而论之可趋吉避凶，为人们提供了行动准则；讲到深处可通天下之志、定天下之业、断天下之疑。再以义来看，由有形的卦爻到形而上的大道，简直就是一个超凡入圣的境界。所以孔子说："加我数年，五十以学易，可以无大过矣……"至今人们都还在用各种各样的理解来诠释3000多年前羑里城的那段历史，觉得周易就像是一个充满智慧的百宝箱，宇宙间的许多玄机奥妙被它尽数囊括其中，让后人受益无穷。

演易坊

文王庙大殿

八卦阵

塑像后面有座青石牌坊，名"演易坊"，建于明嘉靖二十年（1541），是为纪念文王在此"拘演周易"而建的功德坊，由时任汤阴知县张应吉所立。过演易坊往前走几十米，就是羑里城的山门，门前两侧各有碑石一通，西侧为明成化年间刻下的"周文王羑里城"，字大如斗；东侧为禹碑，又作岣嵝碑，字体形如蝌蚪，颇为奇特。禹碑是颂扬大禹治水的功德碑，原碑在湖南衡山祝融峰（岣嵝山），明嘉靖年间张知县将其翻刻立于此。过山门拾级而上，又见古柏丛中几座八角攒尖式建筑，有洗心亭、玩占亭、乾隆御碑亭、文王易碑亭等，每座亭子都能讲出很多故事。早年羑里城的古柏多得数不清，可惜在20世纪50年代大炼钢铁时毁了不少。70年代，汤阴县韩庄公社把高中搬到了这里，县革委会还"批准砍伐古柏二十余棵"，其中不少是八九百年树龄的古树。现在能看到的，也就四十几棵了。

再往前走，便是羑里城的文王庙大殿。这是一座歇山重檐式建筑，确切年代已无据可考，但至少可追溯到唐代中叶。只是原来的大殿毁得早了，眼下这座为20世纪90年代重建。大殿东侧就是羑里周易博物馆，西侧是演易台——相传是姬昌被囚演易之所。台前辟有一处蓍草园，当年他就是用这种蓍草来占卜的。演易台后侧有个土冢，传说这是姬昌长子伯邑考的坟墓。拘于羑里城时，纣王为试姬昌卦术，竟残忍地将伯邑考杀害，做成肉饼逼其吞食。姬昌明知是亲生骨肉，却强忍悲痛将其咽下，然后到演易台后吐出来，后人在此堆起一个土冢，取名"吐儿冢"。也有人说姬昌吐出来的食物变成了兔子，所以附近村里的兔子特别多，当地百姓从不伤害兔子，认为兔子是伯邑考的魂魄变出来的，将其视为圣物，寄托情志。

或许，在游人眼里，最有趣的是文王庙大殿后面的那个迷宫般的八卦阵，相传是诸葛亮按《周易》八卦方位图布成，曾用此阵困住名将陆逊。阵中迷魂叠绕，连环阵、诱敌阵、长蛇阵交错叠映、百转千回。游人到此大多会跃跃欲试，不过一旦走进去，多会陷入走投无路的窘境，必须有人站在高处指点才能出来。

一块石板告诉你"鹤壁"的来历
鹤壁市博物馆

在鹤壁市博物馆，5万余件藏品有序地展示了这座西依巍巍太行、中贯悠悠淇水、因传说"仙鹤栖于南山峭壁"而得名、后因煤而立市的古都新城自远古以来的历史文明。曾几何时，殷纣朝歌、两周卫国、赵之中牟、战国鹿楼冶铁、唐至元鹤壁集瓷窑、北宋崔村沟煤井等，都曾是它耀眼夺目的人文标志。

瓷器是鹤壁市博物馆藏品中的一大特色。鹤壁境内的鹤壁集窑是唐宋至金元时期磁州窑系中一处延烧了500多年且颇具规模的窑场，其产品以普通民用瓷为主打，兼产少量供应上层社会的精细作器，品类非常丰富，尤其在金元时期突显繁盛，所产瓷器以白釉篦花、白地黑花、黑釉及天目釉和钧釉为大宗，以淡青釉篦花、黄釉刻剔花为个性特色。

鹤壁市博物馆　国家二级博物馆　位于鹤壁市淇滨区湘江路

1978年，鹤壁市博物馆曾对鹤壁集窑进行了一次发掘，出土遗物7000余件，确定其烧造时期为宋末至元代，尤以金至元代中期为其制瓷高峰。博物馆收藏的鹤壁集窑器有唐代茶叶末釉钵、黄釉瓷注、黑釉执壶、白釉彩绘碗、黑白釉行炉；五代白釉褐彩碗；宋代白釉钵、白地褐花婴戏纹枕、黑釉钵；金代褐彩黄釉虎枕、白釉剔花碗、褐釉双耳罐、黑釉凸线纹双耳罐；元代钧瓷月白釉花口洗、钧釉红斑葵式碗、白地黑花文字碗、白釉褐彩题字罐、黑釉莲瓣纹大盘……虽说鹤壁窑不及其他名窑以工艺精良而见诸早期文献，但它以生产规模和民间用瓷产量巨大为著，对北方地区的社会生产、瓷业经济和民生产生了很大的影响。

一件唐代黄釉瓷注，是1981年在鹤壁西寺望台村征集所得，外形为短颈唇沿，圆肩双耳，两耳间有一錾和弦纹短流，平底，通体施黄釉，造型简洁大方，实用。还有一件唐代黑釉瓷盏，系1976年在鹤壁集窑址发掘出土，圆唇敞口、浅腹平底，通体施黑釉。瓷注和瓷盏是典型的茶具，瓷注也就是茶壶，瓷盏也就是茶杯，唐时称"瓯"。陆羽《茶经》讲："瓯，越州上，口唇不卷，底卷而浅，受半升而已。"白居易有诗云："烟香封药灶，泉冷洗茶瓯。"

金代黑釉凸线纹双耳罐

一件宋代白地褐花婴戏纹瓷枕，系1973年鹤壁集村民捐赠，称得上是鹤壁窑的精品之作。瓷枕枕面的左边绘有莲池，池中有荷花和芦苇，蝴蝶翩翩起舞；右边大柳树下有两童子，一人手持荷花，一人肩扛荷花，边走边嬉戏，憨态可掬。其画面寓意"一路连升""连生贵子"，据说是宋代女子婚后所用。

　　一件金代褐彩虎形瓷枕，1985年在鹤壁集窑址出土。枕为虎形作俯卧状，两眼圆睁，獠牙鼓腮，枕面中腰下凹，平底中空，枕面饰白釉褐彩花卉，虎身为黄釉褐彩纹，纹饰舒展流畅，显示了金代工匠娴熟的技艺。还有一件黑釉凸线纹双耳罐，1976年在鹤壁集窑附近出土，圆唇外卷，短颈，颈至肩附有对称双扁耳，圆腹圈足，腹部饰等凸线纹，内施褐釉，外施黑釉，釉色光亮如漆，可鉴人影，纹饰新颖别致，且耐人寻味。专家称，此罐的价值主要在于凸线纹的等分装饰，线条流畅，有律动美感，这也是金代制瓷业的一种创造，是鹤壁窑的一种典型器物。

　　馆藏的青铜器、玉器，多来自鹤壁境内史前到战国时期的花窝遗址、刘庄遗址、宋庄东周贵族墓地和辛村卫国墓地。有殷商时期的铜鼎、铜铃、陶罐、陶爵杯，西周时期的贝币、夔纹铜簋，春秋时期的兽头铜匜、兽耳铜盘、弦纹铜盖鼎，战国时期的铜链壶、铜甗、铜缶、布币、圜钱、玉琥……它们如同历史中走来的信使，缓缓地带着到访者进入历史情境，感受着商周文明的魅力。

　　西周一件夔纹铜簋，辛村卫国墓地出土，口沿外倾（又称侈口），圆腹较深，两夔龙耳，高圈足，口沿下饰带状夔纹一周，线条挺拔硬朗、简洁明快。夔被认为是上古神兽，古籍记载它跟龙长得差不多，《说文解字》称："夔，神魅也，如龙，一足。"《山海经》里说："夔，状如牛，苍身而无角，一足，出入水则必风雨，其光如日月，其声如雷，其名曰夔。"传说中黄帝曾将夔的皮做成鼓，鼓声传出五百里，威震天下。

　　辛村卫国墓地位于淇滨区辛村。1932至1933年郭宝钧先生率考古队在这里发掘墓葬82座，其中一座大墓的主人很可能是卫国国君或夫人。出土有鼎、甗、簋、尊、卣、爵、盉、方彝等青铜礼器，还有戈、矛、戟、镞等青铜兵器。2017年，河南省文物考古研究院又在这里找到了制骨作坊区、铸铜作坊区、一般居住区及殉人殉牲坑。最后认定辛村遗址不仅是一块墓地，而且还是一处具有都邑性质的大型聚落群。这为研究西周时期卫国都城所在地提供了重要线索。按说，辛村墓地的很多文物本应留在鹤壁，只是民国时期盗墓猖獗，好东西都给倒腾出去了，如今散落在世界各地——康侯簋在英国伦敦大英博物馆，康侯刀、铁刃铜钺、虎钺在美国华盛顿弗里尔美术博物馆，沐伯疑卣在日本东京出光美术馆，疑鼎在日本京都藤井有邻馆……

　　馆藏的一件玉琥，2009年出土于鹤壁宋庄东周贵族墓地，就在淇县西岗乡宋庄村东与方寨村南之间，距春秋卫国故城仅十几公里，文物部门在这里发现东周至宋元墓葬

鹤壁博物馆展厅

104座，其中东周墓葬60多座。"甲"字形墓葬6座，土坑竖穴墓葬3座，出土青铜器、玉器、陶器3000余件，许多编钟、甗、匜等纹路清晰、制作精美，刻有铭文。墓葬的年代应为春秋至战国时期。玉琥是一种雕琢成虎形的玉器，为中国传统玉礼器之一，与玉琮、玉璧、玉璜、玉圭、玉璋并称为"六器"。据古籍记载，玉琥有两用：一作礼器，二为兵符——发兵的信物。但在考古发掘中出土的和传世的虎形玉器，有圆雕、浮雕和平面线刻的虎纹，多作为佩饰之用。

很多人来到这里常问起"鹤壁"地名的来历。传说中，"古有双鹤栖于南山之峭壁，其山曰鹤山，其村曰鹤壁"，而至少在唐代，就已经有这一地名了。确凿的记载就在馆藏的一方唐代墓志铭上。1985年，位于鹤壁集镇的一所学校在建房打地基时发现一座唐代砖墓，墓室中有一石质墓志和四周散落的"开元"铜钱。志石阴刻楷书铭文，说到墓主人王仁波在唐开元二十六年（738）去世后葬于"相州西南五十里、鹤壁村西北二百步"。相州，即今安阳市。由此可知，早在唐开元年间，这里就已经有"鹤壁村"了。

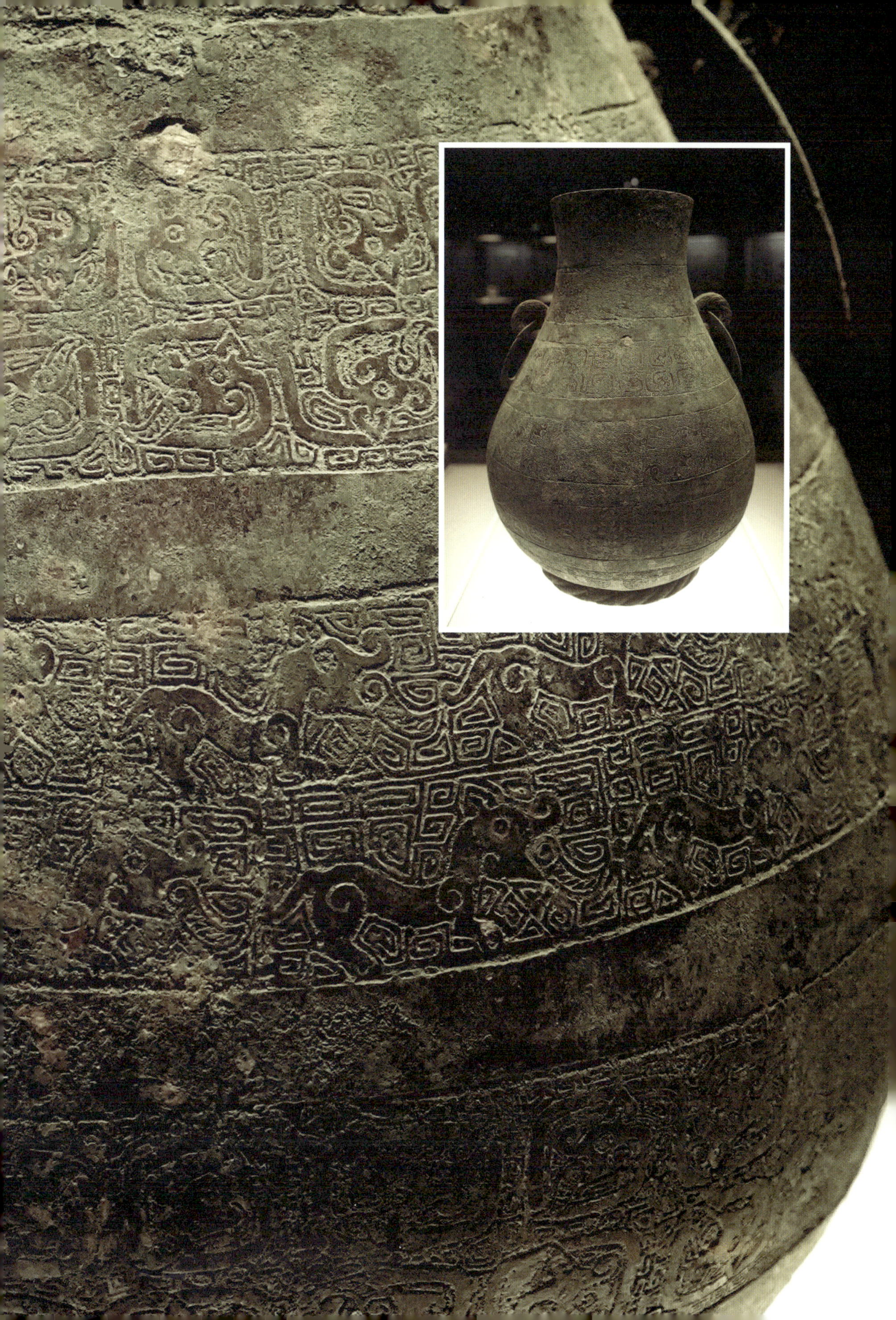

展现牧野大地灿烂文明
新乡市博物馆

新乡市博物馆的前身,是成立于1949年的原平原省博物馆。

新乡曾是平原省的省会,1952年平原省撤销,新乡划归河南省管辖,平原博物馆归了新乡市,1958年改名新乡市博物馆。不过平原省的很多痕迹到现在都还存在,譬如平原饭店、平原商场、平原体育中心、平原路、平原新区,还有这座2011年建的博物馆,上面镶嵌的五个鎏金大字便是"平原博物院"。所以现在这里作为行政单位叫新乡市博物馆,作为文物展览场所又叫平原博物院。

博物馆收藏的文物有3万多件,多为原平原省所辖豫北、冀南、鲁西56个县市出土或征集而得,尤以商周青铜器、明清书画、历代碑帖拓片、甲骨刻辞著称。其基本陈列"牧野华章",勾勒出几千年来牧野大地政治、经济、文化的发展脉络,引领到访者穿越时空,一览牧野大地悠久灿烂的历史文明。

新乡博物馆 国家二级博物馆 位于新乡市人民东路697号

新乡市博物馆展厅

新石器时代早期的文化遗存主要来自境内骆驼湾遗址、辉县孟庄遗址的发现。但从总体上看，这个时期新乡地区人类活动的痕迹还不太多。到了中晚期，也就是仰韶文化、龙山文化时期，新乡人类聚集的痕迹越来越明显，村落也越来越密集。这一时期的遗址发现有40多处，馆藏文物中比较典型的有孟庄遗址、东高村遗址、刘庄营遗址、黑沟村遗址、马小营遗址等。

商周时期的文化遗存主要来自辉县西褚邱遗址的考古发掘。褚邱是河南境内出土商周青铜器数量最多的地区之一。商王朝建立后，辉县处于早商（郑州）和晚商（安阳）的中间地带，是商王室统治的京畿之地。1956年中国科学院考古所在其《辉县发掘报告》中提到："辉县在殷为畿内地，因人口稠密，所以墓葬随处可见。现已发现有琉璃阁、固围村、孟庄、褚邱等千年遗址地。"今藏新乡市博物馆的夔龙纹铜鼎、饕餮纹深腹空足铜鬲、饕餮纹分裆铜鼎、"子"铜觚、"戈"铜斝、束颈水波纹空足铜鼎，铭以"聑斐妇婥"的牛头铜爵（不过诸多学者对铭文前两字的解释还不是很一致）、铜鼎、铜簋、铜尊、铜卣，以及三鸟铜尊、贝纹铜墩、饕餮纹铜爵、卷尾匍卧玉虎、青玉柄形饰、白玉柄形饰、两孔玉弯鱼、鸟形把玉铲和黄玉戚等，皆为褚邱贵族墓地出土。

还有"子龙"鼎、"祖辛"卣，也是国宝级的文物，尽管这两件青铜器没有在新乡市博物馆收藏，但它们都出土于褚邱遗址。"子龙"鼎雄浑庄重，尤其是高出鼎身的双耳，为整个大鼎增添了不少威严气势。这件铜鼎在20世纪30年代被盗掘，后流失日本，2004年在大阪一次中国古代文物展览上出现，随后被一位香港买家收藏。2006年国家文物局将其购回，现藏中国国家博物馆。"祖辛"卣是1965年辉县褚邱乡一位老农犁地时发现的，鼓腹，圜底，圈足，盖及器身出扉棱四条。上部的卣盖是以扣状与口紧密相连，使得铜卣中的美酒香味不会轻易散发。器身表面密密麻麻布满了夔龙纹、鸟纹、竖瓦纹等多层纹饰，如此繁杂的纹饰构造了一个瑰丽神奇的艺术品，也让这件酒器显得诡谲神秘——铜卣上有两处动物造型极有特点，一处是提梁两端的兽头，怪异夸张；另一处是器身下腹部一只高浮雕的鸟以眦目凝视，显出一副愤怒的样子。盖内及器底有"祖辛"铭文，由此推测，这件铜卣的主人应是祖辛——商王祖乙的儿子，商朝第14位君主。而更让考古专家兴奋的是，他们发现这件"祖辛"卣采用了四分范式二次浇铸，并非一次浇铸成型。二次浇铸是青铜器加工工艺的重大突破，掌握了这项技术就能制造更精美、更复杂的青铜器，这也是中国冶炼技术的长足进步。"祖辛"卣原藏于新乡市博物馆，后被调拨至河南博物院。

汉魏以降几个朝代的收藏，在新乡市博物馆也都有丰富多彩的体现。像境内出土的汉代彩绘灰陶鼎、铺首灰陶甗、彩绘灰陶瓿、鹤龟顶铜博山炉、圆形灰陶猪圈，晋代青釉狮形尊，南北朝释迦牟尼青石造像、黄石造像、灰陶观音，唐代黄釉瓷执壶、三彩独角兽、三彩文武俑、三彩蜘蛛系圜底罐，宋代白釉黑花刻字瓷枕；还有博物馆征集的或旧藏的元代赵孟𫖯行书中堂、铜权、白玉鱼形坠，明代"安明贵宝"铜镜、潞王琴，清代玉龙带钩、三彩天官砖、关羽骑马铜像、"天地全神"年画木刻版、绣花状元袍、缂丝总兵衣冠……

2012年，新乡市博物馆发动市民并邀请到省市有关专家，评出新乡市博物馆六大"镇馆之宝"——商代牛首铜爵、青玉鸮，元代赵孟𫖯行书条轴，明代关公铜像、白釉观音坐像，清代郑板桥水墨竹石兰图轴。

牛首铜爵。就是前面提到的那个刻有"耳斐妇婞"铭文又带着一个盖的铜爵。通高23.5厘米，流尾长19.3厘米，重1095克。盖前端饰牛首，大眼突睛，口鼻前探，额顶双角向后内弯，下部三棱锥足，微外撇。一般来说，铜爵很少有带盖的，而这件铜爵不但有盖，还是牛头，且盖内铭文及鋬下（手持的把手）铭文皆有"妇婞"字样。台湾甲骨文学者许进雄先生讲："有盖子的爵可说不到百分之一。"据说类似的牛头爵存世的没几个，已知美国旧金山亚洲艺术博物馆有一个，台北故宫博物院有一个，还有一个收藏在中国社科院考古研究所。至于说到铜爵上的铭文，商代已嫁女子一般称"妇某"，如"妇好""妇妌"，铭文表达的意思可能是这件铜爵为"妇婞"所用或所铸。在褚邱，刻有"妇婞"铭文的青铜器出土了一组7件，这组器物应该不是产自新乡，而是由这位有着贵族身份的"妇婞"作为嫁妆带过来的，后来"妇婞"死后又作为陪葬品被带入墓中。

青玉鸮。高4.6厘米，宽3.3厘米，厚3.5厘米。一掌可握，立体圆雕，通体纹饰，刀工娴熟，线条流畅，造型设计亦颇具匠心。"鸮"又称鸱鸮，俗称猫头鹰，上古时被认为是通神的动物，商代则被人们视为神鸟而顶礼膜拜，陶器、青铜器中都能看到精美的鸮形。当时人们认为它是勇敢和克敌制胜的象征，有躲避兵器伤害和防御兵灾破坏的神秘力量，故以"战神"相尊，并且在铸造、雕刻中以格外醒目的造型——锐利的嘴巴、狞厉的面部、粗壮的双足、诡异的纹饰，来作有意识地夸张，大概也是想提升一下鸮的威慑力吧。

商代牛首铜爵

赵孟𫖯行书条轴。新乡市博物馆旧藏，绢本绫裱，所书乃杜甫《舟中夜雪·有怀卢十四侍御弟诗》："朔风吹桂水，大雪夜纷纷。暗度南楼月，寒深北渚云。烛斜初近见，舟重竟无闻，不识山阴道，听鸡更忆君。"子昂借写北风雪夜、寒深冷月，透出其孤寂无奈、才不得展的情志，书风一反惯常的中锋到底、秀媚妍美之气象，而是有感而发、一气呵成，力透绢素，字字珠玑，是谓"下一点如高山坠石，作一撇如力士拉弩弓，非有过人之笔力，难以达到此境界"。

关公铜像。通高172厘米，宽118厘米，重578千克。如真人大小，面庞方阔，凤目微合，两道浓眉竖立凸起，五缕长髯飘散于胸前。其身穿战袍，以虎头铠甲护腹护肩，一代武圣不怒自威、气撼山河的形象令人敬畏。据说这尊关公造像系明洪武年间从山西洪洞迁至范县张庄乡李楼村的李氏先祖筹资所铸。抗战时期，铜像遭日军觊觎，后在李氏族人保护下辗转多地，抗战胜利后才又回到本村。至于说范县的关公铜像怎么会被收藏在新乡的博物馆，这还要从中华人民共和国成立之初的区划调整说起，当时平原省辖新乡、安阳、湖西、菏泽、聊城、濮阳6个专区，濮阳专区的范县归平原省管辖。

白釉瓷观音坐像。通高24.5厘米，底径13.2厘米。出自明代德化窑，胎壁薄，釉质细，色如象牙般洁白。观音像五官清秀，容颜端庄，表情慈祥，上身稍前倾，赤脚屈膝蹲坐于圆形坐垫之上，唇角深凹，双目微启似闭。头梳双层高髻，螺髻中间插一龙首发簪，发丝根根具现。外饰披肩，内着袒胸广袖上衣，下穿裙，衣褶层次清晰简练，舒卷飘逸。右手心向下置于右膝，左手心向上自然叠于右手。坐垫内壁刻有"天启年"款。天启年是明熹宗朱由校在位时的年号，仅有七年时间，留下的文物并不多，这尊观音像更显珍贵，是一件非常难得的带有年款的"建白瓷"。

郑板桥的水墨竹石兰图轴。纸本绫裱，画面中部山石耸立，两丛墨兰左右分披而显反转得势，清丽多姿；山石间，一两三枝修竹、四五六片竹叶疏密得当，凸显清高拔俗、自然天成的趣味，可谓笔精墨妙、意远旨深。画家人物以兰竹

商代青玉鸮

明代关公铜像

喻世，借物抒怀，展现了其孤傲不群的品格和他寄情于清风皓月而不与世间污浊同流的志向。

众多馆藏文物成为这座曾经的平原省会不可泯灭的印记。今天，当我们走近它，依然能感受到这些千百年来的文物遗存以其神秘而又独特的魅力吸引着到访者的目光。文物静默，却非无声。恍惚间，似乎从那些静默的藏品中看到了风起云涌……

明代天启年款建瓷观音坐像

明代藩王的地下王宫
新乡潞简王墓博物馆

新乡城北有太行余脉曰凤凰山。就在峰峦叠嶂、风景优美的环山怀抱中，有个城郭一般壁垒森严的建筑群显得格外醒目，其坐势居高临下，俯瞰着清爽的卫水平原。高大的石墙里面，大片的绿树掩映下可见巍然矗立的石坊、石像和众多石碑、石柱，还有石头雕的香炉、石头垒的祭台和石头砌的墓冢等，整个一"石头王国"。当地百姓俗称"石头城"。这座石头城，就是目前中国保存最好、占地面积最大的明代藩王墓——潞简王墓，曾名潞王坟和潞王陵。潞简王墓博物馆，就在这座石头城里"藏"着。

潞简王，就是明太祖朱元璋九世孙，穆宗朱载垕的四儿子朱翊镠，万历皇帝朱翊钧的弟弟。4岁那年朱翊镠封潞王，21岁离开北京来卫辉就藩。新乡在明朝属卫辉府，是朱翊镠的藩王封地。朱翊镠很幸运，既是唯一受朱载垕封藩的王，又是朱翊钧唯一的亲弟弟，备受两代皇帝特殊关照，且为生母孝定皇太后所溺爱。他在卫辉的潞王府是朝廷

新乡潞简王墓博物馆　位于新乡市凤泉区凤凰山南麓

派人建的，据说耗银四十万两才建成。皇帝哥哥赏赐给他的土地有四万顷，分布在湖广的承天府、德安府、黄州府、汉阳府、荆州府、武昌府，以及河南的卫辉府、怀庆府、开封府等九府二十五县。时称"诸藩之首"，就连后来万历皇帝的儿子朱常洵到洛阳当亲王，也想与他这位叔叔攀比，但最后只得到了两万顷土地。不过万历皇帝的这位亲弟弟生前名声不怎么样，一辈子吃喝玩乐，闲得无聊便去打猎或是弄些风流韵事出来。

朱翊镠死的时候只有46岁，谥号简，故称潞简王。生前有妃妾十几个，唯次妃赵氏聪明美丽，颇受潞王宠爱。她比潞王小两岁，但比潞王早死了十几年，潞王为其厚葬，单独建造了一座墓园。明代规定，只有正妃才能与亲王合葬，潞王却让赵氏独享一座亲王级的墓园。两人的墓都是坐北朝南，东西并列，是谓"共枕一山，同蹬一水"。两墓的占地面积之大（整个陵区近16万平方米）、建筑形制之盛，都大大突破了明王朝亲王墓的等级规则。

东边的潞简王墓以"潞藩佳城"石牌坊为起点，神道上立有华表和十几对石像生，这些石像生全部用整块青石雕琢而成。按规制，帝王陵寝的镇墓瑞兽最多只能用六种，

八通祭碑　分别为明熹宗朱由校、福王朱常洵、朝廷首辅申时行以及各部院衙门、河南等地方官员所立

南京明孝陵、北京明长陵都是这样的，而潞简王墓竟用了十几种，比帝陵都多。

墓园以横筑的三道青条石城墙隔出四重院落。城门楼是墓园的总门户，单檐歇山顶，石砌无梁殿，也是明代建筑所罕见。墓园内有"维岳降灵"石牌坊、祾恩门、祾恩殿及左右配殿、棂星门和墓室。

从石牌坊至祾恩门为首进院落，两侧为东西碑廊，最早这里是放祭品的神厨和神库，现在里面展出的是二世小潞王朱常淓手书的唐诗石刻。朱常淓是朱翊镠的三儿子，名声比他父亲好，能书会画，后袭封潞王。明亡清立那年，小潞王与周王、福王、郑王一起逃到了南方，有段时间他在杭州负责监国。后来，小潞王降清后被解送北京，一年后斩于菜市口。石牌坊为仿木构，榫卯衔接，通体遍饰高浮雕二龙戏珠，实为精绝之作；祾恩门又称中门，祾者，有祭而受福的意思；恩者，有罔极之恩（恩德无穷无尽）的寓意。只是可惜，原门毁了多时，眼下看到的为20世纪80年代依原样重建，只有门前台基为遗存，台阶十三级，中间嵌大型二龙戏珠陛石。

自祾恩门北至祾恩殿（享殿）基台为第二院落，主要是祭碑群和东西两侧的配殿。

祭碑群有八通祭碑，分别为明熹宗朱由校、福王朱常洵、朝廷首辅申时行以及各部院衙门、河南地方官员所立。过祭碑群是配殿，其中东配殿有"潞藩与明代藩王展"，从中可了解明初自"封藩"到"削藩"的历史演变，而且还能看到朝廷对藩王实行禁限而制定的"藩禁"——很具体，比如不得干预兵事，亦不许干预政事，不许入仕做官，不得与封地的官府交往，不许"擅自婚配"，藩王就封后非经特许不得还京入朝等，违者有"高墙"（专门为囚禁那些犯禁的宗藩而准备的特种监狱）伺候。祾恩殿就剩一处遗址，分四行排列32个大石础，可推知当年大殿面阔七间、进深三间。殿之东南和西南两角各有一座拜台，其东侧立神宗御祭碑，碑记："维万历四十二年七月二十四日，皇帝遣伏羌伯毛国器，行人司行人邓秉修，赐祭潞王文曰：惟王国之懿亲，屏翰是赖。宜膺备嘏，胡遽长终？讣音来闻，良切伤悼。特兹遣祭，用表亲情。仍命有司，为茔葬域。灵其如在，尚克歆承。"此碑是万历帝遣使吊唁潞王的祭文，后刻于石碑，其规格显然高于《明实录》中规定的礼制。拜台西侧立有一通东宫祭碑，内容、形制与神宗帝的祭碑几乎没有区别。

自祾恩殿遗址过棂星门为第三院落，棂星门又称无字牌坊，单间二柱，看似简单，却精雕细刻，实为明代石刻艺术珍品。棂星门过去便是石五供，由一座焚香炉、两个花瓶和两个烛台组成，形体高大，造型奇特。香炉高近4米，双耳三足，重檐钻尖顶；花瓶高2.9米，方座方瓶；烛台高2.6米，雕刻繁复。石供后面原来有座明楼，可惜已毁，只剩青石筑成的楼台和一通墓碑。

墓碑后面便是最后一重院落——圆丘式的宝顶，宝顶下面就是安放潞简王及其妃子棺椁的墓室，距地面有4米，由甬道、中庭、主墓室和左右侧室组成，是个用青条石筑成的拱券式无梁殿建筑。墓室中庭摆放着一通墓志铭，字迹清晰可辨：大明册封潞简王圹志。地宫正上方为墓室宝顶，通高6米，周长140米，周围用白条石垒砌，内填封土，南部正中开一券门，内有台阶可登临宝顶，眺望墓园全貌。

西边的赵氏墓园是个前方后圆的马蹄状造型。与潞王的东墓园相比，除了没有仪仗群以外，其他配置都很接近。西墓园的明楼是整个潞简王墓中唯一保存下来的原始建筑。墓冢比潞王的还要高，潞王的6米，赵氏的10米；潞王的墓室175平方米，赵氏的墓室则达240平方米。赵氏的墓先建，而且是潞王督建，他想怎么建就怎么建。潞王的墓则是朝廷督建，按规矩来的，于是就造成这种"赵氏墓比潞王墓还要大"的尴尬局面。

明亡后，潞王府被拆毁，潞简王墓也被查封，所有的东西都估了价，就等买主了。只是当时没人敢出面，后来被五台山的僧人真息用募集来的银资买下，将墓园改成了佛教场所"万圣庵"，客观上起到了一定的保护作用。其间潞简王墓有过几次修葺，直到康熙末年仍是一副殿宇巍然的模样。同治年间，时有捻军一支驻扎新乡，可让潞简王墓

次妃赵氏墓

潞简王墓前的"五供"桌

遭了殃，尤其是朱翊镠的东墓园毁得严重。民国时期，挨着潞简王墓的坟上村一些村民怕墓里的东西被兵匪弄走，就先下手把里面的金冠珠宝首饰拿了出来。后来这些东西也没能保住，参与挖墓的村民先是遭日伪军严刑拷打，后又被国民党军抓去坐了班房，挖出来的宝物也都被搜走。次妃墓因为有内外两道高大的城墙，中华人民共和国成立后就把这里改作豫北监狱用了，直到2006年监狱搬迁，次妃墓才正式划归文物部门管理，2010年对公众开放。

迷人的山阳印记
焦作市博物馆

焦作市博物馆成立于1965年，当时称焦作市博物展览馆。1996年，位于山阳区建设中路的新馆落成。馆藏文物2万件，其中陶器中的汉代"山阳"铭文陶罐、陶仓楼，宋金元的杂剧俑、彩绘陶俑；瓷器中的当阳峪窑剔花瓷、绞胎瓷，都是焦作市博物馆最有代表性的文物。

这件带有"山阳"铭文的陶罐，1986年7月在焦作山阳区一座西汉晚期的排券小砖墓中出土。墓葬距地表五米，有斜坡墓道，主室带有耳室。出土器物共54件，其中有西汉五铢钱四枚、铁剑一把，还有就是这只带有铭文的陶罐。陶罐直口圆唇、短颈丰肩，腹下收，平底，肩部阴刻隶书"山阳"铭文八组。也正是这陶罐上的铭文，为研

焦作市博物馆　国家二级博物馆　位于焦作市山阳区建设中路

究"汉置山阳县"提供了实物资料。魏黄初元年（220），魏文帝曹丕逼汉献帝刘协禅位，以河内山阳县万户封刘协为山阳公，建山阳公国（今焦作山阳区东），都浊鹿城（今修武县城北李固村）。刘协在这里谪居十四年而终，时魏明帝曹叡以天子之礼葬浊鹿城西北之禅陵，谥号孝献皇帝。据说下葬那天曹叡"制锡衰弁绖，哭之恸"。

作为汉代文化的重要载体之一，陶仓楼在华夏文物特别是建筑明器中占有重要地位。自20世纪70年代以来，焦作陆续发掘出土了七层及七层以下的陶仓楼近200座，无论从数量上还是体量上，均居全国之首，可谓中国一绝。这些陶仓楼，多发现于山阳故城周围区域的墓葬中，主要有马作墓群、李河墓群、恩村墓群、苏蔺墓群、白庄墓群、待王墓群、马村墓群等，绝大部分都在汉山阳县管辖的范围。究其原因，应该是与焦作一带的经济富裕、财力雄厚有很大关系。当家庭殷实的富裕人家有了改善居住条件的经济基础，这种集储粮、居住、防御为一体的仓楼式建筑应运而生，在汉代山阳大地悄然出现，并且不断发展；再有就是，汉代人"事死如事生"，讲究厚葬，生前享受高楼大厦的富豪们，梦想着死后也能继续享受，于是就让工匠比照着现实中的生活，制作出了精美的陶仓楼，作为自己的随葬重器，从而使这种汉代建筑明器形成一种独特的历史文

元代彩绘陶俑出行方阵　焦作中站靳德茂墓出土

化现象。其实还有一点是很重要的，历史上，中原地区战乱频发，再加上年代久远，汉代的地面建筑几乎是荡然无存，而作为建筑明器被随葬的陶仓楼，就成了汉代社会经济高度发达的一个缩影，成为当时社会建筑风貌的具体再现。

焦作市博物馆收藏的陶仓楼造型多样，有楼院式的，也有连阁带楼院、带猪圈和联仓通体式的；颜色有灰陶的，也有彩绘的。尤其是那些彩绘的，门窗周围常以红彩示边框，辅以红白交叉之网状、菱形和三角纹饰，甚至有的还在四面墙上画出青龙、白虎、祥云、瑞鸟等神话故事的图案。2008年出土于焦作山阳区李河墓群的一座七层连阁式彩绘陶仓楼，高1.85米，是焦作一地出土的陶仓楼中体量最大、工艺最复杂的。这种体量最大、最高的陶仓楼共出土6座，除洛阳出土一座外，其余5座均在焦作出土。这种陶仓楼采用中国古代建筑中级别最高的重檐庑殿楼阁式建筑形式，由主楼、附楼和院落组成。主楼一至二层像是仓体，三至六层像是生活区；二楼倚窗而立一半身人俑，像是仓楼的主人；七层是望楼，登高望远，多半是心旷神怡的感觉。院门内卧着一只看家陶狗，门外有一扛粮俑，似乎正往这里走来。附楼位于主楼一侧，高处与主楼之间有空中阁道相接——这也正是汉代"复道行空"高超建筑技术的真实写照。

汉代"山阳"陶罐

　　至于陶俑，从考古发掘情况来看，陶俑随葬在秦汉至隋唐最盛行，尤其是汉代刮起的厚葬之风，大大丰富了墓葬随葬器物的内容。

　　就焦作而言，伴随众多陶仓楼出土的就有不少陶俑，人物俑有奴仆俑、天王俑、武士俑、文吏俑、背粮俑、抬粮俑等，动物俑有鸡、鸭、猪、狗、骆驼和狮子、老虎等。宋、金、元时期，随葬陶俑多以镶嵌于仿木构砖室墓壁上的砖雕俑出现，内容上有杂剧、散乐、庖厨、侍女、孝子及各种花卉等。其中最有特色的就是杂剧、散乐砖雕。焦作一带是杂剧和散乐的流行地，尤其是元代更加民俗化，表演形式和规模都大大超过前代，成为人们喜爱的艺术形式，于是有了杂剧、散乐砖雕俑的出现。1964年在焦作市中站区李封村发现的元代集贤大学士兼国子祭酒许衎（天文学家许衡的胞弟）的墓葬，一次出土了13件彩绘陶俑（今藏河南博物院）；1978年对这座墓进行第二次发掘，又找到了许衎的墓志和一些戏剧砖雕俑。1972年在沁阳市紫棱镇宋寨村发现的一座金代墓葬，出土一组5人杂剧砖雕俑。1973年在焦作市西郊西冯封村发现一座元墓，出土砖俑26件（今藏河南博物院），其中散乐、舞蹈俑就有23件——表现的很可能是元代民间舞队在街头演出的场景。1973年在修武县史平陵村发现一座金代墓葬，其石棺棺板一侧线刻12人的杂剧表演场面；1982年在温县前东南王村发现的一座宋代墓葬，出土的画像砖中有一块是一幅6人组演奏乐器的散乐图；1992年在修武县郇封镇大位村发现的一座金代墓葬，出土一组5人杂剧砖雕俑，除1件手执柄鼓演奏外，其余4件扮演"副净""副末"，这种以滑稽念唱为特点的表演正是金院本的特色……

除了这些表演杂剧、散乐的陶俑让人领略到那几个朝代的创意造型外，2007年在焦作市中站区李封村一座元代墓葬发掘中所出现的一幕场景，同样让人眼界大开——七米深的墓道底部，考古队清理出83件器物，除3件瓷器外，其余80件全是彩绘陶俑，并且还是一支排列整齐的车马出行仪仗方阵。尽管埋在地下700多年了，出土时依然保存完整、色泽艳丽。从同期出土的墓志看，墓主人名叫靳德茂，是忽必烈的御医，年老辞官回乡，被封为嘉议大夫怀孟路总管，享受正三品待遇。元至元二十九年（1292）十一月，靳太医去世，享年83岁。为他随葬的这组车马仪仗，完全可以用阵容庞大、场面壮观来形容。两辆装饰华丽的马车居中，车前为两排仪仗俑，车后站着两排侍女俑，左右两侧各有两排男俑；马车由单匹马驾驭，左右两侧各站立一位佩剑牵马的驭马俑，一为汉人装束，一为蒙古人打扮。尤其是这位蒙古人，头戴无沿软盔，身着半臂小衣，腰系围护，足蹬短靴，牙齿紧咬着下唇，双目圆睁，其健壮的体魄、威猛的相貌在仪仗俑中尤显突出。2010年，这件蒙古人驭马俑参加了由美国纽约大都会博物馆举办的"忽必烈时代——中国文化艺术展"，一时风光无限。

焦作市博物馆从隋代到明清各个朝代的瓷器都有收藏，其中最具特色的应为当阳峪窑瓷器。当阳峪窑是宋元时期焦作地区一处重要的民间窑场，也是磁州窑系中的一处重要窑口。最早又叫过修武窑、怀庆窑、河内窑。其窑址位于修武县西村乡当阳峪村。此地方距今天的焦作市区也就两三公里。

关于这座窑最早的记载见于北宋，当时当阳峪村受惠于制瓷业，为感谢窑神柏灵翁，于崇宁四年（1105）建起一座德应侯百灵庙，并在庙里立了一通石碑，记述了百灵庙修建过程。碑文称："时惟当阳工巧，世利瓷器，埏埴者百余家，资养者万余户……"由此可见当阳峪窑场之繁盛。同时他们又把江南提举程筠（景德镇管理烧瓷的地方官员）所作长歌并序也刻在了石碑上，歌序中说当阳峪窑的工匠烧制的瓷器精美无比，完全领会了瓷器创始人柏灵翁所传授的奇妙创意和技巧，赞其"天下之绝工也"。此外，《大明一统志》《大清一统志》上也说到当阳峪窑："怀庆府土产瓷，河内、修武两县出，有窑。"

近代对于当阳峪窑的关注始于20世纪30年代。1933年，在焦作福公司工作的英国人司瓦洛和瑞典人卡尔贝克，曾先后到当阳峪窑址调查，获得了大量瓷器标本，卡尔贝克还发表了《关于焦作陶器的记录》。后来日本一位以研究古陶瓷而知名的学者小山富士夫，也考察过当阳峪窑的瓷器和标本，写有一篇《北宋修武窑》。他在文中讲："修武窑比定窑、汝窑更有魅力。但是，从古至今它却完全不为人知……"20世纪50年代，陈万里先生两次到当阳峪窑考察，并在1954年第4期《文物参考资料》上发表了《谈当

汉代五层连阁式彩绘陶仓楼

阳峪窑》。1962年,冯先铭和叶喆民先生也来到了当阳峪窑,他们在这里找到了白釉、黑釉、绛紫釉、蜜黄釉、绿釉、绞胎釉、白地绘划黑花、黑地剔划白花、红黄绿彩、珍珠地划花的瓷片,与卡尔贝克调查中记录到的品类基本一致。后来叶先生在1982年第1期《中国陶瓷》发表了《当阳峪瓷窑考》。2003年、2004年和2013年,河南省文物考古研究所和焦作市文物部门先后对当阳峪窑进行多次考古发掘,发现作坊、过滤池、窑炉、水井、晾坯洞、瓷窑等遗迹百余处,出土文物上千件。

当阳峪窑出土的白釉瓷器数量最大,应是当阳峪窑主打品种。除此之外还有黑釉、绿釉、酱釉、褐釉和绞胎釉等。绞胎釉是把几种彩泥(多用白、黑、褐色)铺叠起来而后巧妙地糅合在一起,经过绞制、拉坯,呈现出多色交替变化的纹理,故又称搅胎瓷。虽说这种绞胎瓷在唐代就有出现,但是当阳峪窑的绞胎技术在宋代又有创新,它能够做出纹理表里如一、对称整齐犹如麦穗、流沙或鸟禽羽毛般的花纹,多有浑然天成之感。焦作市博物馆有一件宋代绞胎瓷罐,整个器身用了两色瓷土绞结成棕、白相间的孔雀羽毛纹样,疏密有致,变幻多姿。

河南乃至中国矿业近代化的肇端
焦作近代工业遗产博物馆

每座城市都有它独特的符号和印记。焦作是一座因煤而生、以矿起家的新兴工业城市。尽管它的采煤史可以追溯到唐宋时期，但那都是土窑式采煤，开采量不是很大。真正形成矿区并开始大规模采煤，则是在清朝晚期。

2021年5月，一座以展示19世纪末至20世纪中叶中华人民共和国成立这一段焦作发展历史而建立的焦作近代工业遗产博物馆，正式揭牌开馆。馆址就设在当年最早进入焦作的中外合资企业——英商福公司的钱庄旧址。博物馆的馆藏与陈列，尤其是对英商福公司、福中总公司、中福公司的介绍，从一个侧面反映了20世纪30年代中国工业的艰难发展与曲折历程。

焦作近代工业遗产博物馆
焦作市解放中路与新华中街交叉口

光绪二十三年(1897),意大利人罗沙在英国注册成立了一个专以指向中国的英意联合公司,名为福公司。福公司成立后,立即派人到中国,欲取得山西、河南煤铁矿的开采权。光绪二十四年(1898),福公司假手翰林院检讨吴式钊(后来这位因代外国人出面承办山西、河南矿务有受贿之嫌,遭到掌贵州道御史李擢英奏参,被革职),与河南豫丰公司在北京签订了《议定河南开矿制铁以及转运各色矿产章程》,取得在焦作专办煤矿60年的特权。但是,合同签订后,河南各地抗议声甚烈。而拜倒在洋人脚下的庆亲王奕劻曲意调停,英、意驻华公使也一再施压,最后还是得到清政府的批准,从此福公司便掌握了在焦作开矿的实际控制权。而焦作近代工业化的进程,也从这个时期拉开了序幕。

1902年初,慈禧太后和光绪皇帝谕令河南巡抚"妥办福公司事务"。随后福公司便在焦作购地建矿、开凿竖井,每个井口都有一台蒸汽机带动的卷扬机,由此将井下挖出的煤提升上来。当时福公司雇有3000多名工人和职员,其中有25名技师是从欧洲聘请来的。1906年,福公司修筑了河南境内的第一条铁路——道清铁路,这条铁路从滑县的道口镇三里湾码头至焦作矿区的清化镇,全长150多公里。本来福公司是想把它一直修到晋南泽州的,后因山西那边掀起大规模的争矿运动,遂放弃了清化镇至泽州这一段铁路的修筑。福公司修筑铁路的目的,主要是为了运煤——焦作的无烟煤闻名中外,曾被英国女王称为"香砟",选作皇室专用煤。这条铁路与南北大动脉京汉铁路相连接,成

馆内收藏了河南境内最早的道清铁路的一段铁轨

焦作近代工业博物馆展厅

为焦作往来全国各地的重要通道。1908年，福公司的煤矿正式出煤，到1913年日产达到2000吨。1909年，福公司又开办了焦作路矿学堂，专门培养采矿和铁路运输方面急需的人才。

在福公司开矿的同时，当地民族工业也有了很大发展。1914年，由中州、豫泰和明德三公司合并，组建了中原煤矿股份公司，对福公司形成巨大压力。为避免两个公司抗衡竞争、两败俱伤，福公司与河南省政府、中原公司进行了多轮谈判，最后报北洋政府财政部同意，成立了福中总公司。到1924年，福中总公司的煤炭年产量达到67万吨，矿工2万余人，煤炭远销南至长江流域，北至京津地区，其经销处分布于道清、京汉、陇海铁路沿线200多个地方。

1925年，由于国内反帝爱国运动兴起，焦作煤矿为声援上海工人"五卅"运动而举行大罢工，最后迫使福中总公司答应给工人增加工资等条件。也正是受这次大罢工影响，福中总公司一直到1932年都未能恢复生产，公司名存实亡。1933年，英方通过外交途径，将英商福公司与中原公司再次合并，成立了以中方为主的中福公司。到1936

年，中福公司职工达到1万多人，占了河南全省煤矿职工总数的50%。年产煤达125万吨，盈利达170万元。这个时候的焦作煤矿已经成为继河北开滦煤矿、山东中兴煤矿（即枣庄煤矿）之后的全国第三大煤矿。

抗战爆发后，中福公司不想把煤矿留在日本人手里，停止了煤矿生产，将1100多名技术工人和管理人员，还有6000多吨机器设备和物资南迁大后方的湖南、四川和重庆等地，先后兴建了湘潭谭家山煤矿，四川嘉阳、威远、石燕煤矿，重庆天府煤矿。1938年，日军占领焦作，英商受到打压、排挤，煤矿被迫交给日本一家兴中公司经营。后来兴中公司撤销，又转给华北开发株式会社，改名焦作炭矿业所。这一时期煤炭资源遭到疯狂掠夺，最高时年产煤达到136万吨。1945年日本投降，焦作矿为八路军收复，成立了新华公司。1946年下半年，国民党调集兵力夺取焦作煤矿。在这之前，中共太行区党委、太行军区已经安排工人将发电机、蒸汽锅炉、车床、马达、绞车、水泵及数千吨钢材、电讯器材等安全转移到晋东南革命根据地，建起了石圪节煤矿、小河铺煤矿、西白兔发电厂、固县铁厂，还有长治的南石槽兵工一厂、二厂及平城的兵工十厂。而在国民党接管焦作煤矿这段时间，由于连年遭受战争破坏，日产煤不足百吨。1948年10月，焦作第二次解放，新华公司再度接收焦作煤矿。后来这家公司改为晋豫煤业公司，再后来改为焦作矿务局。从此，焦作煤矿在共和国的怀抱里不断发展壮大，成就了一座工业新城和国家重要能源基地。

不经意间，焦作煤矿已走过一个多世纪的历程。从福公司到福中总公司，再到中福公司，焦作煤矿成为河南乃至中国矿业近代化的肇端。可以说，中福公司与焦作煤矿，在中国近代工业发展的历史画页中留下了浓重的一笔——它最早把现代机械化采煤生产引入焦作，开创了焦作机械化采矿之先河；旨在提高煤炭质量的水洗煤第一次出现在中原；制造精良的锅炉、汽轮机、发电机、绞车、水泵等相继进入矿山；采煤—通风—支护—提升—运输—选煤等先进生产方式的推广运用，大大提高了生产效率；它出资创办的焦作路矿学堂，是民国时期中国矿业的最高学府，后来成为今河南理工大学乃至中国矿业大学的前身；它使河南一个以农耕为主、名不见经传的小村庄焦家作，嬗变成河南省北部一个重要的工业城市——它有了河南的第一条铁路、第一个发电机房、第一个邮局、第一盏路灯……而围绕中福公司所发生的一系列惊心动魄的斗争，也促进了工人阶级队伍的成长，为河南工运的燎原之势储备了火种，毛泽东同志在《中国社会各阶级的分析》一文中对焦作煤矿工人做了高度评价，盛赞他们"特别能战斗"。抗战时期，中福公司是迁往后方的唯一大型煤矿，由他们兴办与合办的煤矿大大促进了湖南、四川等地的矿业发展；中国政府利用英商福公司向西方出口钨砂等资源，换取了国内急需的战略物资，为抗战胜利作出了重要贡献。当然，作为民国时期河南的重要税收来源，它对

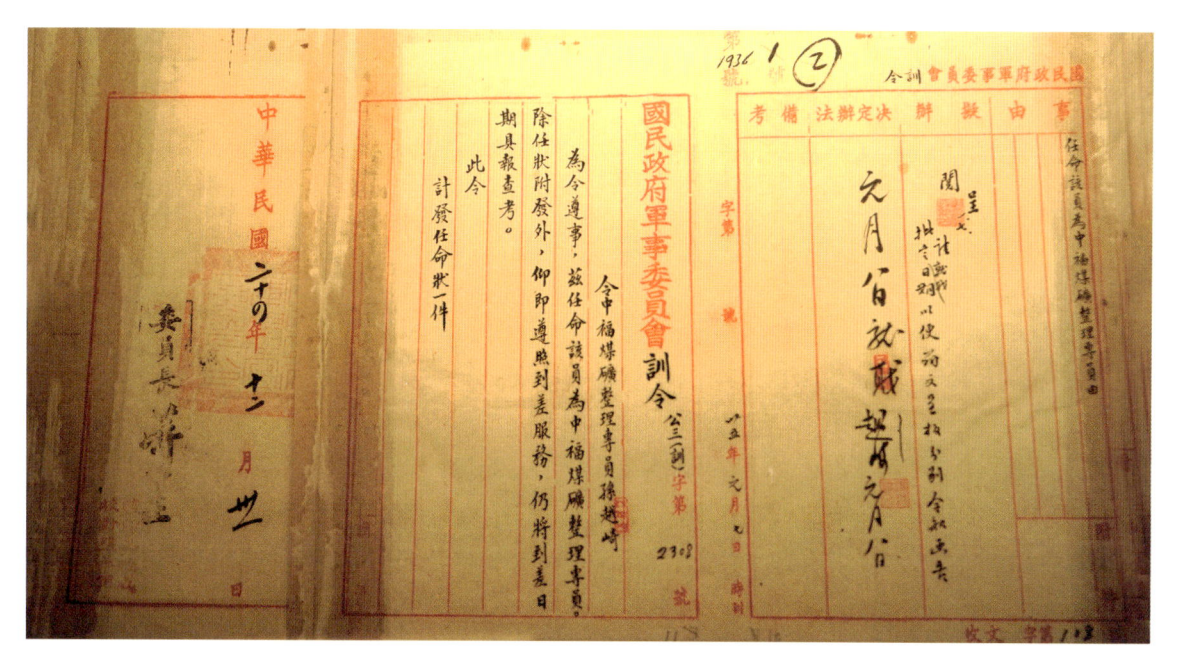

1935年蒋介石为孙越琦签署的委任状

中原政局的影响也是无法忽视的。

2021年9月,河南省档案馆根据馆藏档案资料整理的《中福公司档案史料汇编》由中州古籍出版社原样四色影印出版。全书共三辑,首次出版的第一辑共五卷,分"福公司与福中总公司""中福公司的成立""中福公司的整理与发展""中福公司的南迁与西迁""抗战胜利后的中福公司"。对此,中州古籍出版社编辑吕兵伟以为,用档案讲述中国历史更有意思。吕兵伟在编辑手记中这样写道:"透过大量原生态、直观的档案,呈现出一个完整的焦作煤矿公司发展的历史画卷。它不仅仅是河南近代工业的历史回眸,也是中国近现代工业发轫、壮大、发展的一个缩影。"

太极风吹侠客梦
温县中国太极拳博物馆

对于太极拳爱好者来说，温县陈家沟是一个神秘又神圣的地方。自17世纪中叶陈家沟陈氏九代陈王廷创编太极拳以来，这里大师云集、英才辈出，孕育了数不胜数的名人传奇故事。

太极拳博物馆就建在陈家沟，主体建筑太极阁共分上下五层，其八边形的造型源自中国古老的传统文化，寓意太极衍生八卦，融通八方。馆内分两仪堂、四象堂、文修堂和三省堂四部分，收藏有太极拳拳经、拳谱及历代大师史料、传承谱系、实物等与太极拳相关的文物资料近万件，集中展示了太极拳的起源、行变和发展。开馆期间，每日都有太极名家在博物馆进行现场拳艺演示，增强了博物馆的趣味性和观众参与的互动性，

温县中国太极拳博物馆　位于温县陈家沟

因此也极大地提升了太极拳博物馆的吸引力。

正对着太极阁，一条长长的甬道上建起了三座拳戒石坊，上面分别刻着"招熟""懂劲"和"神明"，寓意着练习太极拳的三个阶段——招熟气顺，可谓入门；劲收自入，可堪行家；神明自得，功法大成。太极拳最重要的就是运气，看起来慢，其实力量很大，一招一式，有刚有柔，刚柔相济，动则乾坤。或许，走过这条甬道，就能慢慢领悟到太极拳的真谛。

当然，说到太极拳，就不能不说陈家沟。陈家沟在温县城东的清风岭上，全村住户大部分都姓陈。从《陈氏家谱》里看，陈家最早是明洪武五年（1372）从泽州郡（今山西晋城）移民过来的。来到温县最初落脚的地方还不是这里，而是温县北冷乡的陈卜村。陈卜是当时他们这支移民队伍领头人，于是就用了他的名字做了村名。后来陈卜他们觉得村子地势过于低洼，且都是盐碱地，没住几年便搬到了清风岭上的常阳村，也就是现在的陈家沟。陈卜他们搬来以后，有一段时间附近常有土匪到村里骚扰，于是练过祖传拳术的陈卜就带着本族子弟和村中少壮百十号人把土匪老窝给端了，一下子就出了名。到后来，常阳村姓陈的越来越多，声望也越来越大，再加上村子里确实是坡高沟深，日子久了，人们便把常阳村给叫成陈家沟了。

虽说陈卜被陈家奉为一世祖，但陈氏太极拳的创始人并不是他，而是明万历年间的陈王廷，陈卜的九世孙。《陈氏家谱》说，陈王廷天资聪慧，勤奋好学，长得一表人才，文武双全，平常爱骑一匹枣红马，惯使一把春秋大刀，江湖上称他"二关公"，武林中有盛名。他年轻时也是踌躇满志，考过武举，入过乡学，只是时运不济，到底没得到一官半职。后来干脆就不再想这事儿，在陈家沟埋头研究如何打拳。他在继承祖传拳谱的基础上又大胆创新，先是从名将戚继光的"拳经三十二势"中吸取二十九势，而后又结合太极的阴阳哲理和道家的吐纳学说及中医的经络学说创编了一套强身健体、自卫搏击的拳法，名曰太极拳。陈家沟，也就从这时起成了中国太极拳的发祥地。

继陈王廷之后，清乾隆三十六年（1771）出生的陈长兴在太极拳发展史上也是个里程碑式的人物。从他开始，太极拳"打"出了陈家沟。陈长兴定力非常，逢赶会看戏，人再挤再扛，他都能纹丝不动；或走或站，亦身挺立直，人称"牌位大王"。他对陈王廷创编的五套捶、五套拳精心归纳，发展成今天的陈氏太极拳老架一路、二路。这两路属"大架"，以"缠丝"为轴心，贯穿于整个套路。一路以柔为主，柔中有刚，动作舒展大方，贯穿连绵；二路又称"炮捶"，以刚为主，刚中有柔，动作腾、挪、蹦、跳，紧凑急快。陈长兴是个能武能文的人，他在太极拳的继承创新中有自己的独到见解，形成了一整套的陈氏太极理论，流传下来的有《太极拳十大要论》和《太极拳用武要言》等。与陈长兴同时期还有个陈有本，他在原来套路的基础上也做了一些改革，舍弃了一

些高难度的发劲发力的动作，形成了陈氏太极拳的"小架"。"小架"亦称"新架"，是在老架基础上衍化的套路。陈有本打了一辈子拳，门人有陈清平、陈有伦、陈三德、陈奏章等。他的养生秘诀有句是"三十年不停拳，三十年不饱饭"，80岁那年还力斗疯牛救人呢！

陈家沟有个"杨露禅学拳处"，被认为是太极拳发展史上一处重要遗存。杨露禅是河北永年人，年轻时曾在永年县城陈德珊办的陈家药铺里当伙计。陈德珊是温县陈家沟村人，他看杨露禅聪明能干、忠厚老实，就把他送到老家做工。当时陈长兴在陈家沟传授太极拳，杨露禅很想学习，但陈家有个门规：外姓不传。于是杨露禅就趁陈长兴教拳时偷偷跟着学，时间长了竟也学得八九不离十。不想这事儿被陈长兴知道了，陈不但没有怪罪，反而打破门规把他收为徒弟。杨露禅在陈长兴门下学拳18年，后来回到家乡永年授徒。流传一句顺口溜："豫北陈家拳，冀南杨家传。"

还有三个人不能忘记——陈发科、陈照丕、陈照奎，都是对传播太极拳有贡献的人。陈发科是"牌位大王"陈长兴的曾孙、陈照丕的三叔、陈照奎的父亲，跟着父亲陈延熙学太极拳，武功好，德行也好。当年在北平授徒时曾以"挨着何处何处击，将人击出不见形"的高超技艺而为北平武术界叹服，从学甚众，人尊"太极一人"。陈照丕小时候是个药罐子，8岁随父学拳，5年后拳法入门，啥病都没了。抗战时期参加了抗日敢死队，后来还当过国术馆教官，出过《陈式太极拳汇宗》和《陈式太极拳入门总解》

温县中国太极拳博物馆

博物馆展厅

两本书。1958年，陈照丕从黄河水利委员会退休回到陈家沟，当时村里出外逃荒的人很多，陈氏太极拳眼看就要绝迹，陈照丕就让村里的年轻人到他家里来学拳，重新把陈家沟练太极拳的星星之火点燃起来。"文革"期间，因家里成分问题，陈照丕被批斗。后来看到报纸上说毛主席提倡打太极拳，知道练拳并不犯法，于是在村干部的支持下带了几个徒弟，重点培养了王西安、朱天才、陈小旺和陈正雷。这几位后来成了陈氏太极拳"四大金刚"式的人物，并且把他们的演练场地也从农家小院搬到了国际大舞台。陈照奎幼年随母亲进京，在父亲陈发科身边练习太极拳。20世纪60年代初，上海体育宫举办太极拳学习班，邀请陈照奎过去当教员，学习班办了近百期，培训学员千余人。1963

陈氏太极拳创始人雕像——陈王廷

太极拳成为中国武术亮眼而又独特的存在

年,人民体育出版社编写了一本由陈照奎校订的《陈式太极拳》,公开了陈式太极拳新架八十三势。此书出版后,行销40余年而不衰,成为学习陈式太极拳的经典教材。1979年,北京体育学院(今北京体育大学)又邀请陈照奎等人拍摄了一部电影纪录片,陈照奎表演了陈氏太极拳单式发劲的动作,现在成了研究陈氏太极拳的珍贵资料。

太极拳问世近400年,谁也没有想到它会有今天如此巨大的力量,全球150多个国家和地区几乎都有太极拳的传播和交流,习练者已有4亿多人了,太极拳成了名副其实的"世界第一"的强身健体运动。2020年12月17日,牙买加首都金斯敦,联合国教科文组织保护非物质文化遗产政府间委员会通过决议,将中国(由河南省牵头,河南、河北、北京、天津四省市共同推动)申报的"太极拳"列入联合国教科文组织"人类非物质文化遗产"名录。

建在黄河岸边的"龙王庙"
武陟县嘉应观黄河文化博物馆

嘉应观黄博物馆设在一处规模宏大的清代古建筑群的东院。院子是清朝的老河道衙署，雍正治黄时在这里办过公，属清政府治黄指挥部性质。馆中的展示，无论是文字图片还是实物，多定格于黄河"发脾气"时的场面——其实这座嘉应观就是为治黄而建、为安抚黄河而立的，见证了大河狂野，浸透了岁月风烟，让人看到了历代治水的艰难，看到因黄河决口、洪灾频发所造成的饥荒和动乱，看得人心里头沉甸甸的。

黄河素有"铜头铁尾豆腐腰"之说，大概的意思是，黄河上游和下游的大堤如铜似铁，非常坚固；而地处平原的中游河段，土质像豆腐一般松软，一旦遇到水患，大堤最容易决口泛滥。而这"豆腐腰"，一般是指武陟县以下至濮阳河段，所谓的"悬河"，

武陟县嘉应观黄河文化博物馆　位于武陟县嘉应观乡杨庄村南

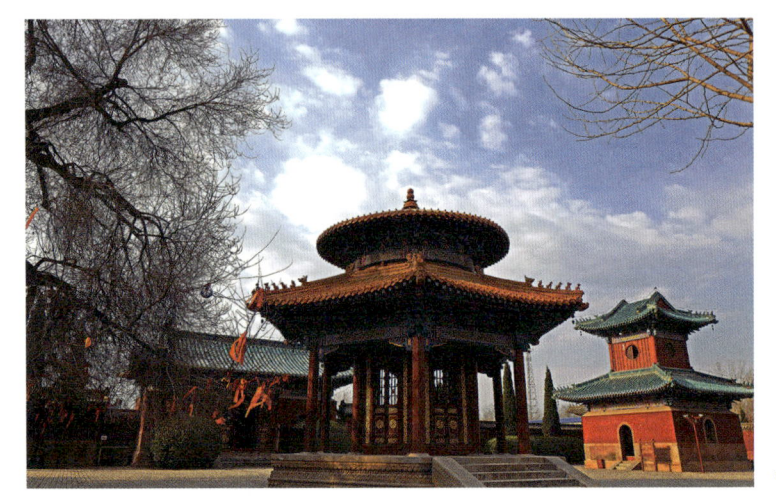

御碑亭

中大殿 重檐歇山回廊式建筑，内有雍正帝御书匾额

中大殿天棚彩绘

从武陟就开始了。处在这么一个"悬河头、百川口"的位置，向以"四大怀药"而出名的古覃怀就成了历代治河的关键要地。

嘉应观，就是雍正皇帝登基那年为纪念在此修坝堵口、祭祀河神、封赏治河功臣而敕建的。那年是雍正元年（1723）。所谓"敕建"，自然是经过雍正皇帝亲自批准的项目。若是放在京城，这类"敕建"或许随处可见，但建在这偏僻的村野之地，倒也罕见。看来黄河问题扯到的都是国家的根本问题，谁也不敢轻视、怠慢。

通俗些说，嘉应观就是黄河岸边建的一座"龙王庙"。

这座龙王庙是耗费280多万银两（据说当时国库里就700余万两白银）敕建的，集宫、庙、衙署为一体。要说龙王庙建的也不少，但留住的不多。概因过去多把龙王庙建在河工险要处，以期镇住河妖。结果是"大水冲了龙王庙"，河妖没能镇住，龙王庙也没能保住。而嘉应观则是在武陟险工地段修堤筑坝之后建起来的，是"百年大计"，所以到现在保存都还是那么完好。嘉应观的名字也是雍正皇帝赐的，"嘉"为美好祥瑞，"应"为顺天应人，二者的组合，表达了对黄河安澜、国泰民安的期盼。

康熙末至雍正朝，黄河在武陟境内3年中决口4次，创下有史记载的最高纪录——康熙六十年（1721）八月，黄河"决武陟詹家店、马营口、魏家口"。六十一年（1722）正月，"马营口复决"。九月，"秦家厂南坝甫塞，北坝又决，马营口亦漫开"。雍正元年（1723）七月，"南岸决中牟县十里店、娄家庄，北岸决武陟县梁家营、二铺营、詹家店"，洪水一路淹过新乡、卫辉、彰德，夺卫河再侵海河，直逼京畿津门，危及整个华北。大量的泥沙淤塞运粮河道，严重影响到国计民生，成为清廷心腹之患。病中的康熙皇帝惊叹："河涨河落维系皇冠顶戴，民心泰否关乎大清江山。"于是，临危受命的四皇子胤禛——也就是后来的雍正皇帝，亲赴治黄第一线。他调来了熟悉河务的官员，虚心采纳左副都御使牛钮、河道总督陈鹏年和齐苏勒的建议，在邙山脚下开挖引河，在武陟县詹家店一带险工地段修筑大坝，终于制伏了黄河无休止的肆虐，使"豫省大堤长虹绵亘屹若金汤"。雍正在位13年，4次巡河御祭，亲撰《祭告河神文》："洪涝积水，沮洳全消，长阡广陌，增两万顷之良畴；东作西成，贻亿兆人之恒乎……"他把黄河看成是滋育万物的本源，兴建嘉应观祭祀诸位河神以谢神明佑护；又以修堤筑防而使河道安澜，表现出对大自然的敬畏。

嘉应观的名气还是很大的，就连它所在的乡如今也是以嘉应观名之。过去那个"二铺营"的名字早就没人叫了。

嘉应观的殿堂、楼阁总有好几百间。中轴线南北，依次有山门、御碑亭、严殿（王公大臣祭祀河神的仪殿）、中大殿、恭仪亭（王公大臣祭拜禹王前整理衣冠的地方）、禹王阁；中轴线两侧对称分布有掖门（宫殿正门两旁的边门）、御马亭、钟鼓楼、龙王殿、风神殿、雨神殿和东西跨院（河台、道台衙署）。其中二进院落的中大殿是个重檐歇山回廊式建筑，据说就是北京故宫太和殿的缩小版。殿中供奉着几位治河功臣。当中一位身份特殊——雍正的皇叔、嘉应观第一任主持牛钮，官职是左都副御史，皇封神授集于一身；两边分别是宋代的谢绪、明代的黄守才、清代的朱之锡和栗毓美。栗毓美曾当过武陟县令，因护河有功被破格提拔为河道总督。大殿两侧的东西配殿里供奉也是治河功臣，有西汉的贾让、东汉的王景、元代的贾鲁——那条贾鲁河便是以这位工部尚书的名字命名的；还有明代的潘季驯、白英、宋礼、刘天和，清代的齐苏勒、嵇曾筠和林则徐。齐苏勒和嵇曾筠在武陟修坝堵口和建造嘉应观时担任过主要负责人。而说到林则徐，都知道他是禁烟的民族英雄，因"虎门销烟"名扬中外，怎么会成了河神呢？其实林则徐除了做过湖广总督、陕甘总督、云贵总督并两次受命钦差大臣外，还当过河道总督，主管河南与山东的黄河防务，道光皇帝曾夸他"向来河工查料垛，未有如此认真者"。鸦片战争失败后，林则徐遭诬陷，道光皇帝也翻了脸，撤了他的两广总督职，由一品降为四品，最后连四品卿衔也被革去，充军伊犁，效力赎罪。途中，黄河决口，又诏他到开封治理。危机解除后，继续发配……

嘉应观西北角有个小院落，里面有南北相对两排苏式建筑。房子早先的主人，一位是中华人民共和国第一任水利部部长傅作义，一位是黄河水利委员会第一任主任王化云。两位在20世纪50年代初兴建新中国第一个大型引黄灌溉工程——人民胜利渠时，住在这里。这两排房子也是当时的建设指挥部。当时在这里住过的还有苏联专家布可夫，清华大学教授张光斗、地质学家冯景兰等。工程于1951年3月开工，1952年4月通水开灌，旱涝碱沙灾害得到综合治理。这年10月31日，毛泽东主席来到河南，视察了人民胜利渠。途中，他发出了"要把黄河的事情办好"的伟大号召。

看嘉应观，最引人注目的是它那让人拍案称奇的"三绝"。

一曰碑绝。嘉应观有三通碑。一是大铜碑，嘉应观的"镇观之宝"，专门为其盖了一个皇冠似的碑亭，而且还用了黄琉璃瓦覆顶。碑文为雍正皇帝御书，记述了黄河的地理面貌、流域历史，以及水患肆虐的情况，强调了黄河与百姓和朝廷的利害关系，说明了治理黄河与建造嘉应观的缘由，同时也表明了自己对治黄的决心和态度："朕抚临寰宇，夙夜孜孜，以经国安人为念……屡下谕旨，亟发帑金，修筑堤防……"碑有4米多高，铁胎铜面，300多年前，能把不同熔点、不同凝固点、不同密度、不同比重的两种金属浇铸一体，做得严丝合缝，应是冶金史上的一个奇迹。压在碑下的是个龙头、牛身、狮尾、鹰爪的怪兽——传说中的"河蛟"，常在黄河兴风作浪，后来用铜碑镇之，黄河得以安宁。"河蛟"头上有个小洞口，人曰"水眼"，说是下面有一口井，过去人们祭祀时，常把铜钱从水眼里丢入，说是有祈福消灾的作用，并且还能根据铜钱入水的声音来判断黄河水位的高低。另一通是"黄河水清碑"，碑记雍正四年（1726）十二月十三至雍正五年（1727）正月初八，中下游两千余里河段持续20多天出现浑水变清的"惊奇"现象。这让雍正皇帝大喜过望——黄河清，圣人出；黄河清，天下平。于是颁布"圣世河清普天同庆谕"。还有一通是"嘉应观庙产碑"，碑身用木鱼石做成，轻轻一敲便会发出清脆悦耳的金属声。碑上记着嘉应观所的庙产土地，共有"八顷九十一亩一分八厘五毫一丝七忽"。如此精确到分厘毫丝忽，又让人叹为观止了。

二曰图绝。中大殿天棚上彩绘有65幅龙凤图，古建筑专家祁英涛、罗哲文称其"天下一绝"，据说再也找不到第二家这样的原始彩绘了。故宫也有个龙凤图，那是个满汉合璧；而嘉应观的龙凤图，清一色的满族文化风格。更让人觉得神奇的是，这中大殿几百年来从不打扫，却也不见蛛网，不进鸟虫，人谓"无尘殿"——实际上是天棚上用了檀香木的缘故。再说了，这龙凤图也不是任何人都能挂的，除了皇宫，其他地方挂这种图案有僭越之嫌。据说能享受如此"待遇"也是与雍正的皇叔牛钮有关。殿正中有个"钦赐润毓"金牌，这"润毓"两字，就是雍正封给皇叔牛钮的大号。

三曰钟绝。嘉应观钟楼上挂一口大铜钟，钟首铸有"二龙戏珠"，四周铸有八卦图，分别从不同的角度展示了清代治河的方略与设施。铜铸的大钟很奇特，以棒击之，每个方位的音阶都不一样，就像是一架钢琴，能发出不同的声音，并且这声音格外清越悠扬，方圆几十里都能听得到，所以人们也常用这铜钟来报水情。自从嘉应观建成后，黄河洪灾就再也没有在武陟一带发生过。

清代嘉应观水清碑

蚌塑图中惊现"中华第一龙"
濮阳博物馆

来到濮阳博物馆，或许最想看的就是"中华第一龙"。

1987年，当地文物部门为配合城市供水施工，在濮阳老城西南隅的西水坡进行考古勘查，结果在这发现一处颇具规模的古墓葬群，包含仰韶、龙山、东周和汉代等几个时期的文化遗存，面积约5万平方米。其中最引人注目的是在距今约6400年的第45号墓坑里发现的三组图案——那是用蚌壳摆成的三组龙虎图，第一组蚌图为一龙一虎，位于墓主人尸骸两侧，墓主人是位老年男性，仰身直肢葬，经骨骼测定年龄在53岁左右；第二组蚌图是连在一起的龙、虎、鹿和蜘蛛，旁边还放着一把石斧；第三组蚌图是一个

濮阳博物馆　国家二级博物馆　位于濮阳市开州中路

蚌塑龙虎图中的三组图案

人骑在龙背上，旁边的虎呈奔跑状，旁边散落许多蚌壳。这三组蚌图无疑是为纪念这位墓主人而作的，由此说明墓主人生前一定有着显赫地位和无上的权力——在那个极其遥远的时代能以龙虎作陪，目前在中国也仅见此例。有人认为他是"乘龙至四海"的颛顼，也有人认为他是"乘龙升天"的黄帝，还有人认为他是用龙的形象（人面蛇身）作了部族图腾的伏羲。不过更多的倾向认为，这三组蚌塑图有着一定的天文学意义，而这个墓主人很可能是一位有着部族首领身份的原始巫师。那时候的部族首领经常扮演着巫师的角色，具有呼风唤雨的超人能力。而蚌图中所展示的龙，亦被张忠培先生（曾任北京故

春秋陶鸭兽

宫博物院院长)呼之为"中华第一龙",他说他在濮阳为黄帝的"龙宫"——北京故宫的7万条龙找到了祖先。

西水坡遗址,包括那组蚌塑图,让考古工作者从中发现了很多重要的历史信息。只是让人遗憾,一处弥显珍贵的文明遗址,最后竟被湮没于一处水库。几百座古墓踪迹不见,大片的村落遗址、灰坑也都没了。2003年中央电视台《探索发现》栏目来濮阳拍摄《濮阳星图之谜》时,也只能请当年的考古发掘人员用刷子蘸着白漆在水库边上写了个"龙址正北200米"的大字,算是给电视机前的观众作了个旁证式交代。对此,祖籍濮阳、后来在北京媒体工作的采夫先生痛心地说:"如果放在今天,保存完好的西水坡很有可能像我们邻居安阳的殷墟一样,成为又一处世界文化遗址。每想到这里,就忍不住跺脚长叹。"

那位巫师的遗骨和蚌塑龙虎图如今展陈于中国国家博物馆。在他的"出生地"濮阳,到访者从博物馆复原的场景中看到的是件复制品,但无疑陈列于国家博物馆会让更多观众看到它。

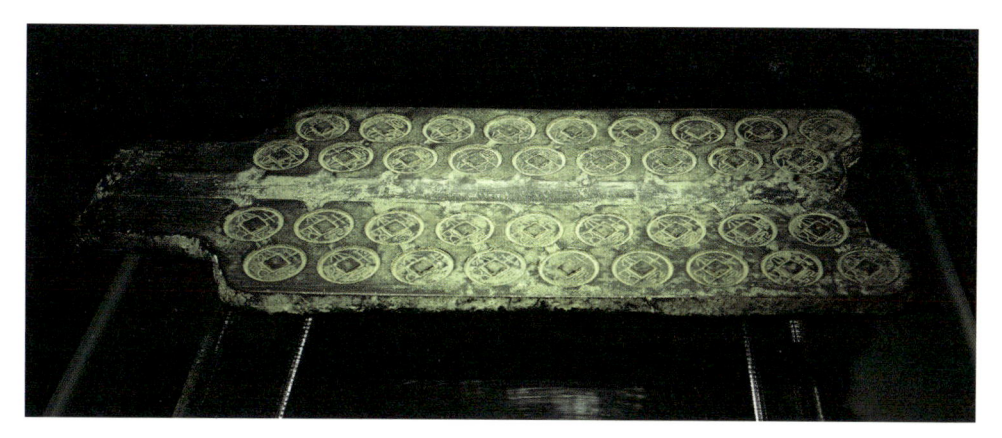

王莽新朝"大泉五十"铜钱范

濮阳博物馆有着丰厚的收藏,从西水坡遗址出土的石铲、石耜、石磨盘以及灰陶鼎、红陶壶、彩陶钵,到商周时期的陶鬲、陶鸭兽、高足灰陶豆;从西汉青铜提梁壶、"千秋万岁"瓦当,到东汉绿釉庖厨陶男俑,再到王莽新朝"大泉五十"青铜钱范;从西晋"元康二年"纪年墓砖,到北齐车骑将军李云大墓中出土的青釉覆莲四系罐、李亨大墓出土的绿釉高足杯和两百多件各式精美陶俑;从唐代绞胎枕、青釉鸡首壶到宋元时期白釉瓜棱注子、白釉黑花枕等,可谓精彩纷呈——

一件春秋时期的灰陶鸭,高28.1厘米,身长20.5厘米,身宽18.5厘米,1988年在濮阳西水坡遗址出土。灰陶鸭的造型极为别致,犹如一只真实再现的生灵,它那昂首展翅、张口瞠目、两蹼呈"八"字形站立的姿态,平添几分灵气与活力,不仅让人感受到彼时匠人的精湛技艺,更能够让人体会到古人对生活的热爱和对自然的敬畏。

一件王莽新朝"大泉五十"青铜钱范——也就是那个时期的印钞机,整体呈"空首布"铲形状,正面居中刻有一道浇铸槽,浇铸口开在顶端,浇铸槽两侧各有钱范两排,每排9枚,共36枚,圆形方孔,篆书"大泉五十",看上去像是一棵结满了钱币的"摇钱树"。这种钱币始铸于王莽摄政的居摄二年,即公元7年,至地皇元年——公元20年停用。因其忌讳"刘"字的"卯""金""刀",故改"钱"为"泉"。虽说"大泉五十"只流通了十几年,却是新莽钱币中流通时间最长、铸量最大的货币。

一对东汉绿釉庖厨陶男俑,出土于南乐县福坎镇宋耿洛村汉墓。汉墓有三座,呈"品"字形,当地百姓俗称"大堌堆",《读史方舆纪要》与正德《大名府志》和光绪《南乐县志》多记为"赫胥陵"。这对绿釉陶男俑出土于二号墓,皆为跽坐状,头戴软帽,

东汉绿釉庖厨陶俑

北齐绿釉高足杯

面露微笑,身穿立领斜襟右衽衫,挽袖至上臂。膝前置小案板,右手执刀,左手辅助,像是在切割食物,形象地反映了东汉时代的庖厨活动。

一件北齐绿釉高足杯,高7.8厘米,口径7.4厘米,底径5厘米,出土于濮阳县柳屯镇这河寨李亨墓。杯子为灰白胎,轮制成型,敞口高足,外腹分饰两组弦纹,中间模印立人正背面和骑马纹饰,内外满釉,釉色以器内为青黄、器外为青绿,内底有三个支钉痕。与高足杯同出于李亨墓的还有一件青釉覆莲四系盖罐,通高26.1厘米,口径8.9厘米,底径9.8厘米,以手工和轮制成型,直口、短颈、平底,肩附四系并饰以覆莲纹,器表施青釉不及底。北齐是中国陶瓷发展的重要时期,制瓷业渐趋成熟。虽国祚短暂,但其所处历史阶段特殊,尤其是佛教的传入,为本土注入了异域文化营养,而这一特征在北齐瓷器中尤为凸显,呈现出绚丽多彩的时代魅力。

一件唐代绞胎瓷花朵纹黄釉枕,高6.1厘米,长12.1厘米,宽18.2厘米。平面、圆角、长方形,枕面及四周饰以团花纹,图案随意自然,器形高雅细致。绞胎器因其制作工艺复杂繁琐,成品率不高,而存世量更少。尤其是它那独特的装饰效果,抚之温润光滑,视之朴拙大气,令人不得不赞叹那个时代的制作者独辟蹊径的创新能力。

一件唐代青釉鸡首壶,高18厘米,口径6.2厘米,腹径10.5厘米,1980年在南乐县

北齐青釉鸡首壶

唐绞胎瓷枕

元村发掘出土。盘口束颈，前部一鸡首流，后置一龙形柄，上腹部饰一周乳钉纹、双层莲瓣纹和弦纹，外饰青釉至中腹，造型生动精美，给人以清新俊逸之感。古人认为鸡有"五德"，是一种美得不得了的禽类——文若鸡冠，文质彬彬，因此又被称为"戴冠郎"，而"冠"又通"官"，更多了一层美意；武若"鸡距"，也就是鸡的后爪，打斗时是很好的武器；勇则是指雄鸡相斗时不会退让，勇敢无畏；仁则是说鸡群能和睦相处，尽显仁爱；信则表明雄鸡报晓按时按点，非常守信。且"鸡"与"吉"谐音，故常被古时工匠用作器物装饰。将其作为明器随葬墓冢，多半是看中了鸡所呈现的吉祥、勇武、仁爱、守信、辟邪之寓意……

杂技故里的文化名片
濮阳中原杂技博物馆

中国杂技艺坛历来有"南北杂技两故里"之说。北故里是河北吴桥县的吴桥村，南故里便是濮阳华龙区岳村镇的东北庄。这两个村都是中国杂技协会命名的"中国杂技之乡"。

东北庄杂技源远流长，据本地史志说是兴起于元末明初。

那时候这地方灾害频繁，加上兵荒马乱，农民的生活很穷很苦，常常是吃了上顿没下顿。迫于生计，不少人向江湖艺人学了一些"小把戏"，然后挑担推车走乡串村、卖艺谋生。就在玩小把戏的过程中，东北庄人不断摸索、不断创新，也不断吸收其他地方艺人的长处，使小把戏的内容日益丰富，逐渐形成了自己的杂技艺术。到了清朝中期，东北庄的杂技已经很红火了，有了十几个杂技班，从事杂技的占了全村总人口的一多半。

中原杂技博物馆　位于濮阳市华龙区岳村乡东北庄村

早年比较出名的有刘家班、乔家班和李家班。三家杂技班各有拿手绝活和看家本领——刘家班擅长杂耍、驯兽和高空体操，乔家班擅长魔术、马术和晃梯，李家班则擅长走钢丝、上刀山和硬气功表演。从一个村里走出去，讲究个团结协作、握指成拳，不断提升东北庄杂技的品牌。刘家班的四兄弟刘金祥、刘来祥、刘元祥、刘凤祥，个个身手不凡，其中最出名的是刘来祥，他有一手绝技，能在脚前叠几枚铜钱，然后把一杆花枪直直地向上抛起几丈高，人却兀自不动，任垂直落下的花枪带着风声掠过额头、滑下眉间、顺着鼻梁一溜儿扎进叠放的钱眼里，其定位把握之准与枪锋落下之险，把观众看得目瞪口呆，直捏一把汗。据说这个节目除刘来祥之外再没有第二个人演过，人誉"刘二花枪"。乔家班的故事也很多，最早的乔恩海练就一身绝技，三个儿子——长子乔进美、次子乔进逢、三子乔进芳都是乔家班的主要演员；班里的舞台最初是"明场子"，常常是一阵锣响、几声吆喝便有观众围上来，艺人们就在圈子中间表演各种绝活。"明场子"时兴了好长时间，后来被"布搭篷子"代替，渐渐有了专门的舞台和固定的观众席，艺人也从原来的几个人增加到了几十个人，并且还有了驯兽表演。李家班的班主叫李全法，幼时学徒于乔家班，因其聪明勤奋，渐成大家。1936年秋天，李全法的马戏团在西安为东北军演出，得到少帅张学良赞赏，为此还送给他了一匹黑骏马。

不过，真正让东北庄杂技走出中原、走向全国乃至走向世界舞台的，是乔家班的乔志清（乔进美的儿子）。他在一次演出时与吴桥张家班班主的闺女张素真相遇并相爱，夫妇俩汲取两家杂技的精髓，把杂技艺术中的武术、气功、驯兽、马术和魔术融于一体，

中原杂技博物馆展厅

增添了不少新节目。后来他们在原班社的基础上组建了以东北庄子弟为主的新乔家班，名气越来越大，不仅经常进京演出，而且还跑到朝鲜、日本、俄罗斯、菲律宾、印度等20多个国家表演。慈禧太后看了他们的表演赞不绝口，还赐给乔志清一把瓷壶和两盏龙灯。瓷壶被乔志清的孙子乔水春保存着，只是可惜了那对龙灯，原来一直在乔家老屋挂着，抗战时期日军过来烧村子，老屋和龙灯都给烧没了。

中华人民共和国成立后，东北庄杂技艺人越来越多地走出了家门和国门。乔家班改编成了濮阳杂技团，李家班改编成了安阳杂技团，还有四川、重庆、山西、甘肃、陕西、西藏等地的杂技团，最初也是以东北庄艺人为班底组建起来的。几十年来，东北庄为全国27个省、自治区、直辖市和部队输送的杂技人才400多人，其中成为国家一级演员的有20多人，像沈阳军区杂技团的刘香珍，广州军区杂技团的刘相宝、李铁牛，郑州杂技团的刘兰香，武汉杂技团的刘华堂，重庆杂技团的刘景美，鞍山杂技团的刘春山等；当上省、市杂技团团长的有50多人，至于当总教练和导演的就更多了。自1993年以来，东北庄杂技先后出访美国、意大利、日本、法国、马来西亚等60多个国家和地区，东北庄籍的杂技演员在国际杂技大赛中拿到的大奖就有38个，他们独创的轻蹬、高车踢碗、飞叉、双竿飞人、大排椅、软钢丝、椅子顶、三节晃梯、双层晃板和重新编排的传统杂技节目蹬大缸、空中飞人、极限飞车等令人惊叹不已。前些年，乔家班第五代传人乔天福入选国家"非遗"传承人，第六代传人乔中原又到了美国、日本执掌杂技教练。在"世界艺术之都"奥地利，当地电视台两次来东北庄采访，拍摄了一部《东北庄杂技》，那场面让这些记者、编辑很吃惊，说中国的农民都能演杂技，太不可思议！

杂技在东北庄有着广泛的群众基础。村民中有句顺口溜："上至九十九，下到刚会走，人人练杂技，都能露一手。"全村2000多口人，除了那些专门从事杂技表演的，大人小孩儿几乎个个都能玩上三招两式，村头麦场耸立着高空表演的旗杆，农家小院放着练气功用的大缸、石磙。田间地头，几个小伙儿用肩用头顶起锄把、锨把就玩起了顶杆，姑娘们抛起玉米穗就玩起了杂耍。用东北庄人的话说："权把锄头当道具，田间地头是场地。杂技这玩意儿，一天不练都不中。"早些年，乔家班第五代传人乔水春，七八十岁的年纪了，下地干活还能找处空地倒立起来。还有乔玉莲，古稀之年的老人，往垫子上一躺，照样把百十斤重的大缸蹬得团团转，不仅如此，还非要让再站上去两人不可。乔家班第六代传人乔金生是东北庄最年长的杂技艺人，从艺70多年来，杂技已经融入了他的日常生活。他从8岁跟着杂技团演出，24岁当教练，经他培养的学生成百上千。尽管眼下东北庄有些人家已经不太愿意让自己的孩子吃杂技表演这碗辛苦饭，但这并不影响杂技艺术在这方土地上的普及和发展，并且依然吸引着各地的杂技爱好者——包括"老外"来这里取经学艺。

杂技表演用的道具

2008年，东北庄杂技被列入国家非物质文化遗产名录。

作为"杂技之乡"所在地的濮阳，这些年也一直在精心打造着东北庄杂技这张靓丽的文化名片。建起了国际杂技文化产业园、杂技故里文化街、民俗杂技大剧场，还办起了中原杂技博物馆，眼下成了东北庄杂技文化园的标志性建筑。

从博物馆的展示陈列中，让人看到了东北庄杂技的古老与现代、传承与创新。进入博物馆大厅，就见一高举大鼎的勇士雕像。举鼎者孟贲，战国时期卫国人，历史上有名的大力士，杂技中的力技后人尊其为始祖。二楼廊道上挂的图片，介绍了早年杂技界流行的各种行话、术语——旧社会，杂技艺人社会地位低下，经常受到官府、地痞的迫害。为了生存与交际的需要，一个家族、一个师门的成员或同行之间约定一种以遁辞隐意、谲譬指事为特征的隐语，将其作为保护自己的绝活不向外泄露的一种手段。人们称这种隐语为"春典"。杂技艺人用"春典"交流，不懂的人即使听到，也不知道他们在说什么。那个年月，艺人学艺必须会"咬春"（懂行话），艺人交谈必须"吐春点"（讲行话），否则就是"方块"（犯忌讳）。像在城里露天演出叫"撂明地"；在乡下露天演出叫"摸杆"，在场馆里演出叫

"扎园子"，去官宦府邸或有钱的大户人家演出叫"走堂会"，开场前演奏锣鼓、招徕观众叫"点捻子"，演出中放慢节奏叫"稀着点"，加快节奏叫"溜着点"，撂地演出时向观众要钱叫"控点"，称师傅或班主为"正点子"，称外行人为"空子"，武术行的叫"挂子"，真的称为"尖"，假的称为"惺"……过去杂技圈里有句俗语："宁给一锭金，不给一句春。"这个"春"指的就是春典，可见春典在杂技艺人生活中是多么重要。中华人民共和国成立后，随着艺人的社会地位提高，春典也就慢慢地退出了历史舞台，现在几乎成了绝响。

　　既然是杂技博物馆，自然是有看的，也有玩的。博物馆一层有两个小型的室内互动表演场，有兴趣的可以在道具上试试走钢丝、顶碗、蹬伞，或是到蹦床上跳跳，体验一下杂技表演的难度。场馆中心还有一个露天的杂技表演场，面积有3400多平方米，可容纳3000人观看。二楼是陈列馆。看过以后会知道，中国最早的杂技在秦代叫角抵戏，汉代叫百戏，弄剑、跳丸、倒立、走索、舞巨兽、耍大雀、马上技艺、车上顶竿、人兽相斗、鱼龙漫延、戏狮等节目盛极一时……

　　馆内收藏了150多件传统的杂技文物，都是东北庄村民的家藏，有独轮自行车、花枪、飞叉和蹬技用的缸等。有一件杂技道具颇为引人注意——"西洋景"，过去杂技班出去演出时常带这玩意，匣子里装着画片儿，匣子上有放大镜，通过暗箱操作可以看到放大的画面，让人觉得很神奇。因为里面装的画片多是西洋画，故又称"西洋镜"。这些道具都充满了沧桑感，它们记录并且见证了东北庄杂技的历史与发展。

回銮碑下的"历史拐点"
濮阳澶渊之盟博物馆

来到濮阳澶渊之盟博物馆，便见大门上一副楹联：

谏真宗退契丹寇莱贤相垂千古
留胜迹传美誉御井甘泉泽万民

这就把博物馆的主题和事件的主角都说清楚了——发生在濮阳的宋辽"澶渊之战"，一直到现在都还是人们不断提及和经常议论的话题。

澶渊之盟博物馆　位于濮阳县御井街

大门正对着德政殿，后面还有个和同殿，这两座大殿是博物馆的主展厅。展示的内容，有宋辽两国围绕燕云十六州争夺的背景、宋辽进军的路线图、澶州南北城垣的防护图，还有宋辽两国幅员对比示意图、宋辽两国订立盟约（通常称"澶渊之盟"）的条款和誓书等。院中的碑廊上还刻有宋朝皇帝、大臣对两国结盟的利弊分析与评价内容，还有一口"御井"和一座碑亭，碑亭里有三通石碑，其中一通"回銮碑"刻的是《契丹出境》诗，传为宋真宗作、宰相寇准书，2019年被列入全国重点文物保护单位名录。

那个"澶渊之盟"，是从1004年宋辽两国间的一场战事引出来的。

辽，就是历史上那个由北方的契丹族建立的朝代。916年，辽太祖耶律阿保机建国号"契丹"，定都上京临潢府（今内蒙古巴林左旗）。936年，后唐河东节度使石敬瑭以称子、割让十六州为条件，求得辽太宗耶律德光助其当上了后晋皇帝。947年，辽太宗率军南下中原，攻灭五代后晋，于汴京（今开封）登基称帝，改国号"大辽"。但这番举动很快招来各地反抗，契丹在中原的统治难以维持，辽太宗被迫引军北返。到辽圣宗耶律隆绪时，其母萧太后摄政，其时继后周立国的北宋有意收复燕云十六州，宋太宗先后于979年、986年两度北伐，但皆为辽军所败。之后两国又打了十几年的拉锯战，其间多是辽攻宋守。

统和二十二年（1004），萧太后与辽圣宗亲率大军深入宋境六百里，跨越数十州县，兵锋直抵与汴京仅一河之隔的澶州——自石敬瑭割让燕云十六州后，护卫中原的北方天然屏障尽失，而处于北道之枢纽、大河之要津的澶州，却在有意无意间担当起大宋朝的重要门户。若澶州有失，宋都便危若累卵。当时辽军"势其盛，昼夜攻城，击鼓伐木之声，闻于四面"，而朝中的主战派与主和派却还在那里等着皇帝表态——大臣王钦若主张迁都升州（今江苏南京），陈尧叟主张迁都蜀地益州（今四川成都），惟宰相寇准力谏宋真宗御驾亲征，最后宋真宗应允。就在战前的关键时刻，辽军先锋萧挞凛出阵观察地形，被澶州北城守城的宋军用床子弩射杀，让辽军未及出战先丧一员大将，士气大挫。其时宋真宗已经抵达澶州南城，在寇准力促下登上了北城门督战，众将士望见皇帝身边的黄龙旗皆高呼万岁，"声闻数十里，气势百倍"。眼看宋军胜利在望，但有着恐辽心理的真宗却不想把仗再打下去，他觉得收复燕云十六州也只是嘴上说说，还不知道能不能实现，眼下让辽撤军、罢兵息战比啥都现实，于是派宋使前往辽营谈判，准备用议和的方式解决军事对峙；萧太后也能审时度势，很快就改变了主意，决定挟大军南下余威摆脱眼前的困境，从谈判桌上拿回战场上得不到的东西。

双方在澶州城下订立的盟约是，宋、辽"以兄弟之邦礼尚往来"，宋国每岁向辽国"以风土之宜，助军旅之费"绢二十万匹、银十万两，运至雄州交割；辽国则承认宋国的原边界，退出占领的河朔。两朝沿边城池，一切如常，不得创筑城隍。双方于边境设

濮阳澶渊之盟博物馆

御井和回銮碑

置榷场,开展互市贸易。盟约以宣誓结束,"誓书之外,各无所求。必务协同庶存悠久。自此保安黎献,慎守封陲,质于天地神祇,告于宗庙社稷,子孙共守,传之无穷,有渝此盟,不克享国。昭昭天监,当共殛之"。

这样一个结果,对辽国来说,不仅使契丹从孤军深入的军事险境中得以安然脱身,而且每年还能得到数额可观的岁币;对宋朝来讲,本来一场正义保卫战,只要敢于反击就能取得威慑性战果,但最终却弄了个"纳币求和"的局面。只是任何事物都有它的两面性,无论史家如何评说,"澶渊之盟"毕竟结束了中原政权与辽国的战争状态,从而形成了一个"百年和局"——宋辽休养生息不加兵者百余年。

上了些年纪的人,想必儿时都听过说书先生讲《杨家将》,那位萧太后因杨家将满门忠烈尽折其手而遭至丑化,成了一个阴毒嗜杀的"女魔头"。其实这是小说家的立场。萧太后也是一位精明过人的女中豪杰,她摄政期间辽国进入了两百年间最为鼎盛的时期。

从两殿转入东院,便看到院子中间那口"御井"和那座碑亭。

那口"御井",《一统志》里说:"泉极甘冽,真宗驻跸时所凿。"当年宋真宗赴澶州抗辽时驻跸于此,曾喝过这口井里的水,因水甘冽,故名。御井来头大,传说也多,由此享誉的"御井甘泉",旧为"开州八景"之一。

那座碑亭,内有三通石碑,正中那个就是回銮碑,又称契丹出境碑。石碑原高2.6米,宽1.3米,上面刻着真宗班师回京之前写的一首诗:"我为忧民切,戎车暂省方。征旗明夏日,利器莹秋霜。锐旅怀忠节,群凶窜北荒。坚冰消巨浪,轻吹集嘉祥。继好安边境,和同乐小康。上天垂助顺,回斾跃龙骧。"字大如掌,苍劲挺拔,以志"亲征胜辽"。宋仁宗赵祯在位时,下诏将其父赵恒的回銮诗刻石立于澶州州廨,建信武殿专以供奉。现殿早毁,碑亦残损,后人重建了碑亭。

仓亭之上探寻汉字起源
南乐仓颉文化博物馆

《大明一统志》里说，仓颉是南乐县谷王方山吴村人。吴村，就是现在梁村乡的史官村。村里有仓颉陵，有仓颉庙，还有一座高高大大的造书台。在豫北、冀南一带，史官村以"抬脚踏两省（河南、河北），伸手摸三县（魏县、大名县、南乐县）"而小有名气。当然，这主要还是与村北头仓颉名下的陵、庙、台有些关系。虽说像这样的文化遗存并非南乐一处有，至少在陕西的白水，山西的临汾，山东的寿光、东阿，还有河南的开封、鲁山、虞城、洛宁、原阳等地都发现过——历史上这种事情几乎没有不引起争议的，但各地对这种事情都可以从传说、记载乃至出土文物中找出很多依据来，南乐也不例外。他们依托史官村的历史古迹与文物奇观，建起了这座仓颉文化博物馆。

仓颉文化博物馆　位于南乐县梁村乡史官村北

对于史官村仓颉庙的始建年代，即便按碑记"历汉唐以来，未尝稍替"的说法，也有一两千年了，其间仓颉庙屡遭劫难，屡毁屡建。规模最大的一次修建是在明朝天启年间，而破坏最厉害的一次却是在"文革"期间，仓颉庙成了废墟，山门、拜殿成了一堆碎砖烂瓦，最后连这一堆碎砖烂瓦也被村民拉去盖了房子。石碑大多被砸断——所幸近30件残石留存了下来，成为复原时的依据；那些雕刻精美的石望柱被搬去盖了牲口棚，有的就立在地上拴牲口用。仓颉陵也被扒开了，从里面挖出了不少奇形怪状的东西。这些东西经专家鉴定，竟是龙山、仰韶文化时期的器物。

同其他地方的博物馆一样，南乐仓颉文化博物馆也有几个小故事。

仓颉庙里有副对联："盘古斯文地，开天圣人家。"书者，乃大宋有名的宰相寇准。原来，在北宋与辽国订立"澶渊之盟"后，寇准专程来到南乐仓颉庙，亲自拜谒了仓子爷并写下这副对联。据说寇准在写下这副对联后，又在上联顶端书了一个"日"字，下联顶端写了一个"月"字，故又称"日月联"。要说这寇准在朝廷脚下的开封城里的仓颉庙未着一墨，却跑到几百里外的南乐祭拜题字，想是在他的心目中，南乐仓颉庙的分量要重些。

仓颉庙里的仓颉像是个"四目灵光"的面相。四目者，双瞳也。传说的目为重瞳者有8位：仓颉、虞舜、重耳、项羽、吕光、鱼俱罗、高洋、李煜。仓颉是黄帝时代的造字圣人，虞舜是三皇五帝之一，晋文公重耳是春秋五霸之一，项羽是西楚霸王，吕光是十六国时横扫西域的后凉国王，鱼俱罗传为击杀李元霸的隋朝名将，高洋是北齐建立者，李煜是南唐后主。传说中的双瞳者，均非一般人物也。

仓颉庙里还有两通碑，方方正正，与通常所见不同。两碑正面分别刻着"三教之祖""万圣之宗"，碑侧是重修史皇圣祖仓帝文庙正殿寝阁碑记。虽说碑文的撰者、书者都是当时的朝廷要员，但让观者饶有兴趣的，却是在两通方碑上不太起眼的地方。

一处在"三教之祖"方碑的碑阴高处，上面刻有几行小字，是当地官绅捐银修庙的记录。而记在大名府知府向胤贤名下的，却是"捐银拾两未给"。原来，南乐在明朝归大名府，当时仓颉庙倾颓，朝廷内阁大学士魏广微、吏部尚书崔景荣、刑部尚书李养正、工部尚书李从心、监察御史梁天奇等人奉旨建庙，规格够高的。竣工时立方碑以记其盛。其

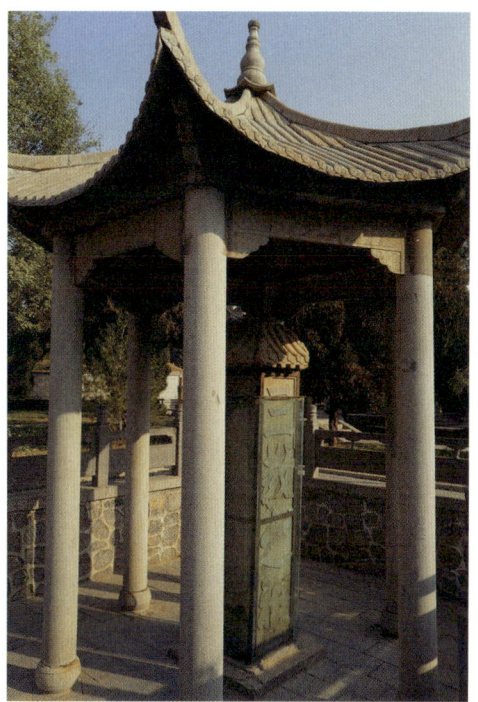

仓颉庙两通方碑

时南乐民贫，知府向胤贤号召大名府各县踊跃捐资，并带头表态捐银十两，属下十几个知县也都许诺各捐银五两，并公推南乐知县叶廷秀操办。叶知县就把各位捐银的数目刻到了碑上，可等他向各位收银时，向知府却一文不出，其他知县也只捐了一两。叶廷秀耿直信义，便在向知府"捐银拾两"名下补刻了"未给"，在其他"捐银五两"的知县名下补刻了"止给一两"。知府、知县自知理屈，只得认了。至今方碑上的字迹仍然清晰可辨。

另一处在"万圣之宗"方碑左侧，有一段碑文，说是明正统年间，英宗下旨寻访各地兴建仓颉庙的情况，南乐知县张清有所不敬，未按太牢之礼祭祀，结果没过多久举家回乡探亲，途中过河时翻了船。"阖家葬江鱼腹中，岂非圣祖（仓颉）震怒而肆之罚也？"虽说有些牵强，但可以想见当时人们对仓夫子有多么敬重。

当然，对于初来乍到者，史官村的百姓也会说到仓颉庙的藏甲楼。本来这座楼是叫藏经楼的，可当时担任大名镇守使的孙殿英非要改名。据说有次他来仓颉庙，见后楼

仓颉造书台遗址

挂的"藏经楼"匾额就大声嚷嚷起来:"错了,错了,这藏经楼是寺院的东西,咱仓夫子又不是庙里的和尚,藏什么经嘛,给它换了。"他不知怎么就想起这文字最早是刻在甲骨上的,于是便把"藏经楼"改成了"藏甲楼"。行伍出身的孙殿英歪打正着,自此,这"藏甲楼"的匾额就一直在仓颉庙的后楼上挂着。

仓颉庙东侧有个仰圣门,始建年代不详,已知明清两代都有过重修。门上的"仰天门"三个字,为张岱年先生所题。门前有两根明代阳刻石柱,堪称古代石雕艺术之佳品。仰天门往东去,便到了仓颉陵前的朝天门。门正中石匾额上的"史皇圣庙"四个字,为清康熙年间南乐知县方元启题书。两侧"文宗""字祖",为康熙年间曲阜贡生孔尚义所题。孔尚义名气不大,做过南乐县丞,但要说到他哥孔尚任——《桃花扇》的作者,那可是一位大名鼎鼎的人物。陵前旧有石狮、石人、石牌坊等,史书记载为明隆庆年间南乐知县刘弼宽所置,可惜在"文革"中给毁了,后来复建时找回几件,已是残缺不全。

陵上青草葱郁，人称"儿女草"。当地有民谣："薅个草儿，生个小儿；刨个根儿，生个妮儿。"说是谁家想生小孩儿，到仓陵薅上一把草，用红绳系牢，放入怀里，取个名字，一路上走着喊着，到家里把草压在床下，日后便能生个如意儿女来。

绕过陵墓，后面便是仓颉造书台。相传汉代以前为一土丘，上面有座古亭名仓亭。东汉末年，袁绍、皇甫嵩与黄巾义军大战于此，是为"仓亭之战"。唐宋以来，常有文人雅士于此登高望远、临风吟诵。后来说是为平整土地而被夷为田畴，台亭不存。如今的造书台为2010年9月重建。

每到春节，一些家住南乐或是周边的人们便会携家带口来仓颉庙赶庙会，或祈时来运转，或求生意兴隆；特别是一些家里有学生的，更是在字圣面前焚香祷告，祈盼自己的孩子能金榜题名。不少善男信女还会到仓颉陵前的树上拴根红绳，说是仓老夫子会保佑家庭幸福美满。庙会从农历正月初一热闹到正月二十四，其时人流如织、香火不断，遂成为当地一大景观。

品读曹魏许都三国文化
许昌博物馆

依托馆藏的万余件文物和最新的考古发现及研究成果,许昌博物馆围绕这座城市在中国不同历史阶段的发展情形——史前的"许昌人"、帝尧时代的许地、西周时期的许国、汉魏时期的许都、唐宋时期的许州、近现代的许昌,展开了一场文化寻踪,其中有很多发现是历史不能忽略的。

2007年和2008年在许昌灵井遗址发现的几十块古人类头盖骨化石,曾在国内外史学界、考古学界引起极大反响。用专家的话讲,这些古人类头盖骨化石可复原为一个完整的头盖骨,按考古惯例定名为"许昌人"。这位"许昌人"属于早期智人,他所生存的时代距今已有10万年。这个阶段正是"现代人"起源的关键时期,即由"非洲起源说"所推断的非洲智人走向世界取代各地直立人的时期。而在非洲之外首次发现的这一时期的"许昌人",对"非洲起源说"提出了挑战,同时也填补了中国古人类化石的缺环。

许昌博物馆　国家二级博物馆　位于许昌市魏都区许都路与智慧大道交叉口

1979年以来对禹州瓦店遗址的考古发掘，再现了颍河上游这座中心聚落在龙山文化晚期和大禹建都时期的重大历史事件。瓦店遗址面积有100余万平方米，在这里发现了大型的夯土建筑基址、左右对称的夯筑祭祀台、环壕以及大量的房基、灰坑、窖穴、墓葬等，出土了磨光黑陶的酒器等。尤其是一件蛋壳陶高柄杯极为精致，代表了新石器时代制陶工艺的最高水平，陶杯胎壁极薄，口沿胎壁仅厚0.01厘米。这些发现表明，瓦店遗址当年居住过一位高贵人物，举行过重要的礼仪活动，很有可能是"禹居阳翟"和夏启"钧台之享"的王都之地。

帝尧时代，高士许由的部落在今许昌境内的颍水流域拓荒造田，后来这一带便被称为许地。许氏氏族是炎帝神农氏的后裔，"许"字古作"鄦"，有林木茂盛之意。许地应该是一个适宜于农林耕居的地方，"神农教耕劝种尝百草"的典故或许就是从这里流传开来的。西周初，周成王封太岳伯夷之苗裔文叔于许地，建许国，在今许昌建安区张潘镇的古城村修筑城池。春秋战国时期，秦王政以许国地置许县。东汉建安年，曹操至洛阳迎献帝于许县，由此留下一个"许都"之美名。其时曹操"挟天子以令诸侯"，在许都屯田聚粮，招纳军队，用人唯才是举，用兵仗钺征伐，赢得大批人士归心，既实现了北方统一，又掀起中国诗歌史第一个高潮，使得许都成为三国文化和建安文学的重要发祥地。三国魏黄初年，魏文帝曹丕以"汉亡于许，魏基昌于许"，改许县为许昌。唐宋以至明清几个朝代，许昌又被叫过许州，大概是在辛亥革命后，才又恢复"许昌"的叫法，并延续至今。

许昌博物馆的汉画像石展厅

在许昌博物馆的馆藏文物中,汉代的东西是比较多的。像汉画像砖就有300多块,这也成了许昌博物馆的一大特色。还有一部分是许都故城发掘出土的。像战国玉璧、汉代铜鼎和铜司马将印,再如品类繁多的汉砖汉瓦,上面的云纹、绳纹、鱼纹、凤纹、花叶纹饰漂亮极了。尤其是在皇宫区出土的带有汉画的青石栌斗、刻有"万世千秋""千秋万岁"铭文的完整瓦当,以及高浮雕的"四神"柱础——上面刻着青龙、白虎、朱雀、玄武,不难想象当年许都的奢华与绮丽。

馆藏一件印着"万岁"的汉砖和两片印着"千秋万世"的瓦当,便是出土于汉魏许都故城。这块汉砖并非那种长方形,而是一头宽、一头窄,窄的一头篆刻有"万岁"字样。两片瓦当,一片在当中刻了个蟾蜍图案,伸出的四肢将当面分成四区,间饰篆书"千秋万世";另一片在当中刻了个龟形图案,双线界格将当面分成了四个区,间饰篆书"千秋万世"。蟾蜍被视为吉祥物,说是能招财进宝。乌龟有灵物之称,有长生不老之美意这两件文物。应是东汉晚期皇室御用之物。

一件印着篆隶"阳遂富贵大吉利"字样的汉砖,也是出土于汉魏许都故城。专家考证,"阳遂"应为"阳燧"之简写,这在汉代陶文或金文中经常见到。文献记载,西周时,人们就掌握了利用阳燧取火的技术。阳燧是在日下取火的一种青铜工具,通俗讲,就是利用光学原理取火的古代版打火机,圆形凹面,放在日光下可以聚光于中心,中置艾绒使其燃烧以取火。汉代人把对火的崇拜凝聚到一块块灰色砖面上,浓缩成一句"阳遂富贵大吉利"。意思就是有

东汉阳翟瓦当

阳遂富贵大吉利汉砖

汉代"上人马食大仓"画像砖

了阳燧这物件，人们就可以取火用火，过上富裕而又尊贵的幸福生活。

一件榜题"上人马食大仓"的汉画像砖，1988年从许昌县五女店镇征集，这地方离古城村非常近。砖长45厘米，宽16厘米，正面为浅浮雕兼阳线刻，右侧有宫阙和仓楼，阙下有一持戟吏，仓楼旁有一株常青树，树上栖一瑞鸟；左侧有一马驾轺车（轺者，四面敞露也）飞驰而来，上置伞形华盖，舆内端坐二人，前驭后乘。这块汉砖虽经千年，仍保存完好，砖上的画像不仅轮廓分明，且人物五官惟妙惟肖，就连驭者手挽的缰绳、马颈上的鬃毛、车轮辐毂轵等都清晰可见，充分显示了汉代艺术家丰富的生活实践和高超的雕刻技巧。轺车上方的"上人马食大仓"，直白一点说就是"做人上人，骑高头大马，吃皇粮"，表达了汉代时人们对富贵名禄的追求。

立于博物馆大厅的一尊汉代石辟邪，用整块青石雕成，高2.03米，长2.3米，宽1.01米，头高昂，口大张，呈怒吼状，两侧长有一对翅膀，腹下四蹄缺失，隐约可见飒沓急奔的模样。这尊石辟邪2005年出土于襄城县颍阳镇一所中学院内，最早是东汉开国名将王霸墓前的神兽。颍阳镇新杨庄村东北原有四个大墓冢，据说是王霸及承袭侯位的两个儿子、一个孙子的墓地，人称"四侯冢"。王霸是颍川颍阳（今襄城县）人，跟随刘秀重兴汉室江山，先后受封王乡侯、富波侯、向侯、淮陵侯，列云台二十八将，汉明帝永平二年（59）因病隐退，去世后归葬故里。这尊石辟邪在其后漫长的岁月里一直守护着王霸的墓冢。"文革"中四座汉墓被铲成平地，石辟邪有幸被人运走埋在地下保护了起来。虽说肢体有些残缺，但气势威武雄壮，其他馆藏文物难以与之比肩，因此享受着"镇馆之宝"的殊荣。

汉代灰陶母子俑

  还有一件三国时期的"位至三公"铜镜，是文物部门从张潘镇古城村征集来的。铜镜直径有10厘米，厚3毫米，镜体花纹简单，唯球形圆钮大而突出。镜铭"位至三公"，应该是对官位尊显的称颂。这类器物在殷商以前为王室勋戚、高级贵族专用，秦汉以后逐渐"飞入寻常百姓家"。到唐宋时期，铜镜得以大量铸造，逐渐成为人们生活中的必备品及男女表达爱情的信物，就连皇帝也常以铜镜赏赐群臣。

  一件汉代的龙虎人物纹陶灶，很像现在家里用的燃气灶，正中有两个火眼，上有两釜；灶前壁有拱形灶门，两侧各有一人，皆头戴笼帽、怀抱幼子；灶壁两侧有一龙一虎，龙张着大口，须角后扬，背生双翼，身卷曲做飞跑状，似欲腾空；虎张牙舞爪，双目圆睁，似发现猎物，正欲捕捉。后壁还有个虎猪搏斗图，虎在左上，前爪作扑状，显得凶猛；猪在右下，四蹄朝前几欲仰倒。在汉代，人们对灶台极为重视，《汉书·五行志》称："灶者，生养之本。"当时人们相信死了以后会到另一个世界继续生活，于是就把日常生活器具作为陪葬品带到了墓里。除了这件长方形的陶灶外，馆里还藏有方形、圆形和马蹄形的陶灶，灶眼或单或双，或带甑或带釜，灶台还模印有鸡、鸭、鱼、鳖等图案，充满了浓郁的生活气息，生动地再现了一千多年前汉代人的饮食习俗。

  当然，说到许昌博物馆的镇馆之宝，不能少了这座北齐八棱千佛石幢。石幢高1.98米，幢身高1.68米。天盖为八角八面，其中七面雕有佛像，余一面刻字。幢身为等边八棱，每面浮雕125个佛龛，每龛一佛，共八面，计千佛，均结跏趺坐于仰莲式须弥座，手作禅定印，是谓"结跏趺坐"，由神秀大师所传，是初学佛法者修行最为方便的法门。石幢古时常见于寺庙，上面刻有经文图像，下有座，上有盖，状如塔。石幢于1987年出土于许昌市区八一路一处工地，施工人员从地下一米多深的土层里发现了它。遗憾的是，这尊石幢仅存天盖和幢身，底座已失。

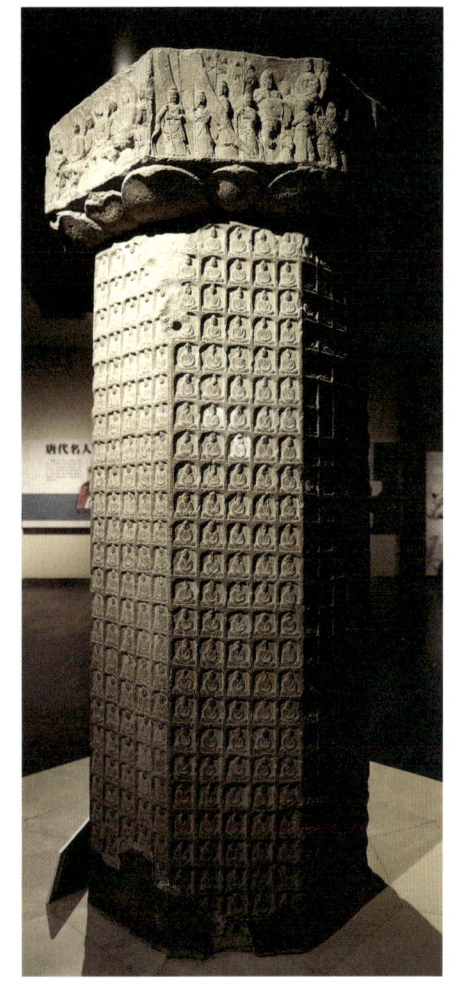

北齐千佛幢

宋代官办的制瓷作坊
禹州钧官窑址博物馆

钧官窑址博物馆建在禹州宋钧官窑遗址保护区内。来这里参观的游客，除了要看看古老的钧官窑址外，可能待在钧瓷展示区的时间会更长些。主体标志像是一个窑口，里面是满当当的瓷器。在这里，能领略到钧瓷的产生发展及制作工艺、成器道式的文化魅力，还能近距离地欣赏到钧瓷的制作工艺流程，并且可以参与其中，亲手设计制作一件属于自己创意的钧瓷艺术品。

"钧窑"之名，应该是与禹州城的这座古钧台有些关系。相传夏启在这里搞过开国大典，使其成为中国最早一个朝代的标志。窑以"钧"名之，让这个记忆显得更悠久、更独特、更厚重些。

钧官窑址博物馆　国家二级博物馆　位于禹州市钧官窑路492号

钧窑属北方青瓷窑系，受唐代花瓷影响，历史上曾有过"唐代花瓷是钧瓷之源"的说法。经五代到北宋，钧窑的工艺逐渐成熟，尤其是在烧制中出现的"窑变"现象，使得含有铜质的釉料在通红的窑火中幻化为海棠红、朱砂红、鸡血红、玫瑰紫等丰富多彩的釉色，彼此渗透，于是就有了"入窑一色，出窑万彩"之誉，打破了青、白、黑单色瓷一统天下的格局，遂成为宋元以来的名窑之一。

钧窑生命力很强。它从最早的"宋钧"到后来的"官钧"一直薪火相传，世代不绝。金、元时期，钧窑瓷器的生产甚至比宋朝还普遍，生产范围从河南扩大到河北、山西和内蒙古等地，形成了以禹州神垕为中心的"钧窑系"。大约是在明清以后，钧窑渐入低谷，神垕镇那些原本烧造美丽的玫瑰紫、海棠红钧釉的钧窑场，已经破败得只能做些酒缸醋坛之类的粗瓷了。此时，传世"宋钧""官钧"成了稀世之珍。

清光绪年间，神垕镇的卢钧窑烧出仿宋"雨过天青"器，几乎完全可以同宋钧相媲美——就连大英博物馆都把"卢钧"当作宋钧珍藏了。当时，郑州、开封等地的古玩店门口都挂出了"谨防卢瓷"的招牌，文献上也能查到诸如"禹州神垕镇卢钧善仿宋钧以假乱真"的记载。中华人民共和国成立后，卢钧窑的传承人卢光东手把手培养艺徒，终使一度濒于失传的钧瓷窑变获得新生，千年古钧重放光辉。卢光东门下的刘福安，后来成为钧瓷界首位中国工艺美术大师。

但是，对于钧瓷的烧造年代，曾是中国陶瓷史上颇具争议的一个学术焦点。

很长一个时期，人们一直没有找到能证明钧瓷烧制于宋代的记载。20世纪60年代禹县（今禹州市）开展古窑址调查时，在城东北角找到一处窑址。据说这处窑址在民国初就被一位古董商发现了，挖出过一些钧瓷片，但他一直秘而不宣。这一次县里在调查时组织采挖，出土了很多比其他窑口更好看的钧瓷片。只是当时没人知道这就是官钧，最后送到北京请古陶瓷专家陈万里先生鉴定，才得以确认。

1974年，当时的河南省文物工作队在赵青云先生带领下，对禹县城北门内的钧台窑址进行了钻探和重点发掘，在这里找到了7座烧制钧瓷的窑炉和烧制的官钧瓷器标本，瓷器的造型、釉色与传世宋钧无异。窑炉后来整理出两座用来研究和参观，两座窑炉间距10米左右，一座"双火膛"窑炉，其窑室前侧两个并列的火膛及长方形的窑室结构是中国历代瓷窑中较为特殊的一例，据说能有效地改善烧成条件。另一座倒焰窑，古代北方常见，但禹州这一座却是目前国内保存最完整的。烟道设于窑后，特点是蓄热量大，最高可达1300℃；散热慢，即使窑门扒开也不会出现风惊炸袭；高温逐渐冷却，很容易使钧釉光亮并出现细碎开片。这两座窑炉的发掘，向世人展示了官钧窑变的原理。赵青云先生在1975年第6期《文物》中发表了文章《河南禹县钧台窑址的发掘》，文中说："从这次发掘材料来看，钧瓷创烧于北宋初期。"

2001年秋冬季节，北京大学考古文博学院和河南省文物考古研究所在秦大树先生带领下，联合对禹州神垕镇刘家门村的钧窑遗址进行了考古发掘，找到一座长方形分室土洞式窑炉，其形制显得很独特，既不同于北方的馒头窑，也不同于南方的龙窑，属首次发现。秦先生在随后发表的发掘报告中认为，神垕镇刘家门钧窑创烧于北宋末期的徽宗、钦宗时期（1101—1127），"是北宋末期兴起的一个以生产高档瓷器为主的窑场，部分产品仿制汝窑，但自己生产的青釉、红釉瓷也极具特色"。这一次考古发掘被评为2001年度"全国十大考古发现"，所以影响很大，对"钧窑始烧于北宋"一说形成有力支持。

而北京大学考古系讲师李民举在他撰写的《陈设类钧窑瓷器年代考辨——兼论钧台窑的年代问题》一文中，通过对"北宋说"的几个关键证据如"宣和元宝"钱范、"花石纲"、钧台窑址共存器物以及相关明清文献的分析考证和研究，则认为这几个证据都不能令人信服。又通过对宋元明各代器物的排比分析，得出与先前国外学者基本一致的结论：钧台窑瓷器具有明显的元及明初风格，其年代亦应在这个时期，即15世纪左右，跨越元明两个时代。美国华盛顿的弗利尔美术馆和哈佛大学的赛克勒美术馆是收藏陈设类钧瓷较多的两家美术馆，20世纪前半叶他们按照中国学者的观点将这些器物定为宋代，但到了20世纪六七十年代弗利尔美术馆就将所有的陈设类钧瓷的年代由宋改为元，哈佛大学也将其定为元代。这一观点在国际上也被日益增多的学者接受。

钧台窑遗址

古陶瓷专家刘涛通过对钧瓷源流的追溯、对钧瓷兴起的历史背景的分析及对钧瓷典型器的排比研究，认为"钧瓷的产生、发展与汝瓷有着密切关系，它最初可能是作为'民汝'的一部分或一个分支，在对汝瓷的仿烧中经历了'亦汝亦钧'的演变过程，逐步形成一个独立的品种；它大量烧造并形成气候而成为北方地区有影响的瓷器品种，当在金元时期"。刘先生认为，官钧成熟的烧造有一个发展过程。而在北宋末，包括今禹州在内的豫中西部地区乃至整个南北方窑业，我们还看不到"官钧"赖以产生的工艺技术基础。(刘涛：《宋瓷笔记》)或许，争论争论也好，疑惑可能慢慢消除，真相可能渐渐明了，毕竟钧瓷是人们经常会谈到的一个重要话题。钧瓷的影响与地位，也有后世钧瓷艺人继往开来所发挥的作用。

金代钧窑天蓝釉紫斑花口碗

金代钧窑天蓝釉红斑碗

元代钧窑天蓝釉紫斑碗

宋代钧窑豆青釉罗汉碗

金代钧瓷深腹缸

当然，若想对当下的钧瓷有深入的了解，最好是到神垕镇上走一趟。有兴趣的话可以看看晋佩章先生的《中国钧瓷艺术》、李争鸣先生的《追根求源话钧瓷》和《中国当代钧瓷名家》、王洪伟先生的《钧窑通史》，书中对钧瓷大师晋佩章、刘福安、孔相卿、杨志、杨国政、任星航、杨晓锋、苗长强、刘建军、晋晓瞳、丁建中、苗峰伟、高根长、李建峰等人的作品有深度述评，并且以新的研究扩展了探究钧窑历史的多种视角，对钧窑传世窑器的烧造、流变、断裂、延续等重要节点做了更为系统的阐述，尤其是对考古界、学术界长期论争的钧窑史进行了耐心梳理，不断逼近钧窑史的真实全貌。

展示工艺大师的传奇之作
禹州钧瓷文化博物馆

在"钧瓷之乡"禹州，眼下已有7位钧瓷大师——刘富安、孔相卿、杨志、杨国政、任星航、苗长强、杨晓锋荣获中国工艺美术大师称号。而以钧瓷为主题的博物馆，目前也建了好几家，像钧官窑址博物馆、钧瓷博物馆、钧瓷文化博物馆、钧瓷窑炉博物馆、宣和陶瓷博物馆、宋元钧瓷标本博物馆、唐钧博物馆等，馆藏各具特色，各有千秋。其中，钧瓷文化博物馆是由中国工艺美术大师、国家非物质文化遗产代表性传承人孔相卿创建，目前已经被列为国家二级博物馆。千余件藏品，烘托出以钧瓷发展为主题、以钧

钧瓷文化博物馆　　国家二级博物馆　　位于禹州市颍北大道北段钧瓷文化园

钧瓷文化博物馆展厅

瓷烧造时代特点为主脉的"钧韵天成"基本陈列，全面呈现了钧瓷制作工艺的文化价值和艺术价值，着实让人大开眼界。

作为孔家钧窑的掌门人，孔相卿从艺45年来，从无间断对钧瓷釉色、工艺造型、烧成方式等工艺技术的研究和探索。他在宋代钧瓷铜红釉独领风骚千余年后，又成功地烧制出铜系青蓝釉、铜系金红釉，将钧瓷釉彩推至陶瓷美学新境界，他的作品集传统艺术与当代美学于一体，彰显出大师深邃的思想境界和高超的艺术水准。他的作品多次在全国大赛中获奖，其中伟人尊、国泰鼎、丰尊、小口瓶等器型的作品先后被中国国家博物馆、中国美术馆、中国工艺美术馆收藏，有的已连续十几年被选定为国礼。所以，很多人到了这里，就是想看看孔相卿大师的作品。

博物馆的一楼大厅，陈列着孔家钧窑的珍品。

一件九龙鼎，高110厘米，长、宽各90厘米，采用传统的"盘条"工艺纯手工制作，经传统煤窑烧制。其造型古朴端庄，釉色丰富多变，鼎腹装饰九条龙形耳饰，每条龙形耳饰周身乳钉达百余处，整个鼎器周身粘接点超过千处，而下部只有三个空心的鼎足作为支撑。这么大的器型，粘接点又那么多，烧制过程中稍有不慎，就会有炸裂、坍塌等意外出现，成品率极低。但孔相卿硬是靠着手上的真功夫将九龙鼎成功烧制，彰显了大师制作高难度钧瓷艺术品的非凡功力。

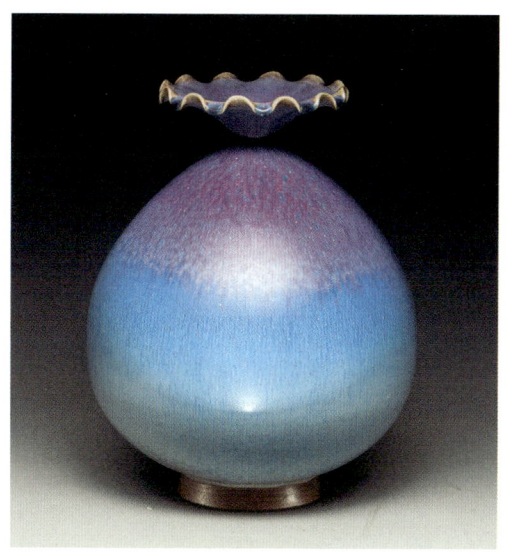

孔家钧窑荷口玉壶春瓶　　　　　　　　　　　　孔家钧窑直口瓶

　　一件华泰尊，2018年9月在中国—东盟博览会上作为国礼惊艳亮相，它让众多的瓷器爱好者认识了一种全新的钧瓷釉色——铜系青蓝釉。如果说传统的红紫釉色代表的是一种尊贵，那么这种流光溢彩、浑然天成的铜系青蓝釉就是创新与传承的结合。这种釉色以松石蓝为主体，其间伴随着霞红、霏紫等釉色的窑变，同时又有金斑、石锈斑、雀眼、蘑菇斑等自然窑变斑纹如星罗棋布点点溢出，凸显碧海青天、紫霞生烟的美妙意境。

　　一件铜系金红釉壶，是孔相卿经过数年攻关的最新成果，他用铜的氧化物替代黄金作为着色剂，使得整个壶身色彩饱满、厚重贵气，突显高贵富丽，给人以强烈的视觉冲击力。壶小乾坤大，一壶一世界。造型是孔相卿的优势，他先后推出了圆满壶、招财壶、平安壶、中原壶等十几款风格独特的钧瓷壶系列，变化万千的窑变艺术为钧瓷茶器增添了不同一般的美感。

　　一件荷口胆瓶，高28厘米，径22厘米，造型优美，窑变瑰丽，那些层次分明且色彩斑斓的釉色似浑金璞玉得天地灵气，又如深谷幽兰空灵隽永，将钧瓷窑变"出神"的特点表现得淋漓尽致……

　　禹州神垕镇四面环山，做钧瓷的原料很多，根据不同瓷土的理化性质、按照生产的需要进行配方，就可以创作出"入窑一色，出窑万彩"的钧瓷作品。一种配方的原料可以枯竭，但改变配方后，就会有更多的原料可用。在别人眼中看到的是泥土，到了孔相卿的手里就变成了传世的宝贝。"莫道世上黄金贵，不如孔家一把泥"，神垕镇这一把泥，成就了一位中国工艺美术大师、国家级非物质文化遗产项目传承人。

自孔家钧窑成立以来，孔相卿先后开发出上百种釉色。其中最让他兴奋的是他在烧制过程中发现铜系青蓝釉的过程——2008年的一天，孔相卿打开窑门，看见一种完全不同于以往铁还原的青蓝釉出现在瓷器上，发色清新自然，"这应该是铜元素还原的作用"，艺术家的直觉告诉他，铜经过高温窑变后不仅会产生红色，还会产生蓝色，而且这种铜还原的青蓝要比铁还原的青蓝更亮丽。于是他不断调整釉的配方、控制钧瓷在烧成过程中发生的物理化学变化，终于在宋代钧瓷铜红釉独领风骚800多年后，于2011年成功创烧出铜系青蓝釉。此时这种绝妙的釉色已不再是"偶然得之"，而是实现了可重复的工艺生产。10年后，孔相卿又研创出还原火烧制的铜系金红釉，其窑变有彩虹金、满红金、玫瑰金、麻点金、红金绿彩、红金粉彩、红金蓝彩、红金银彩等多种效果，从而将钧瓷铜系工艺引入"金光灿灿"的新时代。这是钧窑史上继铜红釉、铜系青蓝釉之后的又一次革命性创造。

孔相卿能成为当代钧瓷的领跑者，在于他不因循守旧和独特的思维方式，

孔家钧窑泰和尊

甚至在一些工艺的创新上实现了理念上的颠覆。一直以来，人们都认为钧瓷的窑变可遇不可求，属于无形之手的神来之笔，人力无法参与其中。这给钧瓷披上了一层神秘的面纱，也让钧瓷的美显得偶然天成。但孔相卿觉得，古人从来没有对窑变进行过深入探索和研究，便把不可控当成了既成事实。其实窑变就是一门科学，自有其科学道理，明白了这个道理，就能在窑变中对釉色把控做到随心所欲。在经过大量实验后，孔相卿更加坚定了自己的判断——窑变是一种高温化学反应的现象，它在还原条件无法完全满足的情况下，就会出现烧而不成的结果，而传统的柴窑或煤窑都不能充分满足窑变的条件。为此，孔相卿几乎翻阅了国内所有瓷器烧制的资料，创新设计出烧制钧瓷的液化气梭式窑炉，运用计算机编程、自动阀门和温度传感器来控制气体燃料和氧气的注入以及窑内温度的变化，实现了对窑温和气氛的精准控制，由此不仅烧制出了历史上比较名贵的传统釉色如鸡血红、桃花红、海棠红、朱砂红、宝石红，而且还烧制出了当代钧瓷之美的美人醉、紫金斑、拉丝红、紫藤釉、星辰釉、雪里红、锦彩釉、孔雀尾、石光釉、玉青釉、霁蓝釉、彩霞斑、松石蓝、彩虹金等釉色，创造出中国陶瓷史乃至世界陶瓷史上绝妙的"窑变"奇迹。

　　除了釉色的创新，在器型和工艺上，孔相卿也从延续了上千年的传统中突围而出。过去烧制钧瓷，基本上用的是柴窑和煤窑，胎体叠烧必须装匣钵，否则摞到一起就会变形；而且煤窑里面煤灰多，不隔绝，瓷器也会受到污染。但匣钵耗能高，对器型也有很大限制。采用液化气烧制后，不再装匣钵，改用耐火材料做成的拼接板，不仅节能，还可以拆装，随器型的变化调整大小，什么样的钧瓷都能烧。孔相卿研创出器物成型活环无蜡连接法、大型器皿内支法、口小肚大器型倒灌法、人物和动物造型结构分解法等十多种新工艺。可以说，泥土的滋润、窑火的淬炼、瓷艺的精进，渐变为精神的佳酿，已经成为大师全部的生活。

窥探宋元古钧的美丽传说
禹州宋元钧瓷标本博物馆

禹州神垕镇西南隅大龙山下，宋元钧瓷标本博物馆顺着奇峻的山势凸显出三组不同风格的建筑群，依次分为标本展示、宋元钧瓷复烧作品陈列、钧瓷传习（泥塑、拉坯、烧制体验）三个展区。各展区之间以花木相隔，又以红砖和五颜六色的瓷片铺砌的台阶相接。陡峭处的栏杆是用废弃的石磙围起来的，两边的院墙是用旧匣钵垒筑起来的，中间的路面是用一扇扇旧石磨垫起来的。倘若上上下下、里里外外走几趟，便会觉得把一座访古叙旧的钧瓷标本博物馆建在这里，实在是一个好主意。

博物馆的创建者叫王建伟，河南工艺美术大师，地道的禹州人。

从挂着"宋元钧瓷标本博物馆"牌子的大门走进去，眼前便是第一展区。

禹州宋元钧瓷标本博物馆　位于禹州市神垕镇

宋元钧瓷标本展室

    靠右侧一排，五个窑洞式的展厅显然经过巧妙设计，尽显"土气"与"拙味"，里面展示了王建伟近30年来追随钧瓷文化发展的历史印迹——10万余片钧瓷标本是他从钧瓷的各个窑口搜集来的，这些色彩斑斓的瓷片标本沿着时间的轴线从宋朝走过金元、走过明清，一直走到现在。这些带着温润釉面和质朴本色的瓷片标本不管被弃世多久，始终都保有着生生不息的生命力，也因王建伟慧眼识珠，竟从一枚枚残缺不全的古瓷片中辨别出不同历史时期钧瓷基因的排列组合。展厅还展示了古时烧制钧瓷的各种原料，这让到访者很清楚地了解到每一件钧瓷所需的坯料、釉料都是由哪些矿物质组成的。坯料中有黏土、石英和长石，黏土是基本的可塑性材料，石英是保证烧制过程中器形稳定的材料，长石是在烧制过程中促进坯体熔解的材料；釉料中有白长石、黄长石、石英石、方解石、釉本药、铜矿石、铝矿石、铁矿石等。这些材料在钧瓷烧制过程中对色彩的形成发挥着不同的作用，在"窑变"中幻化出诸多神奇的效果。

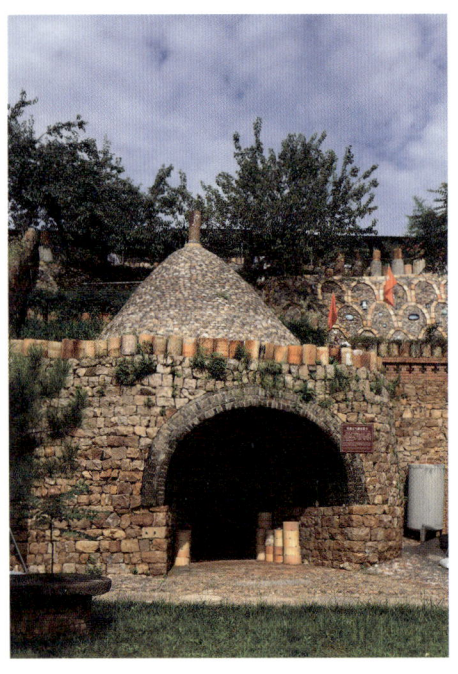

金元时期常用直焰式马蹄窑炉 20世纪50年代初复建

王建伟烧制的钧窑作品

  展厅一侧，有一座20世纪50年代初复建的直焰式马蹄窑（因其前圆后方呈马蹄状而得名）。这种窑炉是金元时期常用的窑炉，现在多半时间用来接待到访者，很多人会好奇地走到里面看看层层摞起的匣钵、层层相叠的窑顶。窑炉的容量约为30立方米，可以看出那时的窑炉基本上都是侧烧直焰式，出于保温的需要，多依地形建在地下或山坡处。火膛呈并列双乳状，其中一个留有观火孔，另一个留有窑门，窑室后壁中间和两端设有直通窑顶的三个扇面形烟囱。

  沿两侧台阶拾级而上，便到了第二展区。这里是王建伟复烧的宋元钧瓷作品陈列厅。1996年，王建伟创建了"建伟仿古钧窑"，后更名为"宋元钧瓷坊"，专攻宋元钧瓷的研究和开发。在大量实验和试制的基础上，王建伟逐渐掌握了宋元钧瓷的传统制作技艺和"釉色密码"，一件件曾在历史上光耀于世的钧瓷珍品在他手中复生。经他烧制的宋钧出戟尊、鼓钉洗、单柄折沿洗、深腹钵、元钧折沿盘、莲花瓣花口碗、双系罐等，器型端庄，法度严谨，再现了宋元钧瓷神韵，其多件作品被中国国家博物馆永久收藏。

再往上走，便到了第三展区——钧瓷技艺体验区。在这里，到访的观众和参加研学之旅的学生及家长可现场参与钧瓷的手拉坯、施釉、烧制与泥塑创意等活动，在制作体验中亲身感受传统钧瓷釉色之美。为了让这种体验更便于互动，王建伟取宋代双火膛窑炉的优点并结合现代工艺，建成了一座以柴烧、煤烧为主的钧窑炉。

也正是在不断的探索与研究中，王建伟将自己的创作经验与前人的研究成果相结合，从"非遗"传承的角度撰写了《宋元钧瓷制作技艺研究》一书，较为详细地叙述了宋元时期钧瓷制作的工艺流程，从技术层面和审美角度阐释了他对宋元钧瓷制作工艺的认识和理解。书中有这样一句话："优秀的钧瓷作品，在它诞生之后的漫长岁月里，会经历长久的开片，我愿意成为它静夜里的一次轻微响声。"

博物馆速递

在禹州，还有三家陶瓷主题的博物馆值得一看。**钧瓷窑炉博物馆**，位于禹州市远航大道星航路，馆内展出仿建自唐代以来各个历史时期产生过重大影响的钧瓷窑炉，收藏唐宋、金元时期的部分钧瓷标本和中国工艺美术大师、国家级非物质文化遗产项目钧瓷烧制技艺代表性传承人任星航的钧瓷珍品共2000多件。这位任氏钧瓷第七代传人继承了家传制钧绝技，完整地掌握了窑炉建造、釉料配制、造型、烧成等一系列制瓷工艺，且在窑炉设计及烧成把控上有着极深的造诣。**宣和陶瓷博物馆**，坐落在禹州市东城区禹王大道辛庄路口，馆藏文物万余件，尤以宋元时期的钧瓷最为丰富。一件宋代钧官窑鼓钉洗，堪称"镇馆之宝"，据说这也是中原地区博物馆中唯一的钧官窑完整器物；八方龙首杯亦十分醒目，被认为是宋代钧窑豆青釉之上品。**唐钧博物馆**，藏身于禹州市苌庄镇玩花台村，馆内2000余件藏品并伴以图文并茂的史迹介绍，呈现了唐代的苌庄窑在唐钧发展史上的重要价值，让观者穿越时空与唐钧对话，近距离感受千年窑火传承的唐钧之美。

感受水泽漯土的历史气息
漯河市博物馆

在《说文解字》的作者许慎的故里，漯河市博物馆的建筑外观像是一册缓缓展开的书卷。展厅中，以"水泽漯土"为主题的基本陈列，让到访者透过"汝颍晨曦""南北汇融""人文荟萃""走向繁荣""沙河舟楫""百年记忆"六个部分的图文解说及文物展品的浏览，了解到漯河境内从新石器时代至近现代文明的发展脉络。

在距今9000~4000年的新石器时代，漯河境内的贾湖遗址、邓襄遗址、翟庄遗址、付庄遗址、阿岗寺遗址、郝家台遗址的先民已经在使用石制骨制的生产生活工具和轮制的灰陶器物，出土有石磨盘、石磨棒、齿刃石镰、石斧、扁腹红陶壶、锯齿纹釜形红陶鼎、篮纹黑陶鼎、侈口红陶罐、骨笛、骨柄、骨镞、喇叭口黑陶壶、双耳折肩红陶壶、

漯河市博物馆　国家二级博物馆　位于漯河市西城区月湾湖东路与九龙山路交叉口

双耳红陶罐、红陶鬶等，后来又出现了古城址和长排的房屋，彼此见证了原始社会南北不同族群在淮河流域的交融。

夏商时期，漯河地区是中原与南方交流的重要枢纽。夏初即在这里设立方国。后来商王朝强势而立，带来了青铜文化的繁荣。从北舞渡镇、拦河潘村、西皋村、高宗寨遗址出土的青铜器来看，有人字纹铜鬲、弦纹空锥状足铜鼎、弦纹鎏金铜鼎、弦纹高足铜鼎、蟠螭纹铜鼎、饕餮纹铜斝、高柄铜豆、兽面纹铜觚、铜编钟、"祖己"铜爵、"子"铜爵等，以酒器居多，印证了商代社会的重酒习俗；其纹饰以兽面纹为主，亦反映出商王朝尊神重巫的社会风气。

两周时期，列国争霸中原，漯河成为群雄逐鹿之地，尤其是南方楚国开疆拓土北进中原，把漯河推到了与强楚对峙交界的前沿地带。公元前656年，齐桓公率齐、鲁、宋、陈、卫、郑、许、曹等中原八国诸侯联军伐楚，成为中国历史上第一次多国联合作战的范例，后于召陵城下与楚大夫屈完和谈会盟，避免了大国间的连年征战。这一时期，境内有东不羹城、裴城、吴城、纣城、郾城、召陵城等多处城池，在这些地方发现的文化遗存，见证了四方文化于此交集、融汇的历史进程。

两汉时期，漯河分属颍川郡、汝南郡，据汉王朝中原之腹地，地贯南北要道，拥汝、颍、澧水之险，其人文荟萃、经济与文化发展得天独厚，博文尚武、通经明德之士辈出。是时召陵人许慎写出我国第一部系统而完备的字典——《说文解字》，记录了汉文

新石器时代七孔骨笛

汉代人形足弦纹铜洗

战国蟠虺纹青铜簋

战国弦纹高足铜鼎

唐代红陶女俑 　　　　　　　　　　唐代红陶镇墓兽

字嬗变的过程；定陵人丁鸿于"白虎观会议"讲义五经，被誉为"殿中无双"，又以让爵于弟而忠义彪炳；舞阳侯樊哙佐刘邦立汉屡建奇功，青史留名；"江夏八俊"之一的征羌（今漯河召陵区）人范滂清廉正直，不畏奸佞，备受世人敬重；舞阳人韩棱足智多谋，五迁而为尚书，汉章帝赐其宝剑，御书"韩棱楚龙渊"。曹魏时期，漯河又是汉末许都的京畿之地，临颍繁城的受禅台遗址和"三绝"碑，还有临颍窝城镇后张村的张辽城，记述着三国鼎立、汉魏政权交替的史实。这一时期的出土文物——铺首衔环铜壶、龙首云纹铜熏炉、长柄圆形铜熨斗、彩绘鬃漆耳杯、红陶女俑、灰陶猪圈、人形足弦纹铜洗、三足绿釉红陶磨、彩绘陶灶笼、灰陶扑满和各种铜镜等，印证了昔日都邑乡村的繁盛景象，汉风遗韵可见一斑。尤其是在郾城旧城遗址出土的宋金陶模，可谓神形兼备、生动有趣，题材包括宗教造像、世俗人物、鬼怪符咒和动物花草等。陶模也称"磨喝乐"，源于古印度佛典"魔合罗"，原意指佛教神明，后随佛教传入中国，受到宋文化的影响，其题材从单一的佛像转为关注世俗生活，一部分生产"磨喝乐"的陶模演化为寓审美、娱乐于一体的儿童玩具，并成为一种极度盛行且为市民阶层喜闻乐见的民俗

文化现象。事实上，这些有着玩具性质的陶模成了宋金时代儿童看物识事、认知社会和自然的"小百科全书"。

唐宋时期，漯河毗邻唐都宋京，地理位置优越，水陆交通便利，遂成为兵家必争之地。唐中期，宰相裴度督军郾城，雪夜奇袭蔡州，一举平定淮西吴元济叛乱；北宋末，金兵屡犯中原，宋将杨再兴血战小商河，岳飞力破金兵"拐子马"，取得"郾城大捷"。在漯河境内出土的这一时期文物有三彩三足炉、白釉双龙尊、彩绘塔形陶罐、白釉瓷盘、黑釉瓷灯、白地黑花"风花雪月"梅瓶、白釉珍珠地花卉瓷枕、三彩花卉"忍"字枕等，真实地展现出当时社会各阶层的生活状况。

元明以后，伴随着中原腹地经济逐步活跃，漯河境内沙颍二水千帆林立，沿岸商贾云集、百货荟萃。经济的繁荣使开办官学、建立书院、集友结社等人文之风勃兴。晚清时期，沟通南北的京汉铁路穿境而过，大大加快了漯河的近现代城市化进程，邮政总局、电话公司、红十字会、医院等新兴机构在漯河设立，见证了漯河从旧中国的乡集古渡，迅速发展并屹立于中原城市之中的历程。

越过千年岁月，厚重历史给漯河带来了丰富多彩的文化积累，无论是龟甲骨笛沉淀的史迹、青铜重器展示的辉煌、陶釉瓷彩绽放的美色，都承载着这一方水土的人文情思、传统理念，深深地影响着一代又一代漯河人的生活态度。

沙澧河畔识《说文》
漯河许慎文化博物馆

最早,这里是为纪念东汉时期经学家和文字学家、中国乃至世界上第一部真正意义的字典——《说文解字》的作者许慎而建的许慎文化园。而文化园所依托的是被列入全国重点文物保护单位的许慎墓。后来,许慎文化园更名为许慎文化博物馆,这样更能体现文博的深度与厚重,更方便协调收藏、研究、展示等各个环节的衔接,同样也更有利于展览与观众间的沟通和交流。

走进博物馆园区,眼前所见皆与许慎和他的《说文解字》有关。

六书广场。位于园区中轴线最南端,中间立有六根红色花岗岩石柱,上面分别刻有"指事""象形""形声""会意""转注""假借"等许慎在《说文解字》中归纳总结的六书理论,每根柱子上分别刻有例字和用小篆、隶书、楷体的注解说明,称得上是探究汉字造字规律的扛鼎之作。

漯河许慎文化博物馆 位于漯河市龙江路与中山路交叉口向东北路

汉字大道。有80米长，位于展区正中央，由黑、红、灰三色花岗岩石砌筑，呈展开的画轴状。由南向北，依次镌刻远古刻符、甲骨文、金文、简帛文、篆书、隶书、楷书、行书、草书写就的3000个汉字。一路走过去，目睹汉字在不同历史时期的产生、演变过程，简直就像是浏览一部汉字发展史。

字圣殿。九开五进，重檐庑殿顶带前后回廊。殿名由欧阳中石先生题写。殿中央置许慎青铜贴金坐像，两侧摆放"许慎潜心著说文"和"许冲代父上书"两幅木雕屏风。东西墙壁上悬挂着竹简，上面刻写的是《说文解字叙》《许冲上书表》和"汉安帝诏书"等内容。大殿以"金砖"铺地，敲之若金属般铿然有声。

叔重堂。仿汉风格，单檐庑殿，主要展示许慎生平。馆名由张海先生题写。进门为汉阙造型，正面有许慎简介，背面有历代学者对他的评价，周边悬挂反映许慎一生重要节点的24幅图。展柜中摆放着不同时期、不同版本的《说文解字》和经学书籍。

说文馆。仿汉风格，单檐庑殿，主要展示许慎的学术思想及学术贡献。馆名由沈鹏先生题写。展厅中央为书模墙，整个展厅按汉字简说、说文解字、历代研究、字书、辞书四个部分展示。

辞书馆。展示人文学科类辞书和与汉字发展有关的文物和艺术品。馆中辞书分为五个部分展示：综合类辞书、语文类辞书、学科类辞书、专名类辞书以及中华人民共和国

许慎文化博物馆中的字圣殿（中）、说文馆（左）、叔重馆（右）

成立前的各类古本辞书，有2000余种。

故事长廊。位于字圣殿两侧，分东西两段。东边是汉字故事，西边是儒家经典，分别选取汉字发展故事和儒学故事场景刻制成木雕版画，配以文字说明，悬挂在长廊的上方。

字圣碑廊。展出了《说文解字》碑刻、历代名碑名帖、现当代名人名家书法碑刻达千余通，具有很高的艺术价值和观赏价值……

从史书记载来看，许慎很早就开始阅读五经和诸子百家学说。当时有不少人专治一经，而许慎却兼学五经，所以后人称许慎是"五经无双"。20岁那年，许慎及冠礼，取字"叔重"。因其才学过人，明帝时被汝南郡守选为郡功曹，协助郡守处理公务。《汝南先贤传》记："许慎任职功曹，勤于政事，廉洁奉公，严以律己，宽以待人。"当时东汉沿袭西汉察举制，每年由各郡推举"孝者""廉吏"一名，以克服任用官僚子弟和纳资为官之弊。孝廉名额的分配，大约是每20万人才有一个，许慎在章帝时获此殊荣，说明他的品德与才干都是很优秀的。后来许慎被召入京城，进了太尉府，任职南阁祭酒，负责文书一类的工作。也就是在这个时候，许慎师从经学大师贾逵，使他对古文经学的认识进入了一个新境界，而编著《说文解字》的设想，也是在这个时候开始萌发的。

著《说文解字》，并非许慎偶然所为。用他的话说，就是为了"正妄说、析文字"。

许慎像

当时古文与今文的经学者争论激烈。古文指先秦六国古文，今文指隶书。本来只是字体不同而已，但研究它的人却为此分成两个学派。古文学派比较重视语言文字，认为解说经学应根据字义；而今文学派常断章取义，对文字任意曲解。但是要纠正今文学派经学家之妄说，亦非轻而易举，必须先弄懂文字的结构、读音和字义。许慎深知，文字是经艺之本、王政之始，若无"前人所以垂后，后人所以识古"的文字学，将来人们对史书记载的理解就会离题万里，甚至是背道而驰。和帝刘肇时，许慎完成了《说文解字》的初稿，一时成为京都名人。只是他的心态很平和，他推辞了大小宾朋的聚会，避开了上下欣羡的目光，一个人静静地端坐于皇家藏书库的东观中博览群书，继续对他的《说文解字》进行修改和补充。也就在这期间，许慎做出一个极为大胆的举动——称病回乡。他实在不能忍受庞杂的公务、俗不可耐的应酬，只想继续自己的研究。到安帝刘祜时，许慎终于将《说文解字》写成，并经反复校正，而后让他的儿子许冲将其献于朝廷。这本巨著，前后花费了许慎半生的心血。

一部《说文解字》，收录汉字9353个，另有重文异体字1163个，共10516字，全部以小篆书体写就。许慎对每个汉字都做了字形分析、字义说解、字源考究和声读辨识，上可考甲骨文金文形体结构意义，下可证隶真楷发展流变。他对文字功能所作的"六书"解说，至今仍葆厥美：一曰指事，指事者视而可识，察而见意，上下是也；二曰象

字圣碑林

形，象形者画成其物，随体诘诎，日月是也；三曰形声，形声者以事为名，取譬相成，江河是也；四曰会意，会意者比类合谊，以见指㧑，武信是也（武，止戈；信，人言）；五曰转注，转注者建类一首，同意相受，考老是也（考，父也；老，父辈也）；六曰假借，假借者本无其字，依声托事，令长是也（令，于县而发令者，县令也）。

许慎还给汉字建立了540个部首，使得查字更方便，遇到江、河、湖、海就找水部，遇到桃、林、柳、枝就找木部。这种以部首分类的体例惠泽至今，《康熙字典》《辞源》《辞海》等很多工具书到现在都还在使用。可以说，《说文解字》是历代学者研究汉字演变不可缺少的一把钥匙，但凡研究中国语言文字、研究中国历史文献，所有涉及中国古代的学科都要从这里寻找线索及答案。河南大学教授于安澜先生有碑记曰："夫文字者，语言之记录，文化之标志，今以知古后以察今之媒介。中国文字绵亘三千年，屡经嬗变，甲金存于卜骨，鼎彝零简残篇，古籀篆文，独赖许慎《说文解字》得以窥全豹。"

许慎为后人搭建了一条连接古今的时空隧道，令后人能不断前行。如果没有《说文解字》的流传，我们将不能认识秦汉以来的篆书，更不要说商周的甲骨文和金文了。所以有人说，秦始皇用武力统一了中国，许慎用一部书统一了中国的文字。

汉字历经沧桑而魅力常在。自1985年以来，中国训诂学研究会、河南省语言学会、河南省社会科学院、河南大学、郑州大学等先后在许慎故里举办纪念许慎学术研讨会，并连续举办四届许慎文化国际研讨会。正是从那时起,对许慎的纪念唤醒了更多的人对传统文字的记忆,并由此激发了更多的人学习汉文化的热情和兴趣。

许慎墓地就在博物馆园区的北端。东汉时此地属汝南召陵万岁里,今属漯河市召陵区姬石镇许庄,召陵是春秋时期齐楚息兵讲和、订立盟约的地方,史称"召陵之盟"。许慎墓就在许庄村东北的土岗上。墓前有清代石碑三通,正中为"汉孝廉许公之墓"碑,康熙四十六年(1708)郾城知县温德裕立。温是陕西三原县人,自幼好学,熟读经书,进士出身,碑文是他自己撰写的。墓东侧为"许夫子从祀文庙碑记"碑,清光绪二年(1876)郾城知县王凤森立,碑文说到光绪帝下旨把许夫子牌位移入孔庙,与孔夫子一样接受世人的祭拜。墓西侧为"重修许慎墓碑记"碑,说到20世纪80年代初,著名语言学家、训诂学家许嘉璐先生千里迢迢从北京来到漯河寻访许慎故里。他在当时的郾城县找到黑许村,也就是后来的许庄,又在一村民家中找到许慎的儿子许冲的墓碑,最后在村外古坟堆里发现许慎墓碑,而后操持着重修了墓冢和墓道。许先生后来担任第九届、第十届全国人大常委会副委员长,多次出席许慎文化研讨会。他对许慎的评价甚高:"如果没有《说文解字》,中国汉字可能就要断代。"

《郾城县志》记载,早年"岁以仲月后丁之日,县令学官到许夫子墓前致祭行一跪三叩礼"。可见对文化宗师相当尊重。墓地旁原先还有一座祠堂和百余亩祠田。明末战乱时祠都给毁了,墓冢也差点儿被削去,幸有许慎后裔看护才得以保存下来。这种情况在20世纪50年代也出现过,当时有人提出"向坟头要粮",鼓动着要把许慎墓地平了种成庄稼。结果白天刚犁过,到夜里就又堆了起来,后来坟头不但不见小,反而越犁越大、越平越高。

聆听9000年前的骨笛声
舞阳贾湖遗址博物馆

从空中看下去,贾湖遗址博物馆就像是个"溅开的水滴"。这样的造型,很形象地展现出史前聚落遗址的特点——几处以"稻草"覆顶的展厅从外观来看是独立的圆柱体,中间以廊道相接,蕴含着"贾湖文化乃9000年文明之源"的深刻寓意。在一些考古学者看来,如果说中华文明形成于5000年前,那么贾湖遗址告诉我们,9000多年前,这里就已经出现了文明的曙光。那时的社会发展程度已经远超人们对于文明起步阶段的认识和想象。

与博物馆相距不远的贾湖遗址,当年的发掘探方成为最具吸引力的景观。新铺设的木栈道贯穿整个发掘区域,到访者可以深入到考古第一现场探访远古时期贾湖聚落的模样,而在贾湖遗址出土的代表性文物——七孔骨笛、炭化稻米、成组的龟甲和契刻符号、叉形骨器、绿松石装饰和各种各样的陶器等,则被搬进了贾湖遗址博物馆集中展出。在这里,一段弥足珍贵的历史被揭开神秘的面纱,让到访者从中了解到贾湖遗址在研究中国乃至世界音乐起源、农业起源、文字起源、原始宗教与卜筮起源等方面所具有的重要价值,领略贾湖文化在9000年前的先民劳作、娱乐和图腾崇拜中所形成的独特魅力。

比如,那些散落在墓葬中的骨笛,被认为是世界上能够吹奏出七声音阶的最古老的管乐器之一。骨笛用鹤类尺骨制成,磨制精细,保存完好,研究人员在一些骨笛上发现了计算开孔位置留下的刻度,由此反映出贾湖人对乐器制作、音阶选择都有自己的要求和标准。

其次,遗址中发现了大量鼎形器物,包括罐形鼎、盆形鼎、钵形鼎等,在一些墓葬中还发现了鼎、罐、壶的组合。这就意味着,陶鼎的发明、人类对鼎的使用最早可以追溯到贾湖文化时期。

除此之外,墓葬的陶器内壁残留物中,检测出含有酒石酸的混合物,可能来自稻米、蜂蜜、山楂、野葡萄等,这种混合物就是最早的米酒残留物,证明9000年前的贾湖先民已经学会了酿酒。

遗址出土了一大批反映纺织技术的文物，如骨针、纺轮等，在许多陶器上还发现了绳纹、网纹和席纹等，这些发现表明，贾湖先民很可能在9000年前已经掌握了基本的编织和缝纫技艺，能够利用天然纤维织造纺织品。

遗址出土的绿松石制品大多为装饰品，经过细磨和抛光处理，表面光滑，透光性相当好，反映出贾湖先民当时已萌发审美意识。

遗址出土的龟甲、石头、骨器、陶器上发现几十例契刻符号，经碳-14测定，距今约8000年，领先于古埃及纸草文字与两河流域的楔形文字。有些符号还包含了汉字的笔画构成，如"目""日"等，与现在的汉字结构基本一致，有些与后来的甲骨文很相似，但两者却相隔了漫长的4000多年，应是迄今为止人类所知最早的文字雏形之一。

墓葬中发现成组的龟甲及叉形骨器、柄形器等随葬品的组合，龟甲内还装有数量不等的黑白两色石子，摇掷可发声，专家认为可能是一种数卜道具，体现了中国最早的原始崇拜。

遗址中有驯养猪、狗的迹象，因此这里被认为是世界上最古老的家畜驯养基地之一。国外学者认为，世界上最早的家猪出现于距今9000年前的土耳其东南部等多个遗址，而贾湖遗址与其年代大致相同。

遗址发现大量的炭化稻谷，兼有野生稻、籼稻、粳稻特征，表明距今9000年前这里已经有了人工栽培稻。从遗址中出土的石铲、石镰、石磨盘、石磨棒来看，那时的贾湖先民已经掌握了从耕作、收割到加工的整套农业技术。

舞阳贾湖遗址博物馆

贾湖遗址博物馆　位于舞阳县北舞渡镇贾湖村

  遗址出土炭化大豆500多粒，这些大豆的大小和形态、特征介于野大豆和栽培大豆之间，反映出当时的大豆已经处于驯化过程中，因此可以认定最早的栽培大豆出土于贾湖遗址……

  有了以上解读，对贾湖遗址的认识可能会更深刻一些。

  贾湖村是个小村子。1979年秋季时，村小学的贾建国老师有一天带着学生来到村东头的大坑里开荒种地，意外发现散落在大坑周围的一些陶片和石器。贾老师懂点儿文物知识，他把这些东西交到了县文化馆，引起县文化馆文物专干朱帜的重视，他立即向上级文物部门做了汇报，当时的省博物馆考古队很快派人来贾湖调查，随后中国社会科学院考古研究所副所长安志敏先生也来到了贾湖，确认这里是一处裴李岗文化时期的遗址。

  正式对贾湖遗址发掘是从1983年春天开始的。首先来到遗址的是河南省文物考古研究所的陈嘉祥、郭天锁、冯忠义、郭民卿等。第一次发掘找到17座墓葬和11处灰坑，出土陶石骨器2000多件。随后河南省文物局正式成立贾湖遗址发掘队，领队是省文物考古研究所第一研究室副主任张居中。从1984年到2013年，对贾湖遗址又进行了7次发掘，发现房基45座，灰坑370个，陶窑10座，墓葬300座，出土陶石骨器4000多件。至此，基本廓清了贾湖遗址古村落的面貌和生活场景——那时候先民的居住条件还很简陋，或许才从洞穴里走出来不久，房屋多为地穴式或半地穴式，面积在几平方米到十几平方米不等。建筑材料、黏土、沙、干草、木材，墙体先用木柱围成，然后用藤条、竹

箅捆扎，最后再用草泥填充，考古学上称为"木骨泥墙"。当然，如今屋顶已经见不到了，但从墙体周围的柱洞和护围柱来看，很可能是个圆锥形的窝棚式屋顶。屋子里有夯打过的黄土，门旁边砌一灶塘，周围摆着盛水的陶壶、陶罐和烧饭用的陶鼎。陶器多为泥质夹砂红陶。从遗址附近发现的陶窑来判断，这些陶器应该都是当地烧造。那时的贾湖先民已经从事水稻栽培、驯养家畜，吃上了稻米，甚至还喝上了酒。如此而论，贾湖先民的餐桌真的是挺丰富的，营养也还可以，这从遗址中的人体骨骸测量就能看出，贾湖的男性平均身高171厘米，女性平均身高167厘米，比今天全国的平均身高还高。

不可否认，真正让贾湖遗址名扬中外的是骨笛的发现。

骨笛在贾湖遗址共出土40多支。这些骨笛是用鹤类动物的尺骨制成的，通体棕亮光滑。在古人心目中，丹顶鹤是灵气和祥瑞的代表。唐代诗人刘禹锡就曾有过这样的表达："晴空一鹤排云上，便引诗情到碧霄。"不过丹顶鹤对于古人的意义并非仅仅如此。专家解释，之所以古人用鹤骨制作骨笛乐器，是因为鹤骨的硬度非常高，远高于人骨或其他常见动物骨骼。如果不是用鹤骨，也许今天就没有贾湖骨笛的重大发现。

贾湖遗址出土的各种陶器

专家考证，这些骨笛属于一个系列，但不是同一个年代，这也揭示了贾湖骨笛由简单到复杂的发展过程。人们在制作前都会精确计算，在穿孔处预先画上等分符号，然后再在刻号上钻孔。骨笛长度在17至24厘米之间，钻孔多为圆形或椭圆形。遗址中最早的骨笛距今9000至8600年，有五孔、六孔的，可吹奏四声和五声音阶；距今8600至8200年的骨笛为七孔，可吹奏六声和七声的音阶；距今8200至7800年的骨笛有七孔的，也有八孔的，可吹奏七声音阶和更复杂的变化音。这些骨笛多出土于大中型墓葬，说明这种乐器只有极少数有着特殊身份的人才能拥有，也是其显赫身份的象征。

但是，最初有些专家并不认为这些骨管就是笛子，甚至认为它们连洞箫都不是——没有横吹的孔，也没有竖吹的嘴，最多是贾湖先民打猎时用的骨哨。可张居中觉得，这种骨管的制作要比哨子复杂得多、完美得多。于是在1987年的夏天，他与考古所的领导、同事带着一支七个孔的"骨管"到了北京，找到了中国艺术研究院音乐研究所所长助理萧兴华。萧先生看到"骨管"十分吃惊，认为其构造与新疆哈萨克族的乐器"斯布斯额"和塔吉克族的鹰骨笛极为相似，虽说这些骨笛没有吹孔，但仍然是吹奏乐器，是骨笛。于是请来中央民族乐团笛子演奏家宁保生对骨笛试吹，结果宁先生用斜吹的方法吹出了声音，而且吹出了音列，音准无误。随后，中国艺术研究院音乐研究所、武汉音乐学院等音乐界专家又来到郑州，带着当时最先进的测音仪器——闪光频谱测音仪，对骨笛进行了音序测试。有专家当场用骨笛吹奏了一曲河北民歌《小白菜》，相当准确的高音和坚实嘹亮的音色令在场的人们大为震惊。最后的结论是：骨笛是世界上最古老的乐器之一，在中国音乐史、世界音乐史上有着重要地位。

事实上，贾湖遗址发现的契刻符号，其影响也不亚于骨笛。

这些符号是在随葬的龟甲和一些叉形骨器、石器、陶器上发现的，以龟甲上的符号最多。这些龟甲是被加工过的，边缘磨得很光滑，出土时龟甲内还装有数量不等的小石子。不过一说到龟甲，往往会让人联想到甲骨文，但两者相隔了漫长的5000年，甲骨文和龟甲上的符号是什么关系呢？对此，专家的认识也不尽一致。有的认为这就是当时的文字；也有的认为它们是具有一定原始文字性质的刻符，还有的认为这只是一种记号，认为这些龟甲中装的小石子很可能是发声用的，即所谓的"龟铃"。但多数专家还是认同贾湖龟甲的功能与殷墟甲骨类似，都有占卜作用，也是最早的文字雏形之一。张居中先生也有自己的想法，他最了解贾湖。他在

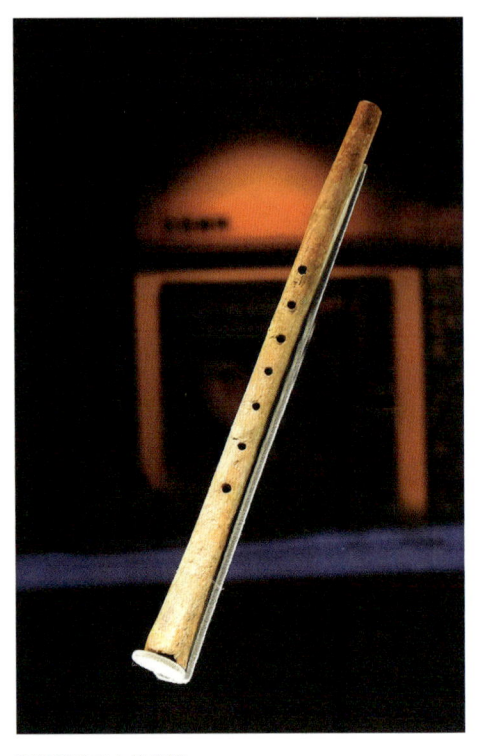

贾湖遗址出土的骨笛

贾湖遗址出土的叉形骨器

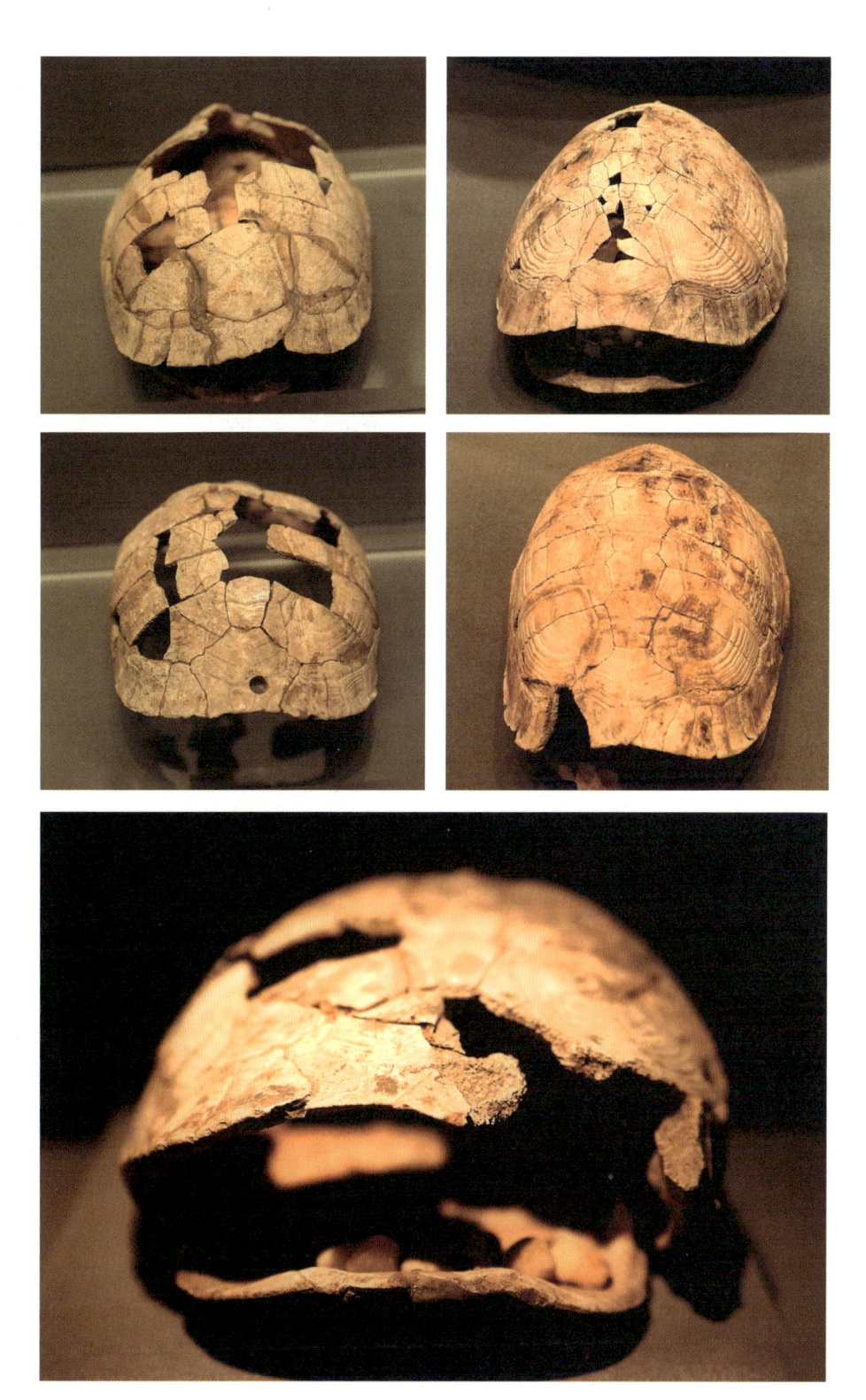

贾湖遗址出土的龟甲

考古报告中提出，这些龟甲与符号是在表达一种与宗教祭祀有关的内容，承载着契刻者的意图和愿望；将数量不等的小石子放在龟甲里，或许就是为了与神灵的沟通。张居中推测，遗址中发现贾湖人饮用类似于酒的饮料，也是为了通灵之用，借助于这些东西使人在巫术仪式上尽快达到癫狂的"通神"状态。

贾湖遗址出土的文物数量之多、品类之盛、制作之精，都为全国其他同时期遗址所罕见。这一发现也使它入选"20世纪全国100项重大考古发现"，它让世人见证了"人类从蒙昧迈向文明的第一道门槛"。

寻找老陕州
三门峡市博物馆

自远古时代以来,三门峡这块土地上就不断有新的发现为世人瞩目。其中一个以地名命名的文化叫"仰韶文化",被认为是中国新石器时代最为重要的文化遗存,遗址就在三门峡地区渑池县仰韶村;另一个以地名命名的文化叫"庙底沟文化",被认为是中原地区仰韶文化向龙山文化过渡阶段的文化类型,遗址就在老陕州青龙涧南岸的塬上。这两处文化遗址都非常有名,而最明显的标志就是"彩陶"。在万余件馆藏文物中,到访者很容易看到渑池仰韶村遗址出土的月牙纹彩陶盆、小口尖底红陶瓶,庙底沟遗址出土的花瓣纹彩陶盆、网格纹彩陶钵、弧线圆点纹彩陶钵、绳纹灰陶罐等,还会看到灵宝黄帝铸鼎塬周围的北阳平遗址——黄河中游地区一处史前时代重要的大型聚落遗址群,其中的西坡遗址出土的面积达516平方米的房基,被认为是迄今为止国内发现的同时期最大的一座房屋建筑。

三门峡市博物馆　国家二级博物馆　位于三门峡市陕州故城遗址区

仰韶文化彩陶钵　三门峡市区出土

　　西周初期，周王朝以"陕塬"为界——陕塬就是今天的三门峡。陕塬以东曰"陕东"，由周公管辖；陕塬以西曰"陕西"，由召公管辖。陕西就是这么得名的。西周末年，周王朝的一个姬姓诸侯国——西虢国从宝鸡东迁陕地之上阳（今三门峡市），灭古焦国而自立，史称南虢。南虢的始迁之君为虢仲——周厉王时赫赫有名的卿士虢公长父，这已为三门峡虢国墓地的虢君大墓所证实。这个时期的馆藏文物有虢国墓地出土的凤鸟纹铜鼎、波曲纹铜鼎、重环纹铜鼎、凤鸟纹铜鬲及玉戈、玉龙、玉璜、玉玦、玉组合项饰等；还有虢都上阳城出土的陶鼓风管、陶铲范、陶质排水管道等。虢都上阳城是在陕州老城东南的李家窑找到的。南城墙已被青龙涧河冲毁，仅留几处残垣断壁；北城墙保存一些，基本上是采取版筑法夯筑而成。城墙外的壕沟很宽，而且还是两条，看来当时的诸侯国对都城的防御很在意。在上阳城西南部，考古队发现了大面积的夯土地基，上面分布着四五十个直径近一米的柱础石，四周还有上千米的墙体基址。这样的规模和布局，无疑是当年的王宫所在地。

　　东周时，天下礼崩乐坏，诸侯们都跃跃欲试称霸一方，经常为争夺地盘而互相攻伐。三门峡因有一个得天独厚的交通地理位置而成为兵家必争之地——它的西边有丰镐，东边有成周，有着"孔道"之称的崤函古道成为两边来往的必经之路。秦惠公时，秦在此置陕县；秦庄襄王时，又在陕地设三川郡。秦统一六国时，三门峡是其最早占据的地域之一，函谷关、曲沃、陕城等成为秦军固守的战略要塞。考古发现还让世人看

西周重环纹铜匜　三门峡虢国墓地出土　　　　　　西周凤鸟纹铜方壶　三门峡虢国墓地出土

到,近40年来,三门峡境内发掘出多达3000余座洞室墓——完全不同于中原地区的葬俗,应该是一个曾经生活在此地的一个庞大的外来群体。进而考证,这一葬俗竟与两千多年前地处关中的秦国极相似,葬在这里的竟是两千多年前阵亡于此的秦军官兵。所有的下葬者都没有棺椁,而是直接放进洞室,就像生前住在自己的房子里一样。葬式多为屈下肢葬,且下葬者头部都朝向西方——那里是他们的家乡。随葬品中有铜鍪、铜剑、铜戈、彩绘陶鼎、彩绘陶甗,有更具秦文化特色的铜茧形壶、铜蒜头壶等,有的陶缶上带有"陕市""陕亭"的陶文,这些陶文不仅是器物产地的标志,也是研究当时社会手工业生产的重要实物资料。

汉统一天下后,三门峡地区成为连接东西二京的交通咽喉。汉武帝时,三川郡被更名为弘农郡。三国魏时,曹丕又改弘农郡为恒农郡。西晋时,恒农郡复称弘农郡。改来改去,都没有离开这个"农"字,可见农业一直是本地的发展根本。

南北朝时期,北魏的兴起对本地区位优势和文化特色的彰显极为有利。孝文帝元宏虽是鲜卑族,但他极力推进汉化措施。在他当政时,三门峡废郡置州,设陕州,治所今三门峡市陕州故城,从此这个名字便与陕塬这方土地紧紧地捆绑在一起。其实很多人到了这里,就为寻找一个老陕州的存在——展厅有一幅硕大的图版,上面绘制了三门峡的"历史沿革"。图版中间那一排,写满了一个叫"陕州"的名字。从孝文帝(487)开始,到清朝(1911)结束,"陕州"使用了将近1500年。

隋唐时期，长安与洛阳并重，两京锁钥的位置再次突显陕州贡纳的重要。留在崤函古道上的行宫、驿站、烽燧、黄河漕运、广济渠等遗迹，见证了老陕州的兴盛和繁荣。陕州城多次被毁又多次重建。唐太宗时，曾诏令增高陕州城的东城墙和南城墙，增添四处城门的二道门，并遣武将邱行恭在陕州城西南的黄河上建了一座浮桥，名曰"太阳桥"。后来黄河涨水把桥冲了，又在这里设了个渡口，名字又叫了"太阳渡"。那个时期，往来于两京的官吏、使臣、商贾和行旅者络绎不绝，沿途设置了很多馆驿，并修建了专供帝王行幸驻跸的行宫，仅陕州境内就有阌乡县轩游宫（今灵宝市豫灵镇）、湖城县上阳宫（今灵宝市阳平镇）、灵宝县桃源宫（今灵宝市大王镇后地村）、陕县（今三门峡市陕州区）弘农宫、硖石县绣岭宫（今陕州区菜园乡石门村）、渑池县紫桂宫（今渑池县黄花村）等。当年唐太宗游历陕州，想是为这盎然春意的原野、河川、烟霞、村树所感染，写下一篇《陕州咏》："碧原开雾隰，绮岭峻霞城；烟峰高下翠，日浪浅深明。"后来唐玄宗也写了一首《途次陕州》："境出三秦外，途分二陕中。山川入虞虢，风俗限西东。树古棠阴在，耕余让畔空。鸣笳从此去，行见洛阳宫。"至于诗人杜甫、韩愈、柳公权、李商隐、刘禹锡、杜牧、陆龟蒙他们过陕州，无论是坐车、骑驴还是摆渡，亦无论情绪愁苦还是喜悦，走到这里诗情便如潮涌动。杜甫那篇《石壕吏》，即写于潼关至陕州间的石壕村；陆龟蒙写过一篇《绣岭宫》："绣岭花残翠倚空，碧窗瑶砌旧行宫。闲乘小驷浓荫下，时举金鞭半袖风。"所以有人说，老陕州就是"唐诗之路"上的一座"诗城"。

隋唐之后的宋金元乃至明清时期，尽管政治中心已经不在长安和洛阳，陕州的位置似乎也不那么重要了，但去长安、去西北还得从陕州经过。尤其是随着宋代瓷器的烧造、金元杂剧的流行，在经历了王朝更迭的短暂动荡后，三门峡地区的社会经济又开始新的复苏。这几个时期的馆藏文物比较丰富，有北宋的珍珠地缠枝瓷梅瓶、青梅瓷香炉、篦纹黑釉瓷罐、黄釉莲花口瓷行炉、珍珠地花卉纹瓷枕，金代的瓜棱形白釉瓷瓶、三彩瓶、杂剧砖雕，元代的荷叶盖钧瓷罐、钧釉瓷香炉、影青瓷执壶、钧釉瓷盘等，这些藏品都是三门峡本地出土的。

当然，若要说到明代的馆藏，或许最亮眼的就是灵宝市大王镇南营村许氏家族出土的58件铜俑（其中有30件为河南博物院收藏），摆在那里简直就是一支颇为壮观的仪仗队伍。这些铜俑的高度在24至38厘米之间，表情逼真，姿态各异，表现出高官出行的威武场面。灵宝许家是中原名门望族，其首要人物许进，明成化二年（1466）进士，做过山西大同巡抚，善边防军务，明正德元年（1506）以军功擢升兵部尚书，人称"灵宝许天官"。许进有五个儿子，均为明弘治、正德、嘉靖年间进士，父子六人同为朝廷重臣。其中一位许论，是兵部职方司主事，他在嘉靖十三年（1534）编绘出一部边疆史地著作《九边图》。读书为嘉靖皇帝所推崇，后来提拔他当上了右金都御史。《九边图》

战国蟠虺纹铜扁壶　三门峡市区出土

有好几个摹本,中国国家博物馆、辽宁博物馆、台北故宫博物院、中国第一历史档案馆、首都图书馆均有收藏,其中以中国国家博物馆馆藏的12幅最为完整,且与成书年代较近。灵宝许家祠堂原来留有一幅许论的《九边图》副本,今藏于三门峡市博物馆。

最后,还得说说老陕州。明初朱元璋封诸王,在陕州城设瑞王府。明末李自成的义军与官军在陕州城打过两次仗,死伤无数,城墙阁楼也毁了不少。嘉庆年间,陕州城遭遇一场大地震,陕州城的东、南两面城墙坍塌大半。光绪年间,河陕汝道道台徐铁珊率民众在南门外筑起一条护城拦河大堤,又用大蓝砖拌着稠稠的灰浆砌起东、西、南三面城墙。不过,陕州城到底还是没能保住。抗战时,为抵御日军进犯,便于游击作战,上头一声令下,整个陕州城墙都给扒掉了。20世纪50年代兴建三门峡水利枢纽,这一带

东汉绿釉陶鸱鸮　三门峡市区出土

又被划入水库淹没区。当时苏联专家规划的水位是海拔360米。按这个高程，陕州古城和潼关古城都在淹没范围。水库蓄水前，城里的居民都搬了出来，名胜古迹及大小建筑也都陆续被拆除。可就在大坝蓄水蓄到330米时，问题出来了——随着黄河水位上升，渭河入黄河口形成一道"拦门沙"，最后竟使渭水倒灌，淹没了几十万亩农田，逼得三门峡大坝不得不开闸泄洪。原来的设计方案不得不再做修改，水位从360米降到310米，比原设计低了50米。低了50米，老陕州城就淹不住了。但此时新城已建，老城不存。设计上的误差把老陕州城"误杀"了，最后只剩下孤独的宝轮寺塔，成了老陕州城存世的唯一标志。

唇亡齿寒、假道灭虢的千年训谕
三门峡虢国博物馆

虢国博物馆依托西周虢国墓地遗址而建。这地方过去叫上村岭。

远远望去，博物馆的外形很像一辆古朴而威猛的战车，彰显着今人对久远的虢国一种最为精彩的诠释。进入馆区，一幅由红砂岩刻绘的虢国车马出征大型浮雕展现眼前。再沿石阶拾级而上，转身即为博物馆展厅入口，又见一幅气势恢宏的大型壁画《虢颂图》扑面而来，由此拉开"周风虢韵"基本陈列之序幕——"虢旗猎猎、吉金灿灿、美玉灼灼、奇珍熠熠、车马辚辚、古墓秩秩"，依序映射出虢国兴衰、虢国都城存亡、虢国疆域变迁、虢国世系沿革及虢国墓地的重大考古发现。穿行在美轮美奂的国宝重器之间，领略着地下军阵的威武勇猛和国君墓葬的神秘莫测，让人渐渐走近周王朝那段烽烟四起、沧桑多变的历史岁月，继而了解更多关于虢国的故事。

虢国博物馆　国家二级博物馆　位于三门峡市湖滨区六峰北路

虢国是西周时期的姬姓封国。周初，文王的两个弟弟——虢叔、虢仲被封于东、西二虢。两虢对周王室起着东西两面屏障的作用。东虢在今河南荥阳，公元前767年为郑国所灭；西虢在今陕西宝鸡，西周末年迁至今三门峡上阳一带，史称南虢。就在东虢灭亡后，其后裔虢序西迁至山西平陆，是为北虢。北虢在黄河北岸，南虢在黄河南岸，两虢隔河相望。只是当时北虢依附于南虢，实际上还是一个虢国。当年西虢东迁后，曾在宝鸡那边留有一小虢，后来在公元前687年也被秦国灭掉了。

从虢公长父到虢公丑，虢国自建都上阳城后共出了六任国君，前后在这里统治了一百多年。虢国经济、文化发达，族人能征善战。虢仲、虢叔及后世虢公多在周王朝中担任重要官职，备受周天子的赏识和器重。其功也高，曾东征西伐而"攻跞无敌"，成为周朝的开国元勋和维护王朝的军事支柱；其过也大，人所莫及，虢石父为周幽王逗褒姒一笑，帮忙出了个"烽火戏诸侯"的馊主意，最后被犬戎攻破镐京，直接把西周王朝给断送了；虢公翰另立周携王，公然与申侯、鲁国、晋国、秦国等扶持上位的东周开国君主周平王相对抗，由此酿成史书上公开承认的东周"二王并立"的历史事件。

说起来，历史舞台上的虢国一直是以军事强国的角色出现的，虢国的国君崇尚勇武，把一只张牙舞爪的老虎做了他们家族的族徽——单看这个"虢"字，最早见于商代甲骨文，康殷先生在《文字源流浅说》中说，甲骨文的"虢"，其象形文字是右边一只虎、左边一兵器"戈"，概原象以戈猎虎之状，后讹做双手之形，有徒手搏虎之意。但就是这样一个强势的诸侯国，最后却在公元前655年被晋国给灭掉了，留下一个"假道灭虢、唇亡齿寒"的典故，为两千多年前虞、虢的终结做了一个最为悲怆的注解。

曾几何时，有关虢国的存在仅见诸于古代文献的零散记载和后人众说纷纭的注疏，对于虢国历史的认识几乎成了一个模糊不清的概念。直到20世纪50年代以来考古工作者发现了虢国墓地，继而又找到虢都上阳城的遗址后，倏然蒸发得无影无踪的虢国才又重新进入世人的视野。

虢国墓地是在1956年冬季发现的。当时考古队是由中国科学院考古研究所派过来的，担任队长的是著名考古学家夏鼐。最先的发现是从埋于地下13米深的M1052墓开始的，考古队在墓内出土青铜器30多件，发现了由七鼎六簋六鬲组成的青铜礼器，说明墓主人地位很高。随后从外椁室发现两件铸有"虢太子元徒戈"字样的铜戈，经和文献对照，考古专家推测这里可能是虢国的墓地，而这座墓的主人可能是虢国的一位太子。1957年，考古队在M1052墓的周围进行了更大规模的发掘，发掘面积达5.6万平方米，共发现墓葬234座、车马坑3座、马坑1座，出土各类文物9179件，其中青铜礼器181件（有铭文的14件）、玉石器1200件（组）。这些随葬品器型相似、年代相近、范围集中，棺内多放置珏和串饰类的装饰品，棺椁上多放置石戈，棺椁间多放置食器、兵器、车马器、陶珠、石贝、

虢国博物馆展厅

西周铜方彝　虢国墓地虢仲墓出土

西周虢仲铜盨　虢国墓地虢仲墓出土

铜鱼等，椁外的二层台多放置陶器等。据此，专家们推测这些墓地属于同一个诸侯国——虢国。这次发掘成为新中国考古事业上的重大收获之一。当时考古队的《上村岭虢国墓地发掘报告》不仅在国内学术界产生了很大影响，还以汉、英、俄三种文字向世界公布，郭沫若先生为此写下《三门峡出土青铜器二三事》一文，肯定了出土文物的价值。但是，让考古队没想到的是，这次发掘还只是虢国墓地靠南侧的一部分，北侧靠近黄河谷地的国君墓区未被发现，后来让盗墓贼一下子掘开了十几座。其中M2001墓，盗墓贼再往下挖二三十厘米，就挖到椁室了。1990年至1991年，由河南省文物考古研究所和三门峡市文物工作队组成的联合考古队，对上村岭虢国墓地进行了抢救性发掘。这次发掘，先后找到了两座虢国国君大墓——周宣王时代的虢季墓和周厉王时代的虢仲墓。

虢季墓，就是那座差点儿被盗掘的M2001墓。虢季是周宣王时期的虢国国君，也就是虢文公。考古队从墓里出土各类器物5293件，其中青铜器有1700件、玉器有967件。一组七璜双排联珠玉佩（今为河南博物院收藏），通长约87厘米，由人龙合纹玉佩、玉管、玉璜及红玛瑙珠、红玛瑙管、浅蓝色菱形料珠等374件（颗）单件玉器连缀而成，璀璨夺目，是一种兼具装饰和礼仪内涵的大件玉佩饰，也是贵族身份地位的象征。一组缀玉幎目，俗称"玉覆面""玉面罩"（今为河南博物院收藏），用了58片形状各异的玉石做成。这种丧葬玉形式在西周时开始出现，最早也仅限于贵族墓葬中，至春秋战国时，一些下层贵族墓中出现石质覆面。到了西汉，大约是文景时期，帝王和一些近臣下葬时又用上了"珠襦玉匣"，也就是后来说的金缕玉衣、银缕玉衣、铜缕玉衣、丝缕玉衣等，越来越奢侈了。曹魏时期，魏文帝明令禁止用"珠襦玉匣"，玉衣从此消失，此后的墓葬中就再也没有发现殓尸用的玉衣了。随葬的青铜器有七鼎八簋，还有一套八件带铭文的铜甬钟——这是迄今在西周晚期墓葬中发掘出土唯一一套最完整的；一把玉柄铜芯铁剑，用了铁、铜、玉三种材料复合而成。经北京科技大学鉴定，这把铁剑是我国目前发现最早的人工冶铁实物，它的发现，把我国的冶铁史向前推了一个多世纪。由于埋藏久远，玉柄铁剑的剑身已断为两截，鞘身也因锈蚀与剑身粘在了一起，无法剥离。目前这把玉柄铁剑藏于河南博物院，三门峡市博物馆陈列的是一件复制品。

联合考古队还找到了虢季墓陪葬的车马坑，也就是展厅中的一号坑，清理出战车13辆、马64匹、狗6只。据周代礼书所记，从周王到诸侯、卿大夫，依其身份不同，乘坐车子——包括车子结构、驾马数量、车马形制以及车子装饰都有严格区别，不仅如此，死后的随葬也体现着明显的等级划分。一号坑是目前虢国墓地发掘的最大一座，所有车辆排列有序，辕头朝北，车舆朝南，车辆全为木质，表面髹黑漆，属于打仗用的战车，而殉葬的狗，可能是犬类用于军事行动的最早实物例证。1990年，虢季墓的发掘入选本年度"中国十大考古新发现"。

虢国墓地一号、二号车马坑

　　虢仲墓在1991年秋发掘，编号为M2009，其规模比M2001墓还要大。墓的四周密布着23座车马坑，已成土灰状的战车成纵队排列，一辆辆车辕和一匹匹战马相互叠压着，仿佛随时准备出征跃起。虽说这里的车马不比秦始皇兵马俑的阵势，但比后者早了700多年。墓中出土器物4598件，青铜器占了一半，其中显示墓主人身份的青铜礼器多达149件，带有铭文的青铜器就有60余件。墓里出土两套编钟，一套纽钟，一套甬钟，各为8件。从铸于纽钟上的铭文可知，此钟为虢仲自作器。虢仲是周厉王时期虢国的国君，是虢季的父亲，因支持周厉王横征暴敛，名声不是太好，但其权势与影响力还是要比虢季大些。墓里出土的7件铜鼎，形制纹样及铭文相同，大小依次递减，器身不同部位有着精美的窃曲纹、凤鸟纹、重环纹等纹饰，应是西周列鼎礼制最好的实证。一件虢仲铜盨，器身及盖均铸有铭文，由此得知这件铜盨是虢仲为其"改"姓妻子所做，反映了虢国与改姓国的联姻关系。

除了青铜器，墓里还出土了724件玉器，其数量之多、品种之全、玉质之精且工艺之美，这在周代考古中也是罕见的。其中一组玉佩，与虢季墓类似，只是虢季墓的是七璜双排联珠的，虢仲墓的这个是六璜双排联珠的。玉佩挂于墓主人颈部，总长度达到140厘米，由玉璜、玉管、玉佩及玛瑙珠等298件（颗）单件玉器连缀而成。6件玉璜皆为白玉或青白玉制成，纹饰精美，做工精湛，尤为珍贵的是其中2件人龙纹璜为一玉璧对剖而成，纹样完全可以吻合，是《周礼》中"半璧为璜"的直接物证。一件龙纹玉璧由和阗白玉制成，双面饰抽象变形云龙纹，整器圆度规整，纹饰流畅大方，富有动感。一件出土于虢仲墓内棺盖板上的人龙纹玉璋也格外引人瞩目，无论其形制、纹饰还是做工皆称玉器中的精绝之品，应是墓主人身份地位的象征。虢仲墓里也出土了一组缀玉幎目，由12件玉饰和14件三叉形薄玉片联缀成人的面部形象，出土时位于墓主人头部。除此之外，那些仿生的玉雕也显得玲珑剔透，有神秘莫测的玉龙、仪态万方的玉凤、凶

西周玛瑙珠玉管组合胸饰

西周六璜联珠玉佩（左）

西周玉凤（右上）

商代卷云纹玉柄形器（右下）

西周麻织短裤

　　猛咆哮的玉虎、展翅欲飞的玉鹰、活泼可爱的玉兔、造型各异的玉鹿,以及玉鼠、玉牛、玉羊、玉猴、玉鸽、玉鹅、玉鸮、玉蜻蜓等,几乎囊括了我国北温带地区所有常见动物品种。

　　虢仲墓里还出土有4件铁刃铜器,其中有2件兵器:一为铜内铁援戈,一为铜铁叶矛;另外2件是工具,一为铜銎铁锛,一为铜柄铁削。在西周晚期墓葬中同时出土数件铁刃铜器,也是比较罕见的。经北京科技大学冶金研究室鉴定,这四件铁刃铜器,一件为人工冶铁,三件为陨铁制品。1991年,虢仲墓的发掘入选本年度"中国十大考古新发现"。

　　自20世纪50年代至今,虢国墓地已先后组织了四次勘探和两次大的发掘,最终确定这里是西周至春秋时期的大型邦国墓地。2001年,虢国墓地又被评为"中国20世纪百项考古大发现"之一。墓地总面积有32.45万平方米,目前探明的各类遗址800余处,已经发掘的有262处。

领略史前彩陶文化的独特魅力
三门峡庙底沟博物馆

　　走进庙底沟博物馆，抬头便看见它那以独特花瓣纹饰为元素设计的巨型穹顶。"芳花未央，永续华章。"馆内的"花开中国——庙底沟与中华早期文明的发生历程"基本陈列，便是以"花开"为深邃意象，用独特视角讲述了庙底沟文化的发展历程。"花开"二字源自庙底沟出土的彩陶图案中特有的花瓣纹，考古学家苏秉琦先生称为"华山玫瑰"，认为这些花瓣纹是以菊科和蔷薇科两种花卉的花瓣为母体。

　　博物馆依托庙底沟遗址而建。整座建筑由南北七个楔形体块相连而成，在以沙黄色为空间主色调的映衬下，鲜明地坐落在台地的盎然绿意之中，显得既有特色又恰如其分。馆中展出近4000件中原地区史前人类使用过的生产生活用具，大部分都是仰韶文化考古发掘的最新成果，是国内彩陶文物展出数量最大、类型最全、跨越考古年代最长的彩陶文化集合展示的场所。

三门峡庙底沟博物馆　位于三门峡市湖滨区召公路与迎宾大道交汇处东北侧

庙底沟遗址，就在老陕州城青龙涧南岸的塬上。西北距黄河约有1000多米。

塬，是豫西地区一直到陕西黄土高坡的一种常见的台地状地貌。四周陡峭，几十米深的黄土层被流水齐刷刷地切割出千沟万壑的沧桑，沟顶却是一抹平展、开阔。或许是因为这里沟壑太多，很多村子都以沟命名。

像庙底沟，实实在在就是一条深沟。但这条深沟在庙底沟文化时期就已经初步形成聚落雏形，聚落的外面还有壕沟相环。这些壕沟不仅具有防御性质，还具有防洪排水的功能，可谓既受水之利、又无水之害，且有着发达的水网、肥沃的土地，使得庙底沟先民们能够长期安定地生活在黄河峡谷这片肥沃的土地，创造出了辉煌的庙底沟文化，并借助沟通东西的黄河谷地，将这种先进的文化传播出去。

20世纪50年代中期，国家兴建三门峡水库。当时中国科学院考古研究所成立了黄河水库考古队，夏鼐任队长，安志敏任副队长，在库区周围开展了大规模的考古调查。最后，他们从调查发现的300多处古遗址中将目光聚焦在了庙底沟。考古队在这里发现了仰韶文化庙底沟类型及庙底沟二期文化。这一发现，填补了仰韶文化向河南龙山文化发展的空白，提供了中原腹地古代文明延绵不断的考古学证据，中国史前考古从此有了一个以"庙底沟"命名的文化类型。2002年，河南省文物考古研究所等单位对庙底沟遗

庙底沟遗址出土的各种彩陶

址又一次进行大规模的抢救性发掘，发现了庙底沟二期文化大量精美的彩陶和丰富的遗迹遗物。

考古发掘证实，庙底沟遗址有两个时期的文化类型：一期在下层，属于仰韶文化遗存，又称"仰韶文化庙底沟类型"，年代在公元前3900年左右；二期在上层，属于中原地区仰韶文化向龙山文化过渡阶段的文化遗存，又称"庙底沟二期文化"，年代在公元前2700年左右。这两个分期提供了一个重要证据——庙底沟二期文化乃承袭仰韶文化而来，后来又发展成为河南龙山文化，从而解决了仰韶文化与龙山文化的年代早晚及源流的关系。

在庙底沟，房基、墓葬、灰坑和贮藏粮食窖穴的发现，再现了远古时期先民们居住的半地穴、浅地穴式的聚落生活——屋前有斜坡式的门道，比较狭窄；周围墙壁及房基遗留了许多柱洞，很容易就复原成圆形的或四角尖锥式的方形木屋顶，周围散布着大量的窖穴和灰坑；居住地面用草泥土铺成，掺有红烧土成分，质地坚实光滑，中间还有一个用于取暖和保存火种的圆形火塘；而房内柱洞下面垫的石柱础已被考古界确认是古代最早的柱础，它将中国建筑史上石柱础的使用提到了仰韶文化中期。

石器在出土器物中占比不小。其中打制石器以敲砸、刮削盘状石器为主，磨制石器

仰韶文化时期花瓣纹彩陶盆

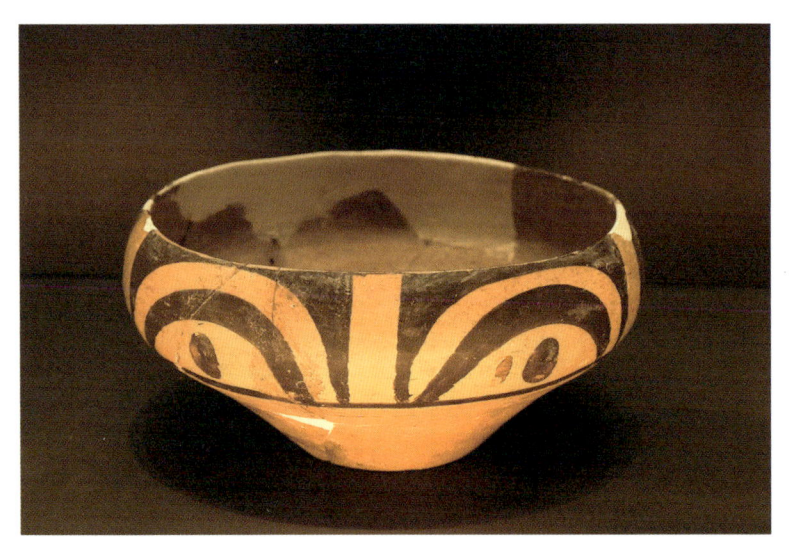

仰韶文化时期人面纹彩陶钵

以斧、铲、刀等用于农业生产的劳动工具居多。这个时期粟和黍是庙底沟遗址最主要的农作物，其农业结构应是以旱作农业为主，这些工具已经为庙底沟人在劳动中很方便地使用，并且有了明显改进——最新发现的一种挖土工具是装有木柄的平头石铲，用起来很方便；陶石纺轮、陶石网坠与骨镞的存在，说明纺织和渔猎已成为庙底沟人的生活手段。当然这种发展变化从氏族公共墓地的形成和家畜饲养数量猛增的情况中也能体现出来——庙底沟二期文化层的几十个灰坑出土的家畜骨骼，大大超过了仰韶文化时期上百个灰坑出土的家畜骨骼总和。

陶器出土最多，器形多种，尤以一种底小顶大的陶盆给人印象深刻，器腹和盆口沿处有鲜明彩绘，颜色为黑、红、白组合，多用曲线或曲边三角、新月和圆点，以及涡纹、花瓣纹、豆荚纹、钩叶纹、网格纹、回旋勾连纹等构成不同的抽象图案，这种图案代表了不同于半坡遗址的另一种类型。而这些彩绘或纹饰表现出一种原始艺术的恣意冲动，让人无不惊叹于先民们丰富的思维与想象力。作家蒋勋先生说："很多现代艺术家非常着迷'庙底沟'的彩绘艺术。他们几乎不能想象几千年前人类的绘画已经发展到抽象艺术。从陕西半坡的象征艺术，一直到河南庙底沟的抽象艺术，这是人类创造历史上又一个向前跨越的里程。"

1990年，国家邮政总局发行一套4枚古陶瓷特种邮票，其中第二枚就是在庙底沟遗址出土的曲腹彩陶盆。这件陶盆的彩绘纹饰的精彩程度达到了不可思议的境界，先民的思维与想象是如此丰富多彩，原始艺术的冲动与表达是如此充满活力。

小村落成就大遗址
渑池县仰韶文化博物馆

从渑池县城向北，大约走个七八公里的样子，经过一个长满了杂草刺丛的深沟，能看到路边一侧陡壁上凹陷的灰坑和灰坑中斑驳的陶片，还有断崖处裸露出的红土或黄土——它们的历史，可能要追溯到几千万年以前的新生代第三、第四纪，然后渐渐地觉得像是走进一个古老而神秘的时间隧道，几乎要与原始村落的先民们对话时，仰韶村就到了。

仰韶村北边有座山，当地村民称为韶山，离村子很近，站在村中间仰头就能看见。仰韶的村名就是这样来的。村子东西两侧各有一条深沟，沟底流水常年不断。两条溪流在村南汇合，使得仰韶村有了一个背靠大山、三面环水的最佳地势。那个闻名于世的仰

仰韶文化博物馆　位于渑池县仰韶镇仰韶村

渑池县仰韶村遗址

韶文化遗址就在村南层层叠叠如阶梯状的台地上。它的北面，就是仰韶文化博物馆。

自1921年瑞典地质学家安特生发现仰韶遗址到现在，这里已经出土了数以千计的远古时代器物。有用于农耕的石斧、石铲、石镰，也有用于狩猎的石弹丸和骨镞，还有用于纺织的线坠、纺轮、骨针、骨锥等。而最引人注目、最具典型标志的则是出土的一种彩陶器。这种陶器的表面和口沿绘有花纹，其中有弧边三角纹、月牙纹、网状纹、菱形纹，还有花瓣纹、鱼纹和几何图形纹等。尤其是这种精致的彩陶器与磨制石器共存，被认为是黄河流域新石器时代的新发现。

当年安特生是瑞典国家地质调查所的所长，他在1914年接受北洋政府农商部的聘请来到北京，最初是作为矿产顾问协助中国的地质学家找矿，因为在张家口找到了龙烟煤矿，还受到了大总统袁世凯的接见。后来看局势乱得厉害，矿石无法开采，他就通过中国地质调查所提出一个，采集古生物化石的想法。经批准，安特生于1917年开始了这项工作。那些年，他与中国地质调查所的同事一起跑遍了中国大部分地区，在采集古生物化石的同时又采集石器，兴趣渐渐地由自然转向了人文。

1920年秋，一个偶然的机会，安特生派他的助手、中国地质调查所采集员刘长山到豫西一带调查古脊椎动物化石，结果在渑池仰韶村发现了远古时期的石器。刘长山采购了600多件石器，并将它们全部带回了北京。安特生一见到这些东西感到非常震惊。很快，安特生跟着刘长山来到了渑池县。在仰韶村路边的土崖断壁上，他发现了很多深灰色的口袋形灰坑，后来在清理这些灰坑时，又发现了一片红底黑花、打磨光滑的彩陶残片，还发现了用于农耕的石斧和石铲，而且这些红底黑花的彩陶竟是和磨制成型的石器于一层中共存。安特生觉得这里很可能是古人类活动的场所，是一处史前遗址。回到北京，他立即向北洋政府建议对仰韶遗址进行发掘。1921年10月，在渑池县知事胡毓藩派来的几名全副武装的警察护卫下，安特生和刚刚从美国留学归来的年轻地质学家袁复礼等5位助手第二次来到仰韶村。这一次安特生在村里住了一个多月，采集的文物标本装了11个大箱子，其中最多的是彩陶。这次发掘被认为是中国田野考古的第一次，也就是在这次发掘中，安特生使用了"开挖探方"的方法——把发掘区域划分为若干相等的正方格，以方格为单位发掘。这是中国考古史上最早的一种了解文化层叠压和分布情况的方法，到现在都还在使用。

这次发掘，也证实了安特生最初的判断——仰韶村确实是古人类活动的一个遗址。当时这里的人们已经具有生活的智慧，能熟练地制陶、狩猎和捕鱼。1923年，安特生发表《中华远古之文化》一文，认为在仰韶遗址中发现的文化性质就是中国古代文化的前身。此后，安特生又在荥阳县（今荥阳市）发掘了秦王寨等遗址，他认为这些遗址与仰韶遗址同属一个文化系列，于是就把这种文化的首次发现地仰韶村作为这一文化类型的名称。"相同文化性质的遗址可能还会有多处，应以最早的发现来命名同一性质的文化。"于是，中国史前文化有了"仰韶文化"这个名字。

当时安特生把仰韶彩陶和美国中亚考古队在安诺遗址（今土库曼斯坦首都阿什哈巴德东南靠近伊朗边境）发现的彩陶进行了比较，很惊讶地发现这两种文化类型的彩陶纹饰竟然非常相似，他觉得最早发现的安诺彩陶要早于仰韶彩陶，中原地区的仰韶文化有可能是从西方经中亚传入。为了验证这一假设是否正确，安特生决定前往西北的陕甘青地区寻找那里的史前文化遗址。从1923年5月到1924年10月，在中国地质调查所的支持下，安特生带着农商部发给他的写有汉、蒙、藏三种文字的护照，并在10名士兵的护卫下沿黄河西上，先后去了兰州、西宁。在西宁大堡子乡朱家寨村，安特生发现仰韶文化时期一处丰富的聚落遗址，后来又在甘肃定西临洮县发现灰嘴遗址、辛店遗址和马家窑遗址，在广河县发现齐家坪遗址和半山遗址。然后他们又去了青海民和回族土族自治县，在那里发现马厂塬遗址。随着对仰韶文化研究的不断深入，实际上到1943年安特生出版《中国史前研究》时，他已经改变了最先提出的"中国文化西来"的假设和推测。

渑池仰韶遗址在安特生组织的发掘之后又有过几次发掘。影响比较大的一次是在1951年7月，中国科学院考古研究所河南省调查团在夏鼐先生带领下，在这里开挖了一

农商部为安特生颁发的护照

仰韶文化时期小口尖底瓶

仰韶文化时期彩陶盆

条探沟和一个灰坑，切到了安特生当年所发掘的旧探沟，出土了仰韶红底黑彩和深红彩的罐、碗，小口尖底红陶瓶，灰褐夹沙陶鼎等。还有一次是在1980年10月至1981年4月，河南省文物考古研究所在遗址的台地上发现房基4处、窖穴41个，出土陶器、石器、骨器和蚌器等600多件。这次发掘基本弄清了仰韶村文化遗址属于仰韶、龙山两个考古学文化，发现了几个不同发展阶段的叠压关系。

当然也很有必要提到1954年西安半坡遗址的发现和1956年陕县庙底沟遗址的发现。半坡遗址出土器物近千件，其中的陶器多为红陶，最引人注目的是一件绘有黑彩的鱼纹盆。鱼纹是半坡遗址彩陶的主要标志。考古专家由此断定，半坡遗址属于仰韶文化类型的遗址。庙底沟遗址与半坡遗址相似，房屋也多是半地穴式，屋内有保存火种和取暖的圆形火塘，只是这里出土的陶器多以黑彩绘玫瑰花瓣纹和弧边三角纹为主。这两处遗址的发掘，使得仰韶文化的传播方向渐渐清晰起来。经碳-14测定，证明安特生发现的马家窑文化是仰韶文化庙底沟类型的发展。庙底沟文化传播到西北以后发展过渡到马家窑文化，马家窑彩陶在庙底沟彩陶的基础上更加绚丽多彩。

仰韶文化遗址的发现告诉我们，在汉代丝绸之路之前，连接西北地区与中原之间的文化通道就已经形成了。这个通道所发挥的作用，可以追溯到新石器仰韶时代，不过不是像安特生所说的由西向东，而恰恰是由东向西，从中原延伸到了西北地区。仰韶文化代表了新石器时代很重要的一个发展时期。它的发现使此前国际史学界一些认为"中国没有石器时代文化"的说法不攻自破。

截至2000年，全国统计发现的仰韶文化遗址5213处，分布区域东起河南的豫东地区，西至甘肃、青海、北到河套、内蒙古，南抵江汉。典型的有陕西的西安半坡、渭南史家、华阴横阵、耀县石柱塬、临潼姜寨和零口；河南的陕县庙底沟、灵宝西坡、洛阳王湾、荥阳秦王寨、淅川下王岗、濮阳西水坡、邓州八里岗、郑州大河村、安阳后岗和大司空村；山西的芮城西王村、夏县西阴村；甘肃的临洮马家窑、广河齐家坪、秦安大地湾；青海的民和马厂塬；河北的曲阳钓鱼台、磁县下潘王；内蒙古的凉城王墓山等。

仰韶文化早期距今约有7000年，晚期距今约有5000年，时间跨度长达2000年之久，空间跨度达2000公里之遥。如此巨大的影响力和生命力，在历史长河中是很少见的。

南都帝乡的历史变迁
南阳市博物院

南阳市博物院的设计理念源自南阳汉画像石夔龙纹的造型。自空中鸟瞰，犹如横卧的盘龙怀抱玉石，如今成了南阳一处新的文化地标。馆藏文物5万件，"文明在宛"为其基本陈列，依序将南都帝乡的历史变迁进行了充分展示。

1亿年~6550万年前的白垩纪，南阳还是相对平坦的盆地，降雨充沛，植被茂密，这些都为恐龙的生活和繁衍提供了良好栖息地。20世纪八九十年代，南阳的西峡县、淅川县、内乡县一带发现恐龙骨骼和恐龙蛋化石，其中恐龙蛋化石有好几万枚，被学界誉为"世界第九大奇迹"。大约在五六十万年以前，南阳气候温暖湿润，动物种类丰富，亦为古人类繁衍生息提供了适合的场所。他们利用打制石器、骨器等工具进行劳作，使

南阳市博物院　国家一级博物馆　位于南阳市宛城区姜营鼎盛大道

南阳市博物馆展厅

用篝火进行简单的食物加工，目前已发现旧石器和古人类化石点30余处。其中，南召县杏花山遗址是中原地区发现较早的"南召人"遗址；淅川县坑南遗址是南阳盆地一处旧石器时代向新石器时代过渡的典型遗址，出土有汉水流域年代最早的陶器残片；南阳市黄山遗址发现新石器时代玉器作坊遗址，里面还有磨石墩、玉料、玉器半成品和制玉工具等，将当时的制玉场景完整地保存了下来，出土有打磨、切割成型的独玉铲；邓州市八里岗遗址发现新石器时代规模最大的长排石屋，出土有仰韶文化时期的陶囷（储粮用）、屈家岭文化时期的陶纺轮、龙山文化时期的灰陶圈足盘和石家河文化时期的彩陶杯等。

南阳留下很多夏商文化的印记。黄山遗址出土的用独山玉制作的玉钺，宛城区望城岗遗址出土的玉牙璋，方城县八里桥遗址出土的陶爵，让人透过稀世遗存读到了遥远年代一个个威武灵动的故事——商汤灭夏后，南阳成为商朝的"南乡"，有谢、楚、邓等诸侯国；境内发现的一件商代驾车御马用的镶绿松石弓形器，其华丽纹饰和精良工艺反映了使用者的高贵；一件通体呈喇叭状、长颈束腰，整体饰三叠兽面纹、蕉叶纹、弦纹（俗称"三层花"）并铸有铭文的青铜觚，让世人得以认识盛行于商中晚期的一种盛酒器；一件作为仪仗之器（有学者认为它具有"权杖"作用）所铸造的倒钩阔叶铜矛极为罕见，据说全世界存世的也就十几件。西周时期，南阳又被称为"南土"。境内有申、吕、楚、蓼、鄀、邓、鄂等诸侯国。自1974年至2019年，文物部门先后在淅川下寺、和尚岭、

战国时代带盖铺首衔环交龙纹铜壶　南阳市区出土

徐家岭发现楚国贵族墓群，在宛城区八一路两侧发现楚申县彭氏家族墓，在南阳城北的夏饷铺发现鄂国贵族墓地，在卧龙区石桥镇夏庄发现战国时期大型墓地，出土了一大批堪称"国宝"级的青铜器，其中王子午升鼎、云纹铜禁、龙耳方壶、王孙诰编钟、克黄升鼎、青铜神兽今分别藏于中国国家博物馆、北京故宫博物院、河南博物院和河南省文物考古研究院；鄂侯壶、鄂侯夫人列鼎列簋、彭子射繁鼎、彭子射浴缶、上鄀太子平侯匜、铜方敦、铜铎等藏于南阳市博物院。这些古墓群的发现对于研究楚都丹阳的地望、解读发生在春秋晚期"王子朝携周典奔楚"重大历史事件，以及阐释南阳境内各诸侯国的关系等，都有着极为重要的价值。

两汉时期，以最具代表性的汉代冶铁遗址为重点，展现了南阳在古代的历史成就与华丽盛景。西汉时，南阳已是"富冠海内"的五大都会之一，与长安、洛阳等城市齐名；东汉时，凭借"南都帝乡"的殊荣，南阳郡经济发达，农业、手工业、商业尤为突出。农业有良好的生产条件，稻麦轮作，一年两熟，馆藏的那些带有井栏、井架、滑轮的陶井，证明汉代南阳地区的百姓已经用上了先进的汲水设施，并开始利用机械滑轮提取重物；那些石盘磨、陶磨、陶杵臼（粮食去壳的加工工具）执箕俑和大大小小的陶仓楼——甚至在陶仓楼上标注出了仓储的粮食品种，说明当时南阳地区的粮食加工、储备已经具有相当高的水平。手工业以养蚕丝绸业、冶铁业成就斐然，南阳在西汉时即为全国桑蚕八大产区之一，宛邑设有工官管理丝绸行业，后期虽经战乱，但南阳郡守召信臣仍劝民农桑，去末归本，"郡以殷富"。南阳的冶铁业早在战国时期就有"宛钜铁鉇，惨如蠆虿"之说，意思是：用宛地钢铁制成的矛，锋利如同长有毒刺的蜂蝎。1959年在南阳瓦房庄一带发现的汉代冶铁遗址，面积达12万平方米，拥有17座炼炉，在这里出土了铁犁铧、铁耧铧、铁铲、铁锤、铁镰、铁锛等铁制农具和兵器，还有几百块陶范和鼓风管等。那个时候南阳冶铁已经闻名全国，所供应和销售的地区约在10个郡以上。农业和手工业的繁荣，又为市场提供了更多的商品，使得商业的发展也进入了一个新的阶段。虽说汉朝实行的是重农抑商的政策，但商业依然方兴未艾，宛地商人竞相与市，"俗杂好事，业多贾"——比如王莽末年南阳郡反对新莽的起义队伍，里面有很多都是赀财雄厚的大地主或大商人。

从馆藏的孙吴弩机、蜀汉刘备铸造的"太平百钱""直百五铢"铜钱（意思是一枚当百枚五铢钱的价值，是一种大值虚币）、吴国孙权铸造的"大泉五百""大泉当千"铜钱（一枚当五铢钱千枚，这是继王莽之后最大的虚值钱）和出土的南朝武士画像砖中，到访者可以领略到三国两晋南北朝时期中原地区政权更迭、战争频繁的动荡局面，由此而形成的民族迁徙与融合，使得南阳古城呈现出南北荟萃的文化特色。隋唐时期，政权趋于稳定，处于南北两条漕粮官道和多条驿道的南阳再现经济文化繁荣。北宋时，南阳因人口众多、经济发达而被称为"上郡"，社会的富裕程度甚至可与汉代比肩，以致朝廷中很多官员主张把首都迁到南阳来。南宋时，南阳处于宋、金交锋的前沿地带，馆藏这一时期烧制的虎形瓷枕在当时是抢手货，民谚道："一虎卧中堂，如意又吉祥"，人们已经把保平安看作是头等的大事了。元朝统一后，同样将南阳视为经济重地，大量向南阳移民，劝课农桑，开垦荒地，南阳经济得到恢复和发展。

而在藏品中的明代藩王建府、卫所兵制几个故事，也让到访者对了解彼时的藩屏王室袭封、理解太祖说的"吾养兵百万，不费百姓一粒米"有了浓厚兴趣。南阳北郊紫山唐王墓出土的朱桱圹志，说到明初实行的宗亲分封。有明一代，河南是宗藩大省，先后有11王分封于此，整个明朝受封亲王、就藩建国者50人，河南就占了1/5。明洪武二十四年（1391），朱元璋封其第23子朱桱为唐王。永乐六年（1408），朱桱就藩南阳府，永乐十三年（1415）薨。受封那年建唐王府，5年成。自朱桱始，南阳唐藩与他们的家族在宛城生活了230年。明末战乱，李自成攻克南阳，唐王府被烧得片瓦不存，只剩下后花园一座20多米高的王府山，孤零零地成了南阳城里的制高点。南阳西郊靳岗乡东石膏坑村发现的一座明代溵水郡主墓，出土随葬金器44件，里面有金鸟饰件、蜜蜂形金扣、凤鸟纹金头饰，还有金耳坠、金簪、金钗等，以镶嵌宝石等工艺制成，富丽华美。依墓志可知，溵水郡主是明藩唐宪王朱琼炟的二女儿。堂堂藩王之女，死得却很蹊跷，只活了31岁，死后将近一年才下葬，而且还没葬在家族墓地，也没有夫妻合葬，属非正常死亡，到现在都还没有探出真相。

至于说到卫所兵制，答案来自馆藏的两枚铜质官印，一枚"南阳卫左千户所百户印"，一枚"南阳卫后千户所百户印"。明代自京师达于郡县，皆设立卫、所。当时以5600人为一卫，每卫设左、右、中、前、后5个千户所，1120人为千户所，112人为百户所。百户所设总旗2个、小旗10个，每个总旗辖50人，每个小旗辖10人。凡卫、所皆实行屯田，以保证军饷供应。军士分屯田与守备两种，屯田者专事耕垦，供应军粮；守备者专务操练，执行军事任务。两者的比例大致是内地八分屯种、两分守城，边地七分屯种、三分守城。屯田的收入成为军饷的主要来源，这就使国家免去了养兵之费。遇有战事，则由兵部奉旨调卫、所之兵，临时命将充总兵官，发给印信，统兵出征。战事结束，总兵官交还印信，兵士回到卫、所。其实这种卫所制实乃一种寓兵于农、守屯结合的常备军制度。南阳卫为明洪武二年（1369）设，下辖5个千户所，治所在今宛城区通淯街。而要说到明代的官印，除了御印和皇亲贵族印、挂帅将军印外，最多的便是这种直纽型的百户印。这种印是从元朝以前几个朝代的方扁形橛纽官印演变而来，印文均用九叠篆。《明史》记：正一品印银质，三台；正二品、从二品印银质，二台；正三品印除顺天、应天二府为银质外，其余均为铜质，无台。

或许还要说说清朝知府建"梅花寨"固守宛城那件事儿，也很吸引人。历经明末战乱侵袭，特别是李自成两次攻打南阳，大肆屠城，清初南阳府和各州县的城池大都毁于

东周厚格双箍铜剑　淅川马川遗址出土

春秋番子带盖蟠虺纹铜鼎　南阳李八庙出土

春秋窃曲纹铜壶　南阳夏饷铺鄂国墓地出土

夏代玉牙璋　南阳宛城区溧河乡望城岗出土

战火，城镇人口锐减。后经顺治、康熙两朝休养生息，兴复城镇，招揽流民，恢复生产，使城乡经济逐渐繁荣起来。咸丰年间，捻军、太平军再次波及南阳，辗转于各繁庶城镇杀富掠财，与清军交战不断。当时南阳知府顾嘉衡为防备义军攻城，在明代旧城基础上对城墙进行了大修，东西南北置四门，东"延曦"，西"永安"，南"淯阳"，北"博望"，四门之外皆有月城。其上构筑炮台、安置铁炮。今南阳市博物院收藏的一尊2米多长、2吨多重的铁炮，就是在清代南阳旧城墙遗址中扒出来的。同治年间，知府傅寿彤为防捻军再次来袭，遂依地势在四座城门外修筑了四座寨堡，又连四寨堡作外廓，建炮台16座。四寨堡俯瞰如梅花状，故得名"梅花寨"。史载同治元年（1862）七月，太平军扶王陈得才大举围攻宛城十七夜，又是筑土墙、垒高台，又是挖地道、放火炮，无奈梅花寨固若金汤，到底未能破城，"不克而去"。元代以前，南阳城墙皆为夯土筑建，至明洪武三年（1370）南阳卫指挥佥事郭云重修南阳城时，始改建砖石。当时城砖上都刻上了"南阳城"的字样。1939年，为避日军飞机轰炸，明代的砖石城连同清代在城周围修建的梅花寨都被拔掉，尽毁。这回真的是伤了元气。曾经城周三十六里，"商遍天下，富冠海内"的一代名都，到1948年11月解放时，城周不足十里，住户不到4万人……

刻在石头上的大千世界
南阳汉画馆

南阳汉画馆建于1935年。最早是在南阳民众教育馆内，藏有汉画像石百余方，当时河南省第六行政督察专员罗震为此撰写了"南阳汉画馆创修记"并勒之于石。中华人民共和国成立后，随着大量散存画像石被发现、征集，空间狭小的馆舍已经无法容纳，于是在1958年将汉画馆搬到了南阳城西卧龙岗上的武侯祠，郭沫若先生为之题写了馆名。1976年，汉画馆在原馆东北处开工再建了一座新馆，3年竣工，馆藏画像石增至1500方。到1999年，南阳市又在卧龙岗的南面建起一座新馆，这就是今天的南阳汉画馆。眼下看，南阳汉画馆收藏的汉画像石已达2000多方，也是中国建馆最早、藏品最多、规模最大的一座汉画像石刻艺术博物馆了。

南阳汉画馆　国家一级博物馆　位于南阳市卧龙区汉画街398号

曾经有很长一段时期，人们并不了解画像石的用途和价值。很多汉墓被盗掘后，那些盗墓者便把画像石拉出墓穴抛于荒郊野外，有些被拿去做了屋基、路桥材料，风剥雨蚀，践踏无数，致使许多珍贵的石刻画像遭到破坏。1928年，河南通志馆编修张中孚回乡赈灾时发现大量汉画石刻，随即访拓宛境金石，回到开封后将拓印的汉画像交给了河南省博物馆馆长关百益。关先生从中挑选了40幅编成《南阳汉画像集》，于1930年由中华书局刊行。此书是迄今所见最早介绍南阳汉画像石的著录，也是南阳汉画首次公布于世。后来"鲁迅可能是通过关百益的《南阳汉画像集》知道了南阳有汉画"，而这个"发现南阳汉画的拨灯之人"就是张中孚。（殷德杰：《老南阳：旧事苍茫》）

而要说到最早对汉画像石进行研究且贡献最大的，应是1925年毕业于北京师范大学的南阳籍学者孙文青。1932年他在省立南阳五中教书时，从东大寺（原校址）的墙壁、廊阶上和卧龙岗附近的草店几座汉墓中发现好多画像石，后来竟访得汉画像石700余方，经拍照、拓印，编成《南阳汉画像汇存》5辑（今存南市博物院）。在他看来，汉画像石皆为墓中之物，南阳之所以有这么多的汉画像石，应与南阳郡治在西汉时就已经是全国有名的商都、东汉时又是光武帝刘秀的家乡，是他成就帝业的发迹地，城里官宦世家比较多且社会盛行厚葬风气多有关系。而最重要的，那就是"当时南阳经济文化的繁荣昌盛及文明程度，足以升华出如此美妙的艺术"。于是，孙文青把他的研究成果写成《南阳草店汉画像记》，发表在1933年的天津《国闻周报》；一年后，又在《金陵大学学报》

东汉"嫦娥奔月"画像石

发表了《南阳汉墓享堂画像访拓记》，在《科学画报》发表了《南阳草店汉墓星象图》。1936年，金陵大学中国文化研究所出版了他编著的《南阳汉画像汇存》，书中收录南阳汉画像石拓片140幅，也就从那时起，沉睡千年而湮没无闻的南阳汉画像石渐渐为更多的人所认识。

从南阳汉画馆的馆藏可以看出，现实生活是南阳汉画像石的主题，诸如生产劳动、楼阁建筑、骑射田猎、宴饮舞乐、车马出行等在汉画像石中都有展示。当然，也有历史故事，像二桃杀三士、荆轲刺秦王、鸿门设宴、伯乐相马等；还有神话传说，像女娲补天、后羿射日——1998年，国家邮政局发行一套《汉画》邮票，其中一枚用了南阳汉画"嫦娥奔月"。而天文星象与祥瑞辟邪的题材在南阳汉画像石中亦有突出反映，像星象中的彗星图、北斗星图、日月同辉图、苍龙星座图，祥瑞中的朱雀、麒麟、仙鹤、神龟，辟邪中的铺首衔环等。铺首衔环多刻于墓门，面目狰狞，似为饕餮。而要说到这座博物馆的镇馆之宝，恐怕非一对天禄辟邪石兽和一方许阿瞿墓志画像石莫属了。

天禄、辟邪是传说中一种有翼的神兽，具有被除不祥、保佑人们平安富贵的功能。藏于南阳汉画馆的这对天禄辟邪是目前所见时代最早的圆雕石兽，原立于东汉汝南太守宗资墓前，躯体修长，昂首向天，怒目圆睁，阔口大张，看上去似乎正向前奔跑，突

汉画馆展厅

然发现了什么，骤然挺立，一瞬间其雄壮威武、凶猛好斗、气势剽悍、咄咄逼人的神态被雕刻工匠定格，惟妙惟肖，让人瞠目。见过这对石兽的人，都会觉得让它们镇墓实为绝妙之选。宗资是南阳安众（今邓州附近）人，以荐贤任能而留名于世。唐章怀太子李贤注《后汉书》曰："今邓州南阳县北有宗资碑，旁有两石兽，镌其膊一曰天禄，一曰辟邪。"北宋时，欧阳修著《集古录跋尾》，对其作过注述："右汉'天禄辟邪'四字，在宗资墓前石兽膊上……余自天圣中举进士，往来穰邓间，见之道侧，迨今三十余年矣。其后集录古文，思得此字，屡求于人不能致。尚书职方员外郎谢景初家于邓，为余摹得之，然字画讹缺，不若余见时完也。"沈括到南阳时也见过这对石兽，他拓印了石兽身上的刻字，并在《梦溪笔谈》中记下这件事儿。到明代，宗资墓碑及石兽身上所刻的"天禄辟邪"四字已漫漶不存。嘉靖七年（1528），南阳知府杨应奎根据《汝帖》中保存的拓本，重新刻上"天禄辟邪"四字，并立碑为记。从摹本看，该字为篆隶合体，婉转俊逸，有较高的书法价值。1932年，天禄、辟邪被移存南阳玄妙观，后在1959年又被移至卧龙岗（其时南阳市博物院驻此）。1999年南阳汉画博物馆建成，石兽被安放在汉画博物馆宽敞的大厅正中。

许阿瞿汉画像石，出土于南阳东郊李相公庄一座曹魏墓中。它的珍贵之处就在于汉

东汉天禄、辟邪石兽　南阳出土

画像左侧的石刻文字，这是中国目前发现最早的墓志铭了。志文隶书，末行漫漶，不能尽识。经郭沫若先生考订，知其所记：东汉灵帝建宁三年（170）三月十八，南阳一富贵人家年甫5岁的许阿瞿不幸夭折，父母极度悲伤。许阿瞿的父母拜托逝去的先祖，能够怜其幼小，多加关照。画像石分出上下格，表现出许阿瞿生前的情景。上格是许阿瞿跽坐（双膝着地，上身挺直）于榻上，面前是他的小伙伴，有的托鸠（一种木制玩具）、有的牵着木鸠或攥着木鸠玩耍；下格是舞乐场面，几位艺人或弄剑跳丸，或抚琴吹箫，或踏鼓甩袖而舞……阿瞿看得很开心。三国时期，一位盗墓者掘开了这座汉墓，发现了这块精美的汉画石刻，爱若至宝，死的时候将其与自己葬在了一起。1973年，这座墓被考古专家打开，一缕阳光照见了"端坐"于石头上的许阿瞿。数年后，郭沫若先生看到了这块石头，很郑重地说："非常宝贵。"

　　对于南阳汉画像石，鲁迅极为欣赏，曾通过友人王冶秋（中华人民共和国成立后任国家文物局局长）、台静农（曾任辅仁大学教授，与鲁迅关系密切，友谊深厚）托南阳友人杨廷宾（曾任南阳女子中学美术教师，中华人民共和国成立后任中国美术馆副馆长）等人为其搜集、拓印南阳汉画像241幅。他说："唯汉人石刻深沉雄大。"他在去世前仍对南阳汉画像石念念不忘，病榻上还给王正朔写信说："桥（魏公桥）基石刻，亦切望水消后拓出。"

东汉"许阿瞿观舞赏乐"画像石

历史学家翦伯赞称:"中国历史上,再也没有一个朝代能比汉代在石板上刻出当时现实生活的形式和流行故事来,几乎可以成为一部绣像的汉代史。"

美学家王朝闻认为:"南阳汉画像石是难以匆匆理解的文化现象……这一艺术宝库的价值在未来将更加光辉。"

画家吴冠中讲到自己平生最激动的三次经历,一次在法国看印象派画展,再一次去西安看霍去病墓前的石雕,第三次就是到南阳看汉画馆。他说:"我简直要跪在汉代先民的面前了……"

太阳系有颗"张衡星"
南阳张衡博物馆

1954年秋天,一个叫布可夫的苏联水利专家从信阳南湾水库工地来到南阳县(今南阳市卧龙区)石桥镇小石桥村,要找张衡墓。他听说张衡是中国古代一位大科学家、大发明家、大文学家,想来拜谒这位世人敬仰的杰出人物。可当地农民并不知道张衡墓在哪儿,只知道有个尚书坟。其实尚书坟就是张衡墓。1963年,张衡墓被列入"省级文物保护单位"。1986年,当时的南阳县依托张衡墓园建起一座专题性博物馆——张衡博物馆。两年后,张衡墓被列入"国家文物保护单位"。

博物馆的建筑为汉代陵园形制,坐北朝南,轴线对称。山门前是一对砖石结构的汉阙,上覆重檐屋顶,阙身饰有朱雀图形;两侧各有面阔七间的门房,门房顶部各建望楼一座,东西对称。穿过山门,神道两侧立几尊石象生,雄浑拙朴、栩栩如生。沿神道拾

张衡博物馆 位于南阳市卧龙区石桥镇小石桥村

阶而上便是拜殿，内有"张衡生平成就展"，详细介绍了张衡的奋斗历程和伟大业绩，指南车、计里鼓车仿真模型列布其中。拜殿前为大理石月台，两侧有浑天仪、地动仪雕塑，这些都是张衡的发明。过拜殿，便是松柏簇拥、庄严肃穆的张衡墓园，两座碑楼分立左右，东边的石碑立于明嘉靖四十三年（1567），西边的石碑立于清光绪八年（1882），内容大体记载了各个时期修葺墓园的经过。穿过青砖拱门便是张衡墓冢，辟有环形甬道，外有八角青砖花墙围之。墓前有一通碑，虽说算不上古老，却因撰文者是郭沫若先生而闻名。他在碑文中对张衡有一番评论："如此全面发展之人物，在世界史中亦所罕见，万祀千龄，令人景仰。"

张衡，字平子，东汉南阳郡西鄂县（治今卧龙区石桥镇鄂城寺）人，官拜太史令、尚书侍郎，还做过河间王和尚书。汉和帝永元十二年（100），张衡经好友崔瑗推荐，在南阳郡守鲍德手下当了一名主簿。后来鲍德把张衡在天文、术数方面的才能奏明皇上，安帝刘祜慧眼识才，用了当时的最高礼遇——派公车特别征召将张衡接到了洛阳，安排他在灵台担任了太史令。这个职务，与前世学者司马谈和司马迁父子相同。

灵台是当时中国最大的一座天文观测台。太史令就是掌管皇朝祀典、天文历法以及禳灾等"阴阳"之事的官员。元初四年（117），张衡研制出世界上第一台观测天象的浑天仪，他创立的浑天说认为"常天如鸡子"，天如蛋壳地如蛋黄，是个不可分割的整体。这要比当时流行的"天圆地方说"进步多了。顺帝阳嘉年，张衡又造出世界上第一台测定地震的候风地动仪。这种仪器用青铜制成，状如酒樽，仪器外部有8个龙头口衔铜珠，

浑天仪　　　　　　　　　　　　　候风地动仪

张衡墓

龙口下有8只蟾蜍口朝上张,哪个方向发生了地震,哪个方向的龙嘴就会吐出铜珠,落在相对应的蟾蜍口中。顺帝在位时,京师洛阳发生了几次地震,每次都被地动仪测到了。有一次还测到了千里之外的陇西发生的地震,一时"震骇京师"。起初很多人都觉得这是不可能的事情,《后汉书·张衡传》有记:"尝一龙机发而地不觉动,京师学者咸怪其无征,后数日驿至,果地震陇西,于是皆服其妙。"

此外,张衡还造出了风向计、指南车和自动记里鼓车。张衡设计的风向计叫"相风铜鸟",安装在四五丈高的木杆顶端,风来则转,便可知风向;指南车是在车上安装了一个用罗盘磁针定位的木头人,不管车子怎样拐,木头人的手始终指着南方;自动记里鼓车上载有一面大鼓,有机械装置操纵着鼓两端的两个手持鼓槌的木头人,每当车轮转动149周时,木头人就会敲击鼓面,表示车子走了一里路。这要比现在汽车上的里程表形象多了。

顺帝永和初,已届耳顺年的张衡出任河间相。当时河间王刘政骄奢淫逸、不遵典宪,手下又多作威作福、共谋不轨。张衡下车伊始,很快查清并对作恶者严惩不贷,河间地方顿时风清气顺。永和三年(138),朝廷又安排张衡入朝担任尚书,此时他的身体已处于严重透支状态,极度的劳累让他上任不到一年就去世了,享年62岁。崔瑗在张衡去世后悲而作文,赞其"道德漫流,文章云浮,术数穷天地,制作侔造化",对张衡做出了极高评价。后世的人们为这位有着高尚道德情操的"淑人君子"所感动，为这位写出云彩一样美文的大家所称颂，为这位有着诸多发明创造的绝世之才所惊叹，张衡的名字不断被世人提起、被世界提起。20世纪50年代，张衡被列为世界文化名人。1953年、1955年、2006年，中国先后发行了印有张衡画像及其发明创造的邮票；1970年、1977年，联合国又以张衡的名字命名了月球上的一座环形山和太阳系中的一颗小行星。

历史上的南阳城虽不是很大，却出了好几位杰出人物，像诸葛亮、张仲景、张衡，还有与诸葛亮一样同为名相的百里奚、提出过"兔死狗烹"论的范蠡，以及当上皇帝的刘秀等。让人想不到的是，诸葛亮、张仲景、张衡几位身后的待遇竟如此悬殊——城西卧龙岗上的诸葛亮武侯祠雕梁画栋、碑刻林立，东关温凉河畔的张仲景医圣祠赫然把"长沙太守"的头衔冠于"医圣"尊号的前头。而张衡的墓差点就找不到了。

文献中，最早说到张衡墓具体位置的是北魏郦道元的《水经注》："淯水又过西鄂县南，水北有张平子墓，墓之侧有平子碑。"唐僖宗时，诗人郑谷也来过这里，留下一首七言绝句《题张衡庙》："远俗只凭淫祀切，多年平子固悠悠。江烟日午无箫鼓，直到如今咏四愁。"苏联专家布可夫来时，尚书坟只剩下一个方桌大的土堆，淹没在一片过膝的茅草丛中。距土堆不远处还有个土堆，传为"平子读书台"。

温凉河畔医圣祠
南阳张仲景博物馆

南阳东关温凉河畔,坐南朝北的"医圣祠"显得十分醒目。字题得苍劲有力,是郭沫若先生的墨宝。只要了解关于张仲景故事的人看到"医圣祠"这三个大字,都会肃然起敬。

这里说的"医圣",还有平常说的"万世医宗",都是封给张仲景的。

1984年,张仲景博物馆成立,馆址就设在了医圣祠。

张仲景是南阳人。他出生时,中原大地正流行一种可怕的疫病,发病人突然高烧、

张仲景博物馆 位于南阳市宛城区医圣祠街7号

咳嗽，并出现胸闷等症状，医生用石膏、大黄诸味寒凉药治疗，但不见有效，甚至适得其反，很多病人不治而亡。这种疫病到灵帝刘宏坐上龙椅时爆发得更加厉害，好像没有什么法子能控制得住。最早有人认为，这种病是因身体受了寒气伤害引起的，所以又叫这种病为"伤寒"。不过中医说的伤寒与西医说的一种由伤寒杆菌导致的肠道传染病（也叫"伤寒"）是不一样的。这个难题被张仲景破解了。他认为，导致伤寒发生的因素很多，主要还是体质下降，使得体内的正气不能抵御寒邪对肌肤的入侵，因此形成气机阻闭而出现高热和类似感冒的症状；但这与内热引起的感冒又有不同，不能用寒凉的药。张仲景在这里采用辨证论治，即"热病"用温热药治，促其发汗、解表，让郁积于体内的寒邪随汗散发出来，从而使伤寒病的诊治出现转机，后来连老百姓都知道，"发汗"是能治病的。

在与瘟疫抗争的日子里，张仲景拜师张伯祖，得医道真传。其后他便潜心研究疫病，遍寻医籍文献，广采名家单方验方，并结合自己的临床经验，总结出了一整套医治伤寒杂病理论，写出了《伤寒杂病论》。他提出用望色、闻声、问症、切脉来分析病人所患的是哪种疾病，以阴阳表里和寒热虚实来判断病症的性质和原因。这部著作与《黄帝内经》《神农本草经》《难经》并称为"中医四大经典"，后来被分为《伤寒论》《金匮

张仲景墓

要略》两部，成为历代医学家必读之书。

中国医学史上，历代名医如扁鹊、华佗、孙思邈、李时珍等，都有着不凡的医术经历。但能称得上"医圣"的，大概只有张仲景了。有人说，是因为他写的《伤寒杂病论》太伟大了。这本书是中国第一部传染病学专著，张仲景"借一病为万病立法"，创建了中医药学的基本规范和框架。他的"六经分证、八纲辨证"，至今仍是中医的支柱性理论，是中医在西医面前足以自傲的核心优势。"医圣"这个称谓是历史对张仲景医术的认可——他被尊为"医圣"，他的书被尊为"医经"，他的药方被尊为"经方"。

曾写出中国现存第一部针灸专著的东汉医学家皇甫谧，笔下记有当年张仲景从南阳去洛阳行医时，遇到后来名列"建安七子"的王粲的一件事。他说张仲景一眼看出这位20多岁的文学天才得了一种可怕的疠疾，于是直言相告，要王粲及早服用五石汤，否则过了40岁以后眉毛会脱落，脱落后半年就会痛苦地死去。王粲不信，只是笑笑，没有按张仲景说的药方服药。过了20年，王粲眉毛果然脱落，此时想去求医，却已经来不及，不到半年就死了。

在南阳，至今流传着"冬至吃饺子不烂耳朵"的民间故事。有一年冬天，南阳特别冷，张仲景在白河边上看到很多穷人的耳朵被冻烂，于是让弟子在东关搭起一座大棚，架起一口大锅，弄来羊肉、辣椒和一些祛寒的药材放在锅里煮，然后将羊肉捞出来切碎，用擀的面皮包成耳朵状，名曰"娇耳"；下锅煮熟，每人两只，盛上一碗汤，那些冻烂耳朵的穷人吃了以后浑身发热、两耳变暖，冻烂的耳朵很快就好了。后人为纪念张仲景，每年的冬至和大年初一都会做"娇耳"（也叫扁食，即饺子）吃，久而久之成了习俗。

张仲景的影响超越了国界。在日本，中药被称为"汉方药"，其中多半是从张仲景《伤寒杂病论》的经方来的。日本人对张仲景很崇拜，尊他为张先师。医圣祠的碑廊有很多是瞻仰张仲景的日本人留下的墨宝，如渡边武先生，日本东洋医学会会长，在日本也是一位大名鼎鼎的人物。有一年，医圣祠还接待了日本医学界一位70多岁的老教授，他讲了一辈子《伤寒杂病论》，却不知张仲景是南阳人。后来就带着学生来了，恭恭敬敬搞了个朝拜仪式，然后就在医圣祠里给他的学生颁发毕业证书，场面颇为隆重。

医圣祠建于明朝嘉靖年间，清朝顺治、康熙、乾隆年间都有修建。每每遇上战乱，这地方总是毁了建、建了毁。最荒唐的是，1928年军阀石友山的部队驻扎南阳期间，把医圣祠搞成了一个大菜园子，直到石友山的部队撤离南阳，医圣祠才又恢复原状。现在所看到的建筑，大都是20世纪80年代重建的。

医圣祠中，张仲景的墓冢用青砖砌成，一间房子大小，方形，安放在一座挑檐翘角的亭子下面，四角各有一个石雕的羊头。古时"羊""祥"同音同义，说是摸摸羊头，

南阳张仲景博物馆

医圣祠碑廊

能保身体百病不生,所以来这里的游人都喜欢把四个羊头摸个遍,讨个吉利。墓前一通石碑,上刻"汉长沙太守医圣张仲景墓"。据说张仲景任长沙太守时,坚持坐堂行医,为政之余仍不忘为百姓把脉看病。每月初一、十五两天,衙门大开,张仲景就在大堂上为病人诊治,颇有当今"专家义诊"的意思,这个"坐堂医生"的称呼也就是从他那儿来的。张仲景的药方被称为"长沙方",一提到学医,就说是"问道长沙","长沙",指的就是张仲景。

千年热词"父母官"的诞生地
南阳知府衙门博物馆

府衙，是比县衙又高一级的行政机构，一般可以管辖好几个县。这种行政机构早在唐代就有了。起初是在京都或陪都的所在地置府，其都督所在的州也被称为府。到了宋代，以州升府的地方渐渐多了起来，此时的府与原来设的州数量基本上是相等的，而原来设的州则逐渐与县无别。至元、明两朝，府这一级被明确定位为县以上的行政区，州则降与县同级，皆隶属于府。清朝因袭明制，省以下分设府，作为承上启下的行政机构，在司、道领导下辖以州、县。知府是一府的地方行政长官，平时打理的都是比县官更重要的事务，除安抚百姓、审决讼案、征收税赋外，像宣布国家政令、稽查奸宄、考核属吏等，也为知府所职掌。

南阳自秦昭襄王设郡，隋以前皆有郡守，汉景帝时改称太守。金哀宗完颜守绪在位时设申州，改郡署为州署。元世祖忽必烈当政后，申州升为南阳府，又改州署为府署。元置府三十三，南阳居其一。《元史·地理志》记："南阳府，唐初为宛州，而县名南阳，后州废，以县属邓州。历五代至宋皆为县，金升申州。元世祖至元八年（1271），升为南阳府，以唐、邓、裕、嵩、汝五州隶焉。二十五年（1288），改属汴梁路，后直隶行省，领县二州五。州领十一县。"县二，即南阳县和镇平县；州五，即唐州（治今唐河县）、邓州、裕州（治今方城县）、嵩州（治今嵩县）和汝州；州领十一县，即唐州之泌阳县、邓州之穰县（今邓州市）、内乡县和新野县、裕州之方城县、叶县和舞阳县、嵩州之卢氏县、汝州之梁县（今汝州市）、鲁山县和郏县。到了清代，南阳府管辖的州、县又有一些调整，比较大的变化是改淅川县为淅川厅。算下来，从公元前272年秦昭襄王在南阳设郡，到清宣统年间最后一任知府下台，两千多年间，南阳有名可查的知府（郡守）共248名。他们给后世留下了一座府衙。

封建社会，朝廷基于"民非政不治，政非官不举，官非署不立"之识，对衙署建设历来十分重视，并且有着明确的规制。作为豫南首郡，南阳府衙自元代始建至明清两代几次重建，一直保持了恢宏与严整的气势。譬如建筑布局，主要建筑都摆放在中轴线，

南阳知府衙门博物馆　位于南阳市宛城区民主街

府衙是比县衙又高一级的行政机构

其他建筑对称地摆在两边，配以冷色青砖灰瓦、暗色槛柱、彩绘梁枋等。再譬如功能配置，像三堂六房和那些大门、辕门、照壁、仪门、内宅门，以及大堂前的戒石亭、堂门楹联、公案屏风《海水朝日图》，设置上的左文右武、前朝后寝等，都是衙门建设中的基本要求。换句话说，衙署建筑的一些工程设计，诸如木构中的柱梁、枋檩、斗拱，砖石结构中的台基、踏步、墙、屋面，瓦作中的筒瓦、板瓦等，都有章法可循。所有这些刻意的建筑布局，既体现了府衙的权力与威严，又显示了恰如其分的行政身份。

  清代对南阳府衙有过4次大规模修建，分别在顺治、康熙、道光和光绪年间。康熙年间知府佟应琦不仅对军粮厅、理刑厅、照磨所、司狱司、税课司搞了一些修葺，还在府衙大门外增建了召父祠和杜母祠。召父本名召信臣，杜母本名杜诗。召信臣是西汉元帝时的南阳太守，其时政坛混乱，贪暴横行，民多冤结，州郡不理，当官的都在自保自肥。而召信臣到任后却将乌纱换作草帽、官靴换作芒鞋，躬耕劝农，奔走于田间地头，一时间百姓归之，户口增倍，盗贼狱讼衰止，"吏民亲爱信臣，号之曰'召父'"。杜诗是东汉光武帝时的南阳太守，任上关心民众疾苦，体恤百姓冷暖，省爱民役，广拓土田，不畏权贵，不计个人得失，严惩了一批横行乡里的不法豪强，百姓扬眉吐气，尊杜诗为"杜母"。那个"父母官"的称呼，应该就是从这里诞生的。

府衙大堂

当然，让南阳人感念的不只"召父杜母"，还有几则典故也在宛地广为流传。

像"羊续悬鱼"，说的是东汉南阳太守羊续清俭自律的典故。羊太守居处简陋、旧衣粗食，从不搞一点特殊。有一次府丞送来一条鱼，他就把它挂在了府衙内宅墙上。过不久府丞又送来一条鱼，羊太守就把上一次送来的鱼拿给他看，以断了他以后再送的念头。果然，府丞看后再也不敢送了。

又如"蒲鞭示辱"，说的是东汉南阳太守刘宽有德有量的典故。刘宽任太守时，若有了成绩皆归下属，有了过失则引咎负责。属吏们犯了错，他仅用蒲草编的鞭子轻轻打几下，令其知耻改过，为政宽恕仁德。"四海为之折服，尊为长者"。康熙皇帝曾以刘宽为榜样告诫臣下："齐民但示蒲鞭辱，报国应同竹节坚。莫恃才名轻庶物，冥冥之中有青天。"

再如"名联释怨"，是说清代南阳知府顾嘉蘅以一首"心在朝廷原无论先主后主，名高天下何必辨襄阳南阳"的名联平息襄阳与南阳的"诸葛亮之争"。当年诸葛亮在《出师表》中说了句"臣本布衣，躬耕于南阳"，但《三国志》中又冒出一个"隆中对"，隆中在湖北襄阳，那里也有一个武侯祠。于是南阳、襄阳两地都说诸葛亮是在自己家乡隐居，文人学者也纷纷跟进，引经据典地打起了笔墨官司。其实这番争执是区划调整给搞出来的，隆中虽在襄阳城外，行政区却属南阳郡的邓州。过去有人说顾嘉蘅写这副对联是回避矛盾，其实他也是赞同"诸葛草庐在南阳"的。道光年间他首任南阳知府时，即为草庐撰联称诸葛亮"抱膝此安居"；咸丰年间他三任南阳知府时，又为卧龙岗作诗称"三仕惭来三顾地"；同治年间他五任南阳知府时，又主持对武侯祠重新修建，口气还是没变——"诸葛庐即躬耕旧地"，由此知他并非"和稀泥"者。

还有"量比刘宽"，是说清同治年间南阳知府刘拱宸，自认刘宽后人，遇到来打官司的，往往先召到偏房问问情况，能调解的就做些疏导规劝，若非万不得已，尽量不让事主屈膝公堂。每当听讼，必劝谕谆切。他在公案前铺了张竹篾编织的席子，遇到父子或兄弟相争，就让年幼者跪于篾席上，罚读《孝经》，以"篾"通"灭"，不孝者"天诛地灭"，让当事人悔过自责。南阳百姓感其宽仁爱民，都叫他"刘青天"。

如今来到南阳府衙，还能瞧见复原清廉太守羊续挂在内宅门上的木鱼，宽仁太守刘宽挂在二堂墙上的蒲鞭，爱民知府刘拱辰铺在二堂上的篾席，五任知府顾嘉蘅在位时大堂的各种陈设，包括所有的职衔牌——南阳府正堂、奉旨协办团练、诰封朝议大夫和前翰林院编修等。

衙门里的楹联，自然也是南阳府衙的一处看点。

像大堂上的这副：

南阳府衙保留了明代的建筑格局和清代的建筑风貌

> 为政戒贪，贪利贪，贪名亦贪，勿骛声华忘政事
> 养廉唯俭，俭己俭，俭人非俭，还从宽大保廉隅

府衙大堂是知府开读诏旨、举行重大仪式、公开审理决讼案件的地方，挂在大堂上的这副楹联对"贪""俭"二字进行了深刻解读：当官要戒贪，贪图钱财是贪，贪图名誉地位也是贪，不要因过度追求名利而忘了本心与职责。养廉要俭朴，节俭要从我做起，不能只要求别人去做而自己却做不到，做官就要以身作则，宽容待人，这样才能知行合一，品性端方。再看这副：

> 莫寻仇莫负气莫听教唆，到此地费心费事费钱，就胜人，终累己
> 要酌理要揆情要度时事，做这官不清不勤不慎，易作孽，难欺天

上联是说给百姓的：不要与人结仇，不要使性赌气，不要听人教唆，到衙门打官司既费心又费事还费力，就算官司最后打赢了，自己也累得脱层皮。下联是说给官员的：处理政务、审断案件一定要明察事理、掌握情况、审时度势，若是做官不清白、不勤勉、

不谨慎，就很容易出问题，想瞒也瞒不住。还有这副：

刑赏本无私，是是非非敢信不违民志
毁誉何足计，明明白白但求无愧我心

赏罚不能存有私心，对就是对，错就是错，是非讲分明，才敢说没有违背民意；为官一任，难免会受到诋毁和赞誉，但这些都不要过多计较，只求问心无愧。再如二堂这副：

念厥职非轻休戚与诸邑相关，曰慎曰清曰勤敏
求斯心可问是非惟群言是度，不宽不猛不因循

二堂又称"思补堂"，是谓"进思尽忠，退思补过"。这副楹联说到：知府一职责任重大，其喜怒爱乐都和属地百姓密切相关，做事一定要谨慎、清廉、勤奋；为官一任要造福一方，决定的事要充分考虑同僚及下属的意见，处理问题要宽严相济，不能因循守旧。再看仪门上的这副楹联也很有意思：

民情本无顺逆，从修齐治平可开盛世
官品何论高下，能公正廉明才是青天

仪门是新官上任时才会打开的门。这副楹联从总结古今的经验教训来告诫新到任的知府大人怎样才能把属地治理好，做一个受人拥戴的好官。不管民情顺逆与否，得民心是很重要的，要使他们能够丰衣足食、安居乐业。做官要讲"絜矩之道"，无论职位高低，做事一定要公道正派，榜样的力量是无穷的。

府衙的这些楹联就像一面"镜子"，照射出衙署文化的丰富内涵，读来心存感动，于今日反腐倡廉、勤政敬业仍有借鉴意义。

卧龙岗上留下的一处念想
南阳武侯祠博物馆

武侯祠是诸葛亮留在卧龙岗上的一处念想。如今，依托武侯祠而建立的这座博物馆，承担着武侯祠161间古建筑、200余株古树名木、450余件历代碑刻匾额及4000多件文物的管理、研究和保护的任务。

当年诸葛亮躬耕南阳，过了一段"苟全性命于乱世，不求闻达于诸侯"的布衣生活。但诸葛亮是一个胸有良谋的人，徐庶曾把他比作是等待时机腾飞的"卧龙"。刘、关、张"三顾茅庐"后，诸葛亮便离开了结庐躬耕十载的卧龙岗，跟着刘皇叔他们走了。后来诸葛亮官拜蜀汉丞相，辅佐刘备成就帝业，后来鞠躬尽瘁、死而后已，死后谥"忠武侯"，所以历代建诸葛亮祠庙的，也就都用了"武侯祠"的名字。

武侯祠博物馆　位于南阳市卧龙岗

从当地史志看，就在诸葛亮病逝五丈原的消息传出后，南阳一带就有了祭祀活动，其故将黄权曾率族人在卧龙岗建庵祭祀，时称"诸葛庵"。西晋永兴年间镇南将军刘弘在宛城讨伐张昌时，曾"观亮故宅"并"立碣表闾"。到了唐代，诸葛草庐就已经有些规模。《诸葛庐碑》记："庐在南阳县城西南七里。"李白《读诸葛武侯传书怀赠长安崔少府叔封昆季》有"赤伏起颓运，卧龙得孔明"，其《南都行》又有"谁识卧龙客，长吟愁鬓斑"；刘禹锡《陋室铭》亦有"南阳诸葛庐，西蜀子云亭"；白居易有"鱼到南阳方得水，龙飞天汉便为霖"；许浑也在《南阳道中》中写过"荒草连天风动地，不知谁学武侯耕"。唐以后的宋代，题咏的人也不少，至今保存下来的碑刻尚有三四百通。

或许有两件事会引起到访者的兴趣：一则是元延祐二年（1315），元仁宗交中书平章政事与翰林集议，给南阳卧龙岗定下了个"武侯祠"的名字；另一则是明嘉靖七年（1528）明世宗"钦赐"南阳卧龙岗武侯祠庙额，颁祭文定春秋二祭日期和祭品，并敕令地方官按期致祭，后又于嘉靖十八年（1539）特遣驸马都尉邬景和来宛致祭。这两件事都刻在了元明时期留下的石碑上。

历史需要传承和记忆。武侯祠不知被天灾人祸毁了多少次；南阳人凭着对这位"千古人龙"的景仰，不知又建了多少回。当今所见，武侯祠的建筑基本上是元明清几个朝代的风格和布局。那些木构砖石、红墙灰瓦、苍松翠柏布满了不同时代的文化烙印，无处不在的沧桑感更是随着时间的推移而变得愈加强烈。

大拜殿是武侯祠的主体建筑。内有孔明像，羽扇纶巾，风范庄严，正是东汉末年隐居儒士的典型装束。殿堂里外挂满了名人墨客的对联和匾额，字里行间充满对诸葛亮的敬重和仰慕。尤其是大殿门柱一副楹联脍炙人口："心在朝廷原无论先主后主；名高天下何必辨襄阳南阳。"这副楹联就是当过南阳知府的顾嘉蘅写的，名噪一时，对那场旷日持久的争执还真起了些缓和作用。1959年，时任团中央第一书记胡耀邦来南阳，见此颇为欣赏，并据此改写一副："心在人民原无论大事小事；利归天下何必争多得少得。"如此一改，改出一番新境界。

岳飞手书的前后《出师表》，刻于祠内几十方石碑。

本来这篇《出师表》是诸葛亮在北伐中原前写给后主刘禅的奏章。彼时先主刘备已溘然长逝，赵云、关羽、张飞亦英雄埋骨，只剩下年老多病的诸葛亮和懦弱的孝怀皇帝（小名阿斗）支撑着偏隅西南的蜀汉大业。而对面的曹操雄踞中原，孙权把持江东，局势不容乐观。忠心耿耿又忧心忡忡的诸葛亮希望能以铮铮忠言来打动性愚的后主，使其成为一统天下的贤君，可谓"字字中间有涕零"。苏东坡说过："读《出师表》不下泪者，其人必不忠。"

岳将军手书时的心情，其跋中已有表露："绍兴戊午秋八月望前，过南阳谒武侯祠，

大拜殿

出师表碑刻

遇雨，遂宿于祠内。更深秉烛，细观壁间昔贤所赞先生文辞诗赋及祠前石刻二表，不觉泪下如雨。是夜竟不成眠，坐以待旦。道士献茶毕，出纸索字，挥涕走笔，不计工拙，稍舒胸中抑郁耳……"字体以行草一气呵成，若铁画银钩，挥洒纵横，酣畅淋漓，使得诸葛亮一腔忠贞热血和岳少保一身浩然正气跃然纸上。

诸葛亮与岳飞，一个是鞠躬尽瘁，死而后已，一个是尽忠报国，丹心耿耿；一个是出师未捷，一个是壮志未酬。两人跨越了900多年的时空，由《出师表》而相识于卧龙岗，结缘于武侯祠，成就了一段千古绝唱。来武侯祠，观《出师表》，既见诸葛亮之胸怀志略，又赏岳少保之翰墨神工，实为幸事。

诸葛草庐是个八角攒尖式的建筑，砖木结构，茅草盖顶，回廊相通，翠柏簇拥。考其年代，一般认为建于魏晋，盛于唐宋。如今的诸葛草庐，基本上保留了元明时期的建筑特征。草庐内有明成化年石碑一通，正刻"汉诸葛孔明旧庐"几个大字。草庐外挂着郭沫若先生1973年题写的"诸葛草庐"匾额，草庐内挂着于右任先生1940年拜谒草庐时题写的"诸葛庐"匾额；门两边挂着清南阳知府顾嘉

诸葛草庐

武侯祠碑廊

蘅在道光二十六年（1748）写的一副楹联：

> 抱膝此安居觉异日桑种成都殊非本念
> 长吟谁与和问当年曲庚梁父可有遗音

意思是说诸葛亮走出草庐只是为报答刘备的三顾之恩，后来出将入相、致身富贵并不是他的本意；他能在躬耕垄亩的日子里吟诵着《梁父吟》修身立行，其正直无私的高尚情操实乃万古莫及。

清康熙五十年（1711），南阳知府罗景主持重修武侯祠，并依前人所绘"龙岗全图"复建了"卧龙十景"，有草庐、古柏亭、梁父岩、抱膝石、半月台、老龙洞、野云庵、诸葛井、躬耕亭、小虹桥。草庐八角挑起，坐庐中可观四周景致——这"卧龙十景"，有八景是在草庐内就能看到的。草庐旁有座数丈高的半月台，相传诸葛亮隐居时曾在此夜观天象。人们以为后来的草船借箭、借东风，都是因为诸葛亮通晓天象。清人诗赞："汉月镂空昭碧天，凭高一望尽寒烟。山围水匝林梢见，待酌流霞候月圆。"半月台上有半圆形的砖券门，上面的"半月台"三个字为顾嘉蘅书，两侧有联，也是取意《陋室铭》"斯是陋室，惟吾德馨"而来："自来宇宙垂名布衣有几；能使山川生色陋室何妨。"

三顾茅庐请诸葛亮出山的这番颇为曲折的经过，在陈寿《三国志》里却只有短短一行字："先主遂诣亮，凡三往，乃见。"也就是这一行字，被罗贯中演绎出了一个精彩的故事。这样一个精彩故事，再加上南阳与襄阳为躬耕地谁乃正宗而有过的几番争执，唇枪舌剑的结果，使得各自的"故事发生地"都增色了不少，遂成为后人茶余饭后、街谈巷议且永远不会过时的话题。

　　但岳飞写的《出师表》和这几十通碑刻，竟也引来不小争议。有人说，岳飞没来过南阳，此表非岳飞亲书；有人又说，这碑刻也是假的，南阳有，成都有，襄阳也有……对此，二月河先生的态度很明确："就算假的，它是明代出土，无疑明代石碑，本身就是文物——你有吗？"若再说句，"松柏掩映角楼斗拱之间，还有明政府祭祀诸葛的礼部颂文碑，那是明时的'中央文件'，带编号的，也不言声，矗在岳飞书碑不到20米处，石上青苔都也斑驳陆离。一语不发，上头都是文字和言语……"

清代县级官署衙门的实物标本
内乡县衙博物馆

内乡这地方,历史上叫过析邑、郦邑、析县、郦县、修阳、盖阳、中乡、析阳、菊潭等好几个名字。"内乡"县名第一次出现是在南北朝西魏时期,文帝元宝炬下旨把盖阳县改为内乡县,县治设在西峡口(故址在今西峡县城附近),但也就存在了十几年,到废帝元钦时就又改成了中乡县。隋朝建立后,隋文帝杨坚为避其父杨忠名讳,于开皇三年(583)改中乡县为内乡县,这是"内乡"县名第二次出现。金哀宗完颜守绪称帝时,于正大七年(1230)把内乡县治从西峡口迁至渚阳镇(今内乡县城关镇),彼时的县令是进士出身的元好问,在任"劳抚流亡边境宁谧,寻以艰去吏民怀之"。入元,世祖忽必烈对县治进行撤并,内乡县属加强对象,此时管辖范围包括博山、顺阳、丹水、淅川、

内乡县衙博物馆　国家二级博物馆　位于内乡县东大街

县衙正堂是知县公开审理案犯、举行重大典礼的地方

郦县、菊潭、默水、临湍等县。这是内乡历史上县域面积最大的时期。当时县衙建在原渚阳镇巡检司旧址。元末明初，内乡遭战火破坏，县衙几成废墟，重建后条件也不是很好，到洪武七年（1374）县令史惟一在任时才算"修葺略备"。后来在景泰、天顺、成化年间又搞了几次重修增建，县衙"规模宽广，制度大胜于前"。明清易代之时，县衙同样遭兵燹不能完存。自顺治、康熙到嘉庆、道光年间俱有修葺。因复建时完全利用了前朝废墟，明代的布局在清初仍旧延续并被修志者记录了下来。咸丰七年（1857），捻军由湖北奔袭内乡，县衙再次遭毁。其后35年，12位历任知县都没有再说过修复县衙的事，一直借察院办公。光绪十八年（1892），在京师工部任职的章炳焘以五品同知身份知内乡县事，到任后便准备重建县衙，先是筹备了两年，经上报批准后开工，三年后竣工。

1984年，依托于章知县重建的县衙，内乡建起了全国首座县衙博物馆。

章知县属于技术型官员，他在抓好农田水利与兴学这些关乎百姓生计问题的同时也想施展一下自己在工程建设方面的才干。县衙的规划、设计和组织施工都由他亲自动手，包括资金也都是他来筹措。章知县擅长土木工程建筑，对施工要求严，所以内乡县衙要比其他地方的县衙建得规范。而且章知县是浙江绍兴人，异地交流又使他在县衙规划设计上引进了水乡江南的建筑风格，从而更加凸显内乡县衙的特色。

县衙在县城东大街。自南向北看，最前面的建筑物是青砖浮雕的照壁。照壁在大门前起着屏蔽保护作用，正面绘了个状如麒麟的怪兽，相传是神话中一种力大无比且贪婪成性的怪兽，金银财宝都不能满足它，还想把天上的太阳吞掉，结果落个粉身碎骨的下场。如此"警示教育"，据说也是朱元璋的点子，这位出身贫穷的皇帝对贪官污吏深恶痛绝，在位时曾出台多部重典。他把这个怪兽画在各级衙署门前，就是告诫官员不要太贪。

照壁与大门之间还有座牌坊，名宣化坊。每月初一、十五，一县之主就站在这里宣讲圣谕，教化百姓。县衙黑漆大门上挂着一对兽头门环，似与故宫朱漆鎏金大门上的兽头门环有明显的一致性——狰狞，可怖。实际上，这衙门的"衙"本来就通牙齿的"牙"，原意就是指带獠牙的大门，以此显示政权的强制性，对违法犯罪者产生一种威慑力，其实也就是吓唬吓唬老百姓。尽管县衙是受理官司的地方，但古代司法主张息诉而不主张上诉，更不主张越级，那样会影响县官的政声。所以县衙大门一边置有喊冤鼓，让百姓击鼓鸣冤；一边又立了两通碑，上刻"诬告加三等""越诉笞五十"，很清楚，打官司可以，但诬告要加罪，越级上诉也是要受罚的。

县衙大堂是知县发布政令、公开审理案件的地方。大堂中央设有公堂，公堂上摆有公案，公案上放着惊堂木、朱笔、墨笔和红绿头签等。红头签为刑签，是知县审案时抽出来让动刑的；绿头签为捕签，是知县审案时抽出来让抓人的。两色签都掷到地上，不是有人要皮开肉绽，就是有人要被缉拿归案。案前摆两块石板，东边一块跪原告，西边一块跪被告，考虑有些案件会涉及被告的同犯，所以西边的石板要长些。公案两侧摆着县官的仪仗和断案时用的刑具，仪仗有青旗、蓝伞、掌扇、桐棍、堂鼓、铜锣、皮槊、斧钺、肃静牌和回避牌等，这些东西用多少怎么用都有规矩。刑具很多，单是打人的板子就有十几种，男的打屁股，女的打手掌。有一种夹火棍是专门对付男犯的，一般人上了这种刑都受不了，稍使点劲能把腿骨夹断。还有一种拶子是专门对付女犯的，专夹女人的手指。这两种都算是酷刑，酷刑是不能乱用和滥用的。在当时，男人劳动主要靠腿，女人劳动主要靠手，而这两种酷刑破坏的都是人的劳动能力。动这样的刑，必须禀报上级，并且规定在一案中对同一犯人不得使用超过两次，否则按逼供论处。

县衙二堂又叫琴治堂。有典故，出自《吕氏春秋》，说春秋末年鲁国人宓子贱在单父（今山东单县）当县令时善用道德教化属下，平时悠然自在，只在二堂弹琴就把单父治理得井井有条。后任巫马期干得也不错，却很辛苦。巫向宓讨教，宓说："我重在用人，你重在出力，用人者安逸，出力者劳累。"后来地方官员为宣扬自己也像宓子贱一

内乡县衙始建于元朝大德年间，光绪年间重建

样知人善任、政简刑轻，就称二堂为琴治堂。二堂是处理一般案件的地方，知县在审理中对诉讼双方软硬兼施、恩威并用，多有省刑爱民效果，也就达到大事化小、小事化了的目的。

县衙三堂又叫三省堂，是知县内邸。知县凡接待上级官员、与僚属商议政事和办公起居，都在其中。有时遇上不宜公开的案件，也会安排在这里审理。诗人元好问当内乡县令时，曾将三堂雅称为三省堂。"三省"典故出自《论语·学而》："吾日三省吾身。"

再有，仪门和大堂两旁还对称地排列吏、户、礼、兵、刑、工六房。《清高宗实录》上说："设六房，即附于州县公堂之左右。"吏房管本县吏员的升迁调补及本县进士举人的登记，户房管全县的征粮纳税，礼房管祀神、庆典、儒学教育，兵房管兵丁征集及驿站、剿匪，刑房管本县的刑事民事案件，工房管全县的桑蚕织造、兴修水利及城防建筑等。

六房以外，还有一些辅助性的院落，像大门到仪门甬道两侧的寅宾馆、衙神庙、土地祠、膳馆、狱神庙；六房两侧的巡捕衙、吏舍等。二堂两侧的跨院是县丞和主簿的办公区，这两位辅佐知县分掌粮马、税征、户籍和巡捕。县丞和主簿的大门两侧还设有架阁库和承发房，负责县衙的档案管理和公文收发。二堂之后有个夫子院，左右还有个银局和税库。在夫子院办公的是知县的幕友，俗称"师爷"，他们是不吃皇粮的，工作报酬就是知县定期发的红包。三堂左右为东、西花厅，是知县与眷属居住的地方。后面有个小花园，是让公务缠身的县官放松的场所，有些政事能回避就回避，所以园中有亭曰"兼隐亭"。

内乡县衙有几十副楹联匾额，旨意发人深思。县衙大堂这副楹联是：

　　欺人如欺天毋自欺也
　　负民即负国何忍负之

此联乃清代名臣魏相枢所撰，把欺人、负民提高到欺天、负国的高度，可谓掷地有声，体现了封建统治者"天人合一"的政治理念和爱民自警的民本思想。

二堂这副楹联成了当今大学老师讲授法制史的常用典故：

　　法行无亲，令行无故
　　赏疑唯重，罚疑唯轻

意思说，为官者在执法中，要不分亲疏不徇私情，做到公正执法；办理疑难案时，对举报者要重奖，而对因证据不足一时还不能查明真相的，处理时要留有余地，以免冤枉了好人。

与二堂相对的内宅门有个"天理国法人情"的匾额，似乎道尽了古代治理的一切规则，施政办案要顺应天理、执行国法、合乎人情。知县在二堂审理案情时举目可见，以示警诫和提醒。

三堂有副楹联是康熙年间在内乡当了9年知县的高以永所撰：

　　得一官不荣，失一官不辱，勿说一官无用，地方全靠一官
　　吃百姓之饭，穿百姓之衣，莫道百姓可欺，自己也是百姓

这副楹联深刻诠释了做人与做事、做官的关系，让人品味出个中对为官从政者的谆谆告诫。据说高知县刚到内乡时，地多荒芜，民不聊生，他下车伊始便问疾苦，广开垦，植农桑，后来四处逃难的流民纷纷返乡。离任后老百姓还十分怀念他，在仪门前立下一通"德政"碑。

主簿衙楹联为清朝三防县（今广西融水苗族自治县）主簿余小霞所撰：

> 与百姓有缘才来此地
> 期寸心无愧不鄙斯民

余主簿把在一地做官看作是与百姓的缘分，不做对不起百姓的事。谆谆箴言，朴实真诚，堪为当今为政者鉴。

夫子院的楹联，更是官员们从政做官的座右铭：

> 为政不在言多，须息息从省身克己而出
> 当官务持大体，思事事皆民生国计所关

可谓字简而意赅。为官一任、主政一方，重要的不是说了多少，而是事事都要从反省出发，从民生国计的角度考虑。

县这一级是封建社会的基层政权。县之不稳，则国之动荡；县之不贡，则国无钱粮。故县级政权建设一向为统治者所倚重。而一县长官素质好坏与水平之高低，对当地政风、民风影响极大。清雍正帝说过："牧令乃亲民之官，一人之贤否，关系百姓之休戚，故得其人则民生被泽，而风俗日淳；不得其人则民生受累，而风俗日薄。"可见选个好官非常重要。

知县是一县的行政长官，是皇权的代表，是老百姓的"父母官"。这知县的"知"应解释为对政事的主持和管理，包括教化百姓、听讼断狱、劝民农桑、征税纳粮、灾荒赈济、兴学科举等。此外，一县的户籍管理、兵差考试、保甲治安、工程营造等事项也都在知县的职权范围内。有些公务活动也是不能少的，像接圣旨、迎春祭、宣圣谕及招待应举之士，并且还要记住皇帝、皇后和印官的忌辰并设祀焚香等，以及每个月定期开衙、受理诉讼。赶在这个日子，有冤情的人可以直接上堂把诉状递给知县，不用再去击鼓了……

一座古县衙，半部官文化。封建王朝最基层的政权机构，历经风风雨雨而奇迹般地在内乡得以完整保存，给后人留下了一个被岁月精心打磨的文化标本，人们从中看到了不同朝代、不同时期的兴亡与更替，由此展示并传承了一个很别样也很珍贵的人文景观。

寻梦"白垩纪"
西峡恐龙蛋化石博物馆

这是一座以恐龙蛋化石原始埋藏状态为特色的恐龙蛋遗址博物馆。1993年，世人曾为一个惊人的新闻所震惊：中国的西峡县发现大面积的恐龙蛋化石群。"大面积"是多大？上千平方公里。在西峡，一半以上的乡镇都找到了恐龙蛋化石，最集中的埋藏区在丹水、阳城、五里桥和回车几个乡镇。而在邻近的内乡、淅川以及再往北的汝阳几个县，也都发现了恐龙蛋化石。

说起来，恐龙蛋化石最早是1868年在法国发现的。从19世纪到20世纪90年代，也就是在西峡恐龙蛋化石发现之前，人们见到的恐龙蛋化石仅500枚左右。而目前仅在西峡出土的恐龙蛋化石已有万枚以上，埋藏地下的还有十几万枚甚至更多。

恐龙蛋化石博物馆　位于西峡县丹水镇三里庙

西峡恐龙蛋化石博物馆

原地封存于4号探方中的一窝恐龙蛋化石

西峡的恐龙蛋化石大多是在白垩纪晚期的地层中发现的。它的外形以卵形或扁圆形、椭圆形为多，大小在3至20厘米之间；在地下呈窝状分布，每窝几枚、十几枚到几十枚不等。最典型的应是丹水镇三里庙村上田西坡，在一个不到10平方米的洞穴中找到了300多枚恐龙蛋化石。科学家推测，彼时的西峡，从盆地底部到周围的山地生长着茂密的亚热带植物。这样的环境非常适宜于喜欢在水边、向阳、地势较高的地方下蛋的恐龙居住并繁衍后代。后来，由于生态环境和气候发生剧烈变化，恐龙遭遇到了严重的生存危机——科学家们对西峡恐龙蛋化石切片分析，发现一些对生命代谢起关键作用的微量元素铱、锶等含量过高，由此造成大量恐龙蛋不易孵化，从而留下了数量惊人的恐龙蛋化石。

　　西峡恐龙蛋化石并非20世纪90年代才被发现。早在20世纪70年代初，河南地质调查部门在淅川勘察时就见到了这种"黑石蛋蛋"，最后确认是恐龙蛋化石。只是当时的中国正处在一个动荡不安的年代，从上到下都顾不上研究这东西，甚至觉得这些石头蛋没啥稀罕，当地农民说他们父辈的父辈小时候就拿"黑石蛋蛋"当球踢。若不是英国亨特利安博物馆馆长尼尔·克拉克博士说1992年他们花了1.2万英镑购买了6枚来自中国西峡的恐龙蛋化石，伦敦一家拍卖行说1993年他们以4.8万英镑拍卖了10枚来自中国西峡的恐龙蛋化石，人们最多相信这些闻起来有股清香的"黑石蛋蛋"能当个止血明目的

西峡恐龙园

药材用。就在西方拍卖市场每枚恐龙蛋化石价码升到1万美元时，当地也就是几十元，最便宜时才几角钱一个。1993年9月，河南省文物考古研究所研究员李占扬带着"抢救发掘队"进驻丹水镇三里庙村，对盗挖活动的重灾区上田村西坡进行"抢救性发掘"。短短两三个月，他们在二号、三号两个探方中挖掘出了上百枚恐龙蛋化石，而四号探方里恐龙蛋化石更密集，保存也最完好。当时李占扬他们决定，还是先不要挖出来，留给以后建遗址博物馆时用，于是就把四号探方进行了原地封存。现在这里成了伏牛山世界地质公园的核心景区。最初李占扬也拿不准地下恐龙蛋的数量究竟有多少，接受媒体采访时用了个"大量的"说法，可编辑说不妥，几十个是大量的，几千个也是大量的，应再具体些。最后李占扬做了大胆的推测："目前已发现数千枚，估计整个分布可达上万枚。"见报后他还担心这个估计过了头。后来发现，实际数量已经远远超过他那个"大胆的推测"了。

刻在砖头上的大千世界
新野汉画像砖博物馆

豫南新野小县，有一个鲜为人知的汉画像砖博物馆。它的建立，自然与本土的考古发现有关——新野在西汉初置县，距今已有两千余年的历史。境内汉墓林立，状如联珠。自20世纪60年代开始，本县樊集、后岗、李湖、张楼一带的汉墓中发现了大量汉画像砖。这些"刻在砖上的大千世界"，以其质朴精练、优美动人的艺术形象反映了那个时期社会生活的方方面面。

汉画像砖者，就是汉代流行的一种用拍印或模印方法制成的砖。这种砖主要用在墓室中，其表现形式和艺术效果具有雕刻与绘画的特征，故名"画像砖"。又因这种画像砖通常是指用人物和动物图像来表现其特定内容，因此有别于那些单纯花纹图案装饰的空心砖或小砖。与汉画像石相比，汉画像砖在艺术上更简约更抽象，也更强调线条的表现力。即便是只表现一两个人物或动物的画面，也能使人感觉到那种扑面而来的气势。

新野汉画像砖博物馆　位于新野县城文化广场

新野汉画像砖博物馆

汉画像砖博物馆展厅

　　一般来说，汉画像砖是根据墓室内部的结构要求制作的。新野出土的汉画像砖有空心大砖和实心大砖，实心大砖又分长条砖和方砖。尽管这种砖只是墓葬中一种带有装饰性的建筑材料，但它所表现的丰富内容和生动的形象却是那个时期的社会生活乃至民风民俗的反映。即便说画像砖上那些车行马骑、田猎宴饮、乐舞百戏只是一种精心安排，墓主人生前可能就没有真正享受过——有些只是两千石以下的小地主，甚至有的就是一介平民，但也充分反映了他们对其看到的或是听闻的那种豪强富商、高官贵族奢华生活的向往。

　　汉画像砖亦非汉代独有，魏晋南北朝时期也流行过。而且这种画像砖并非新野才有，河南以外的四川、重庆、湖北、河北、山东、陕西、山西、福建、江苏、甘肃等地都有发现。但是在河南，几乎一半的县市都出土过汉画像砖。其中西汉早期的画像砖主要分布在洛阳一带，西汉晚期和东汉早期的画像砖主要分布在郑州、许昌等地，东汉中晚期的画像砖主要分布在南阳地区。南阳尤以新野县出土最多，单是收藏在新野汉画像砖博物馆里的就有好几千件。

　　一件横置长方形空心大砖，新野樊集出土，砖上的画像表现了两汉与北方民族之间的战争。工匠们把波澜壮阔的大战场面囊括于一幅画中，铺天盖地，满贯全幅，显得空旷而深远。并且"不自觉地流露出强烈的民族情感倾向，把双方的身份设计得泾渭分明：汉军高大威猛、挥刀砍杀；高鼻风帽的胡人则显得体形较小且处于劣势，有的倒

地，有的跪降，有的已被砍下了首级，表现了汉军锐不可当的士气和必胜的信念。"（李国新:《汉画像砖精品赏析》）

泗水捞鼎的故事在汉代流传甚广，新野樊集出土的实心长条砖上有很多描绘这一题材的画像。相传周赧王时，王室衰微，周朝传国之宝九鼎中的一鼎落入泗水。秦始皇派人打捞，但就在大鼎出水之际，一条巨龙腾空跃起，咬断绳索，绳断鼎落，竟无踪影。《史记·秦始皇本纪》曰："始皇还，过彭城，斋戒祷祠，欲出周鼎泗水。使千人没水求之，弗得。"汉代的人极力表现这个故事，也是为扬汉贬秦，说秦始皇失德无道，宝鼎得而复失，秦灭汉兴乃是必然。

"二桃杀三士"的画面，讲述了一个发生在春秋时期齐景公身边的故事。齐景公有田开疆、公孙接、古冶子三位勇士，相国晏婴认为他们三人很危险，建议齐景公除之。齐景公很为难。晏婴就想出一个点子，让齐景公派人给三勇士送了两颗桃子，称功高者享受。公孙接首先表白自己功劳大，拿了一只桃子。田开疆说他曾为齐景公打败敌军，也拿了一只桃子。古冶子不服气，说自己曾救过齐景公，最应该吃桃子，古冶子越说越激动，就要拔剑与二位拼命——画像砖便抓取了这一紧张得令人窒息的瞬间。三人在争辩后，公孙接、田开疆觉得自己功劳没有古冶子大，却占桃不让，很是羞愧，遂双双拔剑自刎。古冶子亦后悔莫及，觉得他俩已死，自己苟活亦是不仁不义，于是他也拔剑自杀了。三个人的形象、动态和服饰都有着大胆夸张的刻画，很好地突出了三个人慷慨暴烈的性格特点。

二龙穿璧牛虎斗也是汉画中常见的题材。但在新野出土的这一横置在空心大砖上的画像，要比常见的类似形象更加复杂多变，应是此类汉画中不可多得的精品。画面上，二龙交错穿插于玉璧，象征着不言而喻的神奇力量；左端一羽人手持灵芝做单腿跪姿，其下一白虎昂首翘尾做疾走状；右端的上方是一位有着驱邪吃鬼等超能力的方相氏，下方为一犄角锐利的牛曲颈奋蹄，充满野性，成为阳刚、强悍的象征。这幅图寓含着祥瑞、辟邪、升仙的意思。

汉画像砖的乐舞百戏中，杂技表演最精彩。而最能体现杂技水平的，就是画像砖上的"戏车图"，这种"戏车图"有好几种，有"斜索戏车"，也有"平索戏车"。新野李湖出土的"斜索戏车"汉画像砖，据说全国也没有几件。有关它的发现还有个小故事——1980年，新野县城郊乡文化站文物专干老齐到李湖村搞调查，见一农户院子里摆了不少花纹砖，老齐在院子里转了两圈，一眼看到堵鸡笼的那一块又大又厚，拿起来一瞅，见上面的图案很稀罕。户主说用它堵鸡笼已经一两年了，很好使。老齐最后给了他7元钱，把这块砖拿了回来。这块画像砖表现的是险象环生的杂技场面，画面中有两驾马车，车上立着橦杆（旗杆），两车间用斜索在空中连接，艺人口衔一棍，双臂伸展，

新汉画像砖拓片

泗水捞鼎画像砖

斜索戏车画像砖

百戏·搏击画像砖

虎牛斗画像砖

平索戏车画像砖

似在保持平衡，然后在飞动的戏车拉起的斜索上表演各种惊险动作，仅用一只脚的脚尖来支撑身体，让人看得提心吊胆。即便是现在的杂技表演，演员多是在地面固定的平索上行走、倒立或骑车；而画像砖上展示的这些表演却是在奔驰的车马上而非静止的舞台上。这些，全凭艺人超凡的技艺和令人钦佩的胆量，玩的就是心跳。

还有一件"平索戏车"汉画像砖，"戏车高橦，驰骋百马，连翻九仞，离合上下""突倒头而跟挂，譬陨绝而复联""忽跟挂而倒绝，若坠将而复续"……汉代辞赋中的这番描绘很形象地展示了平索戏车表演时的精彩场面。车橦是戏车表演难度最高的一项，两根高橦固定在两辆飞驰的马车上，每根橦上各有一杂技艺人在做上下翻飞的表演。如果说这还不算惊险，那最惊险的便是前车的高橦上端还支撑着一位表演者，只见他左手拽着一个人的脚踝，右手拉着一根绳索，绳索上倒挂着一个正在做360度大回环翻滚的杂技演员……车、橦、索、人互相牵连、互相平衡，表演者在奔驰的两车和晃动的橦杆间上下做着一个又一个高难度动作。

走进商文明的发祥地
商丘市博物馆

商丘市博物馆的造型犹如一座缩小版的古城——用专家的话讲，这样的设计也是对身边的睢阳古城一种呼应，上下叠层的建筑主体喻示着"城压城""城摞城""城上还有城"的特殊文化遗存现象，可谓个性突出且别有风韵，极富视觉冲击力。馆藏文物多为商丘市域内田野考古发掘出土或民间征得，以"三商之源，东方重镇商丘古代史展"为基本陈列，比较全面地介绍了商丘地区的文物古迹和历史发展。

走进商丘市博物馆，或许基本陈列中的下述这三个部分最能引起到访者兴趣。

商丘起源。依据王油坊、造律台、黑堌堆、吴家寺、马头、清凉山、魏堌堆、李庄、吴岗、孟庄等遗址的发现，让世人了解到古时先民的生产、生活和社会发展状况。特别是永城市王油坊遗址出土的距今4500年的石灰窑、石灰膏和土坯墙，让世人得知

商丘市博物馆　国家二级博物馆，位于商丘市睢阳区华商大道西段

当时人们已经掌握了烧制石灰和用错缝砌墙的技术，这在中国建筑史上都是很珍贵的资料；柘城县李庄遗址"九牛祭祀"的发现，让世人看到豫东先商文化与龙山文化、岳石文化的相互影响的发展谱系；柘城县孟庄遗址出土的陶网坠、铜镞、石钺、陶鬲、陶钵、陶壶、陶盆，还有商代的铜鼎、铜觚、铜斝，以及那个时候编织的草鞋，说明在3600多年前这里就是人们生活、生息、生产的一个聚居点。这些遗址的发现与大批文物的出土，对于探索豫东地区先商文化的起源具有重要价值。

古宋春秋。20世纪90年代，考古学家张光直和中美联合考古队在商丘市睢阳区古宋乡的古睢水北岸发现两周时期的宋国故城遗址。城墙的下层夯土内有许多绳纹陶片，器形有鬲、小口罐、直领罐、盆、瓮，为商末周初的遗物；城墙的中层夯土内有春秋战国时期的陶片；城墙上层夯土内有板瓦、筒瓦片及五铢钱等。作为早期城邑的历史见证，宋国故城承载和延续了中国古代的城市文明，记录了千百年来古城历史的演变——微子启封宋、宋襄公称霸春秋，孔子还乡讲学考察殷礼，西汉梁孝王平"七国之乱"、筑梁园"广睢阳城七十里"，赵匡胤任节度使，后又黄袍加身建立大宋王朝，还有康王赵构登基开启南宋新纪元等，都与这座古城有着千丝万缕的联系。长期以来，世人对宋国的了解仅限于《左传》等文献，宋国故城的发现填补了这一空白。此外，后续的发掘也证实，宋国故城遗址上还层层叠压着汉睢阳城、唐宋州城、宋应天府城、明归德城等，呈现出"新城叠旧城"的地下奇观。

汉代绿釉博山盖陶樽

西汉带盖铜鼎

晋代灰陶俑

汉梁之魂。展出了商丘市博物馆主要收藏的汉代文物,这也是基本陈列中最有特色的部分。汉高祖五年(公元前202年),刘邦以砀郡置梁国,都睢阳(今商丘市睢阳区)。梁国立国200余年,几乎与西汉相始终。史载,自梁孝王刘武至末代梁王刘立,共8代9王,最后都把芒砀山作了自己的陵寝地。这些陵墓多凿山为室,是谓"斩山作廓、穿石为藏",宛如一处地下宫殿群。1996年,西汉梁王陵被列入全国重点文物保护单位,并在1991、1994年两次入选"全国十大考古新发现"。在这里出土的器物有2万余件,其中四神云气图、金缕玉衣、鎏金车马器、汉画像石等堪称精美绝伦。

而要说到商丘起源,让人想起3000多年前的甲骨文里,"商"字以上"子"下"冈"的结构在卜辞中出现。人们相信,很早的时候,黄河中下游地区有一支在岗丘上居住的子姓商族。子姓商族与《诗经·商颂》中"天命玄鸟,降而生商"的传说有着密切关系,相传契的母亲简狄在户外洗澡时吃了燕子蛋而怀孕生下了契。考古学家通过对甲骨文的研究,证实商人确实对鸟很崇拜——商代的青铜器上铸有很多变幻无穷的凤鸟图案,漂亮极了!

王国维先生在《说商》中称:"商,在河南东部,今商丘县附近。"郭沫若先生在《中国史稿》里讲:"商,在今河南省商丘县。商朝就是从这里发展起来的。"《左传·昭公元年》也有记载:"迁阏伯于商丘,主辰,商人是因。"阏伯名契,是帝喾的儿子,也是商部落的始祖。在他那个时期,商族的农业和畜牧业已经有了很大发展,交换日益频繁。相传契之后,他的孙子相土继承了他的事业,相土用槽喂圈养之法饲养马匹,将野马驯服为家养,能拉车能驮物,由此带动了畜牧业的发达。而契的六世孙王亥更聪明,从《山海经》《竹书纪年》的记载看,这位商部落的首领是最早驯服牛的人,或许几千年前的野牛要比现在饲养的牛犋强得多,很多部落都没能驯服成功,只有王亥掌握了驯牛的要领——"牵牛要牵牛鼻子"。那时候人们常常看见双手操鸟的王亥缓缓走下小丘,驾着牛车拉着货物到别的部落交换,那些外部落的人见到商部落的王亥和与他同去的人,就说"商人来了",称商人拉去的东西为"商品",称商人从事的这种以物易物的交换为"商业"。这大概就是商人、商品、商业最早的称呼了。历史学家徐中舒先生就认为:"商贾之名,疑即由殷民而起。"大约从王亥的儿子上甲微开始,商部落的首领逐步向国王的角色转化,原始的部落组织也逐渐地转化为国家政权的属性。于是,一个新兴的部族在东方蓬勃崛起，而此时的夏王朝已经在下坡路上越走越远了。

说到古宋春秋，让人看到，西周过来，那位在武王灭殷后恢复了爵位的微子启被封于商朝的旧都——商丘，他在睢水北岸建立了宋国都城，这大约是公元前1039年的事情。《汉书·地理志下》曰："周封微子于宋，今之睢阳是也，本陶唐氏火正阏伯之墟也。"也就是从这时起，古城的轮廓渐渐清晰起来。当时宋国的疆域已经不小了，东至泗水（今山东泗水）、彭城（今江苏徐州），西至外黄（今民权西北），北至缗（今山东金乡），南至符离（今安徽宿县东北）。从微子启封宋，到宋君偃时国亡，宋国共传位32君、历753年。宋国的历史在宋君偃手里被画上了一道休止符。公元前286年，宋国发生内乱，齐国趁机联合楚、魏攻宋，杀宋君偃而三分其地。自此，宋国彻底退出历史舞台。

说到汉梁之魂，就用西汉梁王陵墓群中出土的稀世珍品来说话。一幅彩绘壁画"四神云气图"，出土于梁共王刘买墓（又称柿园壁画墓）。这幅壁画ового藏于河南博物院。一件"金缕玉衣"，出土于梁荒王刘嘉墓（又称僖山墓），用了两千多枚玉片和近两千克金丝线编制而成，穿在了刘嘉身上，通体散发着一种温润柔美的光泽。那时的人们相信，玉是最能体现天意的一种圣物。制成玉衣穿在身上，天人合一，仿佛这样就能达到一个主宰万物的精神境界。或许还有别的意思——玉器品质恒久，那些生前享尽荣华的王侯无不以为有了这件充溢神灵之气的玉衣作护卫，尸身就能永远不朽。汉梁王陵墓中出土的金缕玉衣经修复完整的有两件，其中一件收藏在河南博物院，另一件成了商丘市博物馆的镇馆之宝。一件鎏金铜当卢，出土于芒砀山保安山二号墓陪葬坑，"当卢"是古代

金缕玉衣　永城芒砀山汉梁王陵出土

博物馆收藏的汉画像石

贵族使用的马饰，呈长三角形，用在马之前额，镂空雕刻，上面的图案就是一匹卧着的马。还有一件金羊头一件金虎头饰件，金羊头口微张，环耳竖立，两只圆圆的眼睛用黑色的料石充填，两耳之间镶嵌一绿宝石；金虎头方口微张，"长"着一对椭圆形的耳朵，两眼也是用黑色的料石充填，面部镶嵌有三块绿宝石和两块红宝石。两件饰物的造型十分生动，是难得的艺术珍品。十几块画像石出土于汉梁王墓群，主要分布在前室、后室四壁和墓门、门楣部位。这些画像石多用剔地浅浮雕技法刻成。线条流畅奔放，画面上凤鸟昂首振翅，翩翩起舞；瑞兽奔腾跳跃、神态各异，向人们展示了一个充满浪漫幻想的神奇世界。也正是这些西汉前期汉画像石的发现，改变了学术界关于汉画像石产生于西汉后期的观点，由此被定名为"商丘汉画像石"。

淮上故园的惊世发现
信阳博物馆

从信阳博物馆的"淮上故园"陈列中,让人清晰感知信阳一地的历史进程。

淮滨、固始、潢川、平桥、浉河等地出土的远古时代动植物化石和新石器时代文物遗存,证实早在8000年前信阳境内的淮河两岸就出现了相当规模的原始农业。

罗山县莽张乡天湖村商代息国墓地的发掘,应是淮河流域商代考古的重大发现。天湖墓地出土500多件商代青铜器(带有铭文的就有几十件),器物有容器、兵器等,纹饰有饕餮、云雷、夔龙、三角和弦纹等,基本涵盖了商代青铜器的大部分内容。另外还有玛瑙红玉镯、黑漆方木碗和漆木豆,也都是商代古墓中首次发现。这些器物不但为殷商文化研究提供了新内容,也填补了豫南地区商代考古的空白。

信阳博物馆 国家二级博物馆,位于信阳市羊山新区百花园西路

光山县宝相寺春秋早期黄君孟夫妇墓出土36件青铜器，其中25件铸有"黄君孟""黄子作黄夫人孟姬"铭文。墓的年代下限是公元前648年，也就是东周春秋早期偏晚一些，此时的黄国是周代嬴姓国。墓中的青铜器全为紫铜色，这与过去发现春秋早期的青绿色截然不同，器壁较薄，轻巧美观，特别是黄夫人孟姬墓的薄铜刀和薄如纸片的青铜盒，更是前所未见。或许最亮眼的还有黄夫人墓里的两件紫色绣绢，它是当时齐国用双根经线又加捻的"绢纺"织成，史称"齐紫"。彼时黄国依附于齐国对抗楚国，这两件珍贵的紫色绣绢很可能是从齐国来的，这也从一个侧面佐证了齐桓公好服紫的风潮。

2014年在息县城郊乡张庄发现的商代早期一只古沉舟，长9.28米，中间宽0.78米，高0.6米。舟体两头平直略窄，由一整段圆木剖凿而成，是真正的由"刳木成舟"做成的独木舟，虽说没有榫卯和帆桨的陪伴，但它并不孤独，眼下已经成为淮河上游早在3500年前就通舟楫的实物见证。由商继周，淮河上游曾有申、息、江、黄、弦、白、赖、蓼、番、蒋、赖等十余个诸侯方国出现。而楚王城的发现、长台关楚墓的发掘，又让世人了解到信阳楚文化的发展特征，欣赏到彩漆木雕镇墓兽、双鹿角漆器和美轮美奂的编钟乐舞，这些都使到访者在难忘的体验中受到历史熏陶。

陈列也体现了历史上三次信阳古蓼国之地的固始人南迁入闽，特别是唐代陈政、陈元光父子开漳定闽和唐末五代王潮、王审知兄弟开发福建东南的重大贡献，也是值得大书特书的伟大壮举。还有信阳山川风物、人文景象、民间习俗、茶韵天香在博物馆中的

淮河古沉舟　息县城郊乡徐庄村出土

诸多展示，也让到访者看到了豫风楚韵沐浴下的人们对美好生活的追求。

或许，在信阳博物馆，让观众印象深刻的或许是本土的"文物之最"。

最陈的酒。1979年在罗山县莽张乡天湖村后李商代M8墓中发现。一件青铜夔纹提梁卣封存有1千克的液体，经北京大学化学系化验，液体中含有甲酸乙酯（酒的芳香成分），距今已有3000多年的历史。

最早的轿子。1978年在固始县侯古堆春秋墓出土。彼时轿子称肩舆（宋代以后才改称轿子）。舆的本义指车厢，肩舆就是指扛在人的肩膀上的车厢。这顶肩舆宽94厘米，长134厘米，高123厘米，有现代轿子的一半高。肩舆的主人是宋国国君宋景公的妹妹、吴王夫差的夫人季子。当年吴楚作战，夫差驻扎番国（今固始县），季子坐肩舆长途跋涉来看望自己的丈夫，不料身染重病不治而亡。夫差在番国厚葬了自己的妻子，这顶肩舆也随之葬于墓中。

最早的毛笔。1957年在信阳长台关战国楚墓出土（同时期还有一只是在湖南长沙的左家公山战国楚墓发现）。笔杆长15厘米，细而精巧。有考证，彼时的毛笔制作，是将笔杆的一头分成几片，笔毛夹之中间，然后用细线缠住，再在笔杆外面涂上一层漆。

最早的发型。1983年在光山县宝相寺春秋早期黄君孟夫妇墓发现。黄夫人的一头秀发完好地保存了下来，使世人得以了解春秋时代的贵族名媛发型是个什么样子——先编成8条小辫子，发梢用丝线缠绕，再盘成偏左高髻。

最早的床。1957年在信阳长台关楚墓出土。由床身、床栏和床足三部分构成，床面为竹编的活抽屉板，四周装有围栏，围栏由方格组成，中间空余地方供人上下，整张床长达2.18米，宽1.39米，足高0.19米。这种早期大木床非常适合人们席地而坐的习惯，床身通体髹漆、彩绘花纹，工艺精湛，装饰华丽。

最早的金属弹簧。1988年在光山县宝相寺春秋早期黄季佗父墓出土，总量达110件。这些弹簧均为螺旋线左旋圆柱体，形状同现在的弹簧没有区别，灰白色，内部呈银色光泽，螺旋体高1.4厘米，旋圈5至7圈。这批金属弹簧与箭镞和丝线同出，有可能是与箭镞组合使用，利用其弹力提高弓箭的射杀力。

最精美的木漆器。那是一个虎座鸟架鼓。1957年在信阳长台关9号楚墓出土。它用木雕成形，通体涂黑漆，并用彩色绘画装饰而成。鼓座为两只对尾的伏虎，上绘黄红褐相间的鳞纹与卷云纹。与虎背连接的凤足鼓架上是一面黑红色的云纹大鼓。整个器物色彩鲜明，对比强烈，制作工艺精湛，体现了楚人的高超技艺和丰富想象力……

当然，若从信阳博物馆的整个馆藏来讲，最值得一看的还是它的青铜器。这些青铜器大多为信阳境内出土，让世人得以穿越时空的间隔，直接触摸到淮上诸侯国独具特色的艺术珍品。

罗山县天湖村的商周墓地，自1979至1991年，河南省文物考古研究所等文物部门在这里进行了4次发掘，发掘商周墓葬72座，其中商代墓葬44座，战国墓葬28座。商代墓葬中的随葬品相当丰富，有青铜器、玉器、陶器、石器、木漆器等各种质地。其中最珍贵的莫过于青铜器，而难能可贵的是豫南地区的酸性土壤，使这些几千年前随墓主人入土的青铜器大多完好保存下来，甚少锈蚀，出土时还熠熠闪光。如引起轰动的三件青铜卣，一件是前面说到的1979年在8号墓出土的夔纹提梁卣，因卣内发现3000多年前商代的酒而震惊了考古界。一件是1987年在8号墓中出土的鸮鹗提梁卣，这是一只背靠背站立的鸮鹗（猫头鹰），卣盖为鸮鹗的头部，装饰有鸮鹗凸起的眼睛和突出的利嘴，顶上有个蘑菇形圆钮，腹部装饰了鸮鹗的卷翅和尾羽，四只短足装饰有夔龙纹；配有绳纹形提梁。鸮鹗原本是猛禽，但在青铜器上却常以矮胖浑圆、憨态可掬的形象出现而显得呆萌有趣。还有一件是1980年在28号墓中出土的云雷纹提梁卣，卣身为扁圆形，束颈鼓腹，提梁绳索状，肩部装有一周圆圈纹和云雷纹，前后中间各有一浮雕牛首。这三件青铜卣经化验都曾装有酒。青铜卣是古代祭祀用的礼器，带盖、无流、有提梁，专门用来盛装祭祀用的最高级别的香酒，这种酒叫鬯酒，是宴请神灵降临时的专用酒。因为神不吃东西，喜欢闻香气，所以就用了一种高级粮食——黑黍来酿造，里面加入郁金香草（郁金香草就是鬯草，不是如今常说的郁金香花），酒气芬芳。墓地出土带铭文的青铜器中，含"息"铭的器物有26件，像"息父乙"鼎、"息"鼎、"息"爵、"息乙"爵、"息辛"爵、"息尹"爵、"息"尊、"乙息"觚、"息女"觚、"息"戈、"息"矛等。天湖墓地所在的罗山县、息县为西周初年分封的息国属地，文献记载比较明确，但关于商代息族的地望却不甚详细。殷墟甲骨文中有件骨臼刻辞记："戊申，妇息示二屯，永。"有考证，甲骨文中"息"是氏族徽号，"妇息"乃商王武丁的一位后妃。由铜器铭文与骨臼刻辞相对照，可推知天湖村墓地当为商代息国贵族墓地。息国在当时是和商王朝通婚的重要异姓方国，双方来往密切。《诗经·商颂》中记载了商朝武丁时代征伐南方荆楚的史实，天湖商代息族墓地出土大批青铜兵器，特别是象征兵权的铜钺，表明了墓地早期主人可能与此有关。这里的地理位置非常重要，大别山冥阨三关（平靖关、武胜关、九里关）乃其南北要冲。从武丁到商王朝灭亡的200多年间，息国一直守卫着商王朝的南大门，天湖村商代息族墓地出土的大批文物，就是这段历史的最好见证。

战国时期方形镂空器座
信阳城阳城遗址9号墓出土

战国时期错金银卷云纹鸟形彩绘铜拐头　馆藏

春秋"黄夫人"罍

春秋"黄夫人"壶　光山县宝相寺出土

光山县宝相寺的黄国国君孟与夫人孟姬的墓，亦出土有精美的铜鼎、铜壶、铜豆、铜盘、铜匜等。这些青铜器大多有铭，通俗易懂，弥补了今人对消失已久的黄国的认识。黄君孟夫妇墓属春秋早期墓，它的青铜器在器型纹饰上都很独特，尤其是铭文大多铸于外壁。或许最有特色的是一件"翘尾巴"的黄夫人甗形盉——也就是器形似甗的盉。甗是先秦时期的蒸煮用具，功能相当于现在的蒸锅；而盉是青铜时代盛酒的器皿，器型往往为圆口深腹，下有三足或四足。当时酿酒技术不成熟，酒水往往浓淡不一，古人用盉来兑水，以此调节酒味。这件黄夫人甗形盉既是一件精美的调酒器，又代表了春秋时期南方出现的一件别致而灵气的新器型——这件调酒器最"萌"的设计，在于后面翘起的錾手，让整件甗形盉看上去像一只向主人摇尾示好的"汪星人"，或许是在劝主人少喝一点，身体要紧。这件盉由黄君孟为夫人特制，口沿有16字铭文，大意是：我黄君孟特为老婆做了这件东西，希望她既能享受福报又能子孙安好。

1957年在信阳长台关楚墓中出土的13枚编钟，名气不是一般的大，我国第一颗人造地球卫星在太空中播放的乐曲《东方红》就是由它演奏的。尽管后来在固始侯古堆春秋古墓、淅川下寺楚墓和湖北随州曾侯乙战国古墓又陆续出土三套青铜编钟，且在数量上（侯古堆墓出土编钟17枚，下寺墓出土编钟26枚，曾侯乙墓出土编钟65枚）、质量上都超过了长台关这套编钟，但因长台关这套编钟是最早出土的，又是最早经过测定发现音阶完整、音质优美（每枚钟都能发出两个乐音），人们自然对它高看一眼。这套编钟今藏北京故宫博物院。幸运的是，2005年，长台关9号楚墓又出土一套编钟，共18枚，精美程度都在第一套之上，尤其是木质编钟架同时出土，再次轰动考古界。这套编钟今藏信阳博物馆。

1986年在信阳浉河区浉河港乡出土的"父乙"角，称得上是西周时期一件青铜瑰宝，通体就像是涂了黑漆一般光亮，体型硕大、舒展端庄、纹饰华丽、铸工精湛，贵族气质溢于言表。盖内和器身铸有铭文：晨肇贮用作父乙宝尊彝即册。专家推测，这只角应是祭祀父辈"乙"的一件酒器。父乙角高28厘米，是目前已知最大者，考古界称为"角王"。出土有两件，另一件藏河南博物院。

还有很多。1986年在信阳浉河区出土的春秋时期虎头麒麟身青铜牺尊，纹饰华丽，形态生动；1979年在罗山县出土的商代"息父辛"饕餮纹青铜鼎，器形厚重，装饰华美；1978年在潢川县出土的春秋"番君"盘（奴隶主用的盥洗器），盘内底铸有蟠龙纹和蟠螭纹，散发着原始、天真、拙朴的美感；1988年在信阳平桥区出土的汉代博山盖樽，向世人展示了一个充满浪漫想象与激情的神化世界……

楚墓遗珍
信阳城阳城遗址博物馆

城阳城遗址所在的地方最早属长台关乡，所以最早叫过长台关遗址，还叫过楚王城遗址——已探明大小楚墓100多座，现在发掘的不到十分之一。2004年划出马营、王厂、苏楼、邱庄四个行政村，建立了城阳城保护区。2014年遗址博物馆建成开馆时，馆名为城阳城遗址博物馆。

博物馆的整体建筑采用黑红色调，辅以楚文物漆器图案等楚文化符号，表明了城阳城遗址作为信阳地区独一无二的楚文化中心的身份。其基本陈列凸显城阳城作为楚国北攻东进的军事重镇地位，让人们看到了历史上的城阳城建城背景、发展沿革和保存现状，以及楚墓群的重大考古发现等，将到访者引入到一个神秘的楚文化世界。

城阳城遗址博物馆　位于信阳市平桥区 107 国道城阳城址国家考古遗址公园

准确地说，城阳城遗址包括城阳城、太子城、墓葬区三部分。城阳城在遗址东部，轮廓清晰可见，残存城墙最高处8米多，城址总面积达68万平方米，为遗址核心区；太子城在遗址东北隅，扼守淮河要道；墓葬区有两处，一处在城址西南高岗，一处在城址东南郭楼村附近。

20世纪50年代，文物部门在城阳城遗址西南高岗上发掘两座战国楚墓，这两座墓分别被编为1号墓、2号墓。两座墓是带有单侧墓道的"甲"字形墓，有着庞大的椁室，以方木筑成，折合圆木100多立方米。椁室里放着墓主人的木棺和一些随葬品，木棺为内外两重，其中外棺、内棺里外均刷有黑漆和朱漆，黑漆底上绘有金、银、棕、黄等颜色的饕餮图案。墓主人的身份是士大夫级的楚国贵族——据考古学家顾铁符先生考证，应是春秋时期与孔子、叶公沈诸梁同时代的楚国左司马眅和夫人的墓。两墓出土文物1400多件。特别是1号墓出土的一套青铜编钟，应是中华人民共和国成立后首次出土最为完整的。2002年，文物部门在这里发掘了7号墓、9号墓，出土的器物中有成组的乐器、成套的车马兵器，有颜色鲜艳的漆木器，还有镶嵌着金银图案的铜器、铁器、陶器等。2016年，文物部门又在城阳城遗址中发掘了16号墓、17号墓、18号墓，其中18号墓是座战国中晚期的墓葬，墓主人很可能是一位武将。他的墓从规模形制看略逊于楚国封君大墓，但从墓中出土的带有楚国墓葬特色的漆器、镇墓兽、铜戈及几件陶鼎，却大大激发了人们的想象——考古人员从千年古墓中端出了一鼎"牛骨汤"，还出土一把寒光凛凛的青铜剑。那是典型的吴越青铜剑。

城阳城7号墓发掘现场

战国髹漆彩席　城阳城8号墓出土

战国棺板金银彩绘　城阳城1号墓出土

楚墓存真。俯视城阳城几座古墓的出土文物，那远去的历史仿佛触手可及。

彩绘漆木器出土了200多件，件件色泽如新，灿烂生辉。漆木的瑟、漆木的方壶和漆木的床榻、漆木的内外棺，还有彩绘的大漆案，以及成摞的漆豆、漆耳杯等，无不展示出楚国漆艺的高超。漆器"上面有彩绘成金、棕、银和黄色的变形饕餮纹、云纹、麟纹图案，充满了华丽神秘、诡谲的色调……给观赏者留下了广阔的想象空间"。而这样的表现，恰恰证明"楚国的美术作品，惯于运用分解、变形、抽象的手法来处理物象，令人耳目一新。"（李燕、苏萦：《信阳长台关楚墓出土漆器赏析》）还有那些用毛笔勾画出的"人神杂糅、光怪陆离"的神巫场面，包括他们对赤红等华丽色彩的偏爱，"更是极具楚文化的特色……更能表现出那种精彩绝艳、流畅洒脱、亦真亦幻的情调"。这也就意味着，春秋战国时期的楚地拥有丰富的生漆资源，漆木器成了楚文化的重要组成部分。

两组竹简，同样对研究楚文化的渊源有着重要的价值。竹简是春秋战国至魏晋时代的主要书写材料，用竹片制成，长条状，每片用毛笔墨书一行，将一篇文章的所有竹片用丝纶连接起来，称"简牍"。楚墓出土的这两组竹简，一组是对死者生前的歌颂，另一组是随葬物品的清单，也就是古代的"书遣于策"的"遣策"，共有137支，1500多字。

一只龇牙咧嘴、口吐长舌、双眼鼓突、两耳直竖、头上还插着两只鹿角的木制镇

战国鸟首豆　城阳城 1 号墓出土

墓兽尤为生动。从它夸张、变形、怪异的神态来看，似乎在渲染一种神秘的超自然的力量——在楚人眼里，不管是什么生灵、什么怪物，只要一插上鹿角就有了神性，对墓主人起着护卫的作用。而这种"打扮"的镇墓兽，也只出现在春秋末到战国末的墓葬中，是楚文化中"最神秘的木雕"。

一座由双虎、双凤组成的木雕架鼓——这件器物曾在书中前篇"信阳博物馆"题目中以"最精美的木漆器"做过介绍，甫一出土即闻名于世。体态高大、气宇轩昂的双凤背向直立于两只虎的虎背，一面大鼓悬于其上。相比之下，两只卧虎却显得形体矮小，且表情畏缩。楚人这种崇凤而贱虎贬龙的意图，源于他们对凤鸟乃楚人先祖祝融化身的一种图腾意义上的认知，认为凤鸟与自己的部族有着亲缘关系。他们相信，凤鸟是一种通天的神鸟，只有得到它的引导，墓主人的灵魂才能飞登九天、周游八极。这样一来，楚文化中与凤鸟一起出现的龙虎就只能委屈一些了。

还有前篇提到的长台关出土的青铜编钟，埋藏地下 2000 多年，出土时竟无一点伤痕，甚至连个细小的锈蚀片都看不到。13 枚编钟带着铜辖（悬挂编钟的钩鞘）骈列为一架，从大到小排列有序，其中最大的一枚重 4.36 千克，铭文就刻在这枚编钟上面。郭沫若先生考释：惟荆历屈抑晋人救戎于楚境。由此得知这套编钟的主人叫荆历，荆历就是

战国铜铺首　城阳城 8 号墓出土　　　　　战国带钮彩绘圆壶　城阳城 18 号墓出土

楚国名将左司马眅（楚人一般都有两个或两个以上的名字），眅就是楚昭王的哥哥公子启，一生充满传奇色彩，后战死于沙场，被安葬在他生前驻守过的长台关，并把他立下的战功铸铭于编钟……

如果时光倒流两三千年，信阳长台关应是春秋时期楚国北攻东进、占尽先机的一座军事重镇。这里的城阳城是楚王征服申国后建起来的，清顾祖禹《读史方舆纪要》有记：今州北六十里有城阳城，即楚王破申所筑。"申"即信阳。那时候城阳城称负函，"孔子如楚到负函"，说的就是这里。"负"有抱持之讲，"函"有包容之义。楚人将新筑要塞名为负函，有"背负淮水三关而欲涵盖中原"之意。公元前278年，秦将白起破楚国郢都（今湖北江陵北），楚顷襄王避难流揜（同"掩"）城阳，把这里当作临时国都，在大臣庄辛辅助下，采用"亡羊补牢"之策救楚扶倾，使楚国历史又延续了半个多世纪。

而今来到这里，若无文献记载和考古发掘做些引导，若无一座城阳城遗址博物馆矗立于此，谁能想到，那高高隆起的土堆上曾是一道古城墙，那长满了荆棘蓑草的深沟曾是一条遥远年代的护城河，那纵横交错、高低凸凹不平的台基曾是楚王住过的宫殿。

当年的城阳城由内城和外城组成。内城又称小城，小城即宫城，外城又称大城。原

战国漆木虎 城阳城7号墓出土

本都是很壮观的，可惜现在只能用些修饰过的文字和几组枯燥的数字来形容了。倒是当地村民经常会有些新发现，从地里捡过"郢爰""蚁鼻钱"。郢爰是楚国的一种金币，又名"印子金"，看似乌龟壳，重约一斤，含金量在90%以上。蚁鼻钱是楚国的一种贝形铜币，正面凸起，刻一阴文，多见为"紊"字，看似一蚂蚁歇于鼻尖，故名。也有正面阴文为"咒"字，像一人脸，又称"鬼脸钱"。

从城阳城向东走十几里，就到了淮河西岸，这里最早也有一座城，史称太子城，相传申伯侯为太子宜臼所建。西周末年，昏庸无道的周幽王迷恋女色，宠幸褒姒，他想废掉申后和太子宜臼，但二人被申伯暗中接到申国，筑城藏之。宜臼长大后，在申伯和西戎、鄫国帮助下兵伐镐京，杀幽王宫湦、掳褒姒于骊山，为西周画上了休止符。公元前770年，申侯、鲁侯拥立宜臼于申，是为周平王。此时镐京残破，平王宜臼遂由晋文侯、郑武公、卫武公、秦襄公辅助，将都城东迁洛邑，由此拉开东周的序幕。

在信阳，偶尔回望一下飘落于此的楚风楚韵，总能让人想起长台关的这座城阳城。在中国现存的六座"楚王城"中，城阳城被认为是面积最大、保存最好也是最具考古价值的一座。

走千走万，不如淮河两岸
淮滨淮河博物馆

　　淮滨县就在淮河边上。中华人民共和国刚成立时，县城还在叫着"乌龙集"的名字。1951年由固始、潢川、息县析置淮滨办事处，1952年置县，但到了1960年又撤销了。1962年，国务院决定恢复淮滨县，析固始县、息县各一部，面积从几百平方公里扩大到了上千平方公里。当时的老城关镇是个水陆码头，镇上有一半的人口是船民。船民都归船民公社。船民公社的经济支柱是航运，千里淮河也就成了他们滋润灵魂的精神家园。所以，当2012年这里"突然"有了一座淮河博物馆对公众开放时，淮滨人觉得是很自然的一件事情。

　　淮河博物馆在东山岛。那里是淮滨县城最美丽的东湖风景区。

淮河博物馆　位于淮滨县东湖南路

走进淮河博物馆，如同步入岁月长河。博物馆有5616多件藏品，里面有商周时期的铜鼎、铜壶、铜镞、铜剑、蚁鼻钱、车马饰，还有汉代的陶俑、唐代的铜镜等。展厅中一件出土于赵集乡左庄的青铜鼎，通高27.2厘米、口径21.6厘米，双立耳加盖，深腹圜底，兽面蹄足，鼎盖有五柱平托环形握手，盖上和腹部满布蟠虺纹。春秋时期，鼎就和现在的锅具一样，都是用来烹食的。还有一件同样出土于赵集乡左庄的青铜龙敦，也是春秋时期的食器，通高18.5厘米、口径21.7厘米，盖有三捉手，器下为三侈足，整体略呈扁圆形，盖与口沿处饰蟠虺纹夹夔龙纹，盖顶饰蟠虺纹，足饰兽面纹。展柜中一块金币，出土于期思镇西周至战国时期的蒋国故城遗址，金币是由一件完整的金版中切割下来的一小方块，重16.9克，正面钤有"郢爰"二字的方印，这种"郢爰"最早使用于春秋战国时期的楚国，是楚国特有的一种黄金铸币，其形态分方形和圆饼状两种，因为是用印戳在金饼上打印而成，故又称"印子金酒爵"。

淮滨还有个很有名的泥彩塑——"泥叫吹"，在淮滨博物馆里也能看到它的样子，有着久远的历史渊源，现在已经成了与淮阳"泥泥狗"、浚县"泥咕咕"齐名的河南三大泥玩具。这种泥叫吹是以鸟为原型、扎了孔后可以吹响，声音清脆，声调有单双音之分（主要根据孔的数量不同），但所有声调都是模仿春季时节雄鸟吸引雌鸟交配的叫声，体现了古代先民原始的生殖崇拜和对生命萌动的春天的喜爱。虽说泥叫吹就是个泥玩具，但后来却逐步演变为人们向往美好的吉祥物，人们从庙会上把它请回家供奉起来，成为祈求幸福、保佑平安的一种精神寄托。泥叫吹的发源地位于淮滨城西北的三空桥乡肖营村，文物部门曾在这里发现龙山文化时期的沙冢遗址，出土过一对红陶鸟，年代应在公元前2800年至公元前2300年。

馆内五个基本展，以上善佳水、淮魂千秋、淮河治理、淮风流韵、淮上明珠为主题，让到访者从翔实的文物资料展示中看到淮河流域的发展与变迁，了解到淮河儿女千百年来导淮治淮的梦想。

一条河流就是一部鲜活的历史。行于馆间，犹如淮河水从脚下匆匆而过。

淮河发源于河南省南部的桐柏山。据说淮河边上最早生存着一种叫"淮"的短尾鸟，"淮水"便因此而得名。或许，沙冢遗址出土的那对红陶鸟——现在已被淮河博物馆收藏，就是它们的原型。从红陶鸟身上可以看到，淮河之畔的先民们很早就是一个鸟图腾崇拜的部落群体。这种信仰使他们保持了与水鸟、芦苇、青草的和谐相处，共同维系着历史动荡与文明更迭中的生命链条。直到今天，当人们静下心来剖析梳理这种美的和谐所遭到破坏的原因时，不得不再次强调：人类应该认识自己的过去，一定要对大自然心存敬畏。

在中国的版图上，秦岭和淮河划出了南方与北方的分界线。仅仅一山一河之隔，便

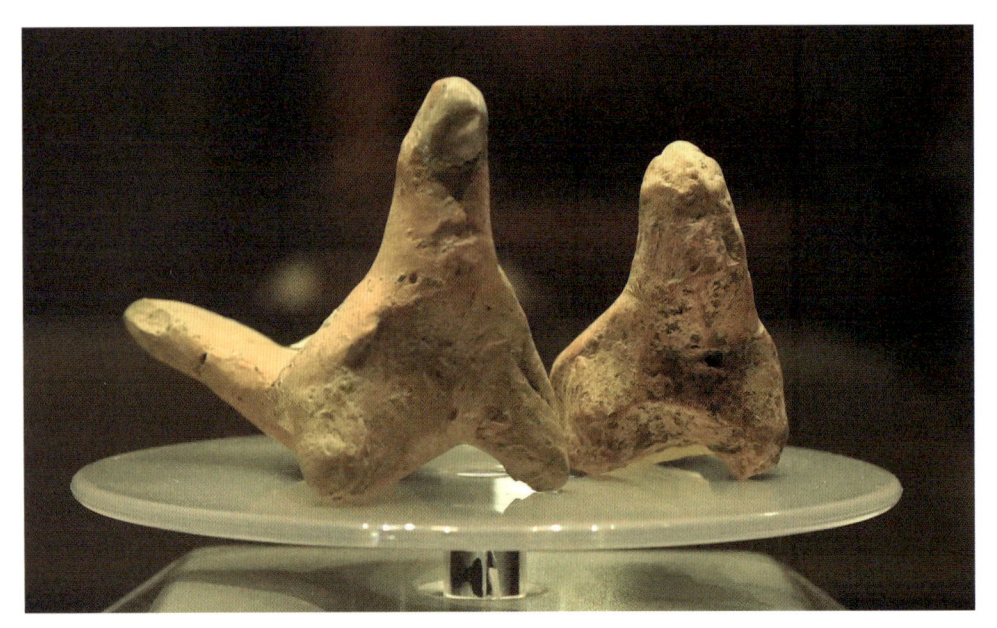

新石器时代红陶鸟　淮滨沙冢遗址出土

有了南北不同的土壤和气候。尤其是在气候上,淮河以南属于亚热带湿润季风气候,淮河以北属于暖温带半湿润季风气候。其实淮河的北边还有黄河,淮河的南边还有长江,但黄河、长江两岸的气候都没有像淮河分得这么具体、这么明显。就连黄河以南、长江以北这片区域,也多以淮河为中心,淮河南称"江淮",淮河北称"黄淮"。而这仅一河之隔的距离,又分出南方人与北方人的不同生活习惯:南方人爱吃米,北方人爱吃面;北人骑马,南人驾船。

倘若将淮河与其他几条河流做一个比较,就会发现:没有哪一条河流像它这样密如织网、纵横交错。它的一级支流有120多条,二级支流有460多条,16.4万平方公里的流域面积养育了1.5亿的人口,人口密度居全国各大流域榜首。河流的历史也往往蕴含在民间歌谣中:"走千走万,不如淮河两岸。"歌谣唱的正是从前淮河两岸的富饶。直到今天,这方占了全国1/8的耕地上仍在生产着全国1/5的粮棉。

历史上,但凡南北割据、诸侯大战,很多时候是以淮水这条不成文的"三八线"为界的。南北朝时,南方宋、齐、梁、陈与北方北魏、北齐及北周对峙百余年,是为"划淮而治"。而在和平统一年代,淮河又成了州郡、府道的边界线。只是这风平浪静的日子太过短暂,淮河上空常常被刀光剑影笼罩着,诸如陈胜吴广农民起义、刘项楚汉之争、曹吕彭城交兵、东晋前秦淝水之战，以及20世纪40年代末的淮海战役⋯⋯

古时候，江、淮、黄、济并称"四渎"，淮河是独流入海的四条大河之一。

春秋《禹贡》记："导淮自桐柏，东会于泗、沂，东入于海。"古淮河在盱眙以西大致与今淮河相似，至盱眙后折向东北，经淮阴向东，在今涟水县云梯关入海。其时淮河干流河槽很宽也很深，沿淮无堤。但是后来的日子，温顺的淮水却不断遭到裹挟大量泥沙的黄河入侵。宋建炎二年（1128），东京留守杜充为阻金兵进犯，在滑县西南决开黄河，致使洪水东夺泗、汴、涡、颍入淮，把淮阴以下的河道淤成了地上河。金明昌五年（1194），黄河又在今原阳被金兵决开，完颜璟企图以水代兵进犯南宋，致使暴虐的黄河在无遮无挡的淮北平原一泻千里，上万亿吨的泥沙将无数河道淤为平地。淮水出海无路又入江不畅，窝住一汪水形成今日洪泽湖。

也就是从那个时候起，淮河流域自然灾害频繁发生，大雨大灾，小雨小灾，无雨旱

春秋时期蟠虺纹夔龙敦　淮滨出土

灾。1950年夏季，淮河发大水，灾害惨重。此时中华人民共和国刚刚成立，国家经济困难，而朝鲜战火又烧到了鸭绿江边，内忧外患交织在一起。但毛泽东主席却把治理淮河和抗美援朝视为巩固政权一般重要，毅然发出"一定要把淮河修好"的号召，调百万之众于千里治淮工地，开始了1949年后的第一项大型水利工程。只是1975年8月，一场由特大暴雨引发的淮河上游大洪水，使河南的板桥、石漫滩两座大型水库和竹沟、田岗两座中型水库以及几十座小型水库，在短短几小时内相继垮坝溃决。如果说水库垮坝给淮河上游的百姓以迅雷不及掩耳的毁灭性一击，那么河道排泄不畅、洪水居高不下所造成的浸泡性灾害更是加重了这场灾难本身的损失。板桥水库垮坝后半个多月，驻马店尚有42万人泡在水中，最后不得不炸口子分洪。2003年，淮河又来了大水，安徽成了洪涝重灾区……

一次次的大水，让人们认识到了淮河安澜的无比重要性，由此促生了人与自然和谐相处的治淮新思路，"给河流留出空间""给洪水留出空间""给湖泊留出空间"的理念得到越来越多人的认同。今天，淮河流域内，豫皖苏鲁四省水系已基本理顺，千里淮河又增加了一条新的入海水道，淮河也终于由水害走向了水利，那古老的歌谣正一天天变成现实。

毕竟，这条河流再也经不起折腾了。

用管子的话说，水者何也？万物之本源，诸生之宗室也。

宛丘陈风楚韵
周口市博物馆

在周口市博物馆，馆中的基本陈列依次以"人文肇始、大道幽微、三代华章、莽原鸿爪、逐波兴埠"五个部分展开，让到访者得以了解宛丘之上的发展轨迹，感怀陈楚文明悠久的风采。

"人文肇始"，让人感悟三皇旧都的文化厚重。约6300年前，伏羲定都宛丘（今周口市淮阳区），肇始华夏文明；淮阳的太昊陵，相传是太昊伏羲的长眠之地，春秋以前有陵，汉代有祠，唐朝有诏"禁民刍牧"，宋朝又立陵庙，明朝有皇帝亲临祭祀。现存建筑多为明清遗留，被认为是中国帝王陵庙中大规模宫殿式古建筑群之孤例。淮阳平粮台遗址，是距今4500年前的龙山文化古城，在这里发现了护城河、城门、版筑的城墙和土坯砌成的门卫房，尤其是城内陶质排水管道的出土，要比两河流域美索不达米亚平原上的巴比伦古国早了千余年。扶沟县崔桥出土的一件石磨盘，一米长，近半米宽，用了整块的黄砂岩，被认为是裴李岗文化时期最大的石磨盘，在当时没有金属工具的年

周口市博物馆　国家二级博物馆　位于周口市文昌大道东段2号

代，这么大的石磨盘需耗费巨大的劳动量才能磨制出来。还有在郸城县段寨遗址采集的一件大汶口文化刻符陶片，看上去似不起眼，却为研究古代豫东地区的文明源流提供了珍贵资料。

"大道幽微"，让人见识老子故里的流金岁月。鹿邑太清宫是祭祀老子的祠庙。1997年，河南省文物考古研究所、周口地区文化局和鹿邑县政府联合组成考古队，对太清宫遗址进行了全面钻探和发掘，在祭祀老子母亲的洞霄宫，清理出唐宋时期的殿址、回廊、柱础、建筑构件、生活用具等；在后宫寝殿回廊东北角发现9块金章宗完颜景泰和元年（1201）洞霄宫庙产碑，碑文记述了洞霄宫所属土地的位置和面积，由此得知金代的洞霄宫拥地5300亩。2000年，考古队又对太清宫太极殿以北的建筑基址进行了发掘，前宫发现了门殿基址，内有石碑两通，西侧为金天德二年（1150）《亳州彩绘太清宫大殿圣像记》，东侧为金正隆四年（1159）《太清宫诗》，碑文记载了金代初年当地官绅、军士捐资修缮太清宫的事实；后宫揭露了寝园南门、北门及连接两门的砖铺甬道，出土碑刻、铜钺、铜镜、建筑构件等。前、后宫为北宋所建，至金代初年又有修缮，总面积达2.4万平方米，是迄今发现最大的宋代宫殿建筑。同时，考古队在宋代宫殿基址下又找到了唐代宫殿基址，在唐代宫殿基址下又探出了汉代遗迹。单是碑刻就出土了唐天宝元年（742）的"道德经注碑"——这是太清宫现存最早的帝王御碑；北宋大中祥符七年（1014）的"大宋重修太清宫之碑"——上面记载了宋真宗赵恒朝拜并重修太清宫的经过；还有同年刻立于洞霄宫东侧的"先天太后之赞碑"——宋真宗御书并篆额，是太清宫现存最大、保存最完好的一通碑。所有这些发现，都成为老子故里最具说服力的实证。2000年，时任中国考古学会理事长徐苹芳在考察了太清宫后说："从出土的唐宋祭祀老子建筑基址上看，老子故里在鹿邑是绝对错不了的。"

"三代华章"，让人重理夏商周在周口地区的史络文脉。夏禹的儿子太康，曾在今太康县一带筑城定居，由他演绎的一个"太康失国"的传奇故事，曾在民间广为流传。沈丘县乳香台遗址颇显古老，曾出土一批夏代的陶拍、陶碗、陶罐、陶竹节豆等。商朝时，位于鹿邑县一带的长国是商王朝的重要方国，商王封其首领为"长子"于此。西周初，周王朝又封"长子"的后裔于长国。1997年，文物部门在太清宫遗址发现一座商晚期、西周早期的"长子口"大墓，出土各类器物千余件，其中不少青铜器内有"长子口"铭文。而最令人惊奇的发现是5件色泽如玉的骨管——用禽类腿骨制作的排箫，这是目前我国发现最早的排箫实物，证明我国早期管乐器制作材料为骨而非竹，并由此填补了商代甲骨文中有记载而无实物的空白。出土于太康县的一件商代晚期青铜鸮形提梁卣，让世人看到了古代的工匠把一个可爱而又傲慢的"大眼萌"做成了盛酒器的造型。出土于淮阳县（今周口市淮阳区）五谷台、大连乡堌堆里的"应姬"觚、春秋"曹公"盘，

西周扁足圆鼎　鹿邑太清宫长子口墓出土

西周带盖方鼎　鹿邑太清宫长子口墓出土

见证了西周时期陈国与应国、春秋时期陈国与曹国贵族之间的政治联姻关系。出土于商水县朱集村的"原仲"簠、"器仲虺"簋，见证了春秋时期陈国与顿国结好的历史。在诸侯争斗激烈的战国时代，楚国曾以平叛为名，把陈国变成了楚国的一个县，后又助其复国，史称"讨陈服陈"。公元前278年，秦将白起率军攻打楚国，夺取楚国都城郢都，致楚顷襄王一退再退，最后退到了陈都（今周口市淮阳区）。1980~1983年，文物部门在当时的淮阳县城东南瓦房庄村发现两座大型楚墓，墓室早被盗掘一空，所幸两座陪葬的车马坑完整无损。南冢为"中"字形大墓，陪葬的车马坑葬车23辆，其中有错金银龙首铜车辕头的指挥车，还有装有80块铜甲板的战车（相当于现代的装甲车），以及6面用贝壳装饰的旌旗——专家考证，这座墓应是楚顷襄王的墓；北冢为"甲"字形大墓，陪葬的车马坑葬车8辆，可能是顷襄王夫人的墓。这两座车马坑被认为是迄今考古发掘中形制最大、葬车辆马匹最多的战国时期楚国车马坑，特别是出土的错金银龙首铜车辕头，为其他楚王墓中所未见。

"莽原鸿爪"，让人翻检出秦汉以至唐宋时期豫东平原的原始文档。秦朝末年，以陈胜、吴广为首的农民大起义，在陈楚大地建立了张楚政权。虽然成败转瞬，却带来各路豪杰蜂拥而起的局面。秦亡后，刘邦与项羽为争夺统治而进行了长达4年的"楚汉战争"，其中有两次大战——固陵大战、陈下大战，就发生在今太康至淮阳一带。西汉初，汉高祖刘邦封其子刘友为淮阳王，置淮阳国。东汉章帝刘炟时，改淮阳国为陈国，后在献帝刘协时又废陈国为陈郡。1988年，文物部门在淮阳北关发现一座东汉大墓，墓室面积达500多平方米，其设计和建造犹如一座"地下迷宫"——墓主人刘崇是东汉明帝刘庄之孙、陈敬王羡之子，初为安寿亭侯，永宁元年（120）为陈王。尽管这座古墓自宋代以来有过三次被盗，但出土文物仍有上千件，其中不乏银缕玉衣、石仓楼、辟邪灯、天禄承盘、长袖玉舞女、龙形玉佩、铜车马饰、五铢钱、货泉钱、汉砖砚、石猪、石鸡等，特别是"安君寿壁"四字墓砖，更是少见之珍品。这座墓是当时河南省考古发掘的汉代墓葬中规模最大、形制最奇特的一座砖石结构墓，尤其是墓四周带有回廊，为全国罕见。三国两晋南北朝时期，陈淮大地在频繁改朝换代与连年战乱之中几经兴衰，横槊赋诗的曹操、曹植父子，风流云散的谢安、谢灵运家族等，都在这片土地上留下难以湮灭的历史悲喜剧。至唐宋，彼时的文物遗存让我们看到了项城市出土的晋代武士俑、扶沟县十里店出土的北魏韩小文造像碑、太康县玉皇岗出土的东魏造像碑、沈丘县李庄村出土的唐黄釉蝴蝶枕、郸城县陈桥村出土的宋汝窑碗等，呈现出莽原众生的多彩多姿。

"逐波兴埠"，让人领略到明清时期周口三川汇流、漕运兴埠的繁盛。清康熙、乾隆年间，周口镇舟车辐辏、水陆集散，成为与朱仙镇、道口镇、赊店镇齐名的河南四大商业名镇之一，各地商人在沙颍河两岸建起十处商业会馆。如今留下的就剩周口关帝

东魏石造像碑

庙了，那是秦晋商人在沙河北岸建造的山陕会馆。其余的也只有在周口市博物馆里还能看到些旧时残存，像江南会馆的铭文砖、周口万寿宫的牌坊彩瓷片，还有日升昌票号周家口分号的汇票资料——当年日升昌票号盛时，在全国开有35家分号，河南只有两家，一家在周家口（今周口市川汇区），另一家在开封。清雍正十一年（1733），陈州知州董起盛奏请朝廷升陈州为府，特别提到周家口，理由是："陈州幅员辽阔，绵亘数百里，界连八邑，犬牙交错，河通淮泗，路达江楚。更有所属周家口一带地方，水陆交冲，五方杂处。一切刑名钱谷、稽查保甲，各处验勘难以悉举，事本繁多……"至清晚期，周家口的商业繁华程度和名气甚至超过了府城陈州，宣统年间曾在周家口担任厘金局（相当于现在的税务局）局长的天津人朱隽瀛有诗云："初来不识陈州路，瞥眼先疑是府城……"

一座博物馆，就是一部历史见证，一段时光隧道，一方岁月印记，一本乡土教材。沉醉其中，让人流连忘返。

再现历史深处太昊之墟
淮阳平粮台古城遗址博物馆

对于初识这片土地的人来说，淮阳平粮台古城遗址似乎就是一座普通的土台子，没有太大的观赏性。加上1994年就成立的平粮台古城遗址博物馆过于狭小、简陋，丰富的内涵得不到充分展现，这在一定程度上也影响到人们对它的了解。或许这种状况随着平粮台古城考古遗址公园的规划实施和博物馆新馆的建设会得到改善。

即便如此，眼下的平粮台遗址博物馆还是尽可能地为追溯远去的历史提供全新的视角，让到访者能看得懂、看得有趣、看得津津有味。譬如，通过馆中一座缩小版古城址模型的展示，人们可知道这座普通的土台子上竟有一座龙山文化时期的城市遗址，进而

平粮台古城遗址博物馆
位于周口市淮阳区大连乡大朱村

明白，它的发现，对于研究我国古代城市规划思想的起源、早期城市水资源的管理、早期国家的形成、早期社会分工差异化的产生等，都有着重要的价值和意义。

当然，对于平粮台遗址的认识和了解，还是需要做些铺垫。

淮阳城东南的大朱庄，有个近百亩高出平常地面五六米的台地，当地村民称为平粮台。平粮台东边不远，临着新蔡河，那是最早的古鸿沟，当年也是一条很重要的河道。早先，当地流传一个故事，说这里是包公"陈州放粮"筛沙子的地方，还说这里的台地上住过一位神话人物。因为村里在这里建窑取土烧砖时，经常有人从台地上挖出些陶器碎片、玉片、铜钱和铜器来，所以有些人更相信村里一些老人说的：只要在这里磕个头、烧炷香、许个愿，就能向神仙"借"来很多值钱管用的东西。然而这种对神仙的敬畏，并没有减弱或是挡住大朱庄一些村民把这片台地变成一个砖瓦窑场的冲动。直到20世纪70年代初的一天，当挖土的村民在这里突然捡到一把古剑——经专家鉴定是一把越王剑，这才引起文物部门对这片神秘台地的注意。他们觉得，台地下面可能埋着一个古墓群。于是，文物部门就把这里作为文物保护重点进行了普查登记。当时，平粮台上有几个砖瓦窑还在冒着滚滚黑烟，所谓的台地已经快被挖成平地了。但就为让这几个砖瓦窑场停下来、搬出去，官司一直从乡里打到县里，又打到省里。最后还是省里出面才把这烧砖取土的破坏行为制止住，平粮台总算没有戳出个大窟窿来。

1979年，河南省文化局文物工作队的曹桂岑带着当时的周口地区文物考古训练班的学员来到平粮台，在这里进行田野考古实习。曹先生毕业于西北大学历史系考古专业，一直从事田野考古。他和他的学员来了两个月时间，就在这里找到了7座战国和汉代的墓葬，出土了一批青铜器和玉器，并再次发现越王剑。

接着，安金槐先生带着省文物干部训练班的学员也来到了这里。很快，他们在夯土台上发现了三排土坯建筑——这是一个重要发现，土坯的使用，是中国建筑史上的一大进步，说明平粮台并非一般的部落居住地，很可能蕴藏着一个年代比古墓更为遥远的历史遗迹。

于是，文物工作队在1980年继续对平粮台发掘，领队的正是曹桂岑。在这次发掘中，一处蛰伏于地下数千年的龙山文化时期的古城遗址被他们找到了。而这处古城遗址的土层与砖瓦窑场削去的地面，也就相差不到一米。若是那些烧砖取土的人再往下挖，平粮台遗址可能就要被毁坏了。

从1979年至1989年、2014年至2019年，从曹桂岑到如今的平粮台遗址项目负责人曹艳朋，平粮台古城遗址经历了两轮考古发掘，陆陆续续引出平粮台一个又一个重大发现。

像古城址，占地面积近10万平方米，坐北朝南、四四方方，所体现的建筑朝向与方正对称，对后来的城市形制影响很大。现存城墙残高3至5米，底宽13米、顶宽8至10米，系采用小版筑堆筑法夯筑，也就是在建城墙时先把内墙筑到一定高度，然后依小版由里向外堆土，用几根木棍绑成集束逐层夯打，到一定高度再用木板挡住外边，由外向内垫土，逐层夯打，如此反复，直到需要的高度为止。这种小版筑法与郑州商城的大版筑法不同，属首次发现，虽说没有郑州商城的先进，但在当时生产工具落后的情况下也是个了不起的创造。城内中间有一条南北向干道，两端分别对应南北城门，城内以南北道路为中轴线，有规划地分布着多排高台排房。这些房子阳光充足、空气流通，要比潮湿的山洞和地穴半地穴的屋子好多了。而使用土坯夹墙，既能使屋子里冬暖夏凉，又能让厚厚的墙体起到承重和防火的作用，当然也会提高施工速度。

古城南门两侧发现两间布局周正、土坯垒砌的房基，每间约7平方米，两房的房门相对，中间有一条一米多宽的小路。经考证，这是为守护城门而特意设置的门卫房，在其他史前城址中尚未出现过。更有意思的是，在门卫房的门道下有一条上宽下窄的沟渠，沟底铺有一条陶水管，其上又并列铺设两条同样的陶水管，呈倒"品"字状。这样的组合，应该是为了保证足够的排水量。在南城门东侧的城墙处、长排房靠近中轴线处也有相同的管道铺设。这些管道有一定的坡度，城内高、城外低，大约是为了方便城里的积水向城外排放。这些陶排水管榫口衔接、节节相套，或纵穿城墙基础，或沿排房建筑外缘平行分布，两端的进水口和出水口连着水沟，应是年代最早、最为完备的城市排水系统。

城内还发现了龙山文化时期的墓葬群、灰坑、陶窑、祭坛、道路及车辙印迹、青铜炼渣、水井、板瓦，出土了龙山时期的兽面纹陶碗残片、玉冠饰残片、祭祀牛骨架、人骨遗骸、碳化植物种子，以及战国和汉代的墓葬、青铜器、陶器、玉器、木漆器等。尤其是在故城遗址东北断崖下发现的一件半圆形黑衣陶纺轮，上面印有清晰的图案，经李学勤先生辨识，这件陶纺轮为龙山文化时期的文物。陶纺轮上的图案是这个时期的一个文字符号，是4300多年前平粮台古城进入文明时代的一个重要标志。

那么，这里会不会就是传说中的宛丘呢？

淮阳古时称宛丘，"太昊伏羲氏都于宛丘"。《郡县志》记：宛丘"在陈州宛丘县南三里"，也就是今淮阳城东南的平粮台。《诗经·陈风·宛丘》曰：

子之汤兮，宛丘之上兮。洵有情兮，而无望兮。
坎其击鼓，宛丘之下。无冬无夏，值其鹭羽。
坎其击缶，宛丘之道。无冬无夏，值其鹭翿。

汤即荡，形容舞姿翩跹。鹭羽和鹭翿，用鸟羽织成的舞具，形似扇或伞，可以拿在手里，也可以戴在头上。鼓是小鼓，缶是瓦盆，古人用以节乐（打拍子）。《诗经·陈风·东门》曰：

西汉初年泥质镇墓兽

东门之枌，宛丘之栩。子仲之子，婆娑其下。
穀旦于差，南方之原。不绩其麻，市也婆娑。
穀旦于逝，越以鬷迈。视尔如荍，贻我握椒。

宛丘是陈国一个地名，在陈城东门外郊野，而且是一处有着宛丘之上、宛丘之下区分的台地。那里有丘有池，种了很多柞树，还种了很多的杨树和白榆。宛丘很多情窦初开的青年男女跑到这里跳舞约会——男子对女子说，你就像盛开的锦葵花一样美丽。女子听了后心里很高兴，就送了男子一把芳香的花椒作为定情物。

东门外可能非常适合青年男女约会，《诗经·陈风》中一再提及。这首《东门之池》，描写了一位男子对在护城河里浸麻的女子爱慕不已，两人情投意合且相对而歌：

东门之池，可以沤麻。彼美淑姬，可以晤歌。
东门之池，可以沤纻。彼美淑姬，可与晤语。
东门之池，可以沤菅。彼美淑姬，可与晤言。

还有一首《东门之杨》，说到夜色中那个在东门外白杨树下踯躅的人儿，一定是早早就吃了晚饭来赴约，却发现心爱的人没有如约而至：

东门之杨，其叶牂牂。昏以为期，明星煌煌。
东门之杨，其叶肺肺。昏以为期，明星晢晢。

久待情人而不见，让人感受到此刻的他（或是她）看着满天星光时怅然若失的心情。

仰韶文化时期陶罐　　　　　　　　　　　　龙山文化时期陶甗

诗中无一句情语，而失望、懊恼、焦灼自现。以金性尧先生解释，这正是"月上柳梢头，人约黄昏后"的先声。

以上这些，表现了《诗经》时代的生活片段。而从考古发现与历史文献记载的宛丘特征和位置来看，平粮台古城址与太昊故墟宛丘应是一个地方。

再有，这座古城真的是伏羲氏建造的吗？

对于这个话题，坊间众说纷纭。不过话说回来，毕竟在三皇之首、百帝之先活动过的地方发现了一座几千年前的古城址，它所拥有的丰富遗存让人们了解到那个时代的文明进程。况且平粮台就像是一部永远读不完、阅不尽的历史大书，它那十几层厚的文化堆积所记录和反映的不仅仅是一两个时代的景色，历史的脚步亦不止一次驻足于此——这里出土过楚国的青铜器和越国的越王剑，还出土过汉代的四轮铁车、三进陶院落、泥塑镇墓兽——这是一个奇葩的家伙，鹿角、鹿耳、人面、赤身，下腹裆部穿着一件黑色的三角裤（画上去的），双手向左右平，呈踞坐状，通身呈朱红色。有学者考证，镇墓兽下身裆部穿的三角裤，应是目前我国发现最早的内衣标本了……

几十年的考古，印证了平粮台遗址的历史文化价值。几代人的呵护，让平粮台遗址宛如"宝库"一般的遗存得以原真保留。在这里，时光从容，似乎未曾稍动；放眼四望，一切是那么遥远，一切又都好像就在眼前。古老的太阳落下又升起，静静地爬满几千年前的辉煌与沉重。

老子智慧的千年古迹
鹿邑老子文化博物馆

走进鹿邑老子文化博物馆，最先映入眼帘的是一方苍穹环幕，现代科技催生的声光粒子流映射出一尊老子像，旋即数千本《道德经》环绕而上，展现出一个硕大的"道"字。瞬间，苍穹环幕的画面悄然改变，粒子流映射的老子像幻为浩瀚星空，又化为潺潺流水，接着是一部《中华文明的巅峰——老子》的视频专题片，系统介绍了老子这位在公元前517年出生的圣人生平。从入世到传道，从太清宫到老君台，从《道德经》到中国乃至世界哲学谱系，让到访者了解到老子的思想核心及来自文化对后世的影响。

博物馆就在老子诞生地太清宫和老子讲学地明道宫之间的老子学院。

展厅中，丰富的文物史料并辅之以声光动画和高精度缩微模型，生动而又真实地展示了老子故里独特的历史人文风情。循着老子的足迹，伴着《道德经》的思绪，使观众在老子故里进行一次不同凡响的老子文化之旅。

老子文化博物馆　位于鹿邑县紫气大道

千百年来，老子文化始终充满着智慧之美，闪烁着哲学之爱。

大约从战国始，人们就把老子称为圣人了。庄子就这么说过。东汉时，张道陵托言太上老君亲降，授"三天正法"，命其为"天师"，创立道教。后来太上老君就成了老子在百姓心中的形象化身。汉桓帝刘志尊老子为道家鼻祖，曾遣官祭祀老子庙。曹操和魏文帝曹丕都来过鹿邑老子庙，从黄初三年（222）曹丕所发的敕文中可以看出，"武皇帝以老子贤人，不毁其屋"，并称自己"昨过视之，殊整顿"，这也是鹿邑老子庙历史上第一位以皇帝身份前来拜谒者。唐高祖李渊曾在亳州当过刺史，又因老子也姓李——全名李耳，遂以老子庙为家庙，认老子为本家始祖，为其日后默许甚至是鼓励"天道将改，将有老君子孙治世"的政治谶言酝酿、传播打下基础。太宗李世民登基后继续发扬尊祖之风，明确表示老子是唐室先祖；高宗李治也曾驾临鹿邑老子庙，加封老子为"太上玄元皇帝"，增建紫极宫，并改老子庙为玄元庙；武则天执政时一如既往发扬李家光荣传统，先追封李母为先天太后，后又扩建李母庙为洞霄宫；玄宗李隆基更是对老子推崇有加，曾两次亲谒老子庙，为老子上尊号"大圣祖高上金阙天皇大帝"，改庙名为太清宫，又亲手为《道德经》作注，刻石于太清宫。两百多年后，宋真宗赵恒于祥符六年（1013）亲率百官赴太清宫祭拜，尊老子为"太上老君混元上德皇帝"，并拨官银对太清宫重修。靖康元年（1126）正月，太上皇赵佶来到太清宫，行恭谢礼。元世祖忽必烈在位时，颁过一道保护太清宫的诏书，规定太清宫方圆四十里土地、树木及建筑尽属国家所有。明清皇帝对老子也表示了极大的兴趣，明太祖、清世祖都为《老子》作过注，康熙帝还把他写的"无为"两字刻到了匾上。后来乾隆帝又把这块匾贴了金，写了几句坚

老子文化博物馆展厅

持祖训的跋语，如今还在故宫交泰殿里挂着。

老子故里也有过不抵战火烽烟的经历。有两次竟是致命威胁——唐末黄巢起义，太清宫被毁为废墟；元末红巾军造反，韩林儿在亳州建立小明王朝，派人拆了太清宫的殿宇，将拆下来的材料运到亳州建了宫苑。清康熙年间，乡人周道圣见太清宫日渐颓废，很是痛惜，于是操持着搞了个集资重建。只是民间自发，财力有限，规模远非先前。

老子在鹿邑的遗迹很多，名气大的应是太清宫和老君台。

太清宫位于县城紫气大道东段的太清宫镇。最早叫老子庙，后来又叫过老子祠。老子祠建于东汉延熹八年（165），时有边韶《老子铭》记有桓帝遣官祭祀的经过。唐朝时，太清宫亭台楼阁600多间，当时朝廷派有500军士驻守，前宫祭老子，后宫拜李母。后宫就是那个洞霄宫。至清代重修时，太清宫规模仍十分可观，但与唐宋盛时比，已是"十一于千百也"。太极殿为太清宫现存主体，殿前有古柏两棵，传为老子所植，一棵左扭，一棵右旋；还有一根铁柱，即"柱下史之柱"。相传老子当史官时，在朝堂上要记言记事，但朝堂上能坐的只有周天子，百官只能肃立阶下，为此特许老子做记录时可以靠着殿内明柱，后人称老子为"柱下史"，建庙时特意立了一根铁柱做纪念。后来道教尊老子为始祖，道士们便把铁柱缩小为发簪插在头上，作为行道的座右铭。

老君台位于县城紫气大道西段的明道宫内。圆柱形的高台建筑，中间夯土而以四周包青砖，上头还露着类似古城墙的垛口。依民间版本，此地是老子修道成仙、羽化升天的地方，故又称升仙台。而据《鹿邑县志》记载，这里是唐天宝二年（743）建的太清坛，属明道宫院一部分，明道者，发明道家学说也。老子年轻时曾在此讲学，后人便筑坛以祀之，建宫以尊之。至于说到老子在此羽化升天，那只是一个美好的传说而已。

而发生在老君台上的一个真实故事是：1938年农历五月初四，侵华日军第四骑兵旅团藤田所部从安徽亳州方向进犯鹿邑，当时县城里全是低矮平房，这座高耸的老君台被日军认为是一处军事据点，于是就用迫击炮向它攻击，但打出去的炮弹一发也没听见响。日军指挥官和炮手很纳闷，便又改变了射击方向，向县城其他地方连发数炮，结果炮炮皆响，且威力极大——东南角城墙上的奎星楼、南城门上的城门楼，都是被日军一炮命中打到护城河里了。日军进城后来到明道宫，登上老君台，看到大殿里供奉的是太上老君时，个个吓得目瞪口呆，齐刷刷跪在大殿门口，口中念念有词，请求老君爷宽恕自己。后来有人去老君台查了查，看到大殿东墙、东偏殿后墙和古柏树上共中炮弹12发，其中有两发穿过大殿的东墙（一发卡在梁上，一发落在老君像前神龛上），还有一发卡在殿东侧一棵古柏树的树杈上。1983年，一位须发斑白的日本老人来到中国，特意向有关部门提出要到老子故里鹿邑"观光游览"。当他来到老君台，便在随从人员的搀扶下登上老君台的台顶，虔诚地跪在大殿里的老君像前，拜了又拜。接下来，这位日本老人说明了自己的身份，原来他就是当年日军用迫击炮轰击老君台的炮手，名叫梅川太郎。他向陪同的中方人员再三道歉，并讲了当年发生的一切。此后几年，梅川太郎成了鹿邑县的常客，时不时来为老子上几炷香叩几个头。1997年，梅川太郎最后一次来鹿邑，与当年一同参战的几位老人把从日本空运来的日式白色方柱和平碑恭恭敬敬地立在老君台前。和平碑分别用日文、简体中文、繁体中文、英文表达了这样的愿望：我们祝愿世界人类和平。

说到这里，故事似乎应该结束了，但接下来发生的事，又让人好一阵子困惑。据梅川太郎讲，当年炮击老君台，他们一共打了13发炮弹。而当时人们在老君台上清查到的却是12发，还有1发怎么也找不到。是不是梅川太郎上了年纪，记忆有误？这个谜底一直到2003年才揭开。那年9月，阴雨连绵，老君台西南角被雨水泡塌，维修人员在清理地基时，意外发现一枚锈迹斑斑的炮弹。经鉴定，这枚炮弹正是日军炮击老君台时打的那一发，它钻进台子下的土里了。这个发现正应了梅川太郎所说的13发。由于腐蚀严重，不便保管，后来就把这枚炮弹交给鹿邑县武装部给引爆了——谁也没想到，原来的"哑炮"一下子就炸了，威力还相当强。到现在，也没人能解释当年日军炮击老君台的13发炮弹无一爆炸的原因，只能把这件事儿当传奇故事讲了。

当年老子担任周王室守藏室之史——相当于国家图书馆馆长的角色，虽说很清苦，

鹿邑太清宫老子诞生地

鹿邑明道宫老君台

也很寂寞，但老子乐在其中。公元前的某一天，孔子从鲁国曲阜来到洛阳城，千里奔波，只为向老子请教有关"礼"的学问。可以想见，这是一次闪耀着思想光华和智慧机锋的会晤，是儒、道两大学派创始人面对面的交流，无论争辩还是切磋，这次会晤对两位思想巨人的启悟都非常重要。他们谈得很愉快，两人长揖作别。孔子回去后，潜心授徒讲学，编纂典籍；老子似乎觉得这天地万物的道理其实很简单，福祸相倚，盛衰轮回，一切都应顺其自然。于是他在一片片穿着皮绳的竹简上写下了对宇宙之妙、天地之道、社会之理与人事之机的理解：道可道，非常道；名可名，非常名……据说老子后来弃官云游，不知所终。他写的那个五千字的心得体会，在过函谷关时被关令尹喜得到，后来传了下来，先是壶子（战国郑人），再后是列子（战国郑人）、庄子。《道德经》有过诸多版本，今见最早的是湖北荆门郭店楚墓出土的战国竹简本，再有就是湖南长沙马王堆汉墓出土的西汉帛书本和北京大学藏的西汉竹简本。不过要说到流传最广、影响最大的，很多人觉得还是西汉河上丈人的《老子河上公章句》和三国曹魏王弼的《老子注》。

今天，老子的思想已经在全世界得到传播。《道德经》的译本有1500多种、70多种语言，罗素、海德格尔、尼采、谢林、托尔斯泰、爱因斯坦、李约瑟等享誉世界的名人，都从老子文化中汲取过丰富营养并对其给予了高度评价。在哲人思辨的路径上，英国历

老君台上的"柱下史"柱

史学家汤因比认为:"在人类生存的任何地方,道家都是最早的一种哲学。"德国哲学家尼采也说过:"《道德经》就像是一个永不枯竭的井泉,满载宝藏,放下汲桶,唾手可得。"另一位德国哲学家谢林在他的《神话哲学:中国哲学》一书中指出,老子哲学是"完全地和普遍地深入到了存在的最深层"。在科学研究的方向上,日本物理学家、诺贝尔奖得主汤川秀树在《创造力和直觉——一个物理学家对东西方的考察》一书中指出:"老子是在两千多年前就预见并批判今天人类文明缺陷的先知,他似乎用惊人的洞察力看透个体和整体人类的最终命运。"就连西方的政治家们也从老子的思想学说中受益匪浅。美国前总统里根就非常欣赏老子说的那句"治大国若烹小鲜"。他似乎看明白了,治理国家就像煮小鱼一样,切忌翻来覆去地折腾。

博物馆速递

鹿邑县城紫气大道东段,还有一座老子历史博物馆与老子文化博物馆相邻。这是一家非国有的国家三级博物馆,馆藏各类文物2万多件。其中蔚为大观者,乃是历史上各个时期的老子雕像和各种版本的《道德经》。相传张道陵创立道教之后,尊老子为道祖,民间开始视老子为神灵,称老子为太上老君或老君爷(至少鹿邑当地是这样称呼的)。后来社会上出现了"神灵造像",老子模样的雕像渐渐在民间普及。这种雕像一般分为宫观、家庭供奉两种,宫观供奉的老子神像较大,家庭供奉的老子神像较小。该馆收藏展示的老子雕像多为家庭供奉,材质多样,计千余尊,几乎涉及汉唐以来各个历史时期。该馆藏有1600多个版本的《道德经》,有古本木刻的,也有今本铅印的;有《道德经》原文,也有《道德经》译注;有中文,也有外文——据说联合国教科文组织做过统计,《道德经》是除了《圣经》以外被译成外国文字发布量最多的一本名著。

怀古汝宁，厚重天中
驻马店市博物馆

　　驻马店市博物馆为每个到访者提供了一个与馆藏文物和它背后的故事近距离接触的环境，使他们从外界的喧嚣浮躁转换到宁静心怡的空间，进而得到一种精神上的满足。这一变化非常直接——从博物馆外部所呈现的青铜钟造型到馆内基本陈列展中所凸显的地域特色，瞬间便把人们引领到天中地区波澜壮阔的历史画卷和浓郁的文化底蕴当中。它在"厚重天中"基本陈列中用了七个部分——"启封文明""天中侯国""楚风北渐""熔铸辉煌""汝南望郡""蔡州遗事""汝宁府地"，讲述了驻马店的前世今生。与之相伴的两千余件馆藏文物，更为这一展示提供了丰富而又生动的历史信息。

驻马店市博物馆　国家二级博物馆，位于驻马店天中广场南侧

东周铜鸠　　　　　　　　　　东汉卧羊铜灯

"启封文明",让人看到早在上古时期驻马店境内就有先民生存繁衍。泌阳与相邻的桐柏一带流传着"盘古开天地"的传说,这一传说被认为是诸多传统文化的渊源。每年农历三月初三,人们会自发来到这里的盘古山举行祭祀活动。而在确山县的后脊山遗址、打石山遗址,曾发现多处旧石器时代洞穴遗存,出土有动物化石和红烧土块,表明远古时期的人类已经学会了用火。多处遗址曾发现新石器时代的遗存,出土有绿松石纺轮、石磨盘、石磨棒、石镞、石镰、双耳陶壶、陶鬶、红陶杯、鼓腹罐、高足陶鼎、带柄石刀等,这些发现成为驻马店境内在新石器时代所呈现的南北、东西方文化交汇融合的最早例证。

"天中侯国",让人得知夏商周时期驻马店境内方国林立,曾分布着蔡(今上蔡县)、吕(今新蔡县)、挚(今平舆县)、柏(今西平县)、沈(今平舆县)、江(今正阳县)、道(今确山县)、房(今遂平县)等诸侯国。文物部门先后在遂平县城关找到了房国故城遗址;在平舆县城北射桥乡古城村找到了沈国故城遗址;在正阳县大林乡涂店找到了江国故城遗址;在确山县古城村找到了道国故城遗址;在新蔡县城关找到了新蔡故城遗址;在上蔡县芦岗乡一带找到了蔡国故城遗址,发现了宫殿基址、手工业作坊,还有夯筑的城墙、陶制的排水管道及筒瓦、板瓦等建筑构件,这处遗址自西周至春秋时期,时间长达500年,被认为是我国现今保存最完好的西周古城。2008至2009年,文物部门对正阳县闫楼商代墓地进行抢救性发掘,找到古墓葬160余座,其中有贵族墓葬、武士墓葬,还有平民墓葬,出土铜鼎、铜爵、铜觚、铜戈、铜镞、玉柄、玉璜及管形玉饰等450多件。在此之前,文物部门还在平舆县西塔寺遗址、朱庄遗址出土过商代灰陶鬲、春秋铜敦、带盖铜壶等。

"楚风北渐",向到访者陈述了这样一个事实:公元前7世纪,楚国为防止齐国扩张,率先在伏牛山一带筑起一道长长的城垣，史称"楚长城"。楚长城是中国最早的长城。现存楚长城遗迹沿山险处自叶县经舞阳、方城两县间进入泌阳县，过象河关向南入桐柏界，往往是一个山头筑一个城寨，以城寨或关堡扼守古道。城寨平均高3至5米，顶宽1米，多为干垒石，制高点设有烽火台。象河关这一段，位于关山和五峰山之间的山坳里，是泌阳县境内唯一一段由人工夯土筑起来的楚长城，城墙基座宽约12米，上宽8米，残垣高2至3米，中间以4米多高的烽火台相连接，是当年楚国北疆的重要关隘之一。而在楚国崛起后，先后与韩、魏、齐、晋诸国及东方的吴国冲突。而驻马店境内的蔡国地处要冲，成为楚国问鼎中原的一把尖刀。蔡国是公元前11世纪周武王的弟弟叔度的封地，以国为氏，史称上蔡。公元前531年，楚国派公子弃疾伐蔡，把蔡国几百年的都城抢了过去。后来公子弃疾当上了楚王，是为楚平王。他上任后恢复了蔡国，立姬庐为蔡侯，是为蔡平侯，并且归还了蔡国的疆土，但上蔡都城仍被楚国占据，成为楚国方城之外的军事重镇。无奈之下，蔡平侯只得迁都新蔡（今新蔡县），到蔡昭侯二十六年（前493）再迁州来（今安徽凤台），史称下蔡。至蔡侯齐四年（前447），为楚惠王灭，废为楚邑。当年来上蔡驻防的楚国官员，基本上都是楚王的亲信重臣，这从上蔡郭庄楚墓群的发现便能见出端倪——2005年，文物部门在上蔡城西大路李乡郭庄村找到一处楚墓群，这地方东距蔡国故城约3000米，其中最重要的发现是两座楚国贵族墓，年代在春秋晚期至战国初。两座墓均为诸侯或王级的"甲"字形大墓，其中有40余件青铜器上铸有铭文，从中看到"楚王孙""陈公""曾侯""吴土""许公"等许多重要的人名和地名。墓中出土文物证实，墓主人当是楚国王室成员，与吴国、曾国和陈国关系密切。再有，1994年文物部门在新蔡县李桥镇葛陵故城遗址发掘一座楚墓，墓葬也是个"甲"字形，出土文物7000多件，其中的兵器上多见"平夜君成"铭文。墓主人平夜君成，其身份仅次于楚王，战国时期这里是他的封邑。墓中出土竹简1571枚、近8000字，可谓是战国楚简的重大发现。

"熔铸辉煌"，展示了两千年前驻马店境内冶铁的繁盛景象。早在战国时期，这里的西平棠溪冶铁遗址、泌阳下河湾冶铁遗址就已经远近闻名。棠溪一带是重要的冶铁中心和兵工基地，那时候棠溪的工匠已经能够用"高温液体还原法"冶铁铸剑，并且掌握了海绵铁制造高碳钢和锻铁淬火技术，出现了镀银、渗铜等工艺，史载"天下之宝剑韩为众""韩之剑戟皆出于棠溪"。下河湾冶铁遗址是一处官营冶铁工场，历战国至秦汉，集采、冶、铸于一体，它的发现对于中国冶金史乃至世界冶金史研究都具有重要意义。

"汝南郡地"，讲到战国末年从楚国上蔡走出的"千古一相"——李斯。当年他辅助秦始皇统一六国，出任丞相。秦始皇死后，李斯为赵高所忌害，被杀，葬于故里上蔡芦岗汝水之滨，即今李斯楼村东南。唐代诗人胡曾有诗云："上蔡东门狡兔肥，李斯何事望南归？功成不解谋身退，直待咸阳血染衣。"颇耐人寻味。西汉初，此地属汝南郡，沿至南北朝，一直都是举足轻重的汝南大郡，单是西汉一代，在此封侯建国者就有十几家；东汉以降，更有"汝半朝""汝南月旦评"之誉，名士望族首屈一指。

"蔡州遗事"，讲述了汝南历史上发生的几个大事件。隋唐至北宋时期，驻马店为豫州、蔡州之地，今汝南县城为两州治所。唐兴元元年（784），淮西节度使李希烈拥兵自重，据蔡州为王，德宗李适派太子太师颜真卿到蔡州宣慰，被叛将囚禁于龙兴寺，遭缢杀。汝南人感其忠义刚烈，为其立碑造庙，并将其囚蔡期间留下的绝笔"天中山"勒之于石。唐宪宗元和十二年（817），唐州节度使李愬奉命至蔡州讨伐淮西割据势力吴元济。在此之前，唐宪宗已经对淮西用兵三年之久，民力困乏，深以为患，李愬借风雪夜攻克蔡州，活捉吴元济，结束了蔡州被叛军割据52年的局面，这场战斗也成为古代军事史上突袭成功的典型战列。南宋绍定五年（1232），临安朝廷"联蒙灭金"，先是蒙军和宋军出兵攻破开封城，金哀宗逃亡蔡州；进而联军在端平元年（1234）正月攻破金国最后的据点蔡州城。金哀宗完颜守绪匆忙传位后自缢，金末帝完颜承麟亦在乱军中被杀死，金国灭亡。之后，宋廷以完颜守绪的尸身在临安祭祖，一雪靖康之耻。

"汝宁府地"，传递出明清时期的人们急于弥合战争创伤，渴望安居乐业的诸多信息。历经宋金至元末频繁战争，整个中原地区土地荒芜、满目疮痍。当时驻马店境内除泌阳县外，其余各县均属汝宁府，治所今汝南城。洪武初，汝宁府总人口不到4万。朱元璋下令从太湖地区和山西洪洞地区移民至黄河下游和淮河流域屯田垦荒，并颁布了一

战国铜编钟　上蔡县砖瓦厂楚墓出土

系列鼓励政策。移民的增加，使汝宁府地区大片大片的荒地被开垦出来，重新种上了庄稼，农业经济得以复苏。

说到这里又想起，外地人来驻马店，都想知道"驻马店"市名的来历。这个问题在驻马店市博物馆的基本陈列中就能找到答案。

"驻马店"一名的叫法，最早是在明代叫的。两汉时期，这里因盛产苎麻而有了一个"苎麻村"的地方，后来苎麻交易日渐兴盛，便形成了一个小镇，人们称为"苎麻镇"。明成化十年（1474），崇简王朱见泽封藩汝宁府（今汝南县），建藩王府于苎麻镇，并在此设驿站驻车歇马，遂改"苎麻镇"为"驻马店"。虽说名字有些"土"，但此地自古就有"豫州腹地，天下最中"之誉。西周时，周公旦观天象、测地中，在汝南置圭表、设景台。所以，早年的驻马店也被称作"天中""汝宁"。

汉代昭明铜镜

汉代七乳鸾兽纹铜镜

汉代四乳四螭纹铜镜

汉釉灰陶的隔世狂欢
济源市博物馆

在济源市的天坛中路，有着灰色建筑轮廓的济源市博物馆并不是太醒目。但就在走进展厅后的那一刻，立马让人眼前一亮——数以万计的陶器烘托起"济之源"的基本陈列，展示了古老的轵地悠久历史文化和人文精髓。

汉釉陶器是济源市博物馆最具特色的馆藏。这从一个侧面反映了汉代济源经济文化的繁荣与富足。这种富足，当年竟把皇室的注意力都给吸引过来了。西汉时，高祖刘邦封太仆公上不害为汲侯（古汲县，治今梨林镇裴城村），惠帝刘盈封子刘朝、文帝刘恒封车骑将军薄昭为轵侯（古轵县，治今轵城镇）；东汉时，明帝刘庄把他的女儿刘致也封到了济源，是为沁水公主，建沁园，园址在今城东北化村与留村以南。那时候，今济

济源市博物馆　位于济源市天坛中路

济源市博物馆

西汉复釉多枝陶灯　济源出土

源境内的轵城"富冠海内，为天下名都"，与邯郸、临淄、荥阳、阳翟齐名。而当人们的物质生活富足到了一定程度的时候，也就开始追求精神上的享受了。

　　像1969年在轵城镇泗涧古墓出土的一株桃都树，高69厘米，由树盘、树干和树顶三部分组成。底为锥形三足，上有人物、飞蝉、奔獐、山树等；树干呈圆柱状，上半段施绿釉，下半段施红褐釉，树干九孔，每孔出一枝，枝上又分一柄单叶、三叶、四叶，叶上伏卧禽、猴、蝉和猫头鹰等。树顶立着一只天鸡。据说刚出土时很多人不知为何物，后经郭沫若先生考证，证实这就是古代传说中的神树——桃都树。《太平御览》曰："东南有桃都山，上有大树，名曰桃都，枝相去三千里，上有天鸡，日初出，光照此木，天鸡则鸣，群鸡随之鸣。"说是当太阳照到桃都树上的天鸡时，它便引领天下群鸡打鸣，唤醒新的一天。桃都树反映了汉代的神秘信仰，也让世人感受到了汉代人们丰富的想象力和高超的制陶水平。桃都树看似普通，却异常珍贵，据说全国仅有两株，一株藏于济源博物馆，另一株为河南博物院收藏。

再如1991年在桐花沟出土的一件东汉彩绘多枝陶灯，造型极为繁复。陶灯高110厘米，上下三层，有覆钵形底座、喇叭形承盘、灯盏及羽人御龙饰件，以擎柄相连。底座仙山层叠、河川密布，其间分布有虎、狗、羊、猴、兔、人物；承盘上有各种形状的灯枝，羽人御龙驾雾，层层而上，直至灯顶。底座有三层重圜，寓意昆仑三重；中间立柱为天柱，《神异经》曰："昆仑有铜柱焉，其高入天，所谓天柱也。"天柱间的圆盘有三层，是为天盘，分别代表了传说中昆仑山上的三个城池，自下而上曰樊桐、玄圃、增城。多枝陶灯在济源汉墓中出土较多，这里说的是目前出土多枝陶灯中体量最大者，今为河南省文物考古研究院收藏。济源博物馆收藏的一件为泗涧古墓出土，也是110厘米高，但体量要比前者小些，覆盆底座上布满或奔腾跳跃或俯首前行的羊、狗、蛇，向上去有三层灯盘、17枝灯盏，每层灯柱中间的扉棱上都插有展翅欲飞的翼龙，灯柱顶端立一只两翼张开的大鸟，尾巴翘得老高，像要随时飞起的样子。大鸟下方的灯盏上坐着四位高冠羽人。如此华美的灯具作为随葬品，将一个笙歌欢愉、羽化升仙的幻境表现得淋漓尽致。另外馆内还藏有一件2003年在西窑头出土的西汉复釉多枝陶灯。多枝陶灯是秦汉时期神仙信仰的共同追求，那时的人们相信，陶灯不仅能照亮墓主人到达神仙世界的路途，那些装饰在灯上的羽人神兽还是墓主人的灵魂进入长生不老仙界的引领者。

还有1991年由济源市文管所移交的一件泥质灰陶鹿角砖，高40厘米，宽29厘米，深13厘米。陶砖正面贴塑一浮雕鹿头，鹿眼压印而成，双目圆睁，椭圆形的双耳对称展开，两个鹿角如虬枝向上伸展，占据了大半个陶砖。在古人眼里，鹿是一种长寿的仙兽，是谓千年为苍鹿，又五百年为白鹿，又五百年为玄鹿。更因为鹿与福禄寿的"禄"同音，"鹿"也就成了"禄"的代名词。

济源出土的釉陶器，大多反映的都是些极其普通的东西，像陶磨、陶仓、陶灶、陶井、陶狗、陶羊、陶牛、陶鸭、陶灯、陶作坊、陶风车、陶猪圈，还有就是寻常的杂技俑、说唱俑、导引俑、骑马俑、宰牲俑、庖厨俑、踏碓俑、吹笛俑、吹箫俑、抚琴俑、击鼓俑、俳优俑、舞乐俑、仪仗俑、对弈俑等。但是汉代的济源工匠却有着照相机一般精准的捕捉能力，总能把寻常生活中的捣米、磨面、斗狗、宰牲场面中的精彩瞬间都毫无偏差地定格在自己的釉陶作品中，其中不少藏品在文博界小有名气，多次在国内外展出。

再说说济源西窑头10号汉墓出土的各种陶俑。单这一座墓的东西，就能把人看得眼花缭乱。

一组对弈俑，表现的是两位棋友坐于棋盘两侧对弈。两人头顶绾一发髻，身着交领长衣，左臂宽袖后甩，右手高举至耳际，面部表情显得棋艺正酣，颇为陶醉。长方形棋盘刻画清晰，棋格为中心对称、四侧出头"田"字形，棋子置放有序，棋盘施釉均匀，

济源市博物馆

汉灰陶舞乐俑　济源出土

汉代烧烤炉　济源出土

汉釉陶宰牲俑　济源出土

汉釉陶鱼鸭池　济源出土

汉陶斗狗俑　济源出土

汉陶庖厨俑　济源出土

褐釉和绿釉界线分明，构成了人物上下半身和棋盘左右两部分的天然分界。这件对弈俑表现的是汉代象棋的阵势，说明在汉代下棋已经成为一种日常的文娱活动。

一件吹笛俑，为一老翁形象，头戴斗笠，身披蓑衣，蹲坐在一物之上。老翁表情祥和，深目高鼻，颧骨微凸，双手五指叉开，把持两支竹笛，竹笛一端抵于膝上，另一端放在嘴边作吹奏状。汉代以前，中国传统的笛子都是竖吹的，汉武帝时张骞通西域，传入横笛，始有"横吹"传世。这件吹笛俑的出土，为研究古代乐器的发展和音乐艺术提供了很好的实物资料。

两只斗狗俑，让人得知斗狗作为一种民间娱乐活动在汉代就已存在。猛犬撕咬在一起，两耳竖立，双目圆睁，尾巴向上翘起，构成了一幅动人心魄的格斗场面——处于上风的一只狗紧紧扑咬住另一只狗的颈部，右前肢搭其肩部，左前肢腾空，两后肢扒地后蹬，尾巴后伸上翘；另一只狗显然处于劣势，被撕咬的脖颈极力向上翻伸，四肢用力着地向后弓起，试图扭转被动局面。两只狗满施褐绿釉，莹润光亮，形态逼真。

一组导引俑，将正在练功运气的导引方士刻画得栩栩如生。其中一位呈金鸡独立姿势，头挽高髻，额头前凸，袒胸露乳，翘臀凹腰，下穿一宽筒拖地长裤，左手下垂抱于腹前，右手伸掌举至头侧，面部刻画夸张，大口张开呈吼状；另一位头戴平顶帽，高额阔鼻，脑后挽一发髻，上身赤膊，外露肚脐，下着宽口短裤却赤着两只脚；还有一位头梳双辫，闭目张嘴，左手托于腹下，右手持一硬物砸于前额，像是做功夫表演。古代，导引术也是一种医疗保健手段。到了秦汉之际，导引术有了大发展，相继出现"六禽戏""闭四关""梳发功"的记载。

汉灰陶杂技俑　济源出土

　　一件骑士俑，表现了一位披挂整齐的武士威风凛凛骑坐在一匹骏马上。武士头戴帽盔，身披铠甲，腰挎宝刀，头部后仰，双手于腰际前伸，手握缰绳，骏马昂首张口作嘶鸣状，脖颈鬃发刻画清晰，其造型与西汉初期那种壮粗的骑马俑相比，显得较为灵动。

　　一件宰牲俑，以手工塑成。被宰杀的可能是一头猪，也可能是一头牛，仰面捆绑在一个台架上，四肢向上伸张，腹部鼓圆。宰牲人头戴平顶帽，身穿无袖长衣和宽裤，弓腰站立于一平台上，双腿叉开，上身前倾，双手似抓住牲畜大腿内侧，腮帮鼓起，正用力地往牲畜体内吹气——便于开水烫后刮毛，这种方法至今在很多地方仍然沿用。宰牲人的脚下有两只狗，一只在愉悦地打滚嬉闹，另一只则趴在地上啃咬着主人丢给它的肉骨头。整件陶俑的造型很真实地再现了汉代宰杀牲畜的场面，十分有生活气息。

　　一件烧烤炉，也让人看到两千多年前的汉代人们就已经利用炭火烧烤美味的食物了。烧烤炉体为长方形，口沿两头有拱形的捉手，便于搬运炉体；中间有烧烤架，上面放置着食材，有鹌鹑、蝉和鱼。炉内有木炭，底部有孔隙，炭灰从此处漏下。

　　一件满施褐绿釉而显得莹润生动的鱼鸭池，让人联想到达官显贵后花园中的一个场景，池子里有鸭子浮游，有鱼翔浅底，形态各异。当然也可能是农家一方用以养殖谋生的池塘——鸭是水禽，家鸭是从野鸭驯化而来的。先秦古籍中，鸭被称作"鹜"，亦称凫，凫即野鸭。汉时，鸭与鸡、鹅已成为三大家禽。这件鱼鸭池表现了汉代文化中"样样有余"的吉祥之意，映射出的是两千年前汉人的生活富足和充实的景象。

再有，五龙口北官庄出土的一组陶杂技俑，为一樽三俑组成，三个头顶挽髻的陶俑于直腹的陶樽口沿上表演杂技中的倒立，生动展示了汉代民间杂技表演者的高超技巧；轵城镇岭头村出土的一组百戏俑，集表演、音乐于一体，有吹箫的、吹埙的、俳优表演的，还有听乐的、观赏的，再现了彼时民间演出的热闹场景；轵城镇蒋村出土的一组俳优俑，个个大腹便便，袒胸露乳，高鼻深目，肢体夸张，面部呈嬉戏状，滑稽的表情和笨拙的形态浑然一体，反映出汉代俳俑诙谐、幽默、乐天的性情……